"知中国·服务中国"南开智库系列报告

国家社会科学基金重大项目（17ZDA101），深圳市建设中国特色社会主义先行示范区研究中心重大课题（F3004742）

中国政府发展研究报告（2021）

Report on Government Development in China 2021

主　编　朱光磊

副主编　王雪丽　宋林霖

南开大学出版社

天　津

图书在版编目(CIP)数据

中国政府发展研究报告. 2021 / 朱光磊主编；王雪丽，宋林霖副主编. —天津：南开大学出版社，2023.11
ISBN 978-7-310-06468-7

Ⅰ. ①中… Ⅱ. ①朱… ②王… ③宋… Ⅲ. ①国家行政机关－研究报告－中国－2021 Ⅳ. ①D630

中国国家版本馆 CIP 数据核字(2023)第 181640 号

中国政府发展研究报告（2021）
ZHONGGUO ZHENGFU FAZHAN YANJIU BAOGAO (2021)

南开大学出版社出版发行
出版人：陈　敬
地址：天津市南开区卫津路 94 号　邮政编码：300071
营销部电话：(022)23508339　营销部传真：(022)23508542
https://nkup.nankai.edu.cn

天津创先河普业印刷有限公司印刷　全国各地新华书店经销
2023 年 11 月第 1 版　2023 年 11 月第 1 次印刷
230×170 毫米　16 开本　23.25 印张　2 插页　405 千字
定价：125.00 元

如遇图书印装质量问题,请与本社营销部联系调换,电话:(022)23508339

目 录

转变政府职能　优化政府职责体系 ………………………………… 1

一、转变政府职能是中国行政体制改革的核心内容，但转变依然在
路上 ………………………………………………………………… 1

二、建设服务型政府是转变政府职能的新阶段 ………………… 3

三、书写一张具有中国特色的"政府职责配置表"，是一项复杂而
艰巨的系统工程 ………………………………………………… 5

第一部分　政府职能转变与公共服务体系建设

政府职责体系建设情况研究报告 ………………………………… 11

一、2020 年政府职责体系建设现状综述 ……………………… 12

二、2020 年政府职责体系建设的研究现状综述 …………… 25

三、政府职责体系建设的现状分析与未来展望 …………… 33

四、报告要点 ……………………………………………………… 37

"放管服"改革研究报告 ……………………………………… 39

一、"放管服"改革现状综述 …………………………………… 40

二、"放管服"改革研究现状综述 …………………………… 49

三、"放管服"改革的展望与建议 …………………………… 52

四、报告要点 ……………………………………………………… 56

医疗保障制度体系建设研究报告 ……………………………… 59

一、2020 年医疗保障制度运行情况 ………………………… 59

二、2020 年医疗保障重点工作 ……………………………… 68

三、2020 年医疗保障制度体系建设研究综述 …………… 72

四、展望与分析 …………………………………………………… 75

五、报告要点 ……………………………………………………… 78

政府公共文化服务体系建设研究报告（2021） ……………………………81

　　一、2020 年政府公共文化服务体系建设情况梳理 ……………81

　　二、2020 年公共文化服务体系建设问题研究综述 ……………88

　　三、展望与分析 ……………………………………………………95

　　四、报告要点 ………………………………………………………97

第二部分　府际关系与行政区划改革

行政区划调整研究报告 ……………………………………………………101

　　一、2020 年行政区划调整的主要实践 …………………………101

　　二、2020 年行政区划研究现状综述 ……………………………107

　　三、展望与分析 …………………………………………………113

　　四、报告要点 ……………………………………………………114

纵向政府间关系研究报告 ………………………………………………116

　　一、2020 年纵向政府间关系发展现状综述 ……………………116

　　二、纵向政府间关系研究现状综述 ……………………………120

　　三、展望与分析 …………………………………………………125

　　四、报告要点 ……………………………………………………132

第三部分　公共财政与政府绩效管理

地方政府预算监督研究报告 ……………………………………………137

　　一、2020 年地方政府预算监督发展现状综述 …………………137

　　二、2020 年地方政府预算监督研究现状综述 …………………142

　　三、展望与分析 …………………………………………………147

　　四、报告要点 ……………………………………………………151

中央对地方专项转移支付研究报告 ……………………………………152

　　一、中央对地方专项转移支付体系现状 ………………………153

　　二、中央对地方专项转移支付研究现状综述 …………………160

　　三、中央对地方专项转移支付改革的展望与分析 ……………165

　　四、报告要点 ……………………………………………………167

中国政府绩效管理研究报告 ……………………………………………169

　　一、2020 年中国政府绩效管理发展现状综述 …………………169

　　二、2020 年政府绩效管理研究现状综述 ………………………176

三、展望与分析 ………………………………………………………………183

四、报告要点 …………………………………………………………………185

第四部分 政府治理方式变革与基层治理

政府与社会资本合作（PPP）发展研究报告 …………………………………189

一、2020 年政府与社会资本合作（PPP）发展情况 ……………………189

二、2020 年政府与社会资本合作（PPP）研究综述 ……………………194

三、政府与社会资本合作（PPP）发展展望 ………………………………201

四、报告要点 …………………………………………………………………204

中国城市基层治理报告（2020） …………………………………………205

一、2020 年中国城市基层治理发展现状 …………………………………205

二、2020 年中国城市基层治理研究现状 …………………………………211

三、中国城市基层治理发展的基本方向与未来展望 ……………………216

四、报告要点 …………………………………………………………………221

基层公共卫生体系改革研究报告 ………………………………………………223

一、2020 年基层公共卫生体系改革现状综述 …………………………223

二、基层公共卫生体系改革的研究综述 …………………………………228

三、基层公共卫生体系改革的展望与分析 ………………………………233

四、报告要点 …………………………………………………………………235

第五部分 政府改革热点与地方政府创新

昆明市政务服务体系建设课题调研报告 ………………………………………239

一、基本情况概述 ……………………………………………………………239

二、政务服务体系建设的经验与特色 ……………………………………240

三、政务服务体系建设面临的问题与挑战 ………………………………248

四、政务服务体系建设的完善思路及对策 ………………………………250

2020 年城市管理综合执法改革发展研究报告 ………………………………252

一、2020 年城市管理综合执法改革现状 ………………………………252

二、2020 年城市管理综合执法研究综述 ………………………………260

三、发展和展望 ………………………………………………………………264

四、报告要点 …………………………………………………………………269

公务员制度改革与发展研究报告···271
　　一、2020 年公务员制度发展现状综述·······························271
　　二、2020 年公务员制度研究现状综述·······························280
　　三、公务员制度发展展望···287
　　四、报告要点···287

第六部分　地方政府发展能力指数研究报告

中国地方政府发展能力指数报告（2021）·······················291
　　一、中国地方政府发展能力指数报告的特点·······················291
　　二、城市地方政府发展能力指数分析·······························297
　　三、年度热点：不同地区地方政府发展能力特征分析···············316

附　录

附录 1　2020 年习近平总书记关于政府发展的重要论述·············333
附录 2　中国政府发展基础数据···339
　　一、政府规模···339
　　二、预算主要指标···341
附件 3　2020 年政府发展政策法规一览（节选）·······················344
附件 4　2020 年政府发展大事记···348
附件 5　2020 年中国政府发展研究概览·································353

转变政府职能　优化政府职责体系

朱光磊

党的十九届四中全会通过的《中共中央关于坚持和完善中国特色社会主义制度 推进国家治理体系和治理能力现代化若干重大问题的决定》，在转变政府职能，建设人民满意的服务型政府的框架下，明确提出要"优化政府职责体系"。把"政府职责体系"的概念明确提升到如此位置，是前所未有的。这是党中央在科学总结历次行政体制改革经验和三十多年持续推动政府职能转变的基础上提出的一个重大战略规划，是央地关系调整认识史上的重要里程碑。这对于把国家治理水平提高到新的历史阶段，乃至对于整体经济社会发展，都将具有深远的意义。

一、转变政府职能是中国行政体制改革的核心内容，但转变依然在路上

大量文献表明，党中央在分析中国民主政治建设和政府发展时，总是把转变政府职能作为重要的实践基础和理论前置。因为，转变政府职能，是中国行政体制改革的核心内容，是经济体制改革和政治体制改革的"结合部"，也是正确处理政府与市场的关系、建立现代企业制度、机构改革、发展社会组织等多项改革的重要基础。比如，最简单的一个例子，如果没有政府职能转变，机构改革就是无源之水，改了的也还会退回去；而如果职能转变了，机构就不可能长期存续下去。

　　自 1986 年正式提出"政府机构管理经济的职能转变"①的概念以来，转变政府职能经历了三十多年的历程。到 20 世纪 90 年代中期，经济体制改革目标确立以后，我们对这一问题的认识就已达到了一定水平。进入 21 世纪以来，伴随加入世贸组织、"非典"爆发、环境问题的显性化，建设服务型政府成为转变政府职能的新阶段，围绕这一目标进行的"放管服"改革和行政审批制度改革成为转变政府职能的抓手和突破，对相关理论问题和具体实践的关注达到了新的高度，对行政体制的深度改革也就水到渠成了。

　　但是，与此同时，从"问题导向"的角度看，政府职能的转变依然"在路上"，速度和"到位率"不够理想。习近平总书记在党的十九届三中全会上指出，"政府机构职责分散交叉，政府职能转变还不彻底，中央地方机构上下一般粗问题突出"②，"一些政府机构设置和职责划分不够科学，职责缺位和效能不高问题凸显，政府职能转变还不到位"③。中国政府职能转变是一个非常具有现代性的重大理论问题，在世界上没有先例，也即是在没有多少理论积累的条件下，在计划经济和中国传统政治文化影响颇深的背景下来推动的。因此，对一些问题的认识和处理还不到位，也不为不正常。当前，这种认识上的不够准确、不太清晰，存在的偏差和局限，主要表现在对政府职能的界说比较混乱、缺乏细节性的认识等方面。在工作层面，转变政府职能同国家治理体系和治理能力现代化的要求也还不完全适应。这些问题或不足，主要表现在以下几方面。

　　第一，关注机构和体制的破立较多，对逻辑起点、中介环节和运行效果等问题的关注不够。职能是机构的逻辑起点，职能转变是机构改革的主要依据，机构是职能的载体。当前关于机构改革的一些认识，尚未抓住问题要害，还是就机构谈机构，影响了改革的协同性和全局性。同时，对机制建设的重要作用认识不充分，通过机制调整来补充体制改革的意识不强，举措不多，改革成本过高。

　　第二，关注原则性问题较多，对细节和具体举措认识不够。中文语境下的"政府"是一个内涵较复杂的概念，既可指称国家机构的总体，又可专指行政机关；"职能"其实也是一个结构性概念，有宽口径的要素，也有窄口径的要素，

---

　　① 在"关于第七个五年计划的报告"中有"充分认识政府机构转变管理职能和改进工作作风的重要性"的小标题，其中有"为了适应国家对企业的管理由直接控制为主转向间接控制为主的要求，政府机构管理经济的职能也要相应地转变"的内容。（参见十二大以来重要文献选编（中）[M]．北京：人民出版社，1986：958．）

　　② 习近平．关于深化党和国家机构改革决定稿和方案稿的说明//《中共中央关于深化党和国家机构改革的决定》《深化党和国家机构改革方案》辅导读本 [M]．北京：人民出版社，2018：78．

　　③《中共中央关于深化党和国家机构改革的决定》《深化党和国家机构改革方案》辅导读本 [M]．北京：人民出版社，2018：3．

前者如需要政府处理的社会关系，后者如政府必须履行的具体职责。但是，长期以来，对"政府职能"概念不作逻辑划分，相关说法过于笼统，认识还处在"哲学化"的层次上，自然就难以操作。特别是对政府纵向间关系的认识还不算很清楚，对纵向上的核心问题抓得不够准确，实质性改革内容不多。这都不利于深度理解和有针对性地解决转变政府职能的相关问题。

第三，观念更新的速度还比较慢。转变政府职能，既需要实践层面的有效推动，也需要在思想理论上更新观念。比如，"上下一般粗"是机构改革长期不到位和"条块矛盾"迟迟没有化解迹象的症结之所在，但实务界对其体制基础和思想理论根源，一直没有进行真正的探索。相信这次在习近平总书记的推动下，必将打开局面，带动实务界关于政府职能转变和机构改革观念的更新。

总的来看，转变政府职能的相关工作，在一定程度上存在着顾此失彼的现象，系统性和协同性不够。地方政府职责错位与五级政府"职责同构"现象并存，模式调整滞后于经济社会发展，似乎很多事情并没有真正想好。深化政府改革，切实加快转变政府职能，包括推动地方政府创新、推动"放管服"改革等工作，需要具有更加系统性、框架性和引领性的理论创新指导实践，特别是需要构建符合中国实际，在法理上又讲得通的具有中国特色的政府职责体系系列。这是对新时代中国政府发展路径的再思考。

二、建设服务型政府是转变政府职能的新阶段

构建政府职责体系，不是为体系而体系；我们需要一张政府职责体系表，但目的不是要一张表。构建政府职责体系是以对政府职能转变，特别是对政府主要职能的变化规律的把握为基础的，因为政府职责体系在架构上肯定是有主线、有核心的，不同的职能、职责在特定的历史时期的地位和作用是不同的，它们在执政党所理解和秉持的治理理念中的位置也会是不同的。在治理水平的初级阶段，国家的主要治理主体可能没有充分地意识到这个问题，但不等于这个问题不存在、不重要。

从政府职能转变的实践和研究历程来看，中国是先有"转变政府职能"的实践要求和提法，之后才有对转变政府职能的理论研究。因此，政府理论研究具有相对于社会实践的被动性。但可喜可贵的是，三十年多来，我们做到了对实践中出现的课题的及时反思与总结，对职能的认识和对"转变"的理解，在不断深化和更加清晰。在管理型政府、经济发展型政府的许多重要方面和重要特点需要长期存在、长期保留，而同时管理型政府、经济发展型政府在全面履

职方面的不足，不能适应社会生活的巨大变迁的情况下，从 20 世纪 90 年代起，服务型政府的概念呼之欲出，研究工作的焦点越来越明显地在向逐步调整中国政府的主要职能和完善政府过程的方向靠拢。2002 年党的十六大提出了深化行政管理体制改革的任务，首次明确了经济调节、市场监管、社会管理和公共服务是社会主义市场经济条件下政府的四项基本职能。2003 年"非典"的爆发，从反响给出了巨大的推动力，服务型政府建设正式成为对中国政府发展的确切定位。2007 年党的十七大以"建设服务型政府"作为行政管理体制改革的核心，进一步推出了"健全政府职责体系"的提法。只是限于当时的主客观条件，这个重要概念一度没有引起人们的足够注意。

党的十八大以来，在全面深化改革的大背景下，关于转变政府职能的认识和实践都在不断深化。党的十八大对新阶段的行政体制改革作出部署，提出"建设职能科学、结构优化、廉洁高效、人民满意的服务型政府""稳步推进大部门体制改革，健全部门职责体系"①等与转变政府职能密切相关的改革内容。2013年的机构改革是落实党的十八大关于行政体制改革部署的重要内容。"国务院机构改革和职能转变方案"，不仅第一次在名称中突显了职能转变的地位，而且在内容上也安排相当篇幅作了具体安排。改革内容涉及处理好政府与市场、政府与社会、中央与地方关系，行政审批制度改革、完善国务院机构职能体系等多项内容。这表明，中央对于政府职能转变概念内涵及其与机构改革、行政体制改革关系的认识更为深入，更为全面，抓住了改革的"牛鼻子"。

党的十八届三中全会在《中共中央关于全面深化改革若干重大问题的决定》（以下简称《决定》）中专门强调了"加快转变政府职能"的相关内容。《决定》明确提出要全面正确履行政府职能："加强中央政府宏观调控职责和能力，加强地方政府公共服务、市场监管、社会管理、环境保护等职责""最大限度减少中央政府对微观事务的管理""直接面向基层、量大面广、由地方管理更方便有效的经济社会事项，一律下放地方和基层管理"。②这就第一次对于中央和地方的差异性职责作了区分，第一次将"公共服务"放置于地方政府职责的首位，第一次将"环境保护"作为地方政府的一线职责。相较于此前对政府职能的十六字概括，《决定》对政府职能分作两层次的论述，这是对于政府职能结构与核心更为清晰的认识，既是理论突破，也在实践上更加贴近服务型政府建设的主题。

---

① 十八大以来重要文献选编（上）[M]. 北京：中央文献出版社，2014：16.
②《中共中央关于全面深化改革若干重大问题的决定》辅导读本 [M]. 北京：人民出版社，2013：17-18.

此后，财政、国防、外交、基本公共服务等领域的改革方案陆续出台，并且大多具有合理划分政府纵向间事权和责任的内容。这一阶段的职能转变明显以"放管服"改革为抓手，以行政审批制度改革为突破口，既要求做好简政放权的"减法"，又要求做好加强监管的"加法"和优化服务的"乘法"，实现审批更简、监管更强、服务更优。同时，将清单管理制度作为巩固职能转变和"放管服"改革成效的制度保障，相继推行了省市县三级政府部门权力和责任清单、市场准入负面清单。这表明关于转变政府职能的认识由关注职能内涵拓展到了明确核心职能与职能边界，由关注职能本身拓展到了构建职责体系，把服务型政府建设放到了更高的位置上。

总之，服务型政府就是以公共服务为主要职能的政府。在党的十九大上，习近平总书记作了这样一个关键性的概括："转变政府职能，深化简政放权，创新监管方式，增强政府公信力和执行力，建设人民满意的服务型政府。"在这句话中，转变职能是基础，放权和监管是手段，提高公信力和执行力是要求，人民满意是宗旨，建设服务型政府是方向。如果再加上同时提出的要"科学配置党政部门及内设机构权力、明确职责"，加上本轮机构改革方案中提出的调整优化职能、科学设置央地事权、理顺央地职责关系、合理设置配置各层级机构、规范央地权责和事权关系等内容，构建和优化以公共服务为核心的政府职责体系这一战略目标就呼之欲出了。

三、书写一张具有中国特色的"政府职责配置表"，是一项复杂而艰巨的系统工程

党的十七大、十八大、十九大以来一以贯之的关于在转变政府职能和全面深化行政体制改革基础上构建政府职责体系的构想，是新中国人民政权建设史上一项宏伟、巨大、复杂的工程，党的十九届四中全会又画龙点睛地把这一工程放到了提高治理体系和治理能力现代化的高度上。

政府职责体系，是指在一个国家的范围内，所有政府和政府部门所承载的职责，为服务于一定的政治、经济和社会关系，按照宪法、政府组织法的规定，按照国家总体与部分之间的内在逻辑关系，为实现国家机构要素之间的相互制约关系和便利政府运行而组成的有机整体。合理确认各级政府职责是实现科学有效治理和切实转变政府职能的体制机制保证。全面深化改革的总目标是完善和发展中国特色社会主义制度，推进国家治理体系和治理能力现代化。构建政

府职责体系，是在新时期把转变政府职能和国家治理水平提升到新阶段的重要技术支撑。

构建政府职责体系是一个涉及领域众多，系统性和综合性都很强，在一定程度上说，就是对在历史上林林总总交织在一起的需要政府处理的社会关系和工作任务"去交织化"的过程。现在，作为构建政府职责体系的初期阶段，重点需要在明确概念的基础上，集中思考和理顺一下若干重要关系。

一是要处理好政府职责的"内部划分"与"外部划分"、"横向划分"与"纵向划分"的关系。20 世纪 80 年代以来，关于政府职能的认识发展和改革实践主要集中在"外部划分"上，即明确政府和市场职责边界划分是关注的重点，近年来推动的以"放管服"改革为代表的一系列举措更是为做好"外部划分"提供了重要实践平台。政府职责的"内部划分"和"外部划分"同等重要。在"内部划分"中还要处理好"横向划分"和"纵向划分"的关系，其中"纵向划分"对中国更重要一些。长期以来，关于政府职责内部"纵向划分"的认识盲区和误区较多，因此是首先需要研究透的内容。

二是处理好"央地权力划分"与"纵向府际权力划分"的关系。之所以在"纵向划分"方面进展迟缓，一些重要关系总是理不顺，政府职能迟迟不能转变到位，关键是因为对"央地关系"和"纵向间府际关系"概念认识不到位，将中央与地方关系简单理解为中央和省的关系，对省以下地方政府的特殊意义考虑不够。实际上，就人口、面积、经济体量等因素而言，中国的省份大多都相当于中等以上规模国家，省域内需要专门解决的问题很多，每一级政府的管理层次和幅度都有差异，不能大而化之。我们要跳出只谈中央和省的关系的思维定式，将思路拓展到各级政府纵向间关系，从更开阔的视域中思考和处理纵向间府际权力划分问题。

三是处理好"分解"与"归堆儿"的关系。对政府职责作适当分解，明确不同层级不同类别政府在具体工作中的事权划分，是很有必要的。但是，要防止将政府职责分得过细，避免对事权作过碎的分割。职责同构面临着许多难题，但不少国家的职责异构也有其局限性。然而，我们在职责划分和体系构建过程中，将相邻层次的地方政府的同类别事权适当"归堆儿"是完全必要的，也即在要保证国家政令统一的基础上，明确各层次的职责重点，做到既能够各负其责，又能够上下衔接。

四是处理好"放权""收权"与"确权"的关系。长期以来，关于纵向间府际关系的认识主要着眼于"分权"与"集权"、"放权"与"收权"这两方面，相关实践探索也主要围绕这两对关系进行动态调整，由此导致纵向间府际关系调整长期徘徊，理论上也难有实质性突破。实际上，改革不等于放权，集中不等于集权，简单强调"放权""收权"都不能从根本上解决问题。如果变化一个思路，不过于强调"放""收"和"集""分"，也不简单强调事实上难以做到的"平衡"，而是鼓励国家治理主体"坐下来"，在坚持国家利益一致性的前提下，在民主和法治的框架下，以"确"的方式，确认各级政府职责配置，实现政府间事权、职责和利益的科学合理归位，真正做到"确权"，在此基础上构建政府职责体系，进而形成相应的"政府职责配置表"。

完成这一工程需要时间，需要党中央的集中统一领导和国家权力机构、国家行政机关的统筹努力，特别是需要有发展与规划、机构与编制、财政与税收、政权建设与行政区划、法制与司法事务等部门长期持续的调研和工作积累，也需要有专业、严肃、系统的相关科学研究工作的稳定配合。可喜的是，以 2016 年《关于推进中央与地方财政事权和支出责任划分改革的指导意见》、2018 年《基本公共服务领域中央与地方共同财政事权和支出责任划分改革方案》为代表，就形成"中央领导、合理授权、依法规范、运转高效的中央与地方财政事权和支出责任划分模式"提出了很有新意的思路，后者还制定了《基本公共服务领域中央与地方共同财政事权清单及基础标准、支出责任划分情况表》。这些重要举措表明，政府职责体系建设的前期工作正在积极推进中。

当下，合理确权的一项重要工作是建立健全权责清单制度，从而进一步明确政府职责外延。这是构建职责体系的基础性制度设计和过渡性制度创新，是行政立法的重要补充。具体而言，是指在建立健全清单制度时，先做各层级各类别政府在权责领域的"小清单"，梳理明确所保留的具体职权事项，再按照"分层归类"的思路制定权力清单和责任清单。今后，为进一步强化对行政职权的监督和制约，还应探索建立监管事项清单。此外，政府也要敢于向社会开出"负面清单"，明确公私边界，方便群众办事生活。

构建政府职责体系不是简单地强调"授权"与"分权"，而是要从"集""分"与"收""放"的循环和职责同构的传统管理思路中解脱出来，根据需要和可能，做到在党中央的领导下，政府工作"有放有收，按层归类，重理职责，形成体系"，最终书写出一张具有中国特色的"政府职责配置表"。这是转变政府职能工作真正到位的具体体现，也是中国政府发展的新方位。

作者单位：南开大学周恩来政府管理学院

第一部分

政府职能转变与公共服务体系建设

政府职责体系建设情况研究报告

张志红

构建合理有效的政府职责体系是中国政府发展面临的核心议题之一。自党的十八届三中全会通过《中共中央关于全面深化改革若干重大问题的决定》以来，政府职责体系建设更加注重职责配置在政府层级间的细致划分、在建设标准上的合理划定以及在实践手段上的创新突破。以不同层级政府之间的财政事权配置为核心的央地关系调整深入拓展到不同领域和具体事务之中，以"放管服"和行政审批制度改革为抓手的转变政府职能实践在平衡政府"退出"与有效监管之间进行了新的探索实践，以互联网等智能技术为主的数字化手段在提供创新建设路径的同时也带来了新的治理困扰。政府职责体系构建一方面依循着既定改革方向与发展规律稳步前进，另一方面在环境变化与要素调整中进行着特殊摸索与创新突破。

2020 年的政府职责体系建设整体呈现出内容深化、流程细化与手段创新等三个方面特征。值得注意的是，在疫情抗击与常态化防控的总体态势之下，疫情这一情景变量的介入不仅影响着职责构建的具体实践选择，也促使职责配置中部分要素的作用更加凸显。无论是财政资金直达机制这一特殊举措的实施与落实，还是技术要素应用于职责配置步伐的明显加快，这些独特现象的出现为丰富政府间关系的形态提供着新的例证与说明。基于实践的总体发展与特殊变化，本报告将延续既往思路，梳理并总结 2020 年政府职责体系建设的具体进程与理论进展，并在此基础上对政府职责体系构建的未来发展作出展望分析。

一、2020 年政府职责体系建设现状综述

2020 年，政府职责体系的建设调整主要体现为调整内容的不断深化、建设流程的不断细化与构建手段的发展创新。整体而言，以央地财权和事权配置为主要内容的中央与地方关系调整，实现了在具体领域的深入发展。与此同时，在国家治理体系现代化的建设过程中，自上而下的跨越层级的央地直接互动的特殊现象，呈现出中央在职责构建过程中的主动姿态与灵活控制。此外，在厘清权责边界的同时，党和国家逐渐重视以督查、问责等方式倒逼职责配置工作的推进，强调以技术赋能配合职责配置工作，并尝试以制度化方式与体系化建设将这些形式加以固定，为审视和调整政府职责体系提供了新的观察路径和辅助手段。具体而言，政府职责体系的实践进展主要体现为以下三个方面。

（一）内容深化：事权配置与"两端互动"下的央地关系调整

央地关系是政府职责配置中的一组核心变量。在合理调整央地关系、充分发挥两个积极性的基本设定下，如何实现中央与地方权责关系的有效配置，进一步明确央地财权事权和支出责任划分，成为央地关系改革调整的重要内容。2020 年，央地关系调整承接既往改革基础，扩展了事权配置的具体领域，并同时呈现出中央与基层两端直接互动的独特样态，体现出中央主动性作为与地方自主性增强两者之间的创新平衡之道。

遵循既定发展方向，央地事权调整得到了进一步的明确。2016 年，国务院发布《国务院关于推进中央与地方财政事权和支出责任划分改革的指导意见》。基于这一规划安排，国务院于 2020 年加快改革步伐，分别在 5 月、6 月和 7 月就生态领域、公共文化领域、自然资源领域及应急救援领域的中央与地方财政事权和支出责任划分作了明确规定。其中，《生态环境领域中央与地方财政事权和支出责任划分改革方案》对生态环境规划制度制定、生态环境监测执法、生态环境管理事务与能力建设、环境污染防治和生态环境领域其他事项等方面的事权进行了明确划定（见表 1）；《公共文化领域中央与地方财政事权和支出责任划分改革方案》对基本公共文化服务、文化艺术创作扶持、文化遗产保护传承、文化交流和能力建设共五大方面、九个具体领域的事项进行了细致规定（见表 2）；《自然资源领域中央与地方财政事权和支出责任划分改革方案》就自然资源调查监测、自然资源产权管理、国土空间规划和用途管制、生态保护修复、自然资源安全、自然资源领域灾害防治和其他事项共七个方面、九个具体领域事项进行了清晰划分（见表 3）；《应急救援领域中央与地方财政事权和支出责

任划分改革方案》将预防与应急准备、灾害事故风险隐患调查及监测预警、应急处置与救援救灾共三个方面、八个具体领域的事项进行了优化设定（见表4）。四项改革方案要求配套推进省以下相关领域的改革，为各层级政府的权力行使、责任履行与效用发挥提供了切实明晰的制度依据。

表 1　生态环境领域中央与地方财政事权和支出责任划分情况表

财政事权事项		主要内容	支出责任及分担方式
中央财政事权	生态环境规划制度规定	国家、跨区域、重点流域和影响较大的重点区域的生态环境规划；国家应对气候变化规划制定	中央承担支出责任
	生态环境监测执法	国家生态环境监测网的建设与运行维护，生态环境法律法规和相关政策执行情况及生态环境质量责任落实情况监督检查，全国性的生态环境执法检查和督察	中央承担支出责任
	生态环境管理事务与能力建设	国务院有关部门负责的规划和建设项目的环境影响评价管理及监管，全国性的重点污染物减排和环境质量改善等生态文明建设目标评价考核，入河入海排污口设置管理等，生态环境宣传教育，意义重大、生态受益范围广泛的生态保护修复的指导协调和监督，核与辐射安全监督管理，国家重大环境信息的统一发布，生态环境相关国际条约履约组织协调等	中央承担支出责任
	环境污染防治	跨国界水体污染防治	中央承担支出责任
	生态环境领域其他事项	研究制定生态环境领域法律法规和国家政策、标准、技术规范等	中央承担支出责任
		国际合作交流有关事项	按外交领域改革方案执行
中央与地方共同财政事权	环境污染防治	放射性污染防治，影响较大的重点区域大气污染防治，长江、黄河等重点流域以及重点海域、影响较大的重点区域水污染防治等	中央与地方共同承担支出责任
		长江、黄河等跨区域生态环境保护和治理	中央与地方共同承担支出责任，适当加强中央事权

财政事权事项		主要内容	支出责任及分担方式
地方财政事权	生态环境规划制度制定	其他生态环境规划制定	地方承担支出责任
	生态环境监测执法	地方性的生态环境监测、执法检查、督察	地方承担支出责任
	生态环境管理事务与能力建设	地方规划和建设项目的环境影响评价管理及监管，地方性的重点污染物减排和环境质量改善等生态文明建设目标评价考核，辐射安全监督管理等，生态受益范围地域性较强的地方性生态保护修复的指导协调和监督，地方行政区域内控制温室气体排放等	地方承担支出责任
	环境污染防治	土壤污染防治、农业农村污染防治等地方性大气和水污染防治	地方承担支出责任，中央财政通过转移支付给予支持
		噪声、光、恶臭、电磁辐射污染防治	地方承担支出责任
	生态环境领域其他事项	研究制定生态环境领域地方性法规和地方政策、标准、技术规范等	地方承担支出责任
		国际合作交流有关事项	按外交领域改革方案执行

资料来源：参见《国务院办公厅关于印发生态环境领域中央与地方财政事权和支出责任划分改革方案的通知》（国办发〔2020〕13号）。

表2 公共文化领域中央与地方财政事权和支出责任划分情况表

财政事权事项		主要内容	支出责任及分担方式
中央财政事权	文化艺术创作扶持	中央职能部门组织实施或支持开展的事项	中央承担支出责任
	文化遗产保护传承	中央职能部门组织实施的物质文化遗产保护工作	中央承担支出责任
		中央职能部门组织实施的国家级非物质文化遗产代表性项目和传承人传习活动等	中央承担支出责任
	文化交流	中央职能部门组织实施的对外及对港澳台文化交流合作	中央承担支出责任
		中央职能部门组织实施的海外中国文化中心建设	中央承担支出责任

财政事权事项		主要内容	支出责任及分担方式
中央财政事权	能力建设	按照隶属关系，对中央级公共文化机构改革和发展建设的补助	中央承担支出责任
		按照隶属关系，中央职能部门及所属机构承担的公共文化管理事项	中央承担支出责任
中央与地方共同财政事权	基本公共文化服务	基层公共文化设施免费或低收费开放	博物馆、纪念馆、公共图书馆、美术馆、文化馆（站）、全国爱国主义教育示范基地免费开放	中央与地方分档按比例分担。其中第一档为8:2；第二档为6:4；第三档为5:5；第四档为3:7；第五档为1:9
			公共体育场馆免费或低收费开放	中央与地方共同承担支出责任，中央财政根据大型体育场馆开放数量、补助标准、绩效情况等确定对地方转移支付资金
		其他基本公共文化服务事项	国家基本公共文化服务指导标准涉及的读书看报、收听广播、观看电视、送地方戏、文体活动等其他事项	中央与地方共同承担支出责任，中央财政根据基本公共文化服务工作任务量、补助标准、绩效情况、财力状况等统筹确定对地方转移支付资金
	文化艺术创作扶持		中央确定并由中央职能部门、地方共同组织实施或支持开展的事项	中央与地方共同承担支出责任，按照相关职责分工分别承担支出责任
	文化遗产保护传承	物质文化遗产保护	纳入国家物质文化遗产保护有关规划，由地方组织实施的物质文化遗产保护、考古等事项	中央与地方共同承担支出责任，中央财政根据保护需求、工作任务量、绩效情况、财力状况等确定对地方转移支付资金
		非物质文化遗产保护	地方组织实施的国家级非物质文化遗产代表性项目和传承人传习活动、文化生态保护区保护等	中央与地方共同承担支出责任，中央财政根据保护需求、工作任务量、绩效情况、财力状况等确定对地方转移支付资金

续表

财政事权事项		主要内容	支出责任及分担方式
中央与地方共同财政事权	文化交流	中央职能部门、地方共同组织实施的对外及对港澳台文化交流合作事项	中央与地方按相关职责分工分别承担支出责任
		中央职能部门指导地方组织实施的海外中国文化中心建设事项	中央与地方按相关职责分工分别承担支出责任
地方财政事权	文化艺术创作扶持	地方确定并由地方组织实施或支持开展的事项	地方承担支出责任
	文化遗产保护传承	其他物质文化遗产保护事项	地方承担支出责任
		地方组织实施的省级及以下非物质文化遗产代表性项目和传承人传习活动、文化生态保护区保护等	地方承担支出责任
	文化交流	地方组织实施的对外及对港澳台文化交流合作事项	地方承担支出责任
	能力建设	对地方级公共文化机构改革和发展建设的补助	地方承担支出责任
		地方职能部门及所属机构承担公共文化管理事项	地方承担支出责任

资料来源：参见《国务院办公厅关于印发公共文化领域中央与地方财政事权和支出责任划分改革方案的通知》（国办发〔2020〕14号）。

表3　自然资源领域中央与地方财政事权和支出责任划分情况表

财政事权事项			主要内容	支出责任及分担方式
中央财政事权	自然资源调查监测		全国性自然资源信息系统的建设与运行维护，全国性、跨区域/海域的基础性、公益性、战略性地质调查，国家基础测绘和地理信息管理，重大测绘地理信息工程的组织实施等	中央承担支出责任
	自然资源产权管理	自然资源确权登记	国家不动产登记信息系统的建设与运行维护，中央政府直接行使所有权的全民所有自然资源确权登记和权籍调查，国务院部门直接负责的不动产登记和权籍调查，国务院部门直接负责的权属争议调查处理等	中央承担支出责任

续表

财政事权事项			主要内容	支出责任及分担方式
中央财政事权	自然资源产权管理	自然资源有偿使用和权益管理	中央政府直接行使所有权的全民所有自然资源资产的统筹管理	中央承担支出责任
	国土空间规划和用途管制	国土空间规划	完善主体功能区战略和制度，全国性、跨区域的国土空间规划及相关专项规划的编制和监督实施，省级国土空间规划和需报国务院审批的城市国土空间总体规划的审查，监督地方各级国土空间规划实施等	中央承担支出责任
		用途管制	全国性国土空间用途管制，全国性自然资源年度利用计划管理，全国土地征收转用监督管理等	中央承担支出责任
	生态保护修复		对维护国家生态安全屏障具有重要的全局性和战略性意义、生态受益范围广泛的生态保护修复	中央承担支出责任
	自然资源安全		战略性矿产资源调查，中央政府直接行使所有权的海域、无居民海岛保护监管，全国性自然资源节约集约利用评价考核，自然资源领域国际合作和履约，公海、国际海底和极地相关国际事务管理等	中央承担支出责任
	自然资源领域灾害防治		全国地质灾害防治的组织协调和监督指导，全球海平面变化及影响评估，参与重大海洋灾害应急处置等	中央承担支出责任
	自然资源领域其他事项		研究制定自然资源领域法律法规，全国性及重点区域的战略规划、政策、标准、技术规范等	中央承担支出责任
			督察地方落实重大决策部署及法律法规执行情况，自然资源部直接管辖和重大复杂的执法检查、案件查处等	中央承担支出责任
中央与地方共同财政事权	自然资源调查监测		全国性自然资源调查监测的组织实施，海域海岛调查，海洋生态预警监测，全国卫星导航定位基准服务系统建设与运行维护、安全监管等	中央与地方共同承担支出责任

续表

财政事权事项			主要内容	支出责任及分担方式
中央与地方共同财政事权	自然资源产权管理	自然资源有偿使用和权益管理	中央政府委托地方政府代理行使所有权的全民所有自然资源资产的统筹管理，全民所有自然资源资产的清查统计等管理事务，自然资源政府公示价格体系建设和等级价格监测，自然资源市场监管和动态监测等	中央与地方共同承担支出责任
	国土空间规划和用途管制	空间规划	空间管控边界以及各类海域保护线的划定，资源环境承载能力和国土空间开发适宜性评价等	中央与地方共同承担支出责任
		用途管制	受全国性国土空间用途管制影响而实施的生态补偿	中央与地方共同承担支出责任
	生态保护修复		对生态安全具有重要保障作用、生态受益范围较广的重点生态保护修复等	中央与地方共同承担支出责任
			国家公园建设与管理的具体事务	分类确定，中央与地方分别承担相应的支出责任
	自然资源安全		全国耕地和永久基本农田保护监管，国家版图与地理信息安全，中央政府委托地方政府代理行使所有权的海域、无居民海岛保护监管，跨区域特别重大野生动植物疫病监测防控等	中央与地方共同承担支出责任
	自然资源领域灾害防治		因自然因素造成的特大型地质灾害综合治理，重点区域地质灾害调查评价、监测预警等综合防治体系和防治能力建设，地质灾害应急救援的技术支撑及应急测绘保障工作，跨国境跨区域和重点国有林区、中央直接管理和中央与地方共同管理的国家级自然保护地等	中央与地方共同承担支出责任
地方财政事权	自然资源调查监测		地方性的自然资源调查监测的组织实施、自然资源信息系统的建设与运行维护、基础测绘及地理信息管理，地方基础性、公益性、战略性地质调查等	地方承担支出责任

财政事权事项			主要内容	支出责任及分担方式
地方财政事权	自然资源产权管理	自然资源确权登记	中央政府委托地方政府代理行使所有权的全民所有自然资源确权登记和权籍调查，地方政府部门负责的不动产登记和权籍调查、权属争议调查处理等	地方承担支出责任
		自然资源有偿使用和权益管理	法律授权省级、市（地）级或县级政府代理行使所有权的特定全民所有自然资源资产管理	地方承担支出责任
	国土空间规划和用途管制	空间规划	地方性国土空间规划及相关专项规划的编制和监督实施，相关规划、战略和制度明确由地方落实的任务	地方承担支出责任
		用途管制	地方性国土空间用途管制、自然资源年度利用计划管理，地方行政区域内土地征收转用的管理和具体实施，受地方性国土空间用途管制影响而实施的生态补偿等	地方承担支出责任
	生态保护修复		生态受益范围地域性较强的其他生态保护修复	地方承担支出责任
			国家公园建设与管理的具体事务	中央与地方分别承担相应的支出责任
	自然资源安全		地方行政区域内的土地、矿产等自然资源节约集约利用，林业地方优势特色产业发展	地方承担支出责任
	自然资源领域灾害防治		因自然因素造成的其他地质灾害综合治理，地方地质灾害风险调查等防灾减灾工作，地方行政区域毗邻海域的海洋观测预报等	地方承担支出责任
	自然资源领域其他事项		研究制定自然资源领域地方性法规、规划、政策、标准、技术规范等	地方承担支出责任
			其他自然资源领域督察、执法检查、案件查处	地方承担支出责任

资料来源：参见《国务院办公厅关于印发自然资源领域中央与地方财政事权和支出责任划分改革方案的通知》（国办发〔2020〕19 号）。

表 4　应急救援领域中央与地方财政事权和支出责任划分情况表

财政事权事项			主要内容	支出责任及分担方式
中央财政事权	预防与应急准备	应急管理制度建设	研究制定应急救援领域法律法规和国家政策、标准、技术规范，国家级规划编制、总体应急预案，应急预案综合衔接，中央部门直接组织的全国性应急预案演练等	中央承担支出责任
		应急救援能力建设	国家应对特别重大灾害和事故协调联动机制建设、国家性的综合性消防救援队伍管理、应急指挥总部建设与运行维护、应急物资储备等	中央承担支出责任
		安全生产监督管理	中央部门负责的国家安全生产综合监督管理，对地方安全生产工作的指导协调服务和监督检查，中央部门直接组织的安全生产巡查等监督工作，国家煤矿安全生产准入制度的组织实施和监督等	中央承担支出责任
		应急宣传教育培训	中央部门直接组织开展的全国性应急宣传教育培训工作	中央承担支出责任
	应急处置与救援救灾		特别重大事故调查处理，特别重大自然灾害调查评估，安全生产类、自然灾害类等突发事件的国际救援	中央承担支出责任
中央与地方共同财政事权	预防与应急准备	应急救援能力建设	国家区域应急救援中心建设与运行维护、国家综合性消防救援队伍建设、国家级专业应急救援队伍建设	中央与地方共同承担支出责任
		应急管理信息系统建设	全国统一的应急管理信息系统建设	按照相关职责分工分别承担支出责任
	灾害事故风险隐患调查及监测预警	灾害事故风险隐患调查	全国灾害事故风险调查和重点隐患排查	中央与地方按照相关职责分工分别承担支出责任
		灾害事故监测预警	国家自然灾害、安全生产及火灾监测预警体系建设	中央与地方按照相关职责分工分别承担支出责任
	应急处置与救援救灾		煤矿生产安全事故调查处理、国家启动应急响应的特别重大灾害事故应急救援救灾等	中央与地方共同承担支出责任

财政事权事项			主要内容	支出责任及分担方式
地方财政事权	预防与应急准备	应急管理制度建设	研究制定应急救援领域地方性法规和政策、标准、技术规范，地区性规划编制，地方应急预案编制，地方应急预案演练等	地方承担支出责任
		应急救援能力建设	地方应急救援队伍建设、应急避难设施建设、地方应急物资储备	地方承担支出责任
		安全生产监督管理	地方性的安全生产监督管理事项	地方承担支出责任
		应急宣传教育培训	地方组织开展的应急宣传教育培训工作	地方承担支出责任
	应急处置与救援救灾		其他事故调查处理、自然灾害调查评估、灾害事故应急救援救灾等	地方承担支出责任

资料来源：参见《国务院办公厅关于印发应急救援领域中央与地方财政事权和支出责任划分改革方案的通知》（国办发〔2020〕22号）。

除了对四个主要领域的事权配置进行细致梳理之外，在具体调整过程中，党和国家也更加注重对牵涉部门与相关层级政府职责的针对性规定，真正做到权责配置的因时制宜与灵活调整。例如，在土地出让收入使用范围调整、社会救助制度完善、现代环境治理体系构建等具体政策安排之中，对有关各层级政府的资金统筹与调节机制设定，各层级、各部门的权责边界与职责范围等内容都一并进行了详尽说明，体现出政府职责配置的细致性、针对性与深入性发展，也在边界划分的过程中规范了地方的自主权限与发展空间。

在规律性的职责配置过程中，央地关系调整中的一些特殊现象释放出中央主动作为的发展信号，以督查、试点和特殊财政转移机制为代表的创新实践呈现出中央跨越行政层级与基层政府直接互动的央地关系新样态，既彰显出中央面临特殊发展问题时的积极性与灵活性，也倒逼着基层以上政府深入推进权责配置的规范和理顺过程。具体而言，这主要体现为三个方面。

一是财政资金直达机制的有效落实与常态化运行。财政资金直达机制是2020年在疫情环境影响下推行的一项特殊转移支付机制。这项机制通过建立从源头到末端，中央"一竿子插到底"的快速通道，实现中央财政资金直达市县基层，直接惠企利民的政策目标。其中，省级政府作为"过路财神"，主要承担资金监管和财力下沉两项职责。这种中央与基层直接连通的财政转移支付机制，既推动了财力的切实下沉与精准投放，也加强了中央对资金使用的监管力度，为疫情冲击下稳定经济发展、保障基层运转提供了高效的支持。当前，基于业已建立的运行机制与工作流程，财政资金直达机制正在尝试通过直达资金与共同事权转移支付的链接，部门协调工作机制的完善，资金监控系统的强化和直达机制嵌入预算管理流程等举措，实现特殊机制的常态化运行。

二是中央与基层在政府督查过程中的呼应和互动。督查作为一种政策监控手段，是推动政策落地、工作落实的必要辅助力量。国务院自 2013 年首次推行专项督查以来，至 2020 年已进行了七次大督查行动。政府督查直指政策执行的"最后一公里"难题，推动中央直接深入现场一线，直接回应基层呼声，实现了政务信息传输在行政层级上的时空压缩，形成了中央与基层联动，倒逼中间层级政府规范权责边界、理顺职权配置的政府间关系互动形态，也加深了中央对地方发展难点、痛点问题的直接了解与深入把握。

三是中央与地方权责边界在试点工作中的调适探索。2020 年，国家级新区，高新技术开发区，北京、湖南、安徽等地的自由贸易试验区与深圳中国特色社会主义先行示范区综合改革的试点工作相继开展与深入推进，为央地关系的调适探索提供了更多的试验空间。整体而言，央地关系的调整动向主要体现为两个方面。一方面，中央基于对地方的特殊性定位，赋予试点地区诸如省级、市级权限更多自主权，探索权责下放的范围和程度边界，在一定程度上突破了既有的管理等级的限制；另一方面，央地关系在实践过程中实现了渐进调整和重新规范，试点工作的开展重新对省级及以下政府的职责定位进行了明确规定，体现出特定空间下中央与地方关系的调整和试验过程。

总之，以央地关系调整为主要维度的职责体系建设实践既呈现出规律性配置的发展态势，也体现出跨越层级的特殊形态探索。如果说政府权责在层级间的规律性配置在既定框架下给予了地方更多自主权，调动了地方发展的积极性，那么督查、试点与直达机制中央地关系的"两端互动"则更多体现出中央的积极姿态与主动作为，彰显出中央层面的积极性。当然，自上而下的两端互动，实际上也是对于中间层级政府的多维辖制。

（二）流程细化：政府督查与问责机制中的职责重新理顺

作为一项政府发展举措，职责体系建设本身也需要一个落地过程。职责配置的划定方案与权责清单为职责体系建设指明了一定的调整方向，政府督查与问责机制的实施则为最终落实提供了必要的"回头看"与再梳理机制。对于这两者的不断强调有利于对职责配置过程的不断规范与适时调整，在实践中规范权责边界，体现出职责体系建设在实践流程上的扩展与细化。

政府督查作为一种内部监督手段，为规范与理顺政府职责边界提供了新的政策工具。从督查的功能来看，作为一种政策监控手段，政府督查为推动政策落地和责任落实提供了不可缺少的辅助力量。在第七次国务院大督查行动中，国务院 14 个督查组赶赴相关省区，就"六稳"工作、"六保"任务，深化"放管服"改革优化营商环境，扩大内需和稳外贸稳外资等方面进行实地督查。督查组带着"线索"展开深入调查，针对具体工作与问题总结出各地的不同表现，方便今后地方督查的精准性和针对性。与此同时，督查结果往往通过对督查对象进行通报表扬、激励、批评和追责等正反双向的反馈机制加以呈现，并能够对抽象行政行为、规范性文件的内容进行重新审查与适当建议，从而有利于在动态化的工作实践中重新理顺并适时调整政府间关系，及时回顾并再次规范政府权责边界，实现职责体系构建动态化与制度性的平衡统一。

从督查行为本身来看，政府督查内含着对政府间关系的重新组合与定义。如前所述，除了督查工作中中央与基层"两端互动"的创新关系形态之外，第七次国务院大督查还依托协调联动的做法重组政府间条块关系，优化形成制度合力。"协调联动"主要体现为两种形式，一是跨地区督查组之间的协调合作，二是地区与部门之间的条块联动。在督查行动中，河南督查组与公安部、工业和信息化部、生态环境部的协调联动，推动了重型货车注册登记问题的快速解决。这种特殊的条块整合机制以中央主动介入为前提，实现了问题导向下条块隔阂的消弭与制度力量的整合，提升了问题解决的时效性与精准性。

与督查手段相对应，问责机制的不断完善在一定程度上为政府权责配置提供了更为明确的负面清单，并以责任认定和行为追究的方式为政府"可作为"与"不可为"的行为边界提供了切实的示范指引。2020 年 7 月、9 月和 2022 年 1 月，国务院事故调查组分别公布了《福建省泉州市欣佳酒店"3·7"坍塌事故调查报告》《长深高速江苏无锡"9·28"特别重大道路交通事故调查报告》和《河南郑州"7·20"特大暴雨灾害调查报告》，对相关企业、部门与地方政府的不当行为及处理意见进行了明确处置与详细说明，实质上形成了对政府权责的"回头看"与再梳理，为厘清政府权责边界，规范政府与市场行为提供了必要的负向制约路径。

总之，政府督查与问责机制的发展完善，丰富和细化了职责体系建设的实践流程，这种事中监管与事后审查的回溯与监察机制，与事权配置的正向路径相互补充，实现了对权责配置过程的实时约束与及时调整。2020 年，《政府督查条例》的正式出台更为这种制约机制提供了必要的制度依据，推动着政府职责体系构建向着更加细致规范的方向发展。

（三）手段创新：技术嵌入与有效赋能下的权责边界融合

技术嵌入政府治理是数字时代下国家治理现代化建设的重要发展方向。2020 年，疫情的出现加速了技术治理的发展步伐，智慧城市、数字政府建设成为地方发展的新动向，技术要素在职责体系建设过程中的作用也日益凸显。整体而言，技术的嵌入在强化政府权责配置的同时也在一定程度上模糊了治理主体的权责边界，在服务导向下呈现出界限相对融合的可能发展趋势。与技术嵌入相伴随的"标准化"建设对主体行为形成了隐性约束，提升着职责配置的规范性与精准度；技术治理下"平台式"治理的兴起，则推动了政府间的部门整合与层级联动，在服务导向下呈现出主体相对融合的发展态势。

政务服务事项的"标准化"建设提升了权责配置与运作的标准性和规范性。2020 年，得益于标准化建设，防疫健康码的全国统一认证，"一网通用""跨省通办"服务的建设发展使得公共服务的供给打破了时空局限，提升了政府治理效能。统一标准的强化为事务对接与相互认证提供了一致接口，有利于当前一体化政务服务体系的建设。但值得注意的是，标准建设的过程本身也是监管、规范的过程，标准的设定向参与主体提供了基本的准入限制与行为约束，政府对这些政务服务建设的采纳与使用，内含着对统一标准的认同与遵循。在一体化政务服务的建设过程中，这些内在的标准约束增强着上级政府与基层民众对中间级政府的监管、监督力度，规范并强化着政府的职责边界与权责运行。

"平台式"治理的发展则提供了政府权责边界融合的可能性。技术手段的应用推动了"平台式"治理的发展，在既有的职责配置框架下促进了部门整合与层级联动，为打通"条条"之间、"块块"之间以及"条块"之间的制度隔膜提供了可行的技术路径。在技术嵌入的治理语境下，政务服务平台、"互联网+督查"平台等技术平台的建立，为各治理主体提供了平等参与和双向交流的可能途径。其中，以国家政务服务平台为总枢纽的全国一体化政务服务平台的建成，标志着中国在线政务服务进入了一个全新的发展阶段。[1]2020 年，全国 31 个省级政府已经构建了覆盖省、市、县三级以上的政务服务平台，其中 21 个地区已

---

① 中国互联网络信息中心. 第 47 次《中国互联网络发展状况统计报告》［EB/OL］.（2021-02-03）. http://www.cnnic.net.cn/hlwfzyj/hlwxzbg/hlwtjbg/202102/P020210203334633480104.pdf.

经实现省、市、县、乡、村服务五级覆盖。31 个省（区、市）及新疆生产建设兵团、46 个国务院部门政务服务平台、地方部门各级各类 500 多万项政务服务事项和 1.1 万项便民服务应用相继接入国家政务服务平台。同年 12 月初，平台上线"跨省通办"服务专区，相继纳入近 50 项"跨省通办"高频事项和 190 多项在线办理服务。①可以说，依托于既定的职责体系框架，一体化政务服务平台体系的打造，实现了嵌套式平台空间中政府各层级、各部门以及各区域政府间的互联互通与有机联结，在技术层面上形成了结果导向下的制度合力，打通了政府各节点之间的链接通道。

总之，在技术融合于职责体系建设的探索过程中，技术的嵌入既以潜在的标准规范并强化着政府职责的边界范围，又在一体化的建设过程中推动着权责边界的相互交融。超越职责体系构建的理想状态，技术要素的加入为职责配置增添了平衡"分与合"之适当性的现实挑战，也在这一过程中呈现出职责体系建设在实然状态下更为复杂的实践特征。

二、2020 年政府职责体系建设的研究现状综述

2020 年，有关政府职责体系建设的文献研究相对集中。学界开始更多聚焦于"政府职责体系建设"本身，对其构建逻辑、配置方式与总体调整路径进行了更为深入、系统的理论探究，理论对实践的回应与指导作用更加凸显。此外，研究同样关注"央地关系""条块关系"等职责体系建设中的重要关系变量，并就其现实特征与优化方式等内容进行了细致分析。值得注意的是，部分研究捕捉到技术治理与职责体系构建之间的互动关系，并对其展开了一定的学理分析与问题思考，体现出理论研究的创新发展动向。

（一）政府职责体系建设的整体探究

"政府职责体系建设"是政府发展中较为宏观的关键议题。2020 年，相关研究更加立足顶层站位，对这一议题进行了整体性、体系化与深入性的理论辨思，在明晰当前职责体系建设发展态势的基础上，对未来调整方向进行了批判思考。

1. 职责体系建设的实践特点与演进逻辑分析

吕同舟基于国家治理体系和治理能力现代化建设的实践进展，关注到政府

---

① 中国互联网络信息中心. 第 47 次《中国互联网络发展状况统计报告》[EB/OL].（2021-02-03）. http://www.cnnic.net.cn/hlwfzyj/hlwxzbg/hlwtjbg/202102/P020210203334633480104.pdf.

职能转变从"政府职责体系"到"党和国家机构职能体系"的演化特征，并指出了这一变化在两个方面的体现：在职责配置上，表现为以"如何更好地解决问题"为逻辑起点进行职责归类；在机构设置上，党的机构与政府机构秉持着"分工不分离"的原则进一步走向结构性融合。其同时强调，职责配置和机构设置出现的新变化推动了"职责体系"概念和主体的拓展与延伸，这不仅关系到新发展背景下对"党政关系"调整的重新思考，也对未来纵向府际关系调整、事权划分改革等领域存在着可能影响。①

陈世香等基于地方政府行动策略的视角着重对纵向政府间职责结构进行了历史性分析，认为在现行制度安排约束下，地方政府呈现出与中央政府"职责同构"、地方政府之间"政治锦标赛"和"共谋"等行动策略，同时强调职责结构的未来优化需要以公共事务属性作为职责配置规则的价值取向，基于回应性和需求性路径合理设置职责配置的权力结构，并进行相应制度改革作为职责结构优化的配套措施。②

田玉麒等在梳理政府职责体系建设过程的基础上，明确指出权力本位和责任本位这两种政府职责体系建设中的价值理念取向。其中，权力本位强调政治权力的支配作用，责任本位则注重责任配置对政府职责体系建设的关键性影响。政府职责体系的建设在价值理念层面经历了从权力本位到责任本位的转化逻辑，未来职责体系的优化应当坚持责任本位的价值理念，以权责一致为核心原则、以协同高效为追求目标、以法治制度为基础依据、以究责问责为坚实保障。③

2. 基于"职责同构"批判的再批判思考

"职责同构"是中国政府间关系与职责体系的基本特征，承接既往"职责同构"批判，学界进一步展开了对"职责同构"批判的再批判，并尝试构建符合中国语境的政府职责体系。

朱光磊等从"职责体系""职责同构"等基本概念出发，基于既往行政体制改革成果梳理，提出"职责序构"这一政府职责体系的演进形态，作为未来政府职责配置可能演进方向与方式的一种理论概括。"职责序构"具有按序列进行

---

① 吕同舟. 更加关注从"政府职责体系"到"党和国家机构职能体系"的新变化［J］. 中国机构改革与管理，2020（06）：6-7.

② 陈世香，唐玉珍. 中央-地方政府间职责结构的历史变迁与优化——基于地方政府行动策略的视角［J］. 行政论坛，2020，27（02）：41-49、2.

③ 田玉麒，张贤明. 从"权力本位"到"责任本位"：政府职责体系建设的理念变革［J］. 社会科学研究，2020（05）：65-71.

"归堆""分组",依据履责主体类型划分职责;按次序进行"分层",将职责按一定规律分配到不同层级的政府两重含义(见图 1)。①"职责序构"基于"同构"形态为职责的灵活配置提供了一定的流动空间,其或许未能为职责体系构建出一种最终的理想状态,但为职责体系构建的实践过程提供了基本的框架规范与方向导引。

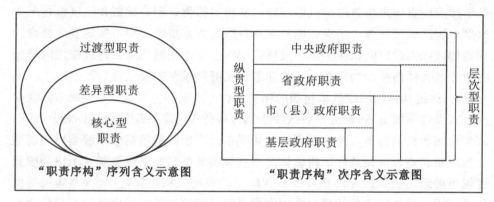

图 1 "职责序构"框架示意图

张志红立足于党的十八大以来职责体系建设的实践发展,对"职责同构"的存在合理性进行重新思考,认为"职责同构"具有提升政策执行效率、稳定统治秩序、体现政府政治弹性等体制机制优势。在当前的改革实践中,党内归口管理、政府责任落实、"放管服"改革和数字政府建设成为新的改革着力点,以财政体制改革为核心的中央事权正逐步形成,属地"以责履职"得到强化,中小城市成为职责体系改革的"夹心层",基层治理的"异构"特征开始显现。"职责重构"的深入建设需要更多关注政府职责体系与权责清单制度的关系,城市化进程中政府的特殊性职责,职责体系构建的整体性、有机性及建设路径整合等问题。②

3. 聚焦权责清单制度的相关研究

权责清单制度是政府职责体系建设过程中一项重要的创新性制度安排。由此,学界对权责清单制度的构建逻辑与发展路径进行了具体研究。

孙彩红认为地方政府的权责清单发展经历了两个阶段,即从公开权力和让权力在阳光下运行以制约权力,到成为简政放权、放管结合、优化服务改革的

① 朱光磊,杨智雄. 职责序构:中国政府职责体系的一种演进形态 [J]. 学术界,2020(05):14-23.
② 张志红. 中国政府职责体系建设路径探析 [J]. 南开学报(哲学社会科学版),2020(03):10-18.

重要组成部分。其呈现出动力机制自上而下的逻辑特点与数字化、技术化的发展特征，由此带来了权力清单与职能转变的关系不紧密、对权力结构的忽视等现实问题。①

朱光磊等指出当前权责清单构建存在着倾向于"分层执行、纵向拼接"而非"分工合作、集中整合"的碎片化发展趋势。权责清单制度的进一步发展要基于政府职责体系构建这一核心问题，从权责梳理、职责配置和制度执行三个维度出发，通过发挥党中央、国务院和各级人大常委会作用，实现制度整合；探索形成纵向政府间伙伴关系，发挥多层级政府的结构优势；持续推进政府服务建设等具体路径，为职责体系构建创造良好环境与发展条件。②

4. 立足具体领域或具体层级的相关探讨

就具体领域而言，部分学者关注于具体事务中的职责配置逻辑或划分方式。邱实聚焦于机构改革与政府职责的密切联系，提出政府机构改革应当以政府职责为逻辑起点、前提条件、检验标准和指导要素，将职责理念贯穿于纵向职责逻辑下的政府机构改革与横向职责逻辑下的政府机构协调之中。③张忠民等就生态环境监管体制改革的事权合理配置进行了理论设想，提出"适度科层化"的调整逻辑，即以省级政府为中介点，实现纵向层面的"科层化"与"去科层化"逻辑的灵活切换，横向层面的适度分工与有效衔接，发挥省级政府"监管"和"监督"的双重职能，以最终实现制度供给和协调联动共同助力的事权配置体系。④张凤彪等则依据公共需求理论、公共产品理论、政府职能理论及其分权理论等理论基础，就公共体育服务职责的划分方式提出了一定的理论安排，即中央政府主要提供全国性的公共体育服务产品，省级政府主要负责"中观"政策制定与服务供给、管理和协调工作，市级政府主要负责基础性、执行性的"承上"与指导性、领导力的"启下"工作，区县政府主要负责贯彻执行与责任追究工作的职责配置体系。⑤

就具体层级而言，相关研究更加关注省以下地方政府的纵向职责配置问题。

---

① 孙彩红. 权力清单制定与实施的逻辑分析与发展路径 [J]. 中国行政管理，2020（04）：88-94.

② 朱光磊，赵志远. 政府职责体系视角下的权责清单制度构建逻辑 [J]. 南开学报（哲学社会科学版），2020（03）：1-9.

③ 邱实. 政府机构改革的职责逻辑 [J]. 江海学刊，2020（01）：113-118.

④ 张忠民，冀鹏飞. 论生态环境监管体制改革的事权配置逻辑 [J]. 南京工业大学学报（社会科学版），2020，19（06）：1-12、111.

⑤ 张凤彪，王松，崔佳琦，等. 我国政府公共体育服务职责划分问题研究 [J]. 北京体育大学学报，2020，43（05）：120-127、137.

李利平等以五个领域的综合行政执法改革为观察窗口，认为立足于职能属性导向，省以下地方政府纵向职责配置呈现出"正反互嵌"形态（见图2）。未来职责配置的深化改革可以考虑"环节分解"的调整思路，探索构建简约高效的基层管理体制。①何李以武汉市基础教育职责配置实践为例，探讨大城市"市—区"两级政府在基础教育领域的职责划分逻辑，指出基础教育本身的发展逻辑与大城市发展逻辑也会影响着政府职责的划分状态，需要推进专门领域职责配置的专责化建设。②

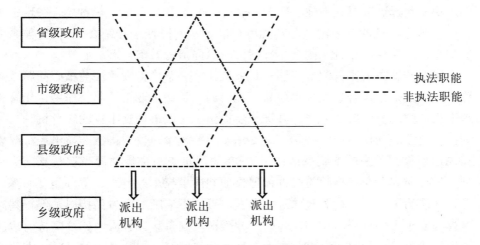

图2　"正反互嵌"式职责配置示意图

（二）政府职责体系建设中重要关系的深入研究

"央地关系"与"条块关系"是政府职责体系配置过程中需要处理的两组重要关系变量。2020年，相关研究也持续关注政府职责体系建设中的重要关系问题，并对此进行专门性、深入性的探讨研究。

1."央地关系"调整的相关研究

邱实从治理权限"集中"与"下放"的视角出发，总体探讨了央地关系发展变迁的过程逻辑。其研究指出，治理权限在干部人事管理、财税治理改革和行政管理权限三个方面的集中与下放，构成了央地关系变迁的主要内容。未来

① 李利平，吕同舟.省以下地方政府纵向职责配置的新趋势及配置模式探索——基于对五个领域综合行政执法改革的观察［J］.行政管理改革，2020（11）：69-77.

② 何李.大城市基础教育职责的纵向政府间划分——以武汉市为例［J］.教育学术月刊，2020（07）：8-16.

央地关系的规范调整需要以立法权限规范作为基本条件，以监察制度完善作为基本保障，在调整条块关系的同时优化央地关系调整，在有限集中与均衡放权的不断平衡中，实现中央与地方关系的协同发展。①

部分学者尝试在试点、督察等新实践中探讨央地关系新样态。朱旭峰等基于可持续发展政策试点实践，总结出中国基于"竞争申请制"强化中央部委与地方政府的条块联系，从而形成了对地方官员的可持续发展激励，保障了政策试点的实施。②郁建兴等通过考察中央环保督察在浙江省的具体实施，指出督察制度实质是通过动员、进驻、反馈、整改、问责、"回头看"等程序，实现中央权威向地方治理的有效渗透与高强度控制，从而降低了传统委托-代理关系中的信息不对称性，提升了制度执行效力与纵向治理效能。③

中央与地方的事权配置问题也是央地关系调整中持续关注的核心问题。焦连志等聚焦央地混合事权冲突现象，提出通过发挥企业市场单元作用，化解央地事权冲突的协同解决方案，并进一步提出优化以事项定事权的应急机制，发挥国有企业联动作用和多种所有制支撑作用等政策建议，再次凸显出经济要素在央地事权配置中的重要调节作用。④李思思重点对央地共同事权与支出责任划分进行研究。在依据政策文件梳理央地共同事权承办方式、承办类型的基础上，从法治欠缺、结构关系碎片化和支出责任不清晰三个方面指出了现行共同事权与支出责任划分的体制化障碍，并强调共同事权划分应当始终坚持财政法定原则的引导，按照"以事定支"的基本脉络展开，保证子事权、转移支付路径和支出责任的相互对应，对总体划分框架进行更为细致的制度设计与政策衔接。⑤

2."条块关系"调整的相关研究

条块关系是中国国家治理体系中基本的政治与行政关系之一，也是政府职责体系建设过程中需要不断调整并理顺的重要关系之一。2020 年，《探索与争

---

①　邱实. 中央与地方关系变迁的学理分析：基于治理权限"集中"与"下放"的视角 [J]. 兰州学刊, 2020（07）：126-136.

②　朱旭峰，张超. "竞争申请制"：可持续发展政策试点与央地关系重构 [J]. 中国人口·资源与环境，2020，30（01）：170-176.

③　郁建兴，刘殷东. 纵向政府间关系中的督察制度：以中央环保督察为研究对象 [J]. 学术月刊，2020，52（07）：69-80.

④　焦连志，艾德州. 自由贸易区央地混合事权冲突的化解机制研究——中国自贸区治理现代化的实践探索 [J]. 经济体制改革，2020（03）：53-58.

⑤　李思思. 央地共同事权与支出责任划分政策考察、实施障碍及其改进 [J]. 地方财政研究，2020（10）：20-26.

鸣》编辑部与华东师范大学当代中国政治发展与战略研究所举办了线上研讨会，以"条块关系"为核心议题，就如何走出条块关系的治乱困局进行了积极探讨。其中，周振超指出中国条块关系的特殊性，指出对待条块关系既需要正视并破解条块矛盾，也需要在此基础上充分发挥条块机制的治理效能。①阎小波指出党委制和请示报告制度在条块关系形成中的重要作用，并强调当前仍需注意避免出现"条块"间的排异反应，克服刚性政治与弹性行政、条块体制与"元首性之长官"之间的张力。②杨雪冬、关保英、王立新、郝宇青和刘笑言等人则更多针对条块协调不畅的现实困境，从不同角度提出了可探索的解决路径。其中，杨雪冬强调坚持分权、民主和法制这一现代政府基本原则在理顺条块关系中的重要性。③关保英强调法律规制对条块关系规范的重要约束作用。④王立新提出通过创设"条条"跨领域合作与"块块"区域协作的综合协调型治理体系，以更为开放的协调治理思维冲破封闭式条块管理思维。⑤郝宇青强调条块关系改革要适应柔性的基层社会治理机制。⑥刘笑言则基于条块力量的历史变迁，指出当前垂直管理的边界应当只延伸到县级政权，同时要基于权责对等原则，防止权力越界。⑦

　　此外，周振超回归政府职责的逻辑本质，对中国条块关系的变迁及其影响机制进行了梳理分析，并指出影响条块关系变迁和运作的内在机理是不同层级政府间的职责配置状态，条块关系的理顺需要始终关注政府职责配置，以确权思路合理设置央地事权配置，在理顺央地关系的同时形成职责配置表，在此基础上健全政府职责体系。⑧曹正汉等则将央地关系与条块关系进行统一观察，从央地关系视角下的一统体制内在矛盾出发，认为条块关系的形成是一统体制下中央政府构建多元化国家能力、控制国家能力建构冲突的结果，国家能力建构上的冲突演变又导致了条块关系的演变。⑨这种分析思路为观察职责体系建设中的重要关系变量提供了新的思考路径，也指明了多组关系间可能存在的互动

① 周振超. 中国条块关系模式的特色与功能 [J]. 探索与争鸣，2020（11）：34-36.

② 阎小波. 从"马赛克"到"金字塔"——中共建政史视角下条块关系的创生[J] 探索与争鸣，2020（11）：37-39.

③ 杨雪冬. 条块关系问题的产生及其协调 [J]. 探索与争鸣，2020（11）：40-42.

④ 关保英. 机构改革中条块关系调控的法律强化 [J]. 探索与争鸣，2020（11）：43-45.

⑤ 王立新. 以综合协调型治理消解条块壁垒 [J]. 探索与争鸣，2020（11）：46-48.

⑥ 郝宇青. 条块关系应适应柔性的基层社会治理 [J]. 探索与争鸣，2020（11）：49-51.

⑦ 刘笑言. 垂直管理的强化及其边界 [J]. 探索与争鸣，2020（11）：52-54.

⑧ 周振超. 条块关系的变迁及影响机制——基于政府职责的视角 [J]. 学术界，2020（05）：24-31.

⑨ 曹正汉，王宁. 一统体制的内在矛盾与条块关系 [J]. 社会，2020，40（04）：77-110.

关系，拓展和丰富了职责体系研究的探讨空间。

（三）技术治理与政府职责体系建设的关系探讨

伴随着技术治理的深入发展与数字政府的加快建设，越来越多的学者开始关注到技术要素与政府职责体系建设之间的关系。2020年，中国行政管理年会专门以"加强数字政府建设，推进国家治理现代化"为主题开展学术研讨活动，强调数字政府建设的核心议题之一是数字政府职责体系的构建与完善，以及政府治理理念、职责边界、组织形态、履职方式及治理规则体系的系统性变革在数字政府建设过程中的必然性与必要性。①

整体而言，2020年的相关研究大多敏锐地捕捉到这一议题，并对其进行简单的探索思考，但真正体系化、专门化的探究相对较少。北京大学课题组认为，当前中国政府的数字化转型是一个在技术和理念两个层面不断交织互动的迭代升级过程，其在实践过程中依然存在着大数据管理机构职责认定不清晰，未能完全实现项目、资金、数据的归口管理问题，保障数字政府运行的体制机制仍不完善。②米加宁等人则认为"数字政府"的改革与建设过程利用数据重建了地方政府架构，进而重建了政府与企业、政府与社会的关系，大数据、网络化手段监管地方政府行为的过程，也是不断规范政府职能的过程。该研究指出，"数字空间"政府的研究可以聚焦于不同层级、不同区域的政府政务在裁量权上的差异性规范问题③，为相关研究的未来拓展提供了方向。

总之，有关技术治理与政府职责体系建设的关系问题探究是当前及未来研究中值得关注的一个重要发展动向。当前研究虽然注意到这一问题，但大多是高屋建瓴地提出一个思考方向，对于两者如何相互影响，各层级政府职责如何明确划定、合理确权，技术作用于政府职责体系构建的内在运作逻辑等问题的探讨依旧较为浅显。然而，对于这些问题的清晰认知，不仅影响着学界对于政府职责体系建设的学理认知，也将影响着未来政府职责体系构建的基本原则与基本方向。

---

① 孙友晋，高乐. 加强数字政府建设 推进国家治理现代化——中国行政管理学会 2020 年会会议综述 [J]. 中国行政管理，2020（11）：147-150.

② 北京大学课题组，黄璜. 平台驱动的数字政府：能力、转型与现代化 [J]. 电子政务，2020（07）：2-30.

③ 米加宁，章昌平，李大宇，等. "数字空间"政府及其研究纲领——第四次工业革命引致的政府形态变革 [J]. 公共管理学报，2020，17（01）：1-17、168.

三、政府职责体系建设的现状分析与未来展望

在中国政治发展过程中，政府职责体系建设是一项包含甚多、牵连甚广的综合性系统工程，其建设样态为政府运行过程提供了基本的行为遵循，也规定政府运行的基本框架。政府职责体系构建的摸索过程是一个渐进式的改革实践历程，在明确基本价值导向与规律原则的基础上，职责的调整与配置始终处于一种规范与偏离、冲突与平衡的动态调适状态，形成了相对复杂的发展脉络与实践特征。整体而言，当前职责体系建设过程呈现出理想层面职责划分明晰与实践层面边界相对模糊的矛盾状态，这种矛盾与冲突实质体现出职责体系构建过程中的平衡艺术。基于当前发展特点，未来职责体系构建需要坚持对基本价值准则与发展规律的遵循，同时注重技术等新治理要素嵌入下，职责构建应当进行的必要调整与风险应对。

（一）职责构建的目标和路径基本明晰

构建一个职责明确、依法行政的政府治理体系，是职责体系构建的基本目标。权责边界的相对明晰，有利于在行为约束的同时为政府运行提供明确依据。职责范围的合理确定，有利于更好实现治理主体的优势互补，提升问题解决的针对性与精准性，实现专事专责与快速响应。因此，无论是中央层面还是学术界，都尝试在日益复杂的政府职能范围内，剥离构建出相对明晰、合理的职责划分体系，这是职责体系建设的理想发展状态，也无疑在多年的研究探索中形成了值得遵循与借鉴的划分思路与理论设想。

顶层规划始终致力于实现职责划分的相对合理与明确。2013 年，《中共中央关于全面深化改革若干重大问题的决定》特别强调优化政府机构设置、职能配置，统筹党政群机构改革，理顺部门职责关系。2018 年，《中共中央关于深化党和国家机构改革的决定》首次明确中央和地方职责关系，并尝试赋予省级及以下机构更多自主权，构建简约高效的基层管理体制。此后，党和国家在重要会议、相关政策中多次强调优化政府职责体系。其间，权责清单治理的建立完善，在"加快形成边界清晰、分工合理、权责一致、运转高效、依法保障的政府职能体系和科学有效的权力监督、制约、协调机制"①方面迈出重要一步。政府间事权财权和支出责任划分的改革尝试，为推进职责配置提供了合理可行的

---

① 关于推行地方各级政府工作部门权力清单制度的指导意见［EB/OL］.（2015-03-24）. http://www.gov.cn/xinwen/2015-03/24/content_2837962.htm.

操作切入点。基于这些目标要求和政策探索，截至 2020 年，各地政府权责清单已经基本形成，以机构改革为主要抓手的行政体制改革基本完成了政府横向间职责的调整。①在基本公共服务、医疗卫生、交通、教育、科技、应急救援、自然资源、公共文化和生态环境等主要领域，中央与地方以及省级以下政府间事权配置已经形成了大致框架。政府职责划分正在朝着边界清晰的目标方向摸索前行。

与此相对应，事关职责体系构建的理论研究也长期致力于形成明确、合理、有效的理想职责体系状态。在总结形成"职责同构"这一基本关系特征的基础上，学术界长期致力于对"职责同构"批判进行再思考与再批判。无论是基于央地关系或条块关系的重要关系变量考察，还是针对权责清单制度、行政审批制度改革等具体事项的抽象思考，理论界一直尝试在"职责同构"与"职责异构"之外，探寻出适合中国政府运行和发展语境的职责体系建设路径。2020 年，"职责序构"和"职责重构"设想的提出，在廓清既往职责体系建设基本经验与发展特征的同时，也在探索构建明晰有效的职责配置框架方面取得一定的阶段性进展，为推进职责体系建设的实践发展与学理探究提供了新的方向指引。

（二）实践中权责边界呈现事实交错

值得注意的是，在职责配置的实践进程中，似乎出现了与顶层设想和理论呼唤相悖的一种发展方向，即在具体实践中，纵向各层级政府、横向政府各部门的权责边界往往出现打破规律性配置而相互交错的特殊样态。究其本质，这种看似冲突的实践特征实则是服务导向、结果导向下政府职责运行的相机行事之举。

具体而言，这种边界交错主要体现为以下三个方面。一是党政分工下党政机构的高度融合。在 2018 年的机构改革中，党和国家机构中部分重叠的职责以合并重构的方式加以调整。编制管理、公务员管理、民族事务管理、宗教事务管理和宣传管理等部门以不同的划转合并方式，归属党的职能部门。职责体系建设下党政关系的再调整，体现了国家治理现代化建设进程中党的全面领导的加强。国家机构借助党的机构的渗透作用与组织联系，也呈现出机构协同与边界融合的可能趋势。

二是特殊实践下中央与基层跨层级的联动交流。如前所述，以试点、督查、财政直达等为代表的独特现象，呈现出中央与基层"两端互动"的央地关系新

---

① 朱光磊，杨智雄. 职责序构：中国政府职责体系的一种演进形态 [J]. 学术界，2020（05）：14-23.

样态。以政府督查工作为例，2020 年印发施行的《政府督查工作条例》中明确指出，"上级人民政府可以对下一级人民政府及其所属部门开展督查，必要时可以对所辖各级人民政府及其所属部门开展督查"。在第七次国务院大督查中，"互联网+督查"平台的大力应用，为提升社会监督效力提供了可行渠道，"带着线索查问题""直奔现场、直面问题"的暗访方式起到了中央直接介入基层、倒逼地方政府规范调整权责行为的威慑作用。督查等特殊现象的存在，为规律性的权责运行提供了灵活调整与有效渗透的合法操作空间，这种边界参差交错的运作模式与规律性运行相配合，呈现出政府权责运作中规范与效率的权益平衡。

　　三是整体政府、精细治理下部门合作的高度增强。在新公共管理改革中产生的政府碎片化、政治控制削弱、协调不力和能力不足等问题①面前，对整体政府的呼吁和建设实质体现为对这些问题的回应与解决。如果说政府职责在理想层面的划分体现出精细化与专业化分工的基本发展趋势，那么整体性政府的实践则是对这一趋势的平衡与中和，体现出结果导向下对政府行政效率的保持与追求。近年来，尤其在基层政府层面，整体性政府特征愈加明显，属地管理与属地责任的压实更加强调了特定区域内行政事务的综合性与交融性，服务导向的行政要求强调着政府工作的效率与质量。与此同时，技术的加持与精细化治理的发展要求，更加反映出整体性政府构建的必要性与重要性。2020 年，浙江省铺设"数据高铁"推进"一网通办"建设，宁夏推进基层整合审批服务执法力量改革，北京创新上线"政务便民超市平台"的改革尝试，都体现出整体性政府建设过程中部门合作不断加强的发展特征。这种"合并同类项"、简化流程的改革方向诚然提升了公共服务供给的回应性与精准性，也在这一过程中模糊着横向间政府部门职责范围的理想边界与明确范围。

　　（三）职责体系构建的平衡艺术探究

　　理想层面对政府职责明确、边界清晰的要求，实践层面政府权责边界相对交错模糊的现实形态，似乎构成了一定的冲突与矛盾，但实质呈现出职责体系构建过程中对中央与地方"两个积极性"、政府部门的分工与合作、行政运行的常规化与弹性化以及技术治理中工具理性和价值理性几对关系的把握与平衡。对这些关系的平衡调适，也应当成为职责体系建设过程中持续关注与不断优化的基本遵循。

---

　　① Tom Christensen，Per Lægreid，张丽娜，等. 后新公共管理改革——作为一种新趋势的整体政府［J］. 中国行政管理，2006（09）：83-90.

　　一是发挥中央与地方"两个积极性"的再强调与再平衡。在构建职责明确、依法行政的政府治理体系过程中，政府对于各层级、各部门权责边界的不断明确调整，实质上在规范过程中更多给予了地方政府自主行为的合理发展空间，即对于"赋予省级及以下机构更多自主权"的遵守与看齐。但与此同时，中央政府借助技术平台、督查工作等各种特殊机制，加强了对基层的直接渗透。垂直管理的加强与属地责任的压实，密切了条块关联，中央政府以更为隐性、规范的方式强化了对地方政府的监管力度，体现出中央履行职责、积极作为的主动姿态；两者并行不悖，实质呈现出基于职责合理配置下中央与地方"两个积极性"的有效调动与动态均衡。

　　二是规范部门分工与合作程度的不断尝试与灵活调整。工业革命时代，专业分工、功能分割的管理理念一直影响着政府机构设置与功能运行的原则与方式，正如韦伯以合理的分工作为官僚制组织体系的基本特征之一，专业化分工的改革尝试体现出人们对组织运行的清晰、高效、精准等理想状态的狂热追求。然而，这种分散化、分权化的改革措施在某种程度上加剧了政府管理的"碎片化"，导致了流程破碎、组织僵化、适应能力下降、服务效能不高与整体效率低下的治理困境。①在此背景下，整体性政府的出现是回应这一问题的解决尝试。可以说，当前职责体系构建的不断明确，依旧体现出对专业分工、明确边界的清晰化治理的追求，但实践层面上整体性政府的建设，则体现出服务导向下政府运行对效率的保持，彰显出政府运行过程中对适度分工与合作的平衡之道。

　　三是对政府常规运行之外弹性空间的适度保持。职责体系的顶层规范与理论构想，为政府运行提供了基本的过程框架与行为遵循。在这种规范性的常规运行之外，职责配置的特殊实践则体现出现代政府的灵活性与弹性空间，是政府发展活力的生动表现。现代社会的风险性、不确定性大大增强，面对快速变化的治理环境，弹性政府的建设能够"迅速弥补制度和组织的缺位，保证政府的积极和主动"②。职责体系的规范性配置过程中涌现出的特殊样态与看似矛盾的实践动向，实质是政府平衡常规化与弹性化的正常现象，也将是未来职责体系构建过程中需要动态把握与时刻警觉的重要关系变量。

　　四是技术赋能下平衡工具理性与价值理性的正确坚守。不可否认的是，在当前职责体系建设过程中，技术的渗透已经愈加广泛，数字政府和智慧城市建

---

① 谭海波，蔡立辉.论"碎片化"政府管理模式及其改革路径——"整体型政府"的分析视角 [J].社会科学，2010（08）：12–18、187.
② 靳文辉.弹性政府：风险社会治理中的政府模式 [J].中国行政管理，2012（06）：22–25.

设可能成为当下与未来政府职责配置的主要体现。在此过程中，技术的工具理性呼唤着更为明确、清晰、精准的职责划分与分工配置，但治理的内在要求却更加强调对效率、公平和服务的坚持与追求。作为一种具有高度专业性的创新治理工具，快速介入的技术要素需要度过与政府职责体系的既有状态和未来样态相互适应的发展过程。在当前政府职责尚未完全理顺，技术工具不断强化的背景下，技术治理的大力应用可能会导致"过度合作"以致资源浪费或各自为政致使"求助无门"的治理乱象。技术治理专业机构的职责定位与范围边界应当如何明确？专业的"外行人"是否又怎样导致着政府职责的错配？技术是否又如何悄然改变着政府的权责边界？这些问题在数字化治理成为政府职责体系构建重要特征的现实下，仍需长期深入地思考与探索调整。

基于政府实践的丰富样态与动态发展，政府职责的划分与调整也并非一蹴而就，而是需要在特定的时空语境下，在平衡多种基本关系的基础上，对政府的履责方式、履责途径、权责运行范围与多元主体参与社会治理的具体路径进行不断的调整、重构、妥协与磨合，从而形成当下较为适宜的职责配置方式与构建路径。

四、报告要点

本报告对 2020 年度中国政府职责体系建设的实践进展与理论研究情况进行了系统性的回顾梳理，并在此基础上对职责体系构建的现状与未来发展进行了一定的分析与展望，提供了相关的方向性思考。

本报告要点总结如下。

第一，2020 年中国政府职责体系建设的实践过程体现出内容深化、程序细化与手段创新的发展特征。以央地财权事权与支出责任划分为核心的事权配置在 2020 年取得了有效进展，政府职责配置在进一步规范化的同时呈现出中央与基层"两端联动"，倒逼地方政府规范自身行为的特殊现象，表现出地方自主性进一步发展与中央主动性增强的发展趋向。政府督查与问责机制的制度性完善，为职责体系建设辅以必要的监管与回溯机制，实现了在动态工作中强化制度性规范，对政府间关系与权责边界进行重新理顺与适时调整的良好发展状态。以技术嵌入为主要特征的手段创新在强化并规范政府权责运行与边界范围的同时，也在一定程度上提升了政府职责的融合程度与合作力度，这是政府职责体系建设的创新实践特点，也成为职责体系构建未来发展中需要长期关注与明确的重要问题。

　　第二，2020 年政府职责体系建设的相关研究同时推进整体化与具体化探讨，并相应出现技术与职责体系建设关系议题这一创新研究方向。对"职责同构"批判的再批判路径的提出虽非一锤定音，但体现出长期理论研究下对职责体系构建方向和规律的进一步明确，在总结了既往研究成果的基础上为下一阶段的深入探讨提供了可供借鉴的研究思路。对"央地关系""条块关系"等重要关系变量的深化研究，为职责体系构建的具体实践提供了更具操作化与落地性的理论指导，为理顺不同层次的多组关系变量，拓展职责体系建设研究空间提供了创新借鉴。值得注意的是，技术要素的广泛介入虽然引发了学界对两者关系的初步思考，但伴随着智慧城市与数字政府建设步伐的加快，相关理论研究还应当更加深入系统，以追赶实践步伐并提供适当指导。

　　第三，政府职责体系建设在实然层面与应然层面存在着一定的矛盾与冲突，这实质体现出政府职责体系建设对于几对基本关系的平衡之道，更侧面印证了职责体系构建的系统性、复杂性与综合性。政府职责体系建设需要不断把握并平衡中央与地方"两个积极性"、政府部门的分工与合作程度、政府运行的常规化与弹性化边界以及技术治理的工具理性和价值理性倾向这四对基本关系。当前职责体系建设在理想与现实之间的"冲突"，正是政府在平衡以上关系时呈现的最终效果，是职责体系构建过程中的正常状态，但也潜藏着失衡与失范的潜在风险。未来政府职责体系构建，需要依据时空语境，动态调整这些重要的关系维度，以最终呈现出一个动态灵活、简约适度、有效有为与可持续运转的政府治理状态。

　　第四，政府职责体系建设是一项根本性、时代性的政府发展过程。所谓根本性是指职责体系构建事关政府组织形态、结构关系、流程运作乃至国家治理的方方面面，就一定程度而言，是政府能否有效运行、适当运转的起点与关键。所谓时代性则是指政府职责体系构建是一种"摸着石头过河""始终在路上"的改革历程，伴随着中国政府发展语境的不断变化，职责体系构建也需要不断应对新的发展要素的冲击，在多次的适应与重构中形成一种更为灵活适宜的职责配置状态。职责体系建设工程的丰富性、复杂性与系统性需要以更为耐心与包容的心态，在难以避免的试错与容错过程中探索形成职责体系构建的独特方式与有效路径。

作者单位：南开大学周恩来政府管理学院

"放管服"改革研究报告

宋林霖

2020 年，在新冠疫情和世界经济衰退等严重冲击的宏观背景下，党中央、国务院高度重视全面深化"放管服"改革优化营商环境工作，将政府自身的改革创新与完善宏观调控政策有机结合，并将其作为实现"六稳""六保"，持续激发市场活力，不断增强发展内生动力的重要举措。根据世界银行《全球营商环境报告 2020》排名显示，中国营商环境已跃居世界第 31 位，实践证明，深化"放管服"改革、优化营商环境，是完善体制机制、提升制度效能、实现高质量发展的关键举措。习近平总书记多次强调要深化政府职能转变，打造法治化国际化便利化营商环境，建设人民满意的服务型政府；李克强总理在 2020 年 9 月 11 日召开的全国深化"放管服"改革优化营商环境电视电话会议强调，要切实加大"放管服"改革力度，取得更多企业和群众满意的改革成果，为经济社会发展增添动力，推动高质量发展，构建新发展格局。回望 2020 年的"放管服"改革，"放""管""服"三管齐下、互为支撑的改革局面已逐渐形成，各级政府注重用改革和创新办法助企纾困、激发活力，要素市场化配置体制机制逐步完善，营商环境法治化治理效能明显提升。本报告将全面梳理总结 2020 年"放管服"改革过程中理论和实践层面的新情况、新进展、新成果，科学总结规律，把握宏观趋势，为"十四五"时期构建新发展格局提供有力智慧支撑。

一、"放管服"改革现状综述

（一）推进宏观政策设计和深化"放管服"改革相结合

2020 年的疫情防控形势给"放管服"改革带来新挑战。围绕扎实做好"六稳"工作，全面落实"六保"任务，提高宏观政策实施的时效性和精准性，中央政府组织实施了一系列财税、金融、社保等惠企利民政策（见表 1），最大限度消除堵点、缩短时滞，提高宏观政策实施的时效性和精准性。

一是财政政策创新直达机制，切实减税降费。全年新增财政赤字 1 万亿元、发行抗疫特别国债 1 万亿元，同时实施了规模超过 2.5 万亿元的减税降费政策。对新增 2 万亿元财政资金[①]，通过改革建立了"一竿子插到底"的直达机制，及时把基层政府因减税降费产生的财力缺口相当程度地补上，2020 年新增资金预算指标实现 7 天下达基层。二是金融政策切实保障中小微企业融资更便利。国有大型商业银行继续创新发展普惠金融，利用大数据等技术，切实解决"首贷难""续贷难"等问题；部分商业银行推出线上信贷服务，很多市场主体不见面就能申请到贷款，企业综合融资成本有所下降。三是就业政策方坚决破除影响就业的各种不合理限制。在保市场主体的基础上，最大限度挖掘就业潜力。坚持转变观念，顺应就业结构变化的大趋势，加快调整相关准入标准、职业资格、社会保障、人事管理等政策，使之能够适应并促进多元化的新就业形态。地方政府结合实际对设立劳务市场或零工市场给予支持、提供便利。通过改革释放就业潜力，覆盖面大、成本低、效果好，能使经济增长带动更多就业，实现比较充分就业的目标。

表 1   2020 年度疫情防控期间部分惠企政策汇总表

类别		文件/政策名称
国务院文件		关于印发企事业单位复工复产疫情防控措施指南的通知
		关于压实"菜篮子"市长负责制做好农产品稳产保供工作的通知
		关于做好公路交通保通保畅工作确保人员车辆正常通行的通知
商务领域政策	综合性政策	关于应对新冠肺炎疫情做好稳外贸稳外资促消费工作的通知
	综合性政策	关于在做好防疫工作的前提下推动商务领域企业有序复工复产的通知

---

① 2020 年 5 月 22 日李克强总理在第十三届全国人民代表大会第三次会议上作的政府工作报告。

续表

类别		文件/政策名称
商务领域政策	内贸政策	关于疫情防控期间进一步做好农商互联完善农产品供应链体系的紧急通知
	内贸政策	关于进一步做好疫情防控期间农产品产销对接工作的通知
	内贸政策	零售、餐饮企业在新型冠状病毒流行期间经营服务防控指南
	内贸政策	关于保障流通企业防护用品需要做好市场保供工作的通知
	外贸政策	关于做好新型冠状病毒感染的肺炎疫情防控期间出口退（免）税有关工作的通知
	外贸政策	关于切实做好疫情防控期间进一步便利企业申领进出口许可证件有关工作的通知
	外贸政策	关于帮助外贸企业应对疫情克服困难减少损失的通知
	外贸政策	关于疫情防控期间进一步便利技术进出口有关工作的通知
	外贸政策	关于防控新型冠状病毒感染的肺炎疫情进口物资免税政策的公告
	外贸政策	关于新型冠状病毒肺炎疫情期间海关查验货物时收发货人可免于到场的公告
	外贸政策	关于临时延长加工贸易手（账）册核销期限和有关注册登记备案事宜的公告
	外贸政策	关于临时延长汇总征税缴款期限和有关滞纳金、滞报金事宜的公告
	外贸政策	关于积极做好疫情应对支持服务外包企业发展工作的通知
	外贸政策	关于做好2020年短期出口信用保险相关工作全力支持外贸企业应对新冠肺炎疫情影响的通知
	外资政策	关于积极应对新冠肺炎疫情加强外资企业服务和招商引资工作的通知
	外资政策	关于推广山东省加快外商投资企业复工复产推进外商投资若干措施的函
	对外投资政策	关于积极指导帮助走出去企业做好新冠肺炎疫情应对工作的通知
	对外投资政策	关于请继续做好对外承包工程领域应对新冠肺炎疫情有关工作的通知
税费政策		新冠肺炎疫情防控税收优惠政策指引
		关于进一步延长2020年2月份纳税申报期限有关事项的通知
		关于支持新型冠状病毒感染的肺炎疫情防控有关税收征收管理事项的公告

类别	文件/政策名称
税费政策	关于支持新型冠状病毒感染的肺炎疫情防控有关个人所得税政策的公告
	关于支持新型冠状病毒感染的肺炎疫情防控有关税收政策的公告
	关于疫情防控期间采取支持性两部制电价政策降低企业用电成本的通知
金融政策	关于打赢疫情防控阻击战强化疫情防控重点保障企业资金支持的紧急通知
	关于支持金融强化服务做好新型冠状病毒感染肺炎疫情防控工作的通知
	关于进一步强化金融支持防控新型冠状病毒感染肺炎疫情的通知
	关于疫情防控期间做好企业债券工作的通知
就业政策	关于阶段性减征职工基本医疗保险费的指导意见
	关于阶段性减免企业社会保险费的通知
	关于在新冠肺炎疫情防控期间免费开放中国职业培训在线等培训平台提供线上培训与教育服务的通知
	关于做好新型冠状病毒感染肺炎疫情防控期间稳定劳动关系支持企业复工复产的意见
	关于应对新型冠状病毒感染肺炎疫情支持鼓励劳动者参与线上职业技能培训的通知
	关于妥善处理新型冠状病毒感染的肺炎疫情防控期间劳动关系问题的通知

（二）简政放权注重放出活力和创造力

精简审批依旧是"放管服"改革的主旋律。一方面，精准稳妥推进企业复工复产的过程中，国务院部署取消不合理审批，规范审批事项和行为，提供便利服务。这是继 2019 年全国各地"减材料、减环节、减时限、减费用"等改革基础上，进一步聚焦审批工作，完善特殊时期对企服务机制。另一方面，国务院决定取消外商投资经营电信业务审定意见书核发、典当业特种行业许可证核发、石油成品油批发和仓储经营资格审批等 29 项行政许可事项。①大幅下放涉及建筑用钢筋、水泥、广播电视传播设备、人民币鉴别仪、预应力混凝土铁路

---

① 国务院关于取消和下放一批行政许可事项的决定（国发〔2020〕13 号）[EB/OL].（2020-09-21）. http://www.gov.cn/zhengce/content/2020-09/21/content_5545345.htm.

桥简支梁等工业产品生产许可证的审批权限。严格控制强制性认证目录，推动将强制性认证目录中适用自我声明方式的产品种类扩大至 30% 以上，进一步整合划分过细的认证单元。

商事制度改革进一步释放社会创业创新潜力。2020 年 9 月，国务院办公厅印发《关于深化商事制度改革进一步为企业松绑减负激发企业活力的通知》。各地围绕推进企业开办全程网上办理、加大住所与经营场所登记改革力度、提升企业名称自主申报系统核名智能化水平等方面持续深化改革。例如，在药店开设审批程序中，稳步取消药品零售企业筹建审批，大力度清理对开办药店设定的间距限制等不合理条件。与此同时，完善强制性产品认证制度，增加指定的认证机构数量，对不涉及产品安全的变更无须申报，压缩认证时间和成本。简化汽车生产准入管理措施，统一汽车产品准入检测标准，推行企业自检自证，有序放开代工生产。探索提出放宽数字经济领域市场准入的改革举措，推动实现移动应用程序多部门联合检查检测，避免重复检测。

聚焦群众办事堵点，以创新告知承诺制取缔各类"奇葩"证明。2020 年 10 月，国务院办公厅印发《关于全面推行证明事项和涉企经营许可事项告知承诺制的指导意见》，提出在行政机关办理涉企经营许可事项时实行告知承诺制，以行政机关清楚告知、企业和群众诚信守诺为重点，推动形成标准公开、规则公平、预期明确、各负其责、信用监管的治理模式，从制度层面进一步解决企业和群众办证多、办事难等问题。

（三）政府监管进一步管出公平和质量

各地着力提高监管规范化和透明度，完善"双随机、一公开"监管、信用监管、"互联网+监管"、跨部门协同监管等有效做法，减少人为干预，压缩自由裁量空间，使监管既"无事不扰"又"无处不在"。

持续优化"双随机、一公开"监管。拓展部门联合"双随机、一公开"监管覆盖范围，将更多事项纳入联合抽查范围。国家市场监管总局联合 15 个部门研究制定《市场监管领域部门联合抽查事项清单》，涵盖 35 个抽查领域、74 个抽查事项。建成并运行国家企业信用信息公示系统，对 98.2 万户严重违法失信企业实施联合惩戒。[①]在此基础上，各地将"双随机、一公开"监管与企业信用风险分类管理等结合起来，减少对守法诚信企业的检查次数。

---

① 全国打击侵犯知识产权和制售假冒伪劣商品工作链小组办公室. 中国知识产权保护与营商环境新进展报告（2020）［EB/OL］.（2021-04-26）. http://www.gov.cn/xinwen/2021/04/26/content-5602790.htm.

创新实施智慧监管。江苏省昆山市市场监管局与多部门共建大数据协同监管平台，运用区块链技术存储所有企业的工商信息、交易信息，并与税务、人社、公安等部门共享，形成多部门协同监管局面。浙江省温州市市场监管局借助大数据、物联网等技术，对特种设备制造、安装、使用、检验检测、维护保养、应急处置等所有环节进行信息采集，并据此建立风险评价分析模型，实现了对特种设备的风险评价、预警提醒。北京市市场监管局设立由企业全景、行业群体监测、重点行为监测等模块组成的市场监管风险洞察平台，通过采集整合互联网、地理信息等数据和企业经营活动轨迹数据，为实施精准化、差异化监管提供有力支撑。

严格不正当竞争和反垄断执法。2020 年 12 月，中央经济工作会议要求"坚决反对垄断和不正当竞争行为"和"防止资本无序扩张"。在此之前，各地依法对互联网平台企业涉嫌垄断行为立案调查，严厉查处原料药垄断、虚假交易等一批重大典型案件，严肃处理平台企业未依法申报集中和不正当价格行为案件。2020 年共计办结垄断案件 108 件、不正当竞争案件 7371 件、经营者集中审查案件 473 件，查处价格违法案件 2 万件。①

探索试点包容审慎监管。对于以新技术、新产业、新业态、新模式为核心的"四新"企业，部分地区除实施"常规动作"监管外，也积极探索"沙箱监管"模式，即设置一段观察期，适当减少干预，在可控的范围内实行容错纠错机制，对出现的问题及时引导或处置。在全力推动企业复工复产，进一步优化营商环境过程中，一些地方按照规范行政处罚裁量权的要求，创新推出《首次轻微违法行为容错清单》，对列入容错清单的轻微违法行为实施容错。

（四）优化服务突出服出便利和实惠

加快完善全国一体化政务服务平台。各省（区、市）和国务院部门政务服务平台与国家政务服务平台实现应接尽接、政务服务事项应上尽上，在更大范围实现"一网通办"。制定全国一体化政务服务平台移动端建设指引，督促各地区、各部门规范政务服务移动应用程序建设。允许企业和群众自主选择线上或线下办理方式，并加强对老年人、视障听障人士等群体的引导和服务。建立权威高效的数据共享机制，推动数据信息标准化，保障数据安全、保护隐私，防止滥用或泄露。2020 年 9 月，贵州省率先发布《政府数据共享开放条例》，该

---

① 中国知识产权保护与营商环境新进展报告（2020）［EB/OL］．（2021-04-26）．http://www.echinagov.com/info/294470.

条例从政府数据管理、政府数据共享、政府数据开放、监督管理等方面明确贵州省政府数据共享开放事项，旨在推动政府数据共享开放，加快政府数据汇聚、融通、应用，培育发展数据要素市场，提升政府社会治理能力和公共服务水平，促进经济社会发展。

大力推行政务服务"一件事一次办"。从企业和群众"办成一件事"角度出发，将涉及的相关审批服务事项打包，提供"开办餐馆""开办旅馆"等套餐式、主题式集成服务，公布标准化的办事指南和流程图，由一家牵头部门统一受理，配合部门分头办理，实行一表申请、一套材料、一次提交、限时办结，避免企业和群众来回跑。例如，浙江省将卫生健康部门的"出生医学证明""预防接种证"，公安部门的"国内出生户口登记"，医保部门的"城乡居民基本医疗保险参保登记""生育保险待遇核准支付"，人社部门的"社会保障卡个人零星申领"等多个事项集成为"新生儿出生"套餐式服务，实现联动办理，材料合并为 1份，环节整合到 1 个。

创新开展政务服务"跨省通办"。直面人员异地工作生活、企业跨区域经营日益频繁、政务服务跨区域办事需求愈加迫切的现实问题，2020 年 9 月，国务院办公厅印发《关于加快推进政务服务"跨省通办"的指导意见》，共计推出 140项全国高频政务服务"跨省通办"事项清单，清单涵盖了教育、医疗、就业、养老、婚育等生产生活的各个方面。各地政务服务部门主要通过"全程网办""异地代收代办""多地联办"等方式，加快实现政务服务事项"跨省通办"。其中，长三角城市群、京津冀地区和成渝经济圈在区域经济一体化发展框架内加速推进政务服务"跨省通办"。

（五）持续推进营商环境法治化建设

国务院《优化营商环境条例》自 2020 年 1 月 1 日起正式施行，北京、上海、江苏、河南等省市相继发布省级《优化营商环境条例》，标志着法治化营商环境迈出实质性步伐，营商环境治理成效持续改善，截至 2020 年底，已有 21个省级行政区颁布出台本省优化营商环境条例（见表 2）。中国在世界银行《营商环境报告》中的排名从 2018 年的第 78 位跃升至 2020 年的第 31 位，连续两年跻身全球改革步伐最快的前十个经济体之列。尤为重要的是，在极为困难条件下，2020 年中国新登记注册市场主体数量约为 2358 万户[①]，逆势大幅增加并

---

① 商务部国际贸易经济合作研究院，北京金堤科技有限公司天眼查研究院. 中国市场主体发展活力研究报告（2011—2020）[J]. 征信，2020（08）：13-20.

保持较高活跃度。

表2　2020年各省（区、市）优化营商环境条例实施情况

级别	发布地区	发布时间	施行时间	条款数量	核心章节
国家级	国务院	2019年10月23日	2020年1月1日	72	市场主体保护、市场环境、政务服务、监管执法、法治保障
省级行政区	河北省	2017年12月1日	2018年1月1日	65	优化政务环境、优化市场环境、优化法治环境、监督保障、法律责任
	浙江省	2018年11月30日	2019年1月1日	49	商事登记、企业投资项目、事中事后监管、数据共享、法律责任
	黑龙江省	2019年1月18日	2019年3月1日	62	政务环境、市场环境、法治环境，监督保障、法律责任
	吉林省	2019年5月30日	2019年5月30日	73	优化市场环境、优化政务环境、优化法治环境、监督保障、法律责任
	辽宁省	2019年7月30日	2019年10月1日	65	公平竞争市场环境、高效便利政务环境、规范公正法治环境、诚信开放人文环境、法律责任
	天津市	2019年7月31日	2019年9月1日	73	政务环境、市场环境、法治环境、人文环境、监督保障、法律责任
	安徽省	2019年12月30日	2020年1月1日	67	市场主体保护、市场环境、政务服务、监管执法、法治保障

级别	发布地区	发布时间	施行时间	条款数量	核心章节
省级行政区	山西省	2020 年 1 月 18 日	2020 年 3 月 1 日	59	优化审批、市场环境、政务服务、监管执法、法治保障
	北京市	2020 年 3 月 27 日	2020 年 4 月 28 日	83	市场环境、政务服务、监管执法、法制保障
	上海市	2020 年 4 月 10 日	2020 年 4 月 10 日	80	市场环境、政务服务、公共服务、监管执法、法制保障、法律责任
	广西壮族自治区	2020 年 5 月 19 日	2020 年 7 月 1 日	76	市场环境、政务服务、监管执法、法治保障
	新疆维吾尔自治区	2020 年 6 月 17 日	草案	92	市场主体保护、市场环境、政务服务、监管执法、法治环境
	云南省	2020 年 6 月 30 日	2020 年 8 月 1 日	71	市场主体保护、市场环境、政务服务、监管执法、法治保障
	湖北省	2020 年 8 月 24 日	2020 年 10 月 1 日	50	市场环境、政务服务、监管执法、法治环境
	山东省	2020 年 9 月 25 日	2021 年 1 月 1 日	67	市场环境、政务环境、法治环境、监督保障、法律责任
	江西省	2020 年 11 月 25 日	2021 年 1 月 1 日	70	市场主体保护、市场环境、政务服务、监管执法、法治保障

级别	发布地区	发布时间	施行时间	条款数量	核心章节
省级行政区	陕西省	2020 年 11 月 26 日	2021 年 1 月 1 日	77	市场主体保护、市场环境、政务服务、监管执法、法治保障
	江苏省	2020 年 11 月 27 日	2021 年 1 月 1 日	82	市场环境、政务服务、监管执法、法制保障
	河南省	2020 年 11 月 28 日	2021 年 1 月 1 日	90	优化市场环境、优化政务环境、优化法治环境、优化宜居宜业环境、营商环境工作监督、法律责任
	四川省	2020 年 11 月 30 日	草案	80	市场环境、政务服务、法制保障、法律责任
	重庆市	2020 年 12 月 2 日	草案	72	市场环境、政务服务、法制保障

2020 年 5 月 18 日对外公布的《中共中央 国务院关于新时代加快完善社会主义市场经济体制的意见》明确提出，以一流营商环境建设为牵引持续优化政府服务。2020 年 7 月，国务院办公厅印发的《关于进一步优化营商环境更好服务市场主体的实施意见》指出，进一步聚焦市场主体关切，对标国际先进，更多采取改革的办法破解企业生产经营堵点、痛点，强化为市场主体服务，加快打造市场化法治化国际化营商环境。2020 年 9 月以来，国家发展改革委在全国 80 个城市组织开展中国营商环境评价。评价活动以市场主体和社会公众满意度为导向，对参评城市 2019 年 1 月 1 日至 2020 年 7 月 31 日期间的营商环境进行了深入分析。

2020 年 10 月，《中国营商环境报告 2020》正式发布，这是《中国营商环境报告》系列报告的第一部，也是我国营商环境评价领域首部国家报告，定位为对标对表党中央、国务院决策部署的"政策库"，全面展示我国优化营商环境成果的"白皮书"。整体来看，各地区、各部门认真贯彻落实党中央、国务院关于深化"放管服"改革、优化营商环境的决策部署，主动作为，探索创新，围绕优化营商环境涌现出了一大批创新做法和鲜活经验，企业和群众的获得感、满意度不断提升。

二、"放管服"改革研究现状综述

2020 年，以中国期刊全文数据库 CNKI（中国知网）为样本框，篇名字段中检索"'放管服'改革"，文献来源类别选取"全部期刊"，检索出 240 篇文献；文献来源类别选取各类核心期刊，涉及"中文核心期刊""CSSCI 来源期刊"，检索出 46 篇文献，约占全部期刊的 19.17%。对相关文献，主要是对于核心期刊论文的分析显示，国内学者相关研究主要围绕以下主题展开。

（一）关于"放管服"改革内在逻辑与总体方案研究

该方面研究侧重于有关"放管服"改革实践过程中的内在关联、战略部署、价值追求的分析。"放管服"改革致力于重构政府与市场、政府与社会、中央和地方之间的关系，力求从行政体系内到行政体系外、从外延到内涵、从被动式改革到主动性变革进行转变。①从动力机制来看，"放管服"改革是国家治理体系与治理能力现代化的顶层驱动力、政府权力调整和政府职能转变的内部驱动力、适应市场经济发展要求与满足民众美好生活追求的外部驱动力综合作用的结果。②

较之于前几次以机构精简为主的行政体制改革，本轮"放管服"改革实际上将西方国家政府职责历时性形塑之路创造性地压缩为共时性改革。③对"放管服"改革行为重心的研究发现，在"中央提出-地方实施"的创新性行动路线中，"放管服"改革着重解决的是体制性障碍和机制性梗阻。④与此同时，在制度同构中的强制性机制、模仿性机制、规范性机制和竞争性机制共同作用下，各地在"放管服"改革的实施目标、实施举措、保障机制等方面存在较大的"趋同

---

① 马亮. "放管服"改革：理论意蕴与政策启示 [J]. 江苏师范大学学报（哲学社会科学版），2020（05）：88-99.

② 陈水生. 国家治理现代化视角下的"放管服"改革：动力机制、运作逻辑与未来展望 [J]. 政治学研究，2020（04）：75.

③ 张志红. 中国政府职责体系建设路径探析 [J]. 南开学报（哲学社会科学版），2020（03）：13.

④ 程倩. 从宗旨到行动：服务型政府叙事的话语分析 [J]. 浙江学刊，2020（04）：13-20.

性"。①"放管服"改革步入深水区后，需要统筹好整体政策与具体政策、政策顶层设计与政策分层对接、系统政策链条与单一政策、政策统一性与政策差异性、长期性政策与阶段性政策的关系。②

既有研究对我国"放管服"改革内容构成及其实质的认识存在差异。这反映了"放管服"改革处于一个不断发展的动态过程，构成内容与涉及领域不断调整，也意味着学界对于这一重大改革实践的理论认知尚处于探索与不断深化的过程之中。

（二）关于"放管服"改革难点问题与对策研究

在"放管服"改革不断深化过程中，学界研究视角也经历了从"整体叙事"到"微观观察"的转变。彭云、王佃利通过对我国七省市"放管服"改革实地调研，结合具体案例区分了改革中的"中梗阻""最后一公里"和"信息孤岛"等机制性问题。③针对审批-监管事项协同问题，从事政府监管理论研究的学者认为，国内审管互动平台未能完全发挥实效，审管部门之间存在"双向告知"不到位。④在政务服务领域的实施难点方面，曾昭腾、黄新华指出，政务服务供给侧制度变迁滞后于技术革新，导致其标准化与信息化不足，政务服务运行制度效率低下，使企业在接受政务服务过程中承受了较高的制度性交易成本。⑤少数地区在政务服务中心"综合窗口"设置中存在理解偏差，忽视了政务服务事项的繁杂性，不必要地提高了对窗口工作人员业务能力的要求，增加了受理事项后分办的难度。⑥整体来看，"放管服"改革仍然是进行时，许多问题都在不断探索和摸索，还没有形成定论和固定摸索。

对于"放管服"改革中的问题，学界提出了具有较强针对性的解决方案。李彦娅认为，运用逆境政策理论与治理重塑思想可以推动完善"放管服"改革顶层设计、推进宏观决策、化解基层阻滞与重塑治理格局。⑦吴春主张以整体性治理为工具思考解决"放管服"改革深化过程中管理"碎片化"、信息数据系统

①　郑烨，姜蕴珊，任牡丹，等. 理性选择与制度同构：省级政府"放管服"改革实施行为及诱因分析 [J]. 北京工业大学学报（社会科学版），2020（06）：80-90.

②　康镇麟. 用系统观念推进"放管服"改革 [N]. 学习时报，2020-12-25（001）.

③　彭云，王佃利. 机制改革视角下我国"放管服"改革进展及梗阻分析——基于七省市"放管服"改革的调查 [J]. 东岳论丛，2020（01）：125-133.

④　马长俊，胡仙芝. 从审管分离到审管协同的逻辑与优化路径——对审管互动关系的分析 [J]. 上海行政学院学报，2020（03）：37.

⑤　曾昭腾，黄新华. 基于制度性交易成本的"放管服"改革研究 [J]. 学习论坛，2020（07）：71.

⑥　沈水生. 把握深化"放管服"改革优化政务服务的重点 [J]. 行政管理改革，2020（01）：45-52.

⑦　李彦娅. 逆境政策与治理重塑视角下的"放管服"改革推进 [J]. 宁夏社会科学，2020（04）：26-31.

不兼容、监管权责边界不清、服务标准不统一等各种问题。①李水金、欧阳蕾指出，未来"放管服"改革进一步推进的策略主要包括价值的调适整合、结构的互动整合、机制的协同整合、技术的嵌入整合、执行的配套整合、制度的优化整合等。②

由于在"放管服"改革难点问题与对策研究方面大多文献是基于二手资料，主要是以政府工作报告和主要领导人讲话为依据，进行主观研判，少有实证支撑和数据支持。这些研究无疑具有启发意义，但所得出结论和所提出建议的科学性有待进一步的实践检验和科学论证。

（三）关于"放管服"改革关涉领域及行为指向研究

一些研究聚焦于"放管服"改革某个实践环节或理论维度展开。其中，周振超、蒋琪、彭华伟研究利用 C 市 671 户纳税人对营商环境的满意度调查问卷结果，实证检验了税收简政放权、强化管理和优化服务三项改革任务与提升纳税人营商环境满意度的关系及影响程度，并结合样本进行了深入访谈。研究结果表明，深入落实税收"放管服"改革对提升纳税人营商环境满意度发挥了正向影响，其中，优化服务对提升纳税人满意度影响最大。③谭新雨、刘帮成以基层公务员创新提升"放管服"改革成效为主题发现，在改革目标清晰度较高和服务群众导向明确的情形下，基层公务员创新行为对"放管服"改革任务绩效、政务服务满意度有显著的促进作用。④值得注意的是，有关"放管服"改革某一行业领域或实践部门的研究由于研究对象更为聚焦，研究往往具有经验材料支撑，即使主要是规范性对策研究，也往往具有较强的针对性和实践意义。但是，这些研究通常缺乏较为系统的理论分析框架，研究的专业性和理论性不足。

综上所述，学术界对"放管服"改革的研究得到迅速发展，现有文献数量可观。但是，相关研究在研究定位、研究视野、研究层次等方面，仍然存在一些较为明显的不足，具体表现在以下三个方面。

第一，研究的定位有待清晰。由于"放管服"改革是一个长期动态调整过程，改革进程方兴未艾，有关改革过程价值定位、各种改革措施类型及其实施

① 吴春. 基于整体性治理理论的"放管服"改革路径优化 [J]. 东岳论丛, 2020（10）: 156-161.

② 李水金, 欧阳蕾. 十八大以来我国"放管服"改革的动因、成效、困境及推进策略 [J]. 天津行政学院学报, 2020（02）: 11-21.

③ 周振超, 蒋琪, 彭华伟. 税收"放管服"改革视域下纳税人营商环境满意度 [J]. 重庆社会科学, 2020（04）: 51-61.

④ 谭新雨, 刘帮成. 基层公务员创新何以提升"放管服"改革成效？——基于组织学视角的逻辑解释 [J]. 中国行政管理, 2020（03）: 83-91.

强度、改革成效评估及其内在生发机制等方面的综合性研究或是缺乏统一认知，或在刚刚起步。相应地，这一领域在研究主题、研究对象及研究内容诸方面呈现出明显的碎片化、表象化特征，全面探析改革进展、内在运行逻辑机制的系统深入的理论分析明显不足。

第二，研究的视野有待拓展。"放管服"改革是一个正在发生的动态系统进程，其未来究竟如何，尚存未知。要对这一复杂系统进行有效阐释，要经由对改革自身的相关制度文本、改革主体相关理念与行为、改革措施类型及其效果、改革制度与社会环境等纷繁复杂的巨量相关因素进行系统搜集与梳理分析，综合考量，尝试运用各种既有理论架构与分析工具，设计科学规范的理论分析架构和调研方案，经由较大规模的实证调研和文献研究工作，方有可能。

第三，研究的层次有待深入。既有研究成果多是实践导向、规范导向的对策建议类研究成果，难以体现出足够的理论关怀与贡献。同时，由于缺乏整体性研究视角、科学的研究设计、规范的理论建构与论证过程，既有研究成果也很难建构出能够有效阐释"放管服"改革整体进程及其内在动力机制的本土化理论成果。

为推进我国"放管服"改革相关研究进程，今后一个时期内，应当从理论上廓清何为"放管服"改革，需要厘清各种不同的理论渊源、话语体系，建构具有中国特色的"放管服"改革研究理论框架。其中主要涉及"放管服"改革研究的相关理论基础，"放管服"改革与经济体制及行政体制改革的内在关系及其历史演化，不同改革措施组合类型及其结构-功能特质等相关概念的理论渊源和实践关联，中国"放管服"改革实践在不同时期不同层级的结构与演化特征等相关论题。

三、"放管服"改革的展望与建议

（一）以法治引领"放管服"改革优化营商环境建设

在推进"放管服"改革优化营商环境的过程中，需要协调好法治与改革的关系。一是强化制度设计的科学建构水平和动态调适。以立法引领改革、授权改革，以立法确认改革成果、预留改革空间，消除改革障碍，主动适应"放管服"改革和经济社会发展需要，对不适应改革的法律法规，及时修改、废止，及时清理与市场经济发展不相适应的行政规章、规范性文件。二是充分发挥备案审查的功能，为深化"放管服"改革提供支持保障。政府改革创新需要法律的支撑和维护，但部分改革可能会"突破"现有法律法规的限制，从而出现"矛盾"，因此，可以尝试在特定的地区、程序上进行试点改革，建立激活国家机关提起法律冲突审查的动力机制，促进国家法律制度体系的协调性和系统性、科学性。三是将依法行政原则与清单式管理有机融合。清单式管理有助于贯彻职权法定原则，从行政审批领域扩展应用到行政权力运行的全过程，普遍适用于各种行政行为类型。通过完善权责清单工作机制，可以更好地促使政府依法履职，将政府资源配置与法定职责紧密结合起来。建立健全公开、动态调整、考核评估、衔接规范等配套机制和办法，加强地方各级政府部门权责清单标准化建设，实现同一事项的规范统一；以权责清单作为履责依据并通过监督考核等工作机制及时发现履责中存在的问题，为科学决策和完善立法提供支撑。

（二）完善要素市场化体制机制建设

市场体系是社会主义市场经济体制的重要组成部分和有效运转基础，是推进"放管服"改革的重点领域。改革开放以来，要素市场化配置始终是高标准市场经济体制建设的难点问题。为此，必须破除阻碍要素自由流动的体制机制障碍，扩大要素市场化配置范围，健全要素市场体系，早日建立要素价格市场决定、流动自主有序、配置高效公平的体制机制。一是要加快完善城乡统一的土地市场。加快打破城乡二元土地制度带来的不合理障碍，建设权利平等、规则统一的土地交易平台，扩大国有土地有偿使用范围，建立公平合理的集体经营性建设用地入市增值收益分配制度，推动不同产业用地类型合理转换，探索增加混合产业用地供给。二是推进资本要素市场化配置。进一步发挥资本市场的枢纽功能，完善股票、债券等资本市场制度，全面推行股票发行注册制，建立常态化退市机制，从立法层面建立统一的市场准入、信息披露、交易、违规违法处理标准，推动债券市场一体化建设，探索公司债、企业债等信用债统一的评价体系，深化债券监管机构改革。三是健全数据、知识、技术要素市场化配置。着力完善数据要素市场化配置机制，激发数据要素市场活力，加快发展知识和技术要素市场，健全完善科技成果创新转化机制，设立知识产权和科技成果产权交易机构。四是推动劳动力要素自由有序流动。深化劳动力要素市场体制机制改革，进一步激发劳动力要素活力，深化户籍制度改革，加快落实居住证制度，建立健全与居住年限等条件相挂钩的基本公共服务提供机制。

（三）加快推进政务服务"跨省通办"

一是强化府际统筹协调，厘清职责关系。省级政府负责全省政务服务"跨省通办""省内通办"统筹协调，组织并编制、发布相关责任事项清单，建立相应工作台账，明确责任单位、时间表、路线图。市级及以下政府按照省政府统筹协调，进一步强化业务办理协同配合，特别是在政策执行、业务办理、系统对接等方面加大配合，形成上下合力攻坚、共同改革的良好局面。二是加快相关配套和业务机制完善工作。各地政府按照"应减尽减"原则，明确各事项的申请条件、申报方式、受理模式、审核程序、办理时限等内容，统一办理流程和办事指南，提升政务服务"跨省通办"业务标准化程度，持续推进名称、编码、依据、类型等要素"四级四同"。创新全程网办、异地代收代办、多地联办等业务服务模式，对个人办事和法人办事等进行分类处理，提升服务机制精细化水平。三是扩展技术应用场景，增强一体化政务服务平台能力支撑建设。充分发挥统一支付、统一物流、政务大数据中心等公共支撑能力作用，优化服务流程，精准提供通办服务。按照一窗受理、在线核验、远程办理、即时协同、全程管控等要求，改造提升各级政务服务大厅系统。通过电子证照在线核验、在线提交等形式，推动电子证照应用尽用。加强数据共享运营监测，提升数据质量和协同效率，保障数据的及时性、准确性和安全性。

（四）加快涉企事项办理便利化改革

加强数字政府建设，建立健全政务数据共享协调机制，推动电子证照扩大应用领域和全国互通互认，实现更多政务服务事项网上办、掌上办、一次办。一是深化线上线下融合服务。在政务服务中心设置相应的涉企事项办理"一件事"和"办不成事"窗口，提供自助查档、自助打印、网上咨询等办事配套服务。全面实施企业开办"一窗受理、一表填写、集成服务、一次领取"等便利化措施。二是优化企业开办流程。推进商事登记制度改革，加快"先照后证""多证合一""证照分离"改革，深化"证照分离"改革，大力推进涉企审批减环节、减材料、减时限、减费用。赋予商事主体更大自主性权利，持续降低商事主体进入市场的制度性交易成本，大力推进电子营业执照在涉企证照联办、企业公章刻制、银行开户、发票申领等方面的作用。三是推进经营范围规范化管理。将行政许可事项全部纳入清单管理，落实涉企许可事项清单管理制度，明确涉企经营许可事项对应的经营范围，厘清证照对应关系和经营范围选定条件。落实经营范围登记规范化，变经营范围手工填写为自主勾画，推行"一业一照"改革，实现一个行业对应一个经营范围主题。四是提升企业开办业务一站式办理能力。将企业开办、变更备案、企业注销、证照联办统一纳入"企业登记全流程电子化"一网通办平台，实现企业在设立登记后仍可随时通过企业开办平台办理员工参保登记、住房公积金企业缴存登记、发票申领、公章刻制等服务事项。

（五）巩固和创新大市场监管模式

强化法治保障、科技支撑、规划引领、国际合作，不断完善市场监管体系，加快探索市场监管新模式，助推市场要素在更大范围实现畅通流动。一是巩固深化市场准入制度改革。把畅通市场准入作为激发各类市场主体活力的首要环节，深化"证照分离"、商事主体登记制度、市场监管领域行政审批制度改革，完善市场主体退出机制，实行中小微企业简易注销制度。二是优化适应新经济发展的监管机制。探索符合平台企业、数字行业、新个体、小微企业、共享经济等新业态的监管模式，促进新经济行业有序健康发展。创新监管工具和手段，完善智慧监管、敏捷监管、包容审慎监管等新监管方式，进一步发挥新业态企业在市场中的作用。三是完善保护知识产权制度。建立跨区域、全链条的知识产权保护机制，充分运用行政保护和司法保护在知识产权救济中的作用，尽快建立企业内部知识产权保护制度，让知识产权管理和保护工作纳入企业研发、生产与经营的全过程。全面建立并实施知识产权侵权惩罚性赔偿制度，在部分地区试点建设知识产权大数据中心和公共服务平台。四是加强反垄断和反不正当竞争。坚持支持和规范并重、监管执法和制度建设并重，倡导诚实守信、公平竞争的经商文化。五是创新监管方式，规范监管行为。推进信用监管和智慧监管，实现被动监管向主动监管转变、由治标向治本转变、由事后治理向事前防范转变；完善市场监管和行政执法权责清单，扎实开展市场秩序突出问题整治，强化市场监管执法监督机制和能力建设，保障市场主体合法权利。完善分级分类监管政策，健全跨部门综合监管制度，大力推行"互联网+监管"，提升监管能力，加大失信惩处力度，以公正监管促进优胜劣汰。

（六）持续优化公共服务供给

一是提升就业创业服务水平。加强就业政策与财税、产业、社会保障等政策相互衔接，统筹城乡就业政策体系，营造公平就业制度环境。加强重点企业跟踪服务和登记失业人员分级分类服务，提供用工指导、政策咨询、劳动关系协调等服务指导。畅通失业人员求助渠道，促进失业人员尽快实现就业。健全困难人员就业援助制度，发挥公益性岗位托底安置作用，推动创业向大众化、发展型、全领域转变。二是提高突发公共卫生事件应对能力。完善突发公共卫生事件应对预案、专家决策咨询制度，健全突发公共卫生事件多点触发监测预警机制，建立集中统一高效的指挥体系，全面推进农村区域性医疗卫生中心建设，推动符合条件的城乡基层医疗卫生机构建成社区医院。三是完善基本养老服务体系。加快建立包含设施建设、服务内容、需求评估、人才培养、资金保障、行业监管、标准体系在内的基本养老服务体系。落实职工基本养老金合理调整机制。健全城乡居民基本养老保险待遇确定和基础养老金正常调整机制，实施城乡居民养老保险缴费困难群体帮扶政策。四是提高住房保障供给能力。加快建立以公租房、保障性租赁住房和共有产权住房为主体的住房保障体系，有效增加保障性住房供给。继续执行和完善保障性安居工程现有土地、财政、信贷、税费减免等支持政策。

四、报告要点

本报告全面梳理总结 2020 年"放管服"改革过程的理论和实践进展，并以此为基础，提出未来"放管服"改革优化营商环境的建议与展望，以期为"十四五"时期构建新发展格局提供有力智慧支撑。

本报告要点总结如下。

1. 疫情防控是"放管服"改革优化营商环境工作的有效检验，也是深化"放管服"改革的重要机遇

"放管服"改革的目光聚焦于疫情防控和复工复产，多项优惠政策精准供给。新冠疫情发生以来，为缓解疫情对广大市场主体的影响，各地各部门迅速出台减税降费政策。比如，企业所得税亏损结转期限延长、公共交通运输等行业增值税全部予以免征，政策具有着力点准、覆盖面广等特点，有效帮助了企业降低运营成本。推进"放管服"改革服务疫情防控同时，实现改革举措的深化和升级。各地各部门在应对疫情的过程中，特事特办、急事急办的务实态度彰显了服务型政府理念的深入。比如，疫情防控所需药品注册申请绿色通道、承诺制的充分应用等，在坚持市场化、法治化、国际化原则的同时，一些好的做法变成工作常态。现代信息技术的应用和信息平台的搭建成为深化"放管服"改革的重要抓手。各地区各部门普遍实行了"全天候"网上收件、"及时推送"并联审批、"零等待"网上出件等办理模式，开通应急审批绿色通道，及时纠正不合理的人流物流管控措施，支持企业复工复产达产，通过线上线下融合，大力推进"放管服"改革，以"互联网+政务"改变政府服务方式、提升服务效率。

2. "放管服"改革，"放""管""服"三管齐下，互为支撑的改革局面已逐渐形成

2020 年，"放管服"改革在精简审批、商事制度改革和告知承诺制上，力度进一步加大，市场活力和发展动力进一步激发。在 2019 年全国各地"减材料、减环节、减时限、减费用"等改革基础上，进一步聚焦审批工作，完善特殊时

期对企服务机制，简化复工复产审批和条件，大力推进不见面审批，提升企业投资生产经营事项审批效率、建立健全企业复工复产诉求响应机制等多项工作。推进注册登记制度改革，进一步放宽注册地址，进一步提升企业核名智能化水平；加强事中事后监管，通过企业信息公示、失信惩戒机制、智慧监管等，进一步强化宽进严管、协同共治能力。明确实行告知承诺制的证明事项，特别是在户籍管理、市场主体准营、资格考试、社会保险、社会救助、健康体检、法律服务等方面；明确实行告知承诺制的涉企经营许可事项范围，确定告知承诺制的适用对象，规范告知承诺制工作流程，加强事中事后核查和信用监管，强化风险防范措施。持续深化"放管服"改革，需要以系统思维来谋划推进。

3. 完善制度设计是深化"放管服"改革优化营商环境的有力保障

新时代的经济体制改革以深层次的制度变革与建设为主要路径，以优化营商环境为重点，旨在构建市场机制有效、微观主体充满活力、宏观调控有度的经济体制，并渐转化为实际的治理效能。但同时也需着力避免制度执行"上热下冷""外热内冷"的局面，提升制度设计的科学性和融贯性。2020年实施的《优化营商环境条例》是全球首部国家层面优化营商环境的专门行政法规，其将党的十八大以来我国深化"放管服"改革和优化营商环境的成功做法和实践经验制度化，把优化营商环境工作全面纳入了法治化轨道，从市场主体保护、市场环境、政务服务、监管执法、法治保障等五个方面作出制度化规范，在法治层面，保障各类市场主体投资兴业。从评估结果来看，《优化营商环境条例》实施开局良好、取得明显成效，各地区各部门都把学习宣传和贯彻实施《优化营商环境条例》作为2020年的一项重点工作，31个省（区、市）均制定出台了贯彻实施《优化营商环境条例》的具体政策措施，其中近20个省（区、市）制定出台了优化营商环境地方性法规或政府规章，国务院有关部门和各地区累计修订、废止不符合《优化营商环境条例》规定的法规、规章和规范性文件等约1000件。

4. 优化营商环境的跨区域、协同化成为重要治理属性和发展趋势

2020年9月24日，国务院办公厅印发《关于加快推进政务服务"跨省通办"的指导意见》。该意见从高频政务服务事项入手，2020年底前实现第一批事项"跨省通办"，2021年底前基本实现高频政务服务事项"跨省通办"，同步建立清单化管理制度和更新机制，逐步纳入其他办事事项，有效满足各类市场主体和广大人民群众异地办事需求。政务服务"跨省通办"是转变政府职能、提升政务服务能力的重要途径，在审批服务便民化、"互联网+政务服务"、全国

一体化政务服务平台等基础上深入推进政务服务"一网通办"，成为畅通国民经济循环、促进要素自由流动的重要支撑。"跨省通办"是优化营商环境跨区域、协同化治理的积极尝试，各地方各部门之间以网络和数字技术为手段逐步形成相互依赖关系，最终形成纵横交错、密不可分的合作网络及技术手段、决策流程、组织形态和服务方式的创新。

作者单位：天津师范大学政治与行政学院、天津师范大学国家治理研究院

医疗保障制度体系建设研究报告

高连欢

　　2020 年，全国各级医疗保障部门坚持以习近平新时代中国特色社会主义思想为指导，贯彻落实党的十九大和十九届二中、三中、四中、五中全会精神，坚持稳中求进工作总基调，统筹疫情防控和医疗保障高质量发展，奋力夺取医保扶贫全面胜利，扎实做好"六稳"工作，全面落实"六保"任务，积极构建中国特色医疗保障制度框架，坚持不懈推进重大改革，实现医疗保障运行平稳，基金安全可持续，群众待遇稳步提升，中国特色医疗保障制度建设取得明显进展。

一、2020 年医疗保障制度运行情况

（一）医疗保险

　　据 2020 年全国医疗保障事业发展统计公报①显示，2020 年参加全国基本医疗保险②（以下简称基本医保）136131 万人，参保率稳定在 95%以上。2020 年，全国基本医保基金（含生育保险）总收入 24846 亿元，比上年增长 1.7%，占当年 GDP 比重约为 2.4%；全国基本医保基金（含生育保险）总支出 21032 亿元，比上年增长 0.9%，占当年 GDP 比重约为 2.1%；全国基本医保基金（含生育保

---

　　① 国家医疗保障局. 2020 年全国医疗保障事业发展统计公报［EB/OL］.（2021-06-08）. http://www.nhsa. gov.cn/art/2021/6/8/art_7_5232.htmll.

　　② 全国基本医疗保险含职工基本医疗保险、城乡居民基本医疗保险。生育保险基金并入职工基本医疗保险基金核算，不再单列生育保险基金收入，在职工基本医疗保险统筹基金待遇支出中设置生育待遇支出项目。

险）累计结存 31500 亿元，其中职工基本医疗保险（以下简称职工医保）个人账户累计结存 10096 亿元。（见表 1）

表 1　2020 年 1—12 月医疗保险和生育保险主要指标

指标名称（单位）	本期
参保人数（万人）	
基本医疗保险	136099.65
职工基本医疗保险	34422.85
城乡居民基本医疗保险	101676.80
生育保险	23546.02
基金收入（亿元）	
基本医疗保险（含生育保险）	24638.61
职工基本医疗保险（含生育保险）	15624.61
城乡居民基本医疗保险	9014.01
基金支出（亿元）	
基本医疗保险（含生育保险）	20949.26
职工基本医疗保险（含生育保险）	12833.99
其中：生育保险待遇支出	902.75
城乡居民基本医疗保险	8115.27

1. 职工基本医疗保险

（1）参保人数持续增加。参加职工医保 34455 万人，比上年增加 1530 万人，增长 4.6%。其中，在职职工 25429 万人，比上年增长 5.0%；退休职工 9026 万人，比上年增长 3.7%。在职退休比为 2.82，较上年上升 0.04。（见图 1）

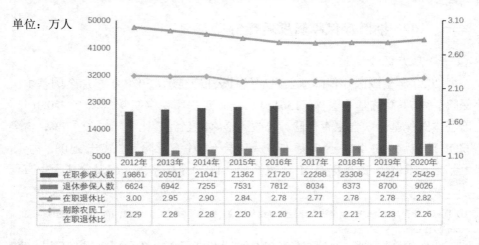

单位：万人	2012年	2013年	2014年	2015年	2016年	2017年	2018年	2019年	2020年
在职参保人数	19861	20501	21041	21362	21720	22288	23308	24224	25429
退休参保人数	6624	6942	7255	7531	7812	8034	8373	8700	9026
在职退休比	3.00	2.95	2.90	2.84	2.78	2.77	2.78	2.78	2.82
剔除农民工在职退休比	2.29	2.28	2.28	2.20	2.20	2.21	2.21	2.23	2.26

图 1　2012—2020 年职工医保参保人员结构

　　企业、机关事业、灵活就业等其他人员三类参保人员（包括在职职工和退休人员）分别为 23317 万人、6387 万人、4751 万人，分别比上年增加 1050 万人、155 万人、325 万人，分别占参保总人数的 67.7%、18.5%和 13.8%，构成比例与上年基本一致。职工医保统账结合和单建统筹参保人员分别为 31735 万人、2720 万人，分别占职工医保参保总人数的 92.1%和 7.9%。（见图 2）

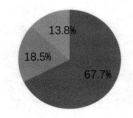

项　目	企业参保人员（万人）	机关事业参保人员（万人）	灵活就业等其他人员（万人）
2019 年	22267	6232	4426
2020 年	23317	6387	4751
2020 年增加	1050	155	325

■ 企业参保人员
■ 机关事业参保人员
■ 灵活就业等其他人员

图 2　2020 年职工医保参保人员情况

　　（2）基金收支规模基本稳定。2020 年，职工医保基金（含生育保险）收入 15732 亿元，比上年减少 0.7%[①]。基金（含生育保险）支出 12867 亿元，比上年增长 1.6%。2020 年，职工医保统筹基金（含生育保险）收入 9145 亿元，比上年减少 8.6%；统筹基金（含生育保险）支出 7931 亿元，比上年减少 0.1%；统筹基金（含生育保险）当期结存 1214 亿元，累计结存（含生育保险）15327 亿元。2020 年，职工医保个人账户收入 6587 亿元，比上年增长 12.8%；个人账户支出 4936 亿元，比上年增长 4.5%；个人账户当期结存 1650 亿元，累计结存 10096 亿元。

　　（3）享受待遇人次减少。受疫情影响，2020 年就诊量同比上年有所减少。参加职工医保人员享受待遇 17.9 亿人次，比上年减少 15.6%；人均就诊 5.0 次，比上年减少 1.4 次。其中，普通门急诊 15.0 亿人次，比上年减少 16.7%；门诊慢特病 2.3 亿人次，比上年减少 8.8%；住院 0.5 亿人次，比上年减少 12.3%。（见图 3）

---

　　① 受疫情影响，2020 年 2—7 月全国多地实施阶段性减半征收职工医保单位缴费，累计减征约 1649 亿元，职工医保收入较上年下降。若剔除减征因素的影响，职工医保基金总收入（含生育保险）较上年增长 9.6%。

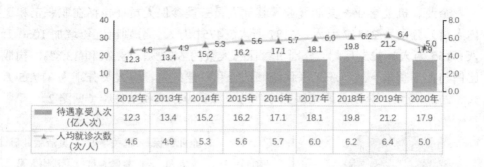

图3　2012—2020 年职工医保享受待遇人次和人均待遇次数

2020 年，职工医保参保人员住院率 15.9%，比上年下降 2.8 个百分点。其中，在职职工住院率为 8.6%，比上年下降 1.5 个百分点；退休人员住院率为 36.0%，比上年下降 6.5 个百分点。（见图 4）

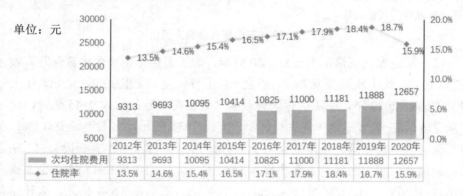

图4　2012—2020 年职工医保次均住院费用和住院率

（4）次均住院费用持续增长。2020 年，全国职工医保次均住院费用为 12657 元，比上年增长 6.5%。（见图 5）

（5）住院报销水平保持稳定。职工医保政策范围内住院费用基金支付 85.2%①。二级、一级及以下医疗机构政策范围内住院费用基金支付分别为 86.9%、88.7%，分别高于三级医疗机构 2.6 个、4.4 个百分点（见表 2）。

---

① 2019 年起政策范围内住院费用基金支付比例和实际住院费用基金支出比例计算口径调整，为基金支出全口径，将个人账户支出纳入基金支出统计，即基金支出为统筹基金、个人账户、补充医疗保险等其他基金支付之和。个人负担计算口径也相应调整，个人账户支出不纳入个人负担统计。

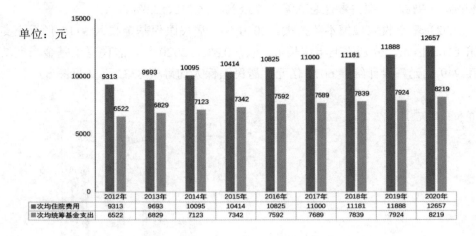

图 5　2012—2020 年职工医保次均住院费用和统筹基金支出

表 2　2020 年职工医保各级医疗机构住院费用支付比例

级别	政策内支付比例
三级	84.3%
二级	86.9%
一级及以下	88.7%
全国平均：85.2%	

2020 年职工医保参保人员医疗总费用 13357 亿元①，比上年下降 4.6%。其中，医疗机构发生费用 11281 亿元，个人账户在药店支出费用 2076 亿元。医疗机构发生费用中，退休人员医疗费用 6683 亿元，比上年下降 5.3%；在职职工医疗费用 4598 亿元，比上年下降 6.5%。

2. 城乡居民基本医疗保险②

（1）参保人数略有减少。2020 年，参加全国城乡居民基本医疗保险（以下简称居民医保）101676 万人，比上年减少 0.8%。其中，成年人、中小学生儿童、大学生分别为 75010 万人、24610 万人、2056 万人，分别比上年增长-2.5%、

----

① 职工医保医疗总费用含在医疗机构普通门急诊费用、门诊大病费用、住院费用以及个人账户在定点零售药店支出费用。除此项外，其他职工医保有关费用和待遇等数据均不含定点零售药店发生费用。

② 2013 年起，各省按照国家要求整合城镇居民医保和新农合两项制度，建立统一的城乡居民医保，参保人、基本收支、人均筹资、享受待遇情况等受该因素影响较大。本报告中，除特别说明，城乡居民基本医疗保险 2018 年及以前相关指标数据均不含当年未整合的新农合。

4.6%、1.7%，分别占参保总人数的 73.8%、24.2%、2.0%。

（2）基金收入规模不断扩大。2020 年，居民医保基金收入 9115 亿元，支出 8165 亿元，分别比上年增长 6.3%、-0.3%。2020 年，居民医保基金当期结存 949 亿元，累计结存 6077 亿元，居民医保人均筹资 833 元。（见图 6）

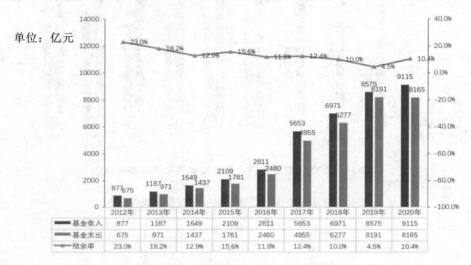

图 6　2012—2020 年居民医保基金收支情况

（3）享受待遇人次和医疗费用有所下降。受疫情影响，2020 年居民医保参加人员共享受待遇 19.9 亿人次，比上年降低 8.4%。居民医保人均享受门诊待遇 1.80 次，比上年减少 0.15 次。2020 年，居民医保医疗费用 14080 亿元，比上年减少 2.3%。（见图 7）

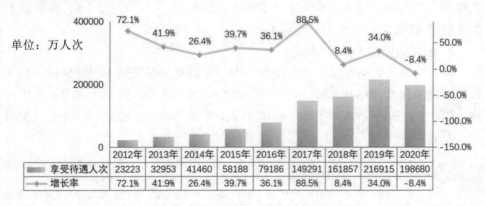

图 7　2012—2020 年居民医保享受待遇人次

（4）住院率有所下降。居民医保参保人员住院率为 15.1%，比上年降低 1.5 个百分点；次均住院天数 9.2 天，与上年持平；次均住院费用 7546 元，比上年增长 7.1%。其中在三级、二级、一级及以下医疗机构的次均住院费用分别为 13533 元、6464 元、3237 元，分别比上年增长 9.6%、6.4%、−1.3%。（见图 8）

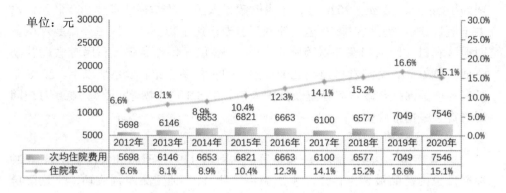

单位：元	2012年	2013年	2014年	2015年	2016年	2017年	2018年	2019年	2020年
次均住院费用	5698	6146	6653	6821	6663	6100	6577	7049	7546
住院率	6.6%	8.1%	8.9%	10.4%	12.3%	14.1%	15.2%	16.6%	15.1%

图 8　2012—2020 年居民医保次均住院费用和住院率

（5）住院报销水平稳步提高。居民医保政策范围内住院费用基金支付 70.0%，比上年提高 1.2 个百分点。按医疗机构等级分，政策范围内住院费用基金支付分别为：三级 65.1%、二级 73.0%、一级及以下 79.8%。其中二级及以下医疗机构政策范围内基金支付 74.6%，比三级医疗机构支付比例高出 9.5 个百分点。（见表 3）

表 3　2020 年居民医保各级医疗机构住院费用支付比例

级别	政策内支付比例
三级	65.1%
二级	73.0%
一级及以下	79.8%
全国：70.0%	

3. 生育保险

2020 年，全国参加生育保险 23567 万人[①]，比上年增长 10.0%。享受各项生育保险待遇 1167 万人次，比上年增加 30.4 万人次，增长 2.7%。生育保险人

---

① 生育保险参保范围为单位在职职工，不包括退休人员。

均生育待遇支出①为 21973 元，比上年增长 8.2%。

（二）医疗救助和医保扶贫

2020 年，全国医疗救助基金支出 546.84 亿元，资助参加基本医疗保险 9984 万人，实施门诊和住院救助 8404 万人次，全国平均次均住院救助、门诊救助分别为 1056 元、93 元。2020 年，中央财政投入医疗救助补助资金 260 亿元，比去年增长 6%，另外安排 40 亿元补助资金专门用于提高"三区三州"等深度贫困地区农村贫困人口医疗保障水平，安排 15 亿元特殊转移支付医疗救助补助资金。2020 年，全国农村建档立卡贫困人口参保率稳定在 99.9% 以上。2018 年以来各项医保扶贫政策累计惠及贫困人口就医 5.3 亿人次，助力近 1000 万户因病致贫家庭精准脱贫。

（三）医保药品目录

2020 年国家医保药品目录调整后，共新增 119 种药品进入目录，另有 29 种原目录内药品被调出目录。本次调整共计 119 种药品谈判成功，平均降价 50.6%。调整后的《国家基本医疗保险、工伤保险和生育保险药品目录（2020 年）》内西药和中成药总数为 2800 种，其中，西药 1426 种，中成药 1374 种（含中药饮片 892 种）。

（四）药品采购

2020 年，全国通过省级药品集中采购平台网采订单总金额为 9312 亿元，比上年下降 601 亿元。其中，西药（化学药品及生物制品）7521 亿元，中成药 1791 亿元，分别比上年下降 594 亿元和 7 亿元。医保目录内药品在网采订单总金额中占比 86.5%，金额为 8052 亿元。2020 年，开展三批国家组织药品集中带量采购，涉及 112 个品种，平均降价 54%，中选药品实际采购量达约定采购量 2.4 倍。开展国家组织冠脉支架集中带量采购，中选支架从均价 1.3 万元左右下降至 700 元左右。

（五）医保支付改革

持续推进支付方式改革，在 30 个城市开展 DRG 付费国家试点工作，30 个试点城市全部通过模拟运行前的评估考核，进入模拟运行阶段；在 71 个城市开展区域点数法总额预算和 DIP 付费试点工作。

（六）异地就医

2020 年，职工医保参保人员异地就医 4831 万人次，异地就医费用 1338 亿

---

① 生育医疗费用和女职工生育津贴（产假，计划生育手术休假期间的替代性工资）。

元，其中，住院异地就医 609 万人次，就医费用 1188 亿元。居民医保参保人员
异地就医 3407 万人次，异地就医费用 2623 亿元。其中，住院异地就医 1535 万
人次，就医费用 2505 亿元。

2020 年，全国住院费用跨省异地就医直接结算定点医疗机构数量为 44413
家；国家平台有效备案人数 771 万人。全年住院跨省异地就医 585 万人次，其
中，跨省直接结算 300.23 万人次，跨省直接结算医疗费用 742.80 亿元，基金支
付 438.73 亿元。京津冀、长三角和西南五省区等 12 个先行试点省份普通门诊
费用跨省直接结算累计达到 302 万人次，医疗总费用 7.46 亿元，医保基金支付
4.29 亿元。

（七）医疗保障基金监管

持续开展打击欺诈骗取医疗保障基金专项治理，全年各级医保部门共检查
定点医药机构 62.7 万家，查处违法违规违约医药机构 40.1 万家，其中，解除医
保协议 6008 家、行政处罚 5457 家、移交司法机关 286 家；各地共处理违法违
规参保人员 2.61 万人，其中，暂停结算 3162 人、移交司法机关 2062 人；全年
共追回资金 223.1 亿元。

国家医保局共组织 61 个飞行检查组赴全国各省份开展现场检查，飞行检
查组共现场检查定点医疗机构（含医养结合机构）91 家、医保经办机构 56 家、
承办城乡居民医保和大病保险的商业保险公司 40 家，共查出涉嫌违法违规资
金 5.4 亿元。

（八）长期护理保险

2020 年，长期护理保险参保人数 10835.3 万人，享受待遇人数 83.5 万人。
2020 年，长期护理保险基金收入 196.1 亿元，基金支出 131.4 亿元。长期护理
保险定点护理服务机构 4845 家，护理服务人员数 19.1 万人。

（九）疫情防控和减征缓缴

为减轻企业负担，支持复工复产，阶段性减半征收职工医保单位缴费，相
关医保部门 2020 年 2—7 月份为 975 万家参保单位累计减征 1649 亿元，其中，
为企业减征超 1500 亿元。为全力做好疫情防控工作，各地医保部门向新冠病毒
感染患者定点收治机构预拨专项资金 194 亿元，全年累计结算新冠病毒感染患
者医疗费用 28.4 亿元，其中，医保基金支付 16.3 亿元。

二、2020 年医疗保障重点工作①

（一）制度建设方面

（1）《中共中央 国务院关于深化医疗保障制度改革的意见》出台。2020 年 2 月 25 日，《中共中央 国务院关于深化医疗保障制度改革的意见》（以下简称《意见》）出台，这是新中国成立以来党中央、国务院专门为医疗保障制度改革制定出台的首个顶层设计，全面部署了医疗保障改革工作。《意见》明确到 2025 年、2030 年医保事业发展蓝图，提出了"1+4+2"总体改革框架，指出：到 2030 年，全面建成以基本医疗保险为主体，医疗救助为托底，补充医疗保险、商业健康保险、慈善捐赠、医疗互助共同发展的医疗保障制度体系。《意见》将职工和城乡居民分类保障，待遇与缴费挂钩，基金分别建账、分账核算；完善了重大疫情医疗救治费用保障机制，在突发疫情等紧急情况时，确保医疗机构先救治、后收费；均衡了个人、用人单位、政府三方筹资缴费责任，优化个人缴费和政府补助结构，研究应对老龄化医疗负担的多渠道筹资政策；加强了医疗救助基金管理，促进医疗救助统筹层次与基本医疗保险统筹层次相协调，提高救助资金使用效率，最大限度惠及贫困群众；逐步实现了全国医保用药范围基本统一，大力推进大数据应用，推行以按病种付费为主的多元复合式医保支付方式，推广按疾病诊断相关分组付费，医疗康复、慢性精神疾病等长期住院按床日付费，门诊特殊慢性病按人头付费；探索医疗服务与药品分开支付；严肃追究欺诈骗保单位和个人责任，对涉嫌犯罪的依法追究刑事责任，坚决打击欺诈骗保、危害参保群众权益的行为；做好仿制药质量和疗效一致性评价受理与审评，通过完善医保支付标准和药品招标采购机制，支持优质仿制药研发和使用，促进仿制药替代；适应人口流动需要，做好各类人群参保和医保关系跨地区转移接续，加快完善异地就医直接结算服务。

（2）全面推进医疗保障基金监管制度体系改革。2020 年 4 月 27 日，习近平总书记在主持召开中央深改委第十三次会议时强调，要管好用好人民群众的"看病钱""救命钱"。6 月 30 日，国务院办公厅印发《关于推进医疗保障基金监管制度体系改革的指导意见》（以下简称《基金监管改革意见》），提出加快推进医保基金监管制度体系改革，构建全领域、全流程的基金安全防控机制，严

---

① 中国医疗保险. 医疗保障百年大事记［EB/OL］.（2021-07-23）. https://mp.weixin.qq.com/s/k1Ha-rsFLa9GmKiRwe9Wjw.

厉打击欺诈骗保行为。《基金监管改革意见》指出，到 2025 年，基本建成医保基金监管制度体系和执法体系，形成以法治为保障，信用管理为基础，多形式检查，大数据监管为依托，党委领导、政府监管、社会监督、行业自律、个人守信相结合的全方位监管格局，实现医保基金监管法治化、专业化、规范化、常态化，并在实践中不断发展完善。推进监管制度体系改革，建立健全监督检查制度，全面建立智能监控制度，建立和完善举报奖励制度，建立信用管理制度，建立综合监管制度，完善社会监督制度。完善保障措施，强化医保基金监管法治及规范保障，加强医保基金监督检查能力保障，加大对欺诈骗保行为惩处力度，统筹推进相关医疗保障制度改革，协同推进医药服务体系改革。

（3）扩大长期护理保险制度试点范围。随着人口老龄化、高龄化加剧，建立长期护理保险制度成为越来越迫切的社会需求。按照党中央、国务院部署，2016 年起国家组织部分地方积极开展长期护理保险制度试点，试点整体进展顺利，在制度框架、政策标准、运行机制、管理办法等方面进行了有益探索，减轻了失能群体经济和事务性负担，优化了医疗资源配置，推进了养老产业和健康服务业发展，社会各方对试点总体评价良好，要求全面建立制度、推开试点的呼声很高。2019 年政府工作报告提出"扩大长期护理保险制度试点"，在全面总结前期试点经验的基础上，2020 年 9 月 10 日，国家医保局会同财政部印发《关于扩大长期护理保险制度试点的指导意见》（以下简称《长护险指导意见》），提出力争在"十四五"期间，基本形成适应我国经济发展水平和老龄化发展趋势的长期护理保险制度政策框架，推动建立健全满足群众多元需求的多层次长期护理保障制度。《长护险指导意见》将北京市石景山区、天津、晋城、呼和浩特等 14 个地区新增纳入长护险试点城市范围。

（二）待遇保障方面

（1）全力做好新冠疫情救治费用保障。2020 年 1 月 22 日，面对突发的新冠疫情，国家医保局会同财政部第一时间出台"两个确保"举措，"确保患者不因费用问题影响就医、确保收治医疗机构不因支付政策影响救治"。对确诊和疑似患者全部实行先救治、后结算，对承担救治任务的医疗机构拨付专项资金，缓解医疗机构资金压力，并及时与医疗机构进行结算。将国家卫生健康委《新型冠状病毒感染的肺炎诊疗方案》覆盖的药品和医疗服务项目，全部临时纳入医保基金支付范围。对异地就医患者先救治后结算，报销不再执行异地转外就医支付比例调减规定，减少患者流动带来的传染风险。对集中收治的医院，医保部门将预付资金减轻医院垫付压力，患者医疗费用不再纳入医院总额预算控制指标。截至 2020 年底，全国新冠病毒感染确诊和疑似患者累计结算医疗费用 28.4 亿元，医保支付 16.3 亿元，预拨付定点救治机构专项资金 194 亿元。同时，国家医保局创新管理方式，实行"及时办、不见面办、便民办、延期办、放心办"的"五个办"医保经办服务，将常见病、慢性病"互联网+"复诊服务费用纳入医保支付范围，对高血压、糖尿病等慢性病患者实行长处方政策。

（2）深化医保支付方式改革。2020 年 10 月 14 日，国家医保局办公室印发《区域点数法总额预算和按病种分值付费试点工作方案》，要求开展区域点数法总额预算和按病种分值（DIP）付费试点，预计用 1—2 年的时间，将统筹地区医保总额预算与点数法相结合，实现住院以按病种分值付费为主的多元复合支付方式，逐步建立以病种为基本单元，以结果为导向的医疗服务付费体系，完善医保与医疗机构的沟通谈判机制，加强基于病种的量化评估，使医疗行为可量化、可比较，形成可借鉴、可复制、可推广的经验。11 月 4 日，试点城市名单公布，71 个统筹地区被列为试点。11 月 9 日，《国家医疗保障按病种分值付费（DIP）技术规范》和 DIP 病种目录库（1.0 版）发布。

（3）积极推进"互联网+"医保支付。习近平总书记在中央全面深化改革委员会第十四次会议上指出，要高度重视新一代信息技术在医药卫生领域的应用，重塑医药卫生管理和服务模式，优化资源配置，提升服务效率。2020 年 10 月 24 日，国家医保局印发《关于积极推进"互联网+"医疗服务医保支付工作的指导意见》，明确"互联网+"医疗服务协议管理的范围，提出申请"互联网+"医疗服务医保补充协议的医疗机构基本条件，完善"互联网+"医疗服务医保支付政策，优化"互联网+"医疗服务医保经办管理服务，强化"互联网+"医疗服务监管措施。

（三）管理体系方面

（1）进一步规范基本医保用药管理。2020 年 7 月 30 日，国家医保局印发《基本医疗保险用药管理暂行办法》，确定各级医疗保障部门对基本医疗保险用药范围的确定、调整，以及基本医疗保险用药的支付、管理和监督等内容。明确国务院医疗保障行政部门根据医保药品保障需求、基本医疗保险基金的收支情况及承受能力、目录管理重点等因素，确定当年《药品目录》调整的范围和具体条件，研究制定调整工作方案，原则上每年调整一次。《药品目录》不再新增 OTC 药品。谈判药品协议有效期为两年，协议期内，如有谈判药品的同通用名药物（仿制药）上市，医保部门可根据仿制药价格水平调整该药品的支付标准，也可以将该通用名纳入集中采购范围。该政策自 2020 年 9 月 1 日正式施行。

（2）建立了医药价格和招采信用评价制度。为了发挥医药产品集中采购市场的引导和规范作用，对给予回扣、垄断涨价等问题突出的失信医药企业采取适当措施，促进医药企业按照"公平、合理和诚实信用、质价相符"的原则制定价格，促进医药产品价格合理回归，维护人民群众的切身利益，2020 年 8 月 28 日，国家医保局印发《关于建立医药价格和招采信用评价制度的指导意见》，建立了六项信用评价制度，包括信用评价目录清单、医药企业主动承诺机制、失信信息报告记录机制、医药企业信用评级机制、失信行为分级处置机制、医药企业信用修复机制等，将给予回扣、垄断涨价等问题纳入医药价格和招采信用评价范围，促进医药企业诚实守信，共同营造公平规范、风清气正的流通秩序和交易环境。

（3）进一步加强两定机构管理。随着医药卫生体制不断深化，我国城乡基本医疗保险制度不断整合，医疗卫生服务体系发展迅速，医疗机构数量明显增加，特别是医养结合、"互联网+医疗"等新的医疗服务需求的快速涌现，医保定点管理工作面临着新形势新环境。根据《中共中央 国务院关于深化医疗保障制度改革的意见》关于建立管用高效的医保支付机制、创新医保协议管理和落实"放管服"精神要求，为进一步促进定点医疗机构和零售药店管理的规范化、法治化，2020 年 12 月 30 日，国家医保局印发《医疗机构医疗保障定点管理暂行办法》和《零售药店医疗保障定点管理暂行办法》，自 1999 年国家建立医保定点协议管理制度以来，第一次全面系统重新构建医保定点协议管理体系。其中，《医疗机构医疗保障定点管理暂行办法》共 7 章、53 条，《零售药店医疗保障定点管理暂行办法》共 7 章、50 条。

（四）公共服务方面

（1）扩大异地就医门诊直接结算范围。国家医保局与财政部联合发文，在京津冀、长三角、西南 5 省等 12 个试点省（区、市）的基础上，稳步扩大试点地区、定点医药机构覆盖范围和门诊结算范围。2020 年 1 月，门诊试点地区医保基金直接结算突破亿元；2020 年 11 月，全国住院和普通门诊费用跨省直接结算人次均突破 30 万，日均结算人次双双突破 1 万。2020 年 12 月，启动自助开通异地就医直接结算服务试点，进一步升级线上备案服务，参保人员可通过下载"国家医保服务平台"App 或在微信中搜索"国家异地就医备案"小程序，按照提示线上办理跨省就医备案。截至 2020 年 12 月底，天津、山西、内蒙古、辽宁、吉林、黑龙江、江苏、浙江、安徽、福建、江西、山东、湖北、湖南、广东、广西、海南、重庆、四川、陕西、宁夏和新疆等 22 个省（区、市）的 170

个统筹地区作为试点地区开展全国统一的线上备案服务，成功办理备案 6.48 万人次。

（2）启动首批耗材集中采购。2020 年 11 月 5 日，首批国家高值医用耗材集中带量采购产生拟中选结果，拟中选冠脉支架从均价 1.3 万元左右下降至 700 元左右，降幅 90%以上，预计每年节约医疗费用 117 亿元。12 月 15 日，国家医保局发布《关于国家组织冠脉支架集中带量采购和使用配套措施的意见》，紧密结合冠脉支架生产、采购、配送、使用特点，与现行医疗保障、医药价格和招标采购政策有机衔接，发挥医保基金战略性购买作用，充分利用平台挂网、医保基金预付、医保支付、医疗机构激励约束等配套措施，推动冠脉支架集采中选结果平稳落地实施。此外，该意见还提出了规范平台挂网和配送工作、落实医保基金预付政策、做好医保支付政策衔接、完善对医疗机构的激励约束机制等配套措施，全力保障参加冠脉支架集采的医疗机构按购销合同完成中选产品协议采购量。

三、2020 年医疗保障制度体系建设研究综述

2020 年，从中国知网（CNKI）搜索"医疗保障""医疗保险""生育保险""医疗救助""职工医保""居民医保""医保改革""长期护理保险""异地就医"等关键词，研究结果分别为 2131、3510、238、472、228、283、217、325、220 篇，相较 2019 年 2125、5316、641、1066、219、431、242、352、252 篇而言，关于"生育保险"论文综述明显增多，经过分析，主要原因应是《国务院办公厅关于全面推进生育保险和职工基本医疗保险合并实施的意见》的出台，使公众加强了对生育保险制度建设和发展趋势的研究；关于"医疗保险"论文综述明显减少，可以看出，医疗保障的概念逐渐深入人心。笔者围绕"医疗保障""医保改革""异地就医"等关键词选取三篇学术期刊，浅析 2020 年医保制度建设和改革的方向、思路和举措。

（一）全面深化医疗保障制度改革，努力把制度优势转化为治理效能[①]

胡静林发表于《旗帜》上的文章指出，中共中央、国务院印发的《关于深化医疗保障制度改革的意见》（以下简称《意见》），是党的十九届四中全会后首批出台的重大改革方案之一，是对新时代医疗保障制度的重要顶层设计。《意见》的出台是医疗保障事业史上的一件大事，是指导医疗保障改革发展的纲领

---

① 胡静林. 全面深化医疗保障制度改革，努力把制度优势转化为治理效能 [J]. 旗帜，2020（04）：16-18.

性文件，必将对今后较长时期的医疗保障改革发展产生深远影响。《意见》以习近平新时代中国特色社会主义思想为指导，坚持以人民健康为中心，明确了"1+4+2"的改革体系。"1"是明确一个目标，即建立以基本医疗保障为主体，医疗救助为托底，补充医疗保险、商业健康保险、慈善捐赠、医疗互助共同发展的医保制度体系。"4"是建立四个机制，即公平适度的待遇保障机制、稳健可持续的筹资运行机制、管用高效的医保支付机制、严密有力的基金监管机制。"2"是加强两个支撑，即推进医药服务供给侧结构性改革、优化医保公共管理服务。"1+4+2"搭建了未来医疗保障制度改革的四梁八柱，有利于推动医保制度更加成熟定型。《意见》的出台，有利于国家治理体系和治理能力现代化要求在医保领域全面落地，推动医保制度更加成熟定型；有利于提升医保治理水平，增强治理效能，实现医保制度可持续发展；对解决这些主要问题作出全面部署，明确了改革路径，为今后医保改革发展提供了蓝图；有利于树牢新发展理念，从宏观视野、全局高度应对时代变革带来的挑战，把优化存量、调整结构的改革持续推进下去，实现医保事业从高速增长转向高质量发展。全国医疗保障系统要认真学习习近平总书记重要指示精神，把贯彻执行好《意见》作为贯彻落实党的十九届四中全会精神，推进治理体系和治理能力现代化的重要抓手。要建立健全部门协同机制，加强医保、医疗、医药各项政策之间的统筹协调。要主动做好医保政策解读和舆论引导，及时回应社会关切，充分调动各方支持配合改革的积极性和主动性。要一手"做减法"，坚决把虚高药价降下来、把欺诈骗保打下去；一手"做加法"，努力让群众用上更多创新好药、让医疗机构持续健康发展。面对存在的突出问题、面临的形势变化，各级医保干部既要发扬斗争精神，又要提高斗争艺术，在严峻复杂的斗争中经风雨、见世面、强筋骨。要努力打造一支"心中有理想、肩上有担当、身上有本领、脚下有定力"的医保干部队伍，为实现新时代医疗保障改革的各项目标打下坚实基础。

（二）支付方式改革与制度体系建设①

王东进发表于《中国医疗保险》上的文章指出，全面建成中国特色高质量医疗保障体系，从制度建设的维度理解或定义，就是全面建成医疗保障相关领域和环节的制度体系，使之成为相互贯通、相互衔接、相互支持、相互促进的医疗保障制度体系（或者说一个总的制度整体），充分发挥医疗保障制度的整体功能和集成效应。所以，新时代医疗保障体系建设，本质上就是全面进行一系

列制度建设，也就是对一系列制度的全面优化和完善。中国医保制度改革以来，医保支付方式改革的确取得了显著成效，但这些成效还只是初步的、阶段性的。而有些改革举措由于受到诸多制度缺陷的制约，其成效并不尽如人意，有些成效被消减甚至对冲。因此，我们可以为这些医保支付方式取得的成绩感到自豪，但绝不能自满。深化改革的路还很长，需要改革创新、健全完善的领域和环节还很多。支付方式改革，有些才刚刚起步，刚刚破题〔如以成本效益为价值取向的战略性购买，在总额预算管理基础上按病种（病组）分值付费、"打包付费"等〕，有些则在试点探索，还没有破题（如 DRGs 付费方式）。还有一些，或者由于认知缺陷，罔顾权利与义务相对应这个医保的基本原则，将医保视为公共品，将基金视为公共财政基金，要求对某些特定人群给予待遇倾斜照顾；或者对法律法规茫然不知，违规将基金用作具有明显营利指向的机构的运营成本和盈利；等等。凡此种种，不仅削弱了医保支付方式改革的正向效能，而且严重破坏了基金的完整和安全，冲击了医保制度的基本面，为医保制度的可持续发展埋下了隐患，必须引起高度警觉，并切实加以匡正。要坚持基本医保"保基本"的制度本位功能和"以收定支、收支平衡、略有结余"的基金管理原则不动摇。这是深化医保支付方式改革的基点和前提。要坚持"三二一"和"两线一段"管理范式的基本架构，同时对其中一些不适合新形势的要素（范围、标准等）作适时适度的调整完善，但不能随意"开口子"、不适当地扩大范围（所谓"放大、延伸"）。这是保证支付方式改革取得实效的"笼子"和"尺度"。要坚持在基金总额预算管理的基础上，实施按病种（病组）分值付费为主，辅以打"组合拳"式的多种付费方式，切忌一刀切、一种方式、一个模式。须知，至今为止，世界上还没有（今后也不可能有）一种"包打天下"的"万能支付方式"。要坚持在总结实践经验的基础上，积极推进以成本效益为核心的医保战略性购买（俗称"打包付费"），有条件的地方（医院）可试行 DRGs 付费。由于这种方式对基础数据、技术条件要求严苛，目前尚不具备大面积推广的条件。即使有条件的地方，也不能指望单用这样一种支付方式就"万事大吉"。要坚持把维护基金完整安全作为医保制度的生命线，把严厉打击欺诈骗保等违法犯罪行为作为当前和今后一个时期的重中之重，牢牢抓住不放，形成"不敢欺、不能骗"的压倒性高压态势。为确保支付方式改革不断深化并取得实实在在的绩效，营造良好的医保"生态环境"。

（三）找准政策立足点，完善制度防范基金风险①

黄华波发表于《中国医疗保险》上的文章指出，新形势下，我们有必要对异地就医直接结算工作的意义和风险防范再讨论、再认识，以增强行动自觉。一要识大局。为什么党和政府如此重视这一工作？首先，消除群众痛点是重大民生工程。其次，这一政策可以促进人力资源流动，提高人力资源配置水平，重点解决外出农民工、外来就业创业人员、新业态从业人员，以及大量随迁、异地安置老人的医疗问题，让各类人员及其子女可以安心工作与生活。新冠疫情发生后，国家医保局第一时间明确新冠病毒感染患者异地就医不降低医保支付比例，给群众吃了"定心丸"。可以说，异地就医直接结算工作适应经济社会发展，回应民众迫切期盼，符合人们切身利益。异地就医直接结算工作要解决的主要矛盾，也正是我们分析问题的立足点和出发点。二要善权衡。从基本面上看，异地就医直接结算的基金支出风险总体可控。先看增支因素：群众跨省就医，尤其是转外就医，大多是转到优质医疗资源较为集中的北上广地区及中心城市，这些地区医疗手段相对较多，医疗技术相对先进，费用水平也会相对较高。再看减支因素：首先，转诊群众跨省就医会涉及交通、住宿、陪护等较高的间接成本，参保人本身就会尽可能减少住院床日以节省费用，从而在一定程度上降低医疗费用；其次，地方政策普遍对转外就医给出了降低报销比例等相关规定（大多降低 10 个百分点左右），这也会相应减少医保基金支出，同时还能抑制一些异地就医需求；最后，及时地转外就医和异地长居人员就近就医，可以确保患者能够在第一时间得到合理救治，赢得救治时间，减少并发症后遗症，促进患者快速康复，从而在总体上减少医疗费用。三要防风险。随着异地就医直接结算加快推进，异地就医需求快速释放，这些地区会进一步面临基金支付压力，要加强运行监测评估，在规范管理、优化服务的同时，及时完善政策措施，引导群众合理选择异地就医，促进分级诊疗体系建设。此外，还要加快推进异地就医协同机制建设，将异地就医纳入就医地统一管理，实现异地就医智能监控全覆盖，加大基金监管力度，最大程度防范针对异地就医群体的欺诈骗保风险。

四、展望与分析

习近平总书记强调，要把人民健康放在优先发展的战略地位，深刻指出"我

---

① 黄华波. 找准政策立足点，完善制度防范基金风险 [J]. 中国医疗保险，2020（08）：29-30.

们建立全民医保制度的根本目的，就是要解除全体人民的疾病医疗后顾之忧"。按照中央经济工作会议的精神，2021 年医保工作要坚持稳中求进工作总基调，牢牢把握医疗保障高质量发展的主题，深化医疗保障制度改革，狠抓医保精细化管理，为"十四五"开好局，以优异成绩庆祝建党 100 周年。围绕制度建设、待遇保障、管理体系、公共服务等医保事业发展的四个方面，笔者提出几点展望与思考。

（一）制度建设方面

"十四五"是我国全面建成小康社会、实现第一个百年奋斗目标之后，乘势而上开启全面建设社会主义现代化国家新征程、向第二个百年奋斗目标进军的第一个五年。《意见》提出了 2025 年的改革发展目标，即到 2025 年，医疗保障制度要更加成熟定型，基本完成待遇保障、筹资运行、医保支付、基金监管等重要机制和医药服务供给、医保管理服务等关键领域的改革任务。笔者认为，2021 年是"十四五"开局之年，在确定医疗保障工作的制度建设方向，应高度体现"十四五"开局之年的特点，应高度遵从《意见》确定的五年工作目标，也应高度契合我国人口老龄化和经济社会高质量发展的实际需求。从完善医保制度顶层设计出发，2021 年要重点做好"十四五"医疗保障规划编制工作。2020 年，国家医保局启动了全民医疗保障五年规划编制工作，这将是我国第一部医疗保障领域的全国专项规划，全民医疗保障五年规划要以建设公平医保、法治医保、安全医保、智慧医保、协同医保为目标，深刻总结"十三五"期间医疗保障事业发展取得的突出成效，牢牢把握"十四五"时期医疗保障工作的总体方向和主要目标。党的十八大以来，以习近平同志为核心的党中央把脱贫攻坚摆在治国理政的突出位置，组织实施了人类历史上规模最大、力度最强的脱贫攻坚战。医保部门会同相关部门，持续完善多层次医疗保障制度体系，构建了世界上覆盖范围最广的基本医疗保障网，发挥了医保制度防贫减贫重要作用。2021 年要重点做好医保脱贫攻坚与乡村振兴战略的有效衔接，在总结运用医保脱贫攻坚实践经验的基础上，细化政策接续衔接要求，优化调整完善相关配套措施，有针对性研究解决保障不足和过度保障问题，探索建立防范化解因病返贫致贫长效机制，不断巩固拓展医保脱贫攻坚成果。职工基本医疗保险制度自建立以来，对减轻职工就医负担，解决因病致贫、因病返贫发挥了积极作用，2021 年应加快医疗保障重点领域和关键环节改革，探索建立职工基本医疗保险门诊共济保障机制，改革职工医保个人账户，建立健全门诊共济保障机制，提高医保基金使用效率，实现制度更加公平更可持续。

（二）待遇保障方面

《意见》提出"坚持应保尽保、保障基本，基本医疗保障依法覆盖全民，尽力而为、量力而行，实事求是确定保障范围和标准"的基本要求，完善公平适度的待遇保障机制，推进法定医疗保障制度更加成熟定型，健全重特大疾病医疗保险和救助制度，统筹规划各类医疗保障高质量发展，根据经济发展水平和基金承受能力稳步提高医疗保障水平。从优化群众待遇保障质量着手，完善公平适度的待遇保障机制是我们的首要任务，2021 年应加快建立全国统一的医疗保障待遇清单制度，确定基本保障内涵，厘清待遇支付边界，明确政策调整权限，规范决策制度流程。2020 年的新冠疫情让人们猝不及防，全国各级医保部门众志成城、齐心协力，提出"两个确保"工作目标，为全国抗击疫情起到了积极的推动作用。2021 年应持续落实好疫情防控和救治责任，加强对核酸检测试剂、疫苗的管理，推动降低常态化疫情防控成本，发挥基本医保职能作用，做好疫情防控和救治费用保障工作。做好重特大疾病医疗保障，是进一步减轻困难群众和大病患者医疗费用负担、防范因病致贫返贫、筑牢民生保障底线的重要举措，2021 年要健全重特大疾病医疗保险和救助制度，重点建立健全防范和化解因病致贫返贫长效机制，强化基本医保、大病保险、医疗救助综合保障，促进这项综合保障与慈善救助、商业健康保险等协同发展、有效衔接，构建政府主导、多方参与的多层次医疗保障体系，补齐重特大疾病保障短板。同时，2016 年我国启动长期护理保险试点以来，形成了很多可复制、可推广的经验，在 2020 年扩大试点城市的基础上，2021 年，应持续推进长期护理保险制度试点，规范和加强全国失能评定管理，扩大试点城市范围，让更多的失能人员得到公平享有的长期护理保障。

（三）管理体系方面

《意见》提出，要建立管用高效的医保支付机制，聚焦临床需要、合理诊治、适宜技术，完善医保目录、协议、结算管理，实施更有效率的医保支付，更好保障参保人员权益，增强医保对医药服务领域的激励约束作用。2020 年 11 月，国家医保信息平台在广东省汕尾市正式投入使用，标志着全国统一的医保信息平台转入落地应用阶段，2021 年要重点加强医保法治化、信息化、标准化建设，做好全国统一的医保信息平台的建设和应用，推进医保精细化管理，提高医保治理能力和水平。推进"三医联动"改革，重点是深化医药服务价格改革，指导做好国家集采的落地和应用，逐步理顺医疗服务比价关系，挤出药品价格水分，引导医疗机构合理诊疗。同时，还要持续深化医保支付方式改革，要加强顶层设计，在深刻总结 2019、2020 年试点经验，做好 2021 年试点工作的基础上，提前谋划 2022 年及中长期试点工作计划，实施更有效率的医保支付，更好保障参保人员权益。医保目录的合规适度，是保障各项待遇稳步落地的大前提，2021 年要持续做好医保目录管理，把更多临床价值高、经济性评价优良的药品、项目、耗材纳入支付范围，切实提高人民群众就医用药质量。随着临床新技术、新药品的应用，加强医保基金使用和监管效能显得尤为重要，2021 年，要加快医保基金监管立法进程，推动建立健全基金监管长效机制，不断织密扎牢医保基金监管制度笼子。

（四）公共服务方面

《意见》提出，要优化医疗保障公共管理服务，完善经办管理和公共服务体系，更好提供精准化、精细化服务，提高信息化服务水平，推进医保治理创新，为人民群众提供便捷高效的医疗保障服务。解决"看病贵"、缓解"因病致贫、因病返贫"是我们多年来的工作重点，医药价格一直是影响政策施行效果、增加群众就医负担的重要因素，2021 年要推进制度化常态化实施药品耗材集中招标采购，不断减轻群众看病就医负担，引导医药行业形成风清气正、海晏河清的新局面。异地就医直接结算连续多年写入《政府工作报告》，是社会关注的热点问题，也是人民群众的现实期盼。2021 年，在巩固做好异地就医住院直接结算，逐步推动扩大异地就医普通门诊直接结算联通区域和定点医药机构范围的基础上，应更多关注和考虑因患慢性疾病而长期需要服药的人群的就医需求，推进异地就医门诊慢特病直接结算，综合全国各地门诊慢性病、特殊病的实际报销情况，选择部分常见门诊慢特病病种，试行异地就医直接结算，减轻长期患病服药需求人员的就医负担。2019 年，国家医保局开展了医疗保障领域行风建设专项整治，2020 年，基本建成与国家治理体系和治理能力现代化相适应的医疗保障系统行风建设工作机制。2021 年应在深化行风建设的重点从建机制向精细化管理转变，应深化经办管理服务体系建设，探索延伸和下沉医保经办业务，大力推进"网上办""掌上办"的基础上，积极引入智能设备，探索"脱卡结算"和"不见面办理"；同时，深入实施"好差评"制度，努力提升医保干部能力素质，改善医保队伍服务作风，不断提高人民群众满意度。

五、报告要点

本报告重点对 2020 年中国医疗保障制度体系建设和研究情况，以及重点工作任务和重大改革事项的进展情况进行了系统的梳理，并在此基础上，对中国医疗保障制度体系建设中需要重点关注的问题和趋势性的发展方向进行了简要分析。报告要点总结如下。

（1）2020年参加全国基本医疗保险（含生育保险）136131万人，全国基本医保基金（含生育保险）总收入24846亿元，全国基本医保基金（含生育保险）总支出21032亿元，全国基本医保基金（含生育保险）累计结存31500亿元，医保制度平稳运行，配套政策逐步完善，医疗保障工作取得了新的成绩。

（2）2020年，在医保制度建设方面，2020年2月，《中共中央 国务院关于深化医疗保障制度改革的意见》出台，该意见成为新中国成立以来党中央、国务院专门为医疗保障制度改革制定出台的首个顶层设计。6月，国务院办公厅出台《关于推进医疗保障基金监管制度体系改革的指导意见》，加快推进医保基金监管制度体系改革，构建全领域、全流程的基金安全防控机制，严厉打击欺诈骗保行为。9月，国家医保局印发《关于扩大长期护理保险制度试点的指导意见》，将14个试点城市新增列入试点范围，加快推动建立健全满足群众多元需求的多层次长期护理保障制度。

（3）2020年，在待遇保障方面，2020年1月，面对突发的新冠疫情，国家医保局会同财政部第一时间出台"两个确保"举措，"确保患者不因费用问题影响就医、确保收治医疗机构不因支付政策影响救治"。10月，推进"互联网+"医疗服务医保支付工作，开展区域点数法总额预算和按病种分值（DIP）付费试点。

（4）2020年，在医保管理体系建设方面，2020年7月，国家医保局印发《基本医疗保险用药管理暂行办法》，确定各级医疗保障部门对基本医疗保险用药范围的确定、调整，以及基本医疗保险用药的支付、管理和监督等内容。8月，建立了医药价格和招采信用评价制度，将给予回扣、垄断涨价等问题纳入医药价格和招采信用评价范围，促进医药企业诚实守信，共同营造公平规范、风清气正的流通秩序和交易环境。12月，印发《医疗机构医疗保障定点管理暂行办法》和《零售药店医疗保障定点管理暂行办法》，自1999年国家建立医保定点协议管理制度以来，第一次全面系统重新构建医保定点协议管理体系。

（5）2020年，在医保公共服务方面，扩大异地就医门诊直接结算范围，在京津冀、长三角、西南5省等12个试点省（区、市）的基础上，稳步扩大试点地区、定点医药机构覆盖范围和门诊结算范围，并启动自助开通异地就医直接结算服务试点。启动首批耗材集中采购，11月公布拟中选结果，拟中选冠脉支架从均价1.3万元左右下降至700元左右，降幅90%以上，预计每年节约医疗费用 117 亿元。12 月，发布《关于国家组织冠脉支架集中带量采购和使用配套措施的意见》，充分利用平台挂网、医保基金预付、医保支付、医疗机构激励约束等配套措施，推动冠脉支架集采中选结果平稳落地实施。

作者单位：天津市医疗保障局

政府公共文化服务体系建设研究报告
（2021）

王雪丽

习近平总书记指出："文化是一个国家、一个民族的灵魂。"2020 年 9 月 22日，习近平总书记在教育文化卫生体育领域专家代表座谈会上指出，"推动高质量发展，文化是重要支点"。2020 年 10 月 26 日至 29 日，中国共产党第十九届中央委员会第五次全体会议在北京举行。全会提出，"坚持马克思主义在意识形态领域的指导地位，坚定文化自信，坚持以社会主义核心价值观引领文化建设，加强社会主义精神文明建设，围绕举旗帜、聚民心、育新人、兴文化、展形象的使命任务，促进满足人民文化需求和增强人民精神力量相统一，推进社会主义文化强国建设。要提高社会文明程度，提升公共文化服务水平，健全现代文化产业体系"。2020 年是"十三五"规划的收官之年，系统盘点和梳理公共文化服务体系建设领域的实践与科研成果，对于公共文化领域实现"十四五"良好开局意义不凡，有利于推动公共文化服务高质量可持续发展。

一、2020 年政府公共文化服务体系建设情况梳理

（一）2020 年公共文化服务体系建设相关政策

为健全公共文化服务财政保障机制，促进基本公共文化服务标准化、均等化，确保财政公共文化投入水平与国家经济社会发展阶段相适应，按照党中央、国务院有关决策部署，2020 年 6 月 4 日，国务院办公厅发布《公共文化领域中

央与地方财政事权和支出责任划分改革方案》。该方案分别从基本公共文化服务、文化艺术创作扶持、文化遗产保护传承、文化交流、能力建设等方面明确划分了公共文化领域中央与地方财政事权和支出责任。

2020 年 9 月 30 日，为隆重纪念中国人民抗日战争暨世界反法西斯战争胜利 75 周年，经党中央、国务院批准，国务院公布了第三批 80 处国家级抗战纪念设施、遗址名录。名录的公布，有助于通过学习宣传抗日英烈的英雄事迹，大力弘扬伟大的民族精神和抗战精神，进一步增强民族凝聚力、向心力。

文化和旅游部印发的《国家级非物质文化遗产代表性传承人认定与管理办法》于 2020 年 3 月 1 日起正式施行。该办法认真总结近年来我国非物质文化遗产代表性传承人认定与管理的经验和做法，将工作中形成的理念成果和有效经验，予以固定和规范，有助于激励国家级非物质文化遗产代表性传承人进一步做好传承工作。

为贯彻落实以人民为中心的工作导向和高质量发展要求，推进博物馆治理体系和治理能力现代化，完善以展示教育、开放服务为核心的博物馆质量评价体系，更好满足人民日益增长的美好生活需要，根据《博物馆条例》相关规定，国家文物局修订了《博物馆定级评估办法》《博物馆定级评估标准》《评分细则计分表》。

2020 年 9 月 27 日，文化和旅游部与国家发展改革委员会联合印发《大运河文化和旅游融合发展规划》。该规划是落实《大运河文化保护传承利用规划纲要》的一个重要专项规划，也是文化和旅游部组建以来出台的第一个关于文化和旅游融合发展的政策文件，对于推进"十四五"文化事业、文化产业和旅游业创新发展具有重要的引领作用。

为进一步促进博物馆与学校教学、综合实践有机结合，提升中小学生利用博物馆、纪念馆学习效果，教育部和国家文物局于 2020 年 9 月 30 日联合发布《关于利用博物馆资源开展中小学教育教学的意见》。该意见提出各地教育部门和中小学要将博物馆青少年教育纳入课后服务内容，并指出，要拓展博物馆教育方式途径，创新博物馆学习方式，综合运用解说导览、专题讲座、互动游戏、角色扮演、动手实践等方式，增强博物馆学习的趣味性、互动性和体验性，不断探索完备博物馆学习模式，增强博物馆学习效果。

2020 年 12 月 11 日，长城国家文化公园建设推进会在河北省秦皇岛市召开。会上公布了《长城国家文化公园建设实施方案》，该方案进一步明确了长城国家文化公园的建设范围、建设内容、建设目标和主要任务，并提出了 36 项具体工作。

2020 年 12 月 24 日，文化和旅游部、粤港澳大湾区建设领导小组办公室、广东省人民政府联合印发《粤港澳大湾区文化和旅游发展规划》。该规划提出，支持港澳更好融入国家发展大局，深化粤港澳大湾区文化和旅游交流合作，到 2025 年，人文湾区与休闲湾区建设初见成效，打造一批具有广泛影响力的示范项目、示范区；到 2035 年，宜居宜业宜游的国际一流湾区全面建成。（见表 1）

表 1　2020 年公共文化服务体系建设领域法规政策一览表

序号	法律、行政法规、规范性文件名称	发布机构	发布时间
1	《国家级非物质文化遗产代表性传承人认定与管理办法》（2020 年 3 月 1 日起实施）	文化和旅游部	2019 年 11 月 29 日
2	《关于公布施行〈博物馆定级评估办法〉等文件的决定》	国家文物局	2020 年 1 月 8 日
3	《公共文化领域中央与地方财政事权和支出责任划分改革方案》	国务院办公厅	2020 年 6 月 4 日
4	《关于公布第三批国家级抗战纪念设施、遗址名录的通知》	国务院	2020 年 9 月 3 日
5	《大运河文化和旅游融合发展规划》	文化和旅游部、国家发展改革委	2020 年 9 月 27 日
6	关于利用博物馆资源开展中小学教育教学的意见	教育部、国家文物局	2020 年 9 月 30 日
7	《长城国家文化公园建设实施方案》	国家文化公园建设工作领导小组	2020 年 12 月 11 日
8	《粤港澳大湾区文化和旅游发展规划》	文化和旅游部、粤港澳大湾区建设领导小组办公室、广东省人民政府	2020 年 12 月 24 日

（二）2020 年公共文化服务体系建设主要成效及工作情况

2020 年，突如其来的新冠疫情扰乱了社会生活的正常节奏。在经济发展面临下行压力、财政资金相对不足的情况下，2020 年，在党中央、国务院的坚强领导下，文化和旅游系统努力克服疫情带来的严重影响，强化政策应对力度，我国文化建设和旅游发展取得积极进展。2020 年，全国文化和旅游事业费 1088.26 亿元，比上年增加 23.51 亿元，增长 2.1%；全国人均文化和旅游事业费

77.08 元，比上年增加 1.01 元，增长 1.3%。①（见图 1）

图 1　2011—2020 年全国人均文化和旅游事业费及增速情况

　　2020 年，在全国文化和旅游事业费中，县以上文化和旅游事业费 500.98 亿元，占 46.0%，比重比上年下降 2.5 个百分点；县及县以下文化和旅游事业费 587.28 亿元，占 54.0%，比重提高了 2.5 个百分点。东部地区文化和旅游事业费 491.62 亿元，占 45.1%，比重提高了 0.2 个百分点。中部地区文化和旅游事业费 269.78 亿元，占 24.8%，比重降低了 0.1 个百分点。西部地区文化和旅游事业费 301.64 亿元，占 27.7%，比重提高了 1.6 个百分点。②（见表 2）

表 2　全国文化和旅游事业费按城乡和区域分布情况

	项目	1995	2000	2005	2010	2015	2018	2019	2020
总量（亿元）	全国	33.4	63.2	133.8	323.1	680.0	928.3	1065.0	1088.3
	#县以上	24.4	46.3	98.1	206.7	352.8	425.0	516.9	501.0
	县及县以下	9.0	16.9	35.7	116.4	330.1	503.4	548.1	587.3
	#东部地区	13.4	28.9	64.4	143.4	287.9	416.2	478.2	491.6
	中部地区	9.5	15.1	30.6	78.7	164.3	232.7	265.3	269.8
	西部地区	8.3	13.7	27.6	85.8	193.9	242.9	278.0	301.6
所占比重（%）	全国	100	100	100	100	100	100	100	100
	#县以上	73.2	73.4	73.3	64.0	51.7	45.8	48.5	46.0
	县及县以下	26.8	26.7	26.7	36.0	48.3	54.2	51.5	54.0
	#东部地区	40.2	45.7	48.1	44.4	42.1	44.8	44.9	45.1
	中部地区	28.6	23.8	22.9	24.3	24.1	25.1	24.9	24.8
	西部地区	24.9	21.7	20.6	26.6	28.4	26.2	26.1	27.7

　　① 中华人民共和国文化和旅游部. 2020 年文化和旅游发展统计公报［EB/OL］.（2021-07-05）. http://www.gov.cn/fuwu/2021-07/05/content_5622568.htm.

　　② 中华人民共和国文化和旅游部. 2020 年文化和旅游发展统计公报［EB/OL］.（2021-07-05）. http://www.gov.cn/fuwu/2021-07/05/content_5622568.htm.

受疫情影响，2020 年，全国共有艺术表演团体 17581 个，比上年末减少 214 个；从业人员 43.69 万人，增加 2.44 万人。其中，各级文化和旅游部门所属艺术表演团体 2060 个，占 11.7%，从业人员 10.75 万人，占 24.6%。2020 年全年全国艺术表演团体共演出 225.61 万场，比上年下降 24.0%；国内观众 8.93 亿人次，下降 27.4%；演出收入 86.63 亿元，下降 31.7%。①（见表 3）

表 3　2011—2020 年全国艺术表演团体基本情况

年份	机构数（个）	从业人员（万人）	演出场次（万场）	国内演出观众人次（亿人次）	演出收入（亿元）
2011	7055	22.66	154.72	7.46	52.67
2012	7321	24.20	135.02	8.28	64.15
2013	8180	26.09	165.11	9.01	82.07
2014	8769	26.29	173.91	9.10	75.70
2015	10787	30.18	210.78	9.58	93.93
2016	12301	33.29	230.60	11.81	120.86
2017	15742	40.30	293.57	12.47	147.68
2018	17123	41.64	312.46	11.76	152.27
2019	17795	41.25	296.30	12.30	126.73
2020	17581	43.69	225.61	8.93	86.63

2020 年末，全国共有美术馆 618 个，比上年末增加 59 个；从业人员 5467 人，增加 451 人。全年共举办展览 5988 次，比上年下降 17.6%；参观人次 2186.76 万人次，下降 47.1%。全国共有公共图书馆 3212 个，比上年末增加 16 个；从业人员 57980 人，增加 184 人。其中，具有高级职称人员 7053 人，占 12.2%；具有中级职称人员 18868 人，占 32.5%。全国平均每万人公共图书馆建筑面积 126.49 平方米，比上年末增加 5.09 平方米，全国人均图书藏量 0.84 册，增加 0.05 册；全年全国人均购书费 1.60 元，减少 0.08 元。②（见图 2）

---

① 中华人民共和国文化和旅游部.2020 年文化和旅游发展统计公报［EB/OL］.（2021-07-05）.http://www.gov.cn/fuwu/2021-07/05/content_5622568.htm.

② 中华人民共和国文化和旅游部.2020 年文化和旅游发展统计公报［EB/OL］.（2021-07-05）.http://www.gov.cn/fuwu/2021-07/05/content_5622568.htm.

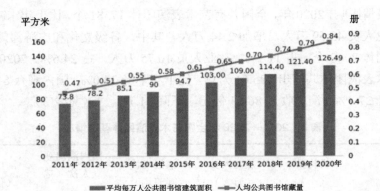

图2　2011—2020年全国公共图书馆人均资源情况

　　2020年末，全国共有群众文化机构43687个，比上年末减少386个。其中，乡镇综合文化站32825个，比上年减少705个。年末全国群众文化机构从业人员185076人，比上年末减少4992人。其中，具有高级职称的人员7075人，占3.8%；具有中级职称人员17969人，占9.7%。2020年末，全国群众文化机构实际使用房屋建筑面积4677.45万平方米，比上年末增长3.5%；业务用房面积3387.89万平方米，增长2.8%。年末全国平均每万人群众文化设施建筑面积331.32平方米，增长2.67%。①（见图3）

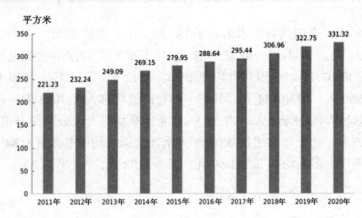

图3　2011—2020年全国平均每万人群众文化设施建筑面积

　　① 中华人民共和国文化和旅游部. 2020年文化和旅游发展统计公报［EB/OL］.（2021-07-05）. http://www.gov.cn/fuwu/2021-07/05/content_5622568.htm.

2020 年末，全国共建成村级综合性文化服务中心 575384 个，2578 个县（市、区）建成文化馆总分馆制，394 个文化馆组建理事会。①

面对老百姓数字文化需求井喷式增长，网上公共数字文化服务全面发力，出现了"线下关门、线上开花"的新态势，线上公共文化服务火爆异常，从国家级的图书馆、博物馆到最基层的乡镇社区文化站室，全国几乎所有的公共文化机构都以各自独特的服务内容、服务方式在互联网上展现风采，为老百姓居家防疫抗疫的枯燥生活带来了心灵抚慰和文化滋养。②疫情暴发后，文化和旅游部第一时间在"中国艺术头条"微信公众号推出"艺术战'疫'"专栏，共发布 30 期 291 件艺术作品，阅读量近两亿人次，带动了全国文艺界以"艺"战"疫"的热潮。推出"文艺中国"快手号，累计点击量 2.1 亿。举办全国舞台艺术优秀剧目网络展演，观看互动人次超 11.7 亿；全国基层戏曲院团网络会演观看人次超 8500 万。组织国家京剧院及全国 18 家优秀京剧院团开展"京剧的夏天"线上公益展演，收看人数达 7800 万余人次。③

2020 年 8 月 27 日，全国公共文化发展中心联合广东省文化和旅游厅、中国文化馆协会等单位，以"互联网+展会"形式，启动首届"全国公共文化和旅游产品云上采购大会"。活动以国家公共文化云为主阵地，深度对接各区域公共服务交易活动，推出特色专区，汇集展示国家公共文化服务体系示范区、中国民间文化艺术之乡、文化和旅游公共服务机构功能融合试点单位的特色产品和服务项目。"文采会"模式自 2017 年上海浦东新区首创以来，已在长三角地区、粤港澳大湾区、成渝地区和京津冀地区多点开花、各具特色，为供给侧结构性改革搭建了精彩纷呈的"四梁八柱"。④

2020 年全国文化和旅游志愿服务项目交流展示活动于 2020 年 12 月 5 日在广东中山举行。该次活动由文化和旅游部主办，文化和旅游部公共服务司、文化和旅游部全国公共文化发展中心、广东省文化和旅游厅、中山市人民政府承办。此次活动是文化和旅游部主办的首次全国文化和旅游志愿服务项目交流展示活动，活动以"文明实践 美好生活"为主题，分"使命""温暖""责任"三

---

① 中华人民共和国文化和旅游部. 2020 年文化和旅游发展统计公报［EB/OL］.（2021-07-05）. http://www.gov.cn/fuwu/2021-07/05/content_5622568.htm.

② 李国新. 疫情对公共文化服务发展影响的思考，图书与情报［J］. 2020（02）：43-49、119.

③ 中华人民共和国文化和旅游部. 2020 年文化和旅游发展统计公报［EB/OL］.（2021-07-05）. http://www.gov.cn/fuwu/2021-07/05/content_5622568.htm.

④ 黄楚芳. 竞相迸发！全国各地"文采会"为公共文化服务赋能［EB/OL］.（2020-12-04）. http://cxzg.chinareports.org.cn/whty/20201204/26403.html.

个篇章，汇集了来自全国各省、自治区、直辖市和新疆生产建设兵团文化和旅游部门以及文化和旅游部直属单位的优秀项目代表，通过"综艺晚会+网络直播"的方式，以"颁奖典礼+展示+访谈+文艺演出+专家点评"的形式，集中展示全国各地文化和旅游志愿服务的风采成果。①

二、2020 年公共文化服务体系建设问题研究综述

本报告将从专著和论文两个方面梳理 2020 年度"公共文化服务体系"相关问题的理论研究动态，并简要综述。

（一）专著发表情况与主要学术观点

2020 年共发表与公共文化服务体系建设相关的专著 6 部，研究范畴涉及城市公共文化设施运营、地方公共文化服务体系建设、文化馆职能定位及创新发展、公共文化政策、公共文化资金绩效评估、文旅公共服务融合效率等方面，详见表 4。

表 4　2020 年公共文化服务体系建设相关的专著情况

序号	作者	专著名称	出版信息	关注主题
1	熊海峰	城市公共文化设施的社会化运营研究	知识产权出版社	城市公共文化设施运营
2	荣跃明，郑崇选	上海公共文化服务发展报告（2020）：率先基本建成现代化公共文化服务体系	上海书店出版社	地方公共文化服务体系建设
3	天津市群众艺术馆	公共文化服务理论探索与路径选择：2020 年天津市群文系列论文汇编	天津社会科学院出版社	文化馆职能定位及创新发展
4	傅才武，陈庚	中国公共文化政策研究实验基地观察报告（2019—2020）	社会科学文献出版社	公共文化政策
5	王亚南	文化蓝皮书：中国公共文化投入增长测评报告（2020）	社会科学文献出版社	公共文化资金绩效评估
6	江西省文化和旅游公共服务研究中心、江西师范大学管理决策评价研究中心	中国地方政府文化与旅游公共服务效率研究报告（2020）	知识产权出版社	文旅公共服务融合效率

---

① 张翔宇. 2020 年全国文化和旅游志愿服务项目交流展示活动在中山举办 [N]，广州日报，2020-12-06.

　　由熊海峰撰写的《城市公共文化设施的社会化运营研究》一书，选取城市中的"三馆一中心"作为研究对象，对当前城市公共文化设施存在的问题和成因进行了深入剖析，并结合文化设施运营的经验，立足"公益视角"提出了公共文化设施社会化运营的"E-GSC-S"系统模型，希望通过各主体的协同合作，构建起公共文化服务社会化的利益共同体。①由荣跃明、郑崇选编写的《上海公共文化服务发展报告（2020）：率先基本建成现代化公共文化服务体系》一书，以"率先基本建成现代公共文化服务体系"为主题，聚焦新时代语境下上海公共文化服务工作的基本经验、面临挑战、制约因素和发展方向，为推动上海公共文化服务的高质量发展提供及时的智力支持。②由天津市群众艺术馆编写的《公共文化服务理论探索与路径选择：2020 年天津市群文系列论文汇篇》汇集了 2020 年度天津市群文系统评选出的 80 余篇优秀论文，着重从基础制度的建构和创新方面对公共文化服务均等化发展的基础平台进行研究，对新时代文化馆的职能定位以及创新发展面临的若干问题进行了理性思考，内容涵盖完善公共文化服务体系建设、文化馆数字馆的发展、"非遗"传承与保护，以及各艺术门类群众文化活动开展情况及经验等方面。③由傅才武和陈庚主编的《中国公共文化政策研究实验基地观察报告（2019—2020）》一书，立足于 67 家"国家公共文化政策研究实验基地"的观察数据与理论思考，围绕我国"文化政策"这一重大问题，对中国基层文化单位改革与发展进程进行观察和分析，并在此基础上检视和评价我国公共文化政策的政策效应，为完善国家公共文化政策提供了实践支撑和理论支持。④由王亚楠等编写的《文化蓝皮书：中国公共文化投入增长测评报告（2020）》一书，对我国公共文化投入增长情况进行了综合评价，并对各地区公共文化投入指数进行了技术排序。⑤由江西省文化和旅游公共服务研究中心、江西师范大学管理决策评价研究中心编写的《中国地方政府文化与旅游公共服务效率研究报告（2020）》，深入分析了后疫情时代我国文化与旅游服务业发展现状及趋势，基于我国文化与旅游公共服务实际，构建相应指标

---

　　① 熊海峰. 城市公共文化设施的社会化运营研究［M］. 北京：知识产权出版社，2020.

　　② 荣跃明，郑崇选. 上海公共文化服务发展报告（2020）：率先基本建成现代化公共文化服务体系［M］. 上海：上海书店出版社，2020.

　　③ 天津市群众艺术馆. 公共文化服务理论探索与路径选择：2020 年天津市群文系列论文汇编［M］. 天津：天津社会科学院出版社，2020.

　　④ 傅才武，陈庚. 中国公共文化政策研究实验基地观察报告（2019—2020）［M］. 北京：社会科学文献出版社，2020.

　　⑤ 王亚南. 文化蓝皮书：中国公共文化投入增长测评报告（2020）［M］北京：社会科学文献出版社，2020.

体系，测度我国 31 个省级政府、333 个地级市政府文化与旅游公共服务效率，为促进我国文化与旅游服务业高质量发展提供了有益参考。①

（二）论文文献检索情况与研究综述

2020 年度理论界对"公共文化服务"体系建设相关问题的研究热度持续高涨，以"公共文化""公共文化服务""公共文化服务体系"为检索词的学术论文统计信息详见表 5。

表 5　2020 年"公共文化服务体系建设"文献检索统计表

数据库名称	收录时间	覆盖期刊	检索词	检索方式（篇数）				
				篇名	关键词	摘要	全文	主题
中国学术期刊网	2020 年1 月至12 月	所有期刊	公共文化	735	125	6710	10300	1864
			公共文化服务	372	454	1068	9390	1308
			公共文化服务体系	96	96	514	7797	239

通过对北大核心期刊和南京大学 CSSCI 期刊相关研究主题的分析，2020 年公共文化服务体系建设问题的研究主要集中在如下几个方面。

1. 公共文化服务体系建设研究

贺芒等通过搭建"三圈理论"模型，以重庆市香炉山街道文化服务中心推进跨部门合作项目——儿童阅读推广联盟为例，验证"三圈理论"模型对于解决公共文化服务跨部门合作机制问题的有效性，并对如何使该项目的"耐克区"面积达到最大，不断接近项目运行的理想状态提出了可行建议。②李少惠和邢磊运用清晰集定性比较分析方法（csQCA）研究了 15 项公共文化服务体系建设的多因素组合路径，结果表明，公共文化服务体系建设的驱动机制会出现多个影响因素的组合效应，多元参与机制和供需对接机制、资源依托机制对公共文化体系的建设起着重要作用，由此得到两点实践启示：一是在建设过程中要发挥各主体的作用、精准识别需求、依托本土文化资源，二是要建立完善的保障体系。③韦凤云以广西来宾市为典型案例，对西部经济欠发达地区公共文化服务体

---

① 江西省文化和旅游公共服务研究中心、江西师范大学管理决策评价研究中心. 中国地方政府文化与旅游公共服务效率研究报告（2020）［M］. 北京：知识产权出版社，2021.

② 贺芒，邹芳，范晓洁. "三圈理论"模型下公共文化服务跨部门合作机制研究［J］. 重庆社会科学，2020（12）：88-97.

③ 李少惠，邢磊. 公共文化服务体系建设的驱动机制研究——基于 15 个案例的定性比较分析［J］. 图书馆学研究，2020（21）：13-22，82.

系建设的内涵、必要性、问题、措施、成果、成效、经验和启示、对策建议等方面进行了系统研究。①陈庚和邱润森认为，进入新时代，我国现代公共文化服务体系的构建被赋予了新的时代内涵和目标要求，从基本标准升级为优质标准，从低水平均等动态发展到高水平均等，从效率效益导向转变为整体效能的考量，以及从充分参与到实现有效获得，是新时代现代公共文化服务体系建设的基本趋向。建立动态调整机制，强化监督管理和效能评价，提高公共文化服务的适用性，鼓励社会力量参与，是新时代完善和优化现代公共文化服务体系建设的主要路径。②谭发祥以四川省眉山市丹棱县"民间众筹文化院坝建设"项目为例，通过探讨其成功经验，提出坚持政府主导、社会协同，激发社会力量的投入热情，让老百姓把自己的各种"微"力量通过"众筹"捐献出来，共建共享公共文化服务体系的创新设想。③周萍和陈雅指出，县级图书馆是我国公共图书馆系统的重要组成部分，连接着城乡公共文化服务网络，具有承上启下的关键作用。④

2. 公共文化服务效能与绩效评价研究

符湘林认为公共文化服务的核心问题是效能问题，而创新是提升公共文化服务效能的主要动力。文章从服务创新和模式创新两方面介绍了上海的"文化云"项目的实施过程，最后提出公共文化服务应内容、空间、服务并重，应搭建服务平台，打破文化场馆的边界，延伸到公众不断发展的文化需求中去等创新策略。⑤徐国冲以华表奖获奖电影为案例，管窥文化产品政府评价与公众评价的差异与共性。研究发现：政府评价与公众评价差异主要表现在价值取向上，前者以主旋律价值为先，后者以娱乐性与审美性为先；双方的共性在于追求影片质量。未来改进文化产品政府评价的着力方向是扩大公众参与，推动合作式

① 韦凤云. 公共文化服务体系建设实践研究——以广西来宾市为例 [J]. 社会科学家，2020（11）：146-149.

② 陈庚，邱润森. 新时代完善现代公共文化服务体系建设的路径研究 [J]. 江汉论坛，2020（07）：137-144.

③ 谭发祥. 众筹理念下公共文化服务体系建设的路径探索——以四川省眉山市丹棱县"民间众筹文化院坝建设"为例 [J]. 图书馆，2020（06）：49-53.

④ 周萍，陈雅. 现代公共文化服务体系下我国县级公共图书馆功能定位研究 [J]. 图书馆，2020（05）：13-18、33.

⑤ 符湘林. 创新是提升公共文化服务效能的动力 [J/OL]. 图书馆论坛. https://kns.cnki.net/kcms/detail/44.1306.G2.20201223.1716.004.htm.

文化产品评价。①杨刚尝试将"机会平等原则""按需分配原则"以及"差别原则"等结合起来，从起点、过程到结果系统地构建公共文化服务分配公正的原则，以期构建符合中国特色的现代公共文化服务分配公正的原则，进而指导我国公共文化服务体系的构建。②翟小会认为应从时间、空间、理念维度构建三维立体公共文化服务体系绩效评估框架，以共建、共治、共享理念为引导，追求时间、空间和理念维度的三维平衡，建立更加开放、包容、动态的绩效评估体系。③

3. 公共文化空间运营研究

杨琳等认为，图书馆作为重要的公共知识空间和公共文化空间，创新服务模式、提升公共文化服务水平责无旁贷，并从兼顾"内融合"与"外融合"策略，完善关联集成研究，完善图书馆教育职能，塑造基于大数据的文化服务新模式，提升基于场景的智慧文化服务，推动文化服务资源共享，实现基于资源合理分权分域的共建共享、合理使用以及数据安全等七个方面对完善图书馆公共文化服务功能提出了可行建议。④陆和建等以合肥市三家社会力量运营管理的城市阅读空间为例，对城市阅读空间"互联网+"服务实践进行调研和比较分析，针对"互联网+"服务存在的不足，提出社会力量参与城市阅读空间"互联网+"服务建设的优化策略。⑤曾莉等基于上海市天平社区的实地调查，立足情感治理视角，在梳理实践经验的基础上，探讨社区公共文化空间再造的情感逻辑，剖析基层动员的内在机制。研究发现：转换传统的社会治理视角，立足情感逻辑，探寻我国基层治理的强大社会基础，是对中国传统智慧之韧性的自信，也是推进基层治理能力现代化的重要途径。⑥

4. 乡村公共文化振兴研究

赵雪芬指出，乡村社会也存在利益分歧，为此应对村民个人利益进行整合，

① 徐国冲. 公共文化产品的政府评价与公众评价——基于16届华表奖获奖电影的分析（1994—2015）[J]. 学术论坛，2020（12）：41-49.

② 杨刚. 公共文化服务分配公正的原则研究 [J]. 图书馆，2020（12）：1-7.

③ 翟小会. 基于文化治理理论的"三维"公共文化服务绩效评估框架构建研究 [J]. 领导科学，2020（11）下：57-61.

④ 杨琳，郭加美，曲云鹏，等. 公共知识空间与公共文化空间的融合——中国科学院文献情报中心融入公共文化服务体系的探索 [J]. 图书情报工作，2020（24）：39-47.

⑤ 陆和建，姜丰伟，王蕾蕾. "互联网+"背景下的基层公共文化服务研究——基于合肥城市阅读空间的社会化管理实践 [J]. 新世纪图书馆，2020（09）：34-37，39.

⑥ 曾莉，周慧慧，龚政. 情感治理视角下的城市社区公共文化空间再造——基于上海市天平社区的实地调查 [J]. 中国行政管理，2020（01）：46-52.

转变农民文化理念；重视精英村民诉求，充分发挥其治理能力；激发普通村民兴趣，调动其文化参与积极性，将村民利益嵌入公共文化服务建设所代表的公共利益中，以此推进乡村文化建设不断发展。①张理认为，乡村文化振兴中最难解决的问题莫过于传统公共文化空间的退化，因此重构乡村公共文化空间是农村文化建设的关键所在。②李少惠和韩慧以 Malmquist（马斯奎特）指数模型中的全要素生产率为衡量指标，综合运用 σ 收敛和 β 收敛检验方法，对 2007—2018 年西部农村公共文化服务供给效率差异及收敛性进行分析，实证结果表明：西部农村公共文化服务供给效率仍未摆脱负增长局面，技术效率的改善是当前供给效率变动的主要因素；公共文化服务供给效率在整个西部农村地区间差距并没有缩小，绝对差距仍然存在；但在引入经济发展水平等变量后，不同区域公共文化服务供给效率差距呈现出显著缩小的态势。③冯献和李瑾结合国内外"可及性"的概念内涵与评价维度，构建了包含可得性、可达性、可负担性、可接受性、可适应性等五个维度的乡村公共文化服务可及性评价指标体系。④李毅和荆林波认为，新时代乡村公共文化建设，是对乡村振兴与国家文化治理的自觉回应，也是对乡村文化秩序和文化生态失衡的理性应对，为此，应在弘扬主旋律、坚持公益性、传承民族性三重向度引导下，实现其在弘扬先进文化价值、保障公民文化权益、建设民族共同文化家园等方面的政治社会功能。⑤

5. 数字公共文化服务体系研究

王亚婷和张宇认为，作为公共文化服务所面临的新情境，数据开放能够最大限度地帮助理解社会公众的文化需求，提升政府公共文化服务的能力。因此，需要基于数据开放来再造政府公共文化服务流程，以调整公共文化服务的结构性内容、重构公共文化服务的风险监控过程以及转变公共文化服务的责任分担

---

① 赵雪芬. 利益悖论、利益博弈、利益整合：乡村公共文化服务建设困境与破解 [J]. 领导科学，2020（10）下：110-112.

② 张理. 农村传统公共文化空间与乡村振兴研究 [J]. 农村经济，2020（10）：53-54.

③ 李少惠，韩慧. 西部农村公共文化服务供给效率及收敛性分析 [J]. 深圳大学学报（人文社会科学版），2020（06）：54-63.

④ 冯献，李瑾. 乡村公共文化服务可及性：指标体系设计与评价应用 [J]. 图书馆，2020（11）：20-26、32.

⑤ 李毅，荆林波. 新时代乡村公共文化建设的功能 目标及其实践路向 [J]. 甘肃社会科学，2020（05）：193-199.

方式。①候雪言指出，大数据和信息技术在政府治理过程中的全面嵌入，推动着传统政府治理向数据治理模式的创新性转变。在数据治理环境下，推进数据治理进程与公共文化服务体系治理过程的全面融合，应建立科学合理的决策机制、搭建开放共享的数据平台和构建多元协同的运行机制。②刘婷采用问卷调查与网络调查相结合的方式对浙江省公共图书馆特色数字资源建设现状进行摸底，发现其存在资源建设水平不均衡、资源建设供需失衡、资源建设标准不统一、建库平台不统一、资源使用率偏低、维护更新落后等问题，并从政策与制度、资源建设与平台、资源利用与推广三个层面为推进浙江省公共图书馆特色数字资源建设发展提出对策建议。③韦楠华用因素分析法提取影响公共数字文化服务效能的四大核心要素，即基础因素、资源因素、服务因素和效能因素，并以此为基础构建公共数字文化服务绩效评价指标体系。评价指标设计了保障条件、资源建设、公众服务和服务效能 4 个一级指标、15 个二级指标以及 54 个三级指标，为公共数字文化服务绩效评价提供了参考。④

6. 文旅公共服务融合研究

毕绪龙指出，公共文化服务和旅游融合发展具有时代基础、行政基础、行业发展基础和动力基础，各地在融合理念、顶层设计、政策供给等方面还存在不足，应加强政策研究和实践总结，积极开拓公共文化服务和旅游融合发展的多重路径。⑤陈小英和曾志兰认为当前文化和旅游公共服务融合存在融合内涵不明晰、机构融合存在界限、促进融合抓手不多、顶层设计不足等问题，并从统筹公共服务设施建设管理、统筹公共服务机构功能设置、统筹公共服务资源配置、以机构深度融合试点和数字文化旅游建设为抓手促进融合等方面提出对策建议。⑥高文华和张大尧认为，公共文化服务和旅游公共服务都是政府为满足人民美好生活需求而提供的普遍均等的公共服务，具有相同的本质属性，两者既要自成体系，又要体系融合。公共图书馆具备无处不在、无所不融及无所不

① 王亚婷，张宇. 数据开放视域下政府公共文化服务的流程再造与治理创新 [J]. 图书馆学研究，2020（22）：13-19.

② 侯雪言. 政府治理创新：数据治理促进公共文化服务体系效能提升研究 [J]. 领导科学，2020（09）下：35-37.

③ 刘婷. 浙江省公共图书馆特色数字资源建设调查与分析 [J]. 图书馆学研究，2020（23）：23-31.

④ 韦楠华. 公共数字文化服务绩效评价指标体系构建研究 [J]. 图书馆研究，2020（05）：1-11.

⑤ 毕绪龙. 公共文化服务和旅游融合发展的实践探索和路径思考 [J]. 文化艺术研究，2020（04）：1-7.

⑥ 陈小英，曾志兰. 文化和旅游公共服务融合的理论与实践 [J]. 福建论坛（人文社会科学版），2020（12）：109-117.

能的服务力，能够为不断探索文化和旅游服务体系融合发展提供支撑。①李超平和杨剑认为，文旅融合需要建立整体观，它的实现方式并不取决于在每个环节上必须均衡布局，"能融尽融"是大方向，"易融则融"是工作哲学，只有把握好其中的分寸，才能让文旅融合之路走得稳健而持续，并进一步指出如何在融合中保持公共文化服务的公平性是一个值得重视的问题。②

三、展望与分析

2021 年我国将进入"十四五"规划发展时期。"十四五"时期是我国全面建成小康社会、实现第一个百年奋斗目标之后，乘势而上开启全面建设社会主义现代化国家新征程、向第二个百年奋斗目标进军的第一个五年，也是社会主义文化强国建设的关键时期。高质量发展是"十四五"时期乃至更长时间我国经济社会发展的主题。进入新发展阶段，以改革创新为根本动力，积极回应广大人民群众日益增长的公共文化服务高质量发展的新需求，提高国家文化软实力，充分发挥文化赋能作用，助力经济社会高质量发展，是未来一段时期我国公共文化服务体系建设的着力点和努力方向。

（一）数字赋能公共文化服务形式创新

2020 年，突如其来的新冠疫情给线下公共文化服务按下了"暂停键"的同时，客观上也推动和加速了数字公共文化服务形态的创新与发展。为了丰富广大人民群众的精神文化生活，缓解疫情期间居家隔离的孤独感，各级公共文化服务机构"八仙过海，各显神通"，纷纷借助数字化手段，创新推出了形式各异的数字公共文化服务新形态。2020 年，一条由"石景山公共文化"微信公众号发布的主题为"点击扭一扭，进入妙趣横生的'宜'享文化空间"的广告，刷爆了北京市石景山区居民的微信朋友圈。许多人被这种形式新颖、内容有趣的宣传吸引，忍不住点开了这则广告，为数字公共文化服务形式创新注入了新创意。进入"十四五"时期，为了满足人民日益增长的高质量公共文化服务需要，更加需要顺应数字化、网络化、智能化发展趋势，坚持创新驱动，大力发挥科技创新对公共文化领域的赋能作用，全面推进公共文化服务，特别是数字公共文化服务的业态创新和产品创新，大力发展云展览、云阅读、云视听，推动公共文化服务走上"云端"、进入"指尖"，不断拓宽数字公共文化服务的应用场

---

① 高文华，张大尧. 图书馆：支撑文化和旅游公共服务体系融合发展创新实践 [J]. 图书馆建设，2020（06）：158-168.

② 李超平，杨剑. 文旅融合之"融合点"及公共文化服务的原则 [J]. 图书与情报，2020（04）：74-78.

景和传播渠道。

（二）制度创新助推公共文化服务高质量发展

2020 年 9 月 22 日，习近平总书记在教育文化卫生体育领域专家代表座谈会上指出，"推动高质量发展，文化是重要支点"。为此，需要通过制度创新为公共文化服务高质量发展提供助力。2020 年 6 月 23 日，国务院办公厅印发了《公共文化领域中央与地方财政事权和支出责任划分改革方案》，这份充满改革和创新精神的重要文件的出台，为新时期我国公共文化服务高质量发展增添了新的动力，凸显了以财政制度改革创新促进公共文化服务高质量发展的特色。[①]未来，通过制度创新，为公共文化服务高质量发展保驾护航，是公共文化服务体系建设的题中应有之义。"十四五"时期，公共文化服务领域的制度建设将主要围绕文旅融合发展、公共文化机构法人治理结构改革、深化国有文化企业改革、优化人才队伍建设、政府购买服务机制等方面展开。

（三）着力解决公共文化服务不平衡、不充分的问题

《"十四五"文化和旅游发展规划》明确指出，我国文化事业、文化产业和旅游业发展不平衡、不充分的矛盾还比较突出，城乡差距、区域差距依然存在，文化和旅游产品的供给和需求不完全匹配，与高质量发展要求存在一定差距。为此，需要进一步优化城乡文化资源配置，统筹加强公共文化设施软硬件建设，创新实施文化惠民工程，不断完善覆盖城乡、便捷高效、保基本、促公平的现代公共文化服务体系，提高公共文化服务的覆盖面和实效性，持续推动基本公共文化均等化水平。2021 年 3 月 30 日，国家发展改革委联合文化和旅游部等10 部委联合印发了《国家基本公共服务标准（2021 年版）》，为基本公共文化服务标准化建设提供了基本遵循。2021 年 6 月 10 日，文化和旅游部印发了《"十四五"公共文化服务体系建设规划》，该规划提出，要推进城乡"结对子、种文化"，加强城市对农村文化建设的对口帮扶，形成常态化工作机制。根据《公共文化领域中央与地方财政事权和支出责任划分改革方案》，按照公共文化领域中央与地方财政事权和支出责任划分改革要求，落实基层提供基本公共服务所必需的资金，进一步完善转移支付机制，重点向革命老区、民族地区、边疆地区、脱贫地区等倾斜。此外，要不断推进区域公共文化服务一体化发展，举办全国或区域性公共文化产品和服务采购大会，搭建供需对接平台，加快公共服

---

① 李国新. 制度改革创新促进公共文化服务高质量发展——析《公共文化领域中央与地方财政事权和支出责任划分改革方案》[J]. 图书馆建设，2020（04）：6-9.

务便利共享，鼓励各地发挥比较优势，推动形成优势互补、联动发展格局。

（四）创新拓展城乡新型公共文化空间

"十四五"时期，经济社会进入高质量发展阶段，人民对公共文化服务的需求空间已经不再局限于传统的公共文化设施场馆，城乡新型公共文化空间日益承载起满足人民群众多样化文化需求的功能。2021 年 3 月，文化和旅游部、国家发展改革委、财政部三部委联合印发《关于推动公共文化服务高质量发展的意见》，该意见明确提出，要"立足城乡特点，打造有特色、有品位的公共文化空间"，"创新打造一批融合图书阅读、艺术展览、文化沙龙、轻食餐饮等服务的'城市书房''文化驿站'等新型文化业态，营造小而美的公共阅读和艺术空间"，"着眼于乡村优秀传统文化的活化利用和创新发展，因地制宜建设文化礼堂、乡村戏台、文化广场、非遗传习场所等主题功能空间"，"积极推进社区文化'嵌入式'服务，将文化创意融入社区生活场景，提高环境的美观性和服务的便捷性"，"鼓励将符合条件的新型公共文化空间作为公共图书馆、文化馆分馆"。

（五）文化赋能乡村振兴，增强乡村文化软实力

乡村文化振兴有助于提振和激发广大农民群众的信心和力量，为乡村振兴注入强大的精神力量。为此，"十四五"时期要紧紧围绕乡村振兴战略，将乡村文化建设融入城乡经济社会发展全局，融入乡村治理体系，不断完善农村公共文化服务，改善配套基础设施，强化综合服务功能，采用百姓喜闻乐见的方式让优秀文化入脑入心，更好地传播社会主义先进文化、弘扬中华优秀传统文化、继承发扬革命文化，提升乡村文化教育的生动性、吸引力和感染力，增强乡村文化软实力。一方面，要继续整合优质资源与力量，持续开展"戏曲进乡村"等送文化服务；另一方面，要系统挖掘乡村本土红色资源和传统文化资源，持续开展乡村艺术普及活动以及"村晚"等富有文化特色的农村节庆活动，坚持"见人见物见生活"，形成具有区域影响力的乡村名片，推动"送文化""种文化""产文化"多向发力。充分发挥文化铸魂、文化化人、文化兴业的赋能作用。

四、报告要点

本报告重点对 2020 年度公共文化服务体系建设和研究情况进行了系统梳理，并在此基础上，对公共文化服务体系建设中需要重点关注的问题和趋势进行了简要分析。

报告要点总结如下。

（1）2020年6月4日，国务院办公厅发布《公共文化领域中央与地方财政事权和支出责任划分改革方案》。该方案分别从基本公共文化服务、文化艺术创作扶持、文化遗产保护传承、文化交流、能力建设等方面明确划分了公共文化领域中央与地方财政事权和支出责任。为健全公共文化服务财政保障机制，促进基本公共文化服务标准化、均等化，确保财政公共文化投入水平与国家经济社会发展阶段相适应提供了遵循。

（2）2020年，全国文化和旅游事业费1088.26亿元，比上年增加23.51亿元，增长2.1%；全国人均文化和旅游事业费77.08元，比上年增加1.01元，增长1.3%。受疫情影响，2020年，全国共有艺术表演团体17581个，比上年末减少214个；从业人员43.69万人，增加2.44万人。截至2020年末，全国共有群众文化机构43687个，比上年末减少386个；建成村级综合性文化服务中心575384个，2578个县（市、区）建成文化馆总分馆制，394个文化馆组建理事会；全国群众文化机构从业人员185076人，比上年末减少4992人；全国平均每万人群众文化设施建筑面积331.32平方米，增长2.67%。

（3）在全国性公共文化展会活动方面，2020年8月27日，全国公共文化发展中心联合广东省文化和旅游厅、中国文化馆协会等单位，以"互联网+展会"形式，启动首届"全国公共文化和旅游产品云上采购大会"。2020年全国文化和旅游志愿服务项目交流展示活动于2020年12月5日在广东中山举行，此次活动是文化和旅游部主办的首次全国文化和旅游志愿服务项目交流展示活动。

（4）2020年共发表与公共文化服务体系建设相关的专著6部，研究范畴涉及城市公共文化设施运营、地方公共文化服务体系建设、文化馆职能定位及创新发展、公共文化政策、公共文化资金绩效评估、文旅公共服务融合效率等方面。期刊论文若干篇，研究范畴涉及公共文化服务体系建设、公共文化服务效能与绩效评价、公共文化空间运营管理、乡村公共文化振兴、数字公共文化服务体系、文旅公共服务融合等，研究依旧热度不减。

（5）"十四五"时期我国经济社会将进入高质量发展阶段，以改革创新为根本动力，积极回应广大人民群众日益增长的公共文化服务高质量发展的新需求，提高国家文化软实力，充分发挥文化赋能作用，助力经济社会高质量发展，是未来一段时期我国公共文化服务体系建设的着力点和努力方向。

作者单位：天津商业大学公共管理学院

第二部分

府际关系与行政区划改革

行政区划调整研究报告

赵聚军

行政区划作为体国经野之道，是构建中国特色社会主义国家治理体系的空间载体。党的十九届五中全会则将"优化行政区划设置，发挥中心城市和城市群带动作用，建设现代化都市圈"作为"优化国土空间布局，推进区域协调发展和新型城镇化"的重要途径。与中央对行政区划的战略定位相适应，近年来的行政区划调整和研究工作普遍强调将优化行政区划设置作为完善空间治理体系的重要政策工具。

一、2020 年行政区划调整的主要实践

随着 2020 年 1 月《行政区划管理条例实施办法》的正式实施，行政区划法治化建设迈上了新台阶，行政区划调整的科学性和规范性都得以较大提升，公众参与的程度和范围明显提升，专家学者在调整论证中的作用也得以更好地发挥。从实践层面来看，2020 年出现的行政区划调整案例主要还是为了有效发挥行政区划调整对于优化区域发展格局、完善城市内部结构、推动城镇空间结构演化的积极作用。值得注意的是，2020 年度的行政区划调整也显现出一些新现象，旨在优化基层治理的城市基层行政区划调整较为活跃，行政区划调整开始展现出明显的"治理"苗头。

（一）撤县（市）设区数量仍然较多

改革开放以来，中国先后经历了两次撤县（市）设区高潮：从改革开放到 2003 年，随着经济的持续快速发展和城镇化的推进，尤其是市管县体制的普遍

推行，大量新设立的地级市通过撤县（市）设区的方式增设了市辖区，引发了第一次撤县（市）设区高潮。在这一阶段，市辖区数量增加了437个。但在2004—2012年，相关审批被收紧，市辖区数量仅增加了15个。近年来，随着新型城镇化的快速推进，部分大中城市由于中心城区人口、资源的过度聚集，开始出现规模不经济现象。而通过撤县（市）设区等形式扩展城市的发展空间，被认为有助于区域协同发展和基础设施的统筹规划，促进城市功能疏散和产业转移。再加上"土地财政"的刺激，使得近年来大中城市对发展空间的需求变得非常普遍。于是，从2013年开始，撤县（市）设区的第二次高潮出现，并迅速成为县级行政区划调整的主导类型。

值得注意的是，2013年以来的撤县（市）设区高潮存在一定的区域差异：东部发生概率最高，西部次之，中部和东北最低。具体来看，2013—2020年，东部共出现了54个撤县（市）设区案例，西部32个，而中部和东北则分别只有22个和7个。东部地区出现相对更多的撤县（市）设区案例，主要源于自身较高的社会经济发展和城镇化水平。而西部地区相对较高的发生频率，则在较大程度上源于成都、重庆等少数大城市较高的撤县（市）设区强度。不仅在西部地区，在全国范围内，从撤县（市）设区的强度来看，直辖市、副省级市和其他省会城市都要明显高于一般的地级市。从具体实践来看，2020年度的撤县（市）设区类区划调整依然比较活跃，实际发生的调整案例依然较多（8个），多于2019年的6个。具体调整情况可参见表1。

表1　2020年撤县（市）设区类型的行政区划调整

调整涉及省市	调整的具体内容
河北省邢台市部分行政区划调整	撤销任县，设立邢台市任泽区，以原任县的行政区域为任泽区的行政区域
河北省邢台市部分行政区划调整	撤销南和县，设立邢台市南和区，以原南和县的行政区域为南和区的行政区域
江苏省南通市部分行政区划调整	撤销海门市，设立南通市海门区，以原海门市的行政区域为海门区的行政区域
安徽省芜湖市部分行政区划调整	撤销芜湖县，设立芜湖市湾沚区，以原芜湖县的行政区域为湾沚区的行政区域
安徽省芜湖市部分行政区划调整	撤销繁昌县，设立芜湖市繁昌区，以原繁昌县的行政区域为繁昌区的行政区域
山东省烟台市部分行政区划调整	撤销蓬莱市、长岛县，设立烟台市蓬莱区，以原蓬莱市、长岛县的行政区域为蓬莱区的行政区域

续表

调整涉及省市	调整的具体内容
四川省成都市部分行政区划调整	撤销新津县，设立成都市新津区，以原新津县的行政区域为新津区的行政区域
贵州省六盘水市部分行政区划调整	撤销水城县，设立六盘水市水城区。以原水城县的行政区域（不含保华镇、木果镇、南开苗族彝族乡、金盆苗族彝族乡、青林苗族彝族乡）为水城区的行政区域

资料来源：根据民政部《中华人民共和国 2020 年县级以上行政区划变更情况》（http://xzqh.mca.gov.cn/description?dcpid=2020）的相关数据整理。

（二）市辖区整合依然活跃

党的十八大以来，我国的行政区划工作越来越表现出强烈的发展和治理逻辑导向，优化行政区划设置已成为完善城市空间治理体系的重要政策工具，即通过优化行政区划设置为代表的空间治理手段为重要载体，提升城市的综合承载力和资源配置能力，推进区域协调发展和新型城镇化。而通过对已设置的市辖区进行合并重组，被认为是完善城市规划分区、优化空间治理、提升城市承载力和资源配置力的重要手段，因此近几年一直比较活跃。2020 年全国一共出现了 4 个市辖区整合的案例（见表 2）。

表2　2020 年市辖区整合类型的行政区划调整

调整涉及省市	调整的具体内容
河北省邢台市部分行政区划调整	撤销邢台县，将原邢台县的豫让桥街道、晏家屯镇、祝村镇、东汪镇划归邢台市襄都区管辖，将原邢台县的南石门镇、羊范镇、皇寺镇、会宁镇、西黄村镇、路罗镇、将军墓镇、浆水镇、宋家庄镇、太子井乡、龙泉寺乡、北小庄乡、城计头乡、白岸乡、冀家村乡划归邢台市信都区管辖
江苏省南通市部分行政区划调整	撤销崇川区、港闸区，设立新的南通市崇川区，以原崇川区、港闸区的行政区域为新的崇川区的行政区域
安徽省芜湖市部分行政区划调整	撤销芜湖市三山区、弋江区，设立新的芜湖市弋江区，以原三山区和弋江区的行政区域为新的弋江区的行政区域。
贵州省六盘水市部分行政区划调整	将水城县的保华镇、木果镇、南开苗族彝族乡、金盆苗族彝族乡、青林苗族彝族乡划归六盘水市钟山区管辖。

资料来源：根据民政部《中华人民共和国 2020 年县级以上行政区划变更情况》（http://xzqh.mca.gov.cn/description?dcpid=2020）的相关数据整理。

通常而言，辖区合并重组的主要目的是希望通过做大做强中心城区市辖区的方式，完善城市功能分区和规划布局。然而，从设置初衷来看，市辖区的产生，最初只是在城市连续建成区的人口和空间规模超过一定限度、市政府无法直接承担全部市域社会管理和公共服务职责时，才通过设置市辖区分担部分职责。①在现实中的城市政府管理中，尤其是在中心城区管理中，"条条"主导的色彩更重，从而导致真正能够由市辖区政府主导的公共事务，多是一些所谓的"剩余"事务。②这一点，市辖区政府与职能配置相对完整的县（县级市）政府，差别非常明显。由此来看，近年来一些城市基于做大做强中心城区市辖区的基本目标，对市辖区所进行的大规模合并重组，虽然在短期内快速扩张了部分市辖区的人口和空间规模，但并不符合现代城市政府管理过程的普遍规律。长此以往，很有可能衍生出诸如市级政权权威下降、城市发展的整体性受限、区际矛盾升级、街道和社区的工作负担加剧等新问题。③而且，随着市辖区在合并整合浪潮中逐步做大做强，虽然依然是法律意义上的基层政府，但也难免逐渐失去基层政府直接服务群众的意愿，最终蜕化为一级"管政府的政府"，使得推动扁平化管理的改革尝试更加困难。当然，对于那些主要通过整建制撤县（市）设区的形式设置的"郊区"类市辖区，考虑到设置的初衷不同于"传统"市辖区的分区而治，更多是为了扩展城市发展空间，推动城镇化进程。因此，"郊区"类市辖区政府施政中的"县政"色彩就具有了短期内的合理性，属于体制转型的过渡阶段。

（三）其他行政区划调整类型

撤县设市势头减弱。相较于撤县（市）设区和市辖区整合，在经历了近 5 年连续的活跃状态后，撤县设市的势头在 2020 年出现了明显的减弱，仅出现 3 个调整案例（见表 3），而 2019 年则有 11 个案例。这主要是因为党的十八大以来逐步放开撤县设市后，地方多年来积蓄已久的撤县设市调整意愿已经得到很大的释放。梳理 2020 年出现的 3 个撤县设市案例，可以发现调整主要发生在中西部地区，通过行政区划调整手段服务于区域协同发展和国家重大战略的意图依然比较明显。

---

① 赵聚军. 职能导向论：市辖区建制调整的逻辑导向研究 [J]. 行政论坛，2012（06）：36-40.

② 颜昌武. 我国市辖区政府间竞争：制度环境与策略选择 [J]. 社会主义研究，2008（05）：90-94.

③ 朱光磊，王雪丽. 市辖区体制改革初探 [J]. 南开学报（哲学社会科学版），2013（04）：1-9.

表3　2020年撤县设市类型的行政区划调整

调整涉及省市	调整的具体内容
江西省撤销龙南县设立县级龙南市	撤销龙南县，设立县级龙南市，以原龙南县的行政区域为龙南市行政区域。龙南市由江西省直辖，赣州市代管
青海省撤销同仁县设立县级同仁市	撤销同仁县，设立县级同仁市，以原同仁县的行政区域为同仁市行政区域。同仁市由黄南藏族自治州管辖
湖北省撤销监利县设立县级监利市	撤销监利县，设立县级监利市，以原监利县的行政区域为监利市行政区域。监利市由湖北省直辖，荆州市代管

资料来源：根据民政部《中华人民共和国2020年县级以上行政区划变更情况》（http://xzqh.mca.gov.cn/description?dcpid=2020）的相关数据整理。

除了前述调整类型，在2020年县级以上的行政区划调整中，也出现了县级政区行政隶属关系调整、新设立市辖区、市辖区更名、县级市代管关系变更等其他类型的行政区划调整。具体来看，涉及的行政隶属关系调整有两例，分别为新疆维吾尔自治区将原由巴音郭楞蒙古自治州下辖的和静县、焉耆回族自治县、博湖县、和硕县、若羌县、且末县的部分区域划归铁门关市管辖，新疆维吾尔自治区将察布查尔锡伯自治县行政区域内的伊犁哈萨克自治州奶牛场大河灌区划归伊宁市管辖。涉及的新设立市辖区案例有两例，即海南省三沙市设立三沙市西沙区和南沙区。其中，西沙区管辖西沙群岛的岛礁及其海域，代管中沙群岛的岛礁及其海域；南沙区管辖南沙群岛的岛礁及其海域。涉及的市辖区更名有两例，即河北省邢台市将下辖的原桥东区、桥西区分别更名为襄都区和信都区。涉及的代管关系变更有1例，即吉林省县级公主岭市由四平市代管，改为由长春市代管。

（四）城市基层行政区划调整较为活跃

在2020年的行政区划调整中，一个引人关注的事件就是天津市对"插花地"行政区划设置的集中调整。随着近年来党中央对全面发展观的强调，可以发现当前围绕基层的行政区划调整，正在经历由"强发展"到"发展与治理"并重导向的转型，且"治理"导向更为突出。在此情境下，行政区划与基层治理开始出现明显的交集。

党的十八大以来，基层治理在社会治理，乃至整个国家治理体系中的基础地位不断被强化。特别是在2020年初以来的疫情防控工作中，基层尤其是社区层面全面而精确的防控，为"抗疫"的最终胜利筑起了坚固的根基。但是，由于基层治理研究多停留在社区层面，而行政区划研究则具有浓厚的发展导向且聚焦于县级及其以上层级，使得两者之间缺乏必要的互动。如果将基层治理研究的重心从社区层面适度上移，同时将行政区划研究的视域向基层适度下探，就会发现两者实际上存在着明显的交叉地带，一个突出的表现就是大中城市广泛存在的"插花地"。在这些"插花地"中，由于突破了"封闭且明确的区划界线"这一常见的划界标准，以至于经常出现一个街区范围内的重要基础设施的建设维护和公共服务职责分属不同的市辖区，甚至一条道路两侧的治安、工商、综合执法等重要执法权分属两个市辖区，小区围墙内外的治安管理分属不同市辖区公安分局等奇特现象。上述问题的存在，显然不利于构建职责明晰的基层管理体制，对居民生活也造成了不必要的困扰，部分地带甚至陷入了"三不管"的治理真空状态。特别是在疫情防控期间，"插花地"的广泛存在更是成为贯彻"抗疫"属地化管理的明显羁绊。就此来看，城市"插花地"治理作为行政区划与基层治理的交叉地带，已成为完善城市空间治理体系、理顺基层管理体制难以回避的问题。

普遍来看，城市"插花地"的生成主要源于地产开发与城市更新。自20世纪90年代"房改"以来，房地产便迅速成为中国城市的支柱产业，土地出让金以及附着的其他税费收入更是成为大中城市可支配财力的重要来源，以至于"土地财政"问题至今未得到根本扭转。在天津市，自20世纪90年代末开始广泛出现的"插花地"，同样主要源于地产开发。与很多大中城市相类似，天津市的优质教育、医疗资源主要集中在地处中心城区的6个市辖区，再加上更为便利发达的公共基础设施，使得市内六区的房价普遍远高于周边市辖区。然而，虽然市内六区的房价相对更高，相应的土地出让和税费收益也更为可观，但由于辖域相对较小且建筑密集，可供商业开发的土地相对有限。再加上土地征迁成本高昂，因此天津市近年来除滨海新区外的地产开发实际上主要分布于环城四区。但也正是由于市内六区和环城四区在土地开发收益上的落差，地方政府开始主动"创新"：为了提高地产开发的收益，从20世纪90年代开始，天津市陆续将一些行政区划属于环城四区的地块划归邻近的中心城区市辖区管理。相应地，在这些地块新建的住宅小区虽然行政区划上依然保持不变，但购买这些住宅的居民却可以落户于实际行使管理权的中心城区市辖区，学龄子女的学籍也对应相应的中心城区市辖区。除了上述因地产开发中的"创新"而形成的"插花地"外，房屋征迁以及市政设施更新所造成的市辖区划界模糊等问题，也形成了一些"插花地"，但数量较少。

天津市广泛存在的"插花地"虽然短期内增加了土地出让收益和相关税费收入，客观上缓解了一些征迁难题，但一旦形成，便很容易成为基层治理的难点、堵点、痛点，乃至于部分已成为城市管理的"死角"。特别是在疫情防控期间，广泛存在的"插花地"所引发的各类社会管理问题得到了充分的暴露，妨碍了"抗疫"属地责任的全面落实，最终成为此次集中调整"插花地"行政区划设置的直接导火索。具体的调整方案方面，按照调整后相关区域的行政区划归属、调整区域的性质，可以将天津市本轮次"插花地"行政区划调整划分为三种类型：一是将原属环城四区的部分区域划入邻近的中心城区市辖区，此种类型是本轮次调整的主要类型；二是将原属中心城区市辖区的部分区域划入邻近的环城四区；三是涉及行政村的行政区划调整。

总体而言，天津市 2020 年度的"插花地"的集中整治工作本着行政区划调整服务于基层治理的理念，明确将落实属地责任、完善基层治理作为调整的基本政策目标，践行了全面发展观的要求，明显不同于与以往类似调整中对发展导向的单向度强调，对国内其他地区相似问题的解决具有一定的借鉴意义。当然，由于行政区划调整属于全局性的行政建制改革，涉及的利益关系非常复杂。即使诸如"插花地"整治这样的"小打小闹"，也会牵扯各方的利益诉求。正因为如此，地方出于社会稳定等因素的考量，通常不会主动触及一些较为困难和复杂的区划设置问题，"小步慢跑"的特点比较突出。而且，虽然天津市本轮次的"插花地"集中整治方案经过了较为科学、规范的前期论证，但对于一些深层次的矛盾关系和利益纠葛，依然难以"照顾周全"。再加上信息公开和传输不顺畅等惯有问题的羁绊，使得此次"插花地"整治工作依旧存在一些问题。

二、2020 年行政区划研究现状综述

整体而言，依据不同时期施政重心的变化和不同层级、区域政区设置的特性，可将行政区划调整的逻辑导向归纳为"政治—发展—治理"三重逻辑。以此为主要依据，本节内容对于 2020 年行政区划研究成果的梳理，将沿着偏向于政治逻辑、偏向于发展逻辑、偏向于治理逻辑三个方向，进行大致的分类。同时，也将主要关注行政区划理论与方法、中外比较研究、镇改市的文献另单列为一个板块。

（一）偏向于政治逻辑的研究

第一，主要围绕当代中国行政区划调整的研究。田烨和王存祖指出，我国自秦汉以来就是统一的多民族国家，历史上封建王朝采用了不同的行政区划模

式管理民族地区。新中国成立后在民族地区建立起的自治区、自治州、自治县三级行政建制，不仅维护了国家的统一，也保障了少数民族的自治权利，成为我国历史上民族地区行政区划的一个伟大创举。①严则金等认为，撤县（市）设区是对地区间利益的解构与重塑，存在一定的矛盾和风险，甚至有可能诱发群体性事件。通过对典型案例的剖析，可发现市县两级政府之间、政府与民众之间、调整涉及区域民众之间等，均存在产生利益冲突的可能。因此，有效预防和应对因行政区划调整引发的矛盾冲突，需准确识别各类利益相关者的关切，努力实现各方的协调合作。②此外，黄佳琦指出，撤县（市）设区的制度性风险是指在建制变更过程中由于财政、行政、规划等制度体系重构所引发的显性与隐形风险，包含两种情境：一是制度重构滞后，尚未完成从"市-县"到"市-区"的制度转向所引发的风险；二是完成制度重构，但是制度设计方案没有适应新设市辖区的发展趋势所引发的风险。③

　　第二，主要围绕新中国成立之前行政区划调整的相关研究。龚延明认为，学界长期对宋代地方行政区划的层级划分存在争议。深入考察两宋的地方行政管理史可知，宋代确实存在路、州（府、军、监）、县三级管理体制。争议的出现主要源于宋代的路级行政区划不是单元的路长官管理体制，而是多元路长官即路监司集体分工管理路级行政、财政、刑法的体制，且南宋因军事需要，旁生帅司路，路级监司管理体制，使宋代路级地方行政管理呈现出权力分散、相互牵制的特色。在维持两宋三百年中央集权的过程中，监司路、帅司路发挥了应有的作用，值得重视。④林炫臻指出：纵观整个民国时期，桂西地区的县级政区变动频繁，既有出于政府的主观意愿因素，又受到诸多客观因素的影响。由于民国时期的县级政区直接面向基层，所以地方社会因素又不可避免地影响到政府决策，甚至影响行政区划调整的走向。总之，民国时期桂西地区县级政区的频繁变动，是当时广西当局与桂西各县地方派系势力互动交流甚至博弈妥协的结果。⑤

　　① 田烨，王存祖. 我国民族地区行政区划的历史变迁 [J]. 广西民族研究，2020（04）：99-108.

　　② 严则金，汪元品，徐飞燕，等. 行政区划调整型群体性事件治理研究——以浙江省湖州市撤长兴县设区受阻事件为例 [C].//"全球命运共同体与国家治理能力现代化"第十四届珞珈国是论坛全国博士生学术论坛跨学科研讨会发言论文汇编，2020：127-141.

　　③ 黄佳琦. 县（市）改区的制度性风险及治理 [D]. 浙江大学硕士学位论文，2020.

　　④ 龚延明. 宋路级地方行政区划名与实 [J]. 清华大学学报（哲学社会科学版），2020（04）：135-145、124-125.

　　⑤ 林炫臻. 民国时期桂西地区行政区划变动研究——以县为中心 [D]. 西南大学硕士学位论文，2020.

（二）偏向于发展逻辑的研究

第一，行政区划与城市经济发展。邓慧慧和潘雪婷基于微观企业数据，采用双重差分方法评估发现，撤县（市）设区带动了以技术复杂度提升为标志的产业升级。具体而言，撤县（市）设区能够提升资源在城市内部不同技术水平产业间的配置效率，促进高技术产业发展和低技术产业淘汰，实现资源配置优化和利用效率提高，有助于减轻劳动力市场分割，发挥市场规模扩大效应，促进技术创新，提升行政效率等。①孙斌栋等指出，行政区划作为重构大国空间的政策工具，其本身就是一种重要资源，若能妥善运用则可以推进区域均衡发展。通过在西北和东北地区设置国家第一层级经济中心城市并配套相应的体制机制改革，是完成上述使命的可行路径，是释放潜在生产力的重要方式，也是打通国内经济循环应对近期危机、实现全国经济空间体系均衡发展和增强国家竞争力的破局之策。②赵彪和王开泳认为行政区划是国家中心城市建设的重要空间基础，直接影响城市发展模式转变、产业结构转型升级、城镇空间布局优化。郑州行政区划面临着突出的市辖区规模过小问题，由此导致的企业生产成本、城市更新成本和行政管理成本的快速上升，已经明显影响到国家中心城市的建设需求。适时调整郑州市的行政区划，是推动区域协调发展的重要举措，有利于"平衡南北方、协调东中西"，对于拓展国家中心城市发展空间，提升工业化和城市化发展水平，推动大都市资源要素整合具有重要的现实意义。③

第二，行政区划与区域和城乡经济发展。孙久文和张翱指出，"行政区经济"作为中国区域经济发展的特殊现象，在促进区域经济发展过程中起着积极作用。然而，由于其具有封闭性和稳定性的特征，使得在新时代区域协调发展的背景下，阻碍了区域一体化的发展进程，不利于构建全国统一的市场，因此需要推动由"行政区经济"向"经济区经济"转变。④申立通过分析 1978—2019 年长三角各城市的行政区划调整，发现行政区划调整有力支撑并推动了长三角地区的发展，呈现出制度资源的全区化与轴向拓展、空间资源的趋大化与结构重组、组织体系的实体化与持续创新等特征。为了贯彻国家的长三角区域一体化发展

---

① 邓慧慧，潘雪婷. "大国大城"如何带动产业升级——来自撤县设区的经验证据 [J]. 世界经济文汇，2020（06）：88-103.

② 孙斌栋，匡贞胜，王妤，等. 大国的均衡发展与中心城市的带动作用 [J]. 中国名城，2020（10）：12-17.

③ 赵彪，王开泳. 国家中心城市建设背景下郑州市行政区划优化研究 [J]. 中国名城，2020（10）：41-45.

④ 孙久文，张翱. 论区域协调发展视角下"行政区经济"的演变 [J]. 区域经济评论，2020（06）：25-29.

战略，应在保持行政区划格局总体稳定的基础上，激活不同层级行政区划的资源作用，统筹行政区划总体格局优化与局部重点突破，探索更加扁平和更高效率的组织体系。①此外，朱苏加等认为服务国家发展战略是县级行政区划调整的重要方向，行政区划调整在整合乡村资源、推进城乡融合、提高治理效率等方面会对乡村振兴产生积极作用。从河北省的实践来看，县级行政区划变更主要围绕城镇化，有效促进了乡村人口转移、城乡要素流动，有利于乡村发展。同时，河北省县级行政区划存在数量多、规模小、城镇化不足等现实问题，对乡村振兴产生了制度性障碍，应进行适度调整。②

（三）偏向于治理逻辑的研究

第一，行政区划与城市治理现代化。熊竞和孙斌栋指出，行政区划作为中国特有的空间治理工具，在超大城市治理中的重要作用毋庸置疑。梳理我国超大城市政区政策可以发现，其演进逻辑呈现狭域制到广域制、小区制到大区制等特点，而超大城市政区治理则在行政区域、行政建制和行政层级等方面面临制度困境。③赵聚军认为，有序推进撤县（市）设区彰显了我国制度优势。撤县（市）设区的主要政策目标是通过扩展城市空间的方式促进城市和区域发展，也是提升城市治理效能的必要保障。应着重考虑城市发展的最优规模、城市在区域发展中的定位等因素。一方面继续推动中心城市撤县（市）设区，另一方面适时限制中小城市撤县（市）设区。④此外，朱文涛指出，伴随着城镇化进程的不断推进，我国地级及以上城市扩展过程中，因时间次序、空间结构及其特征，逐步形成了多样化、差异化的空间区域，即由城市中心向外围拓展，依次形成了中心城区型市辖区、城乡混合型市辖区和相对独立型市辖区。市辖区空间类型、特征以及在城市社会生产和生活中的功能不同，对公共管理与公共服务的要求和需求不同。这就要求区分不同类型的市辖区及其特殊性，精准识别公共管理与公共服务要求和需求，构建与多样化、差异化市辖区相适应的"市、区、

---

① 申立. 长三角行政区划调整：历程、特征及思考——基于行政区划资源的视角 [J]. 上海城市管理，2020（04）：4-13.

② 朱苏加，吴建民，梁子怡. 乡村振兴与县级行政区划调整分析——以河北省为例 [J]. 地理与地理信息科学，2020（05）：137-142.

③ 熊竞，孙斌栋. 超大城市政区治理：演进逻辑、制度困境与优化路径 [J]. 上海行政学院学报，2020（05）：51-62.

④ 赵聚军. 分类探索撤县设区不同路径 [J]. 小康，2020（10）：24-26.

街道（乡镇）"府际治理结构、治理体制及其运行机制，实现城市的有效治理。①

第二，行政区划与基层治理。匡贞胜以行政区划体制为切入点，分析了特大镇行政制度改革困境的根源，指出我国不同类型、等级、隶属关系的行政区通过差异性的空间、政策、组织、权力等方式进行资源配置，实际上削弱了"强镇扩权"的成效，限制了"撤镇设市"的通道，导致特大镇的治理能力不能随其规模扩大而相应提升。因此，有必要分类推进特大镇行政体制改革，逐步弱化政府主导的资源配置模式，适度扩大基层政区自主空间，以缓解国家一统体制与基层有效治理之间的紧张关系。②与之相类似，吴翔认为，随着新型城镇化和乡村振兴两大战略的提出与实施，镇改市的目标应该是建立起适应这两大战略发展需要的新型城市，最终应选取那些具有较强独立性的非县级政府驻地的特大镇作为改市的对象。当前，应正视撤镇改市中存在的各种障碍，从行政区划调整、行政层级升级与行政链条压缩、政府职能重塑、机构设置模式创新、人员编制使用模式创新、下设管理单元模式创新、相关政策法律法规完善等七个方面着手，着力推进撤镇改市进程。③此外，贾岚和祁新华针对社会稳定风险评估研究相对滞后于行政区划调整实践的现实，以地处东南沿海的福建省蓝田镇为例，运用层次分析法构建乡镇行政区划调整的社会稳定风险评估指标体系，探讨政府工作人员对撤镇设街道的主观感知与态度以及可能产生的风险。研究表明：政府工作人员对蓝田镇行政区划调整较为了解且持支持态度，社会稳定风险较低，耕地占补、机构设置与人员编制、社会舆论是三个最重要的风险因素。④

（四）其他类型的研究

第一，行政区划理论与方法。匡贞胜和虞阳指出，政区改革在行政层级、运行逻辑、空间关系、职能配置等方面都存在着"内卷化"隐忧。在此基础上，通过对国家结构、行政区划的资源属性和行政区经济之间关联的分析，阐释了行政区划改革内卷化的生成机制，认为行政区划配置资源的功能可能是行政区

---

① 朱文涛. 城市空间分殊治理：基于城镇化进程中"撤县（市）设区"视角［D］. 内蒙古大学硕士学位论文，2020.

② 匡贞胜. 职能转变、资源配置与特大镇行政体制改革［J］. 中国行政管理，2020（06）：19-24.

③ 吴翔. 镇改市：乡村地区基层行政建制变迁的目标模式、对象选择与推进路径［J］. 北京行政学院学报，2020（03）：9-17.

④ 贾岚，祁新华. 基于基层公务员视角的乡镇行政区划调整社会稳定风险评估——以蓝田镇为例［J］. 云南地理环境研究，2020（05）：30-38.

划改革陷入内卷化的一个重要前提。①匡贞胜基于事件史分析方法的离散时间 Logistic 风险模型，以 2010—2017 年间的县级政区调整为经验证据，检验了行政区划调整与经济增长、空间区位以及国家治理的关联。研究发现：行政区划调整的经济逻辑依然存在，但已经被政治与空间治理逻辑弱化。此外，不同类型县级政区调整存在一定的逻辑分异：撤市设区呈现出"强地级市-弱县级市"模式，撤县设区则是"强地级市-强县"模式。撤县（市）设区发生在重点城市群的概率较大，而撤县设市更可能发生在边境地区。②此外，李一飞等认为，对行政区进行适当分类管理是提高行政管理效率的重要手段。县市分等是行政区分类管理的重要内容，也是"因地制宜"推进行政区划管理的直接体现。集合相关统计数据，综合运用层次分析法、K 均值聚类法等提出县市分等方法，并对县市等第特征的分异规律进行分析，发现人口规模是影响县市分等的主要因素，其次是面积和地区生产总值，公共财政支出的影响相对较小。县市分等过程中，可以考虑采取分省份、按比例的方法对县市等第进行划分。③

第二，行政区划法治化建设研究。吴庚祐和周佑勇指出，《行政区划管理条例》第 2 条所规定的行政区划变更方案制定原则和行政区划总体稳定要求不属于行政区划变更基本原则：一方面，行政区划变更基本原则的规制范围应当涵盖行政区划变更全过程，而非仅针对行政区划变更方案制定这唯一阶段；另一方面，行政区划变更基本原则的主要规制对象应当是动态的行政区划变更行为本身，而非针对静态的行政区划变更结果。行政区划变更作为一种公法行为所具有的法定划分、国家控制和权益调整等属性，决定了行政区划变更机制引入权力制约和程序正当等基本法治理念的正当性和必要性。④

第三，行政区划的中外比较研究。朱建华和修春亮在比较分析中日韩行政区划设置的基础上，发现中国的行政区划层级以四级制为主，韩国是三级制，日本是二级制的扁平化结构。在政区类型方面，日韩两国以城市型政区为主，而中国中小城市数量偏少，但是大城市和市辖区较多。在快速城市化过程中，中国在行政区划设置与空间治理方面应该适当借鉴日韩的经验，进一步优化管

① 匡贞胜，虞阳. 中国行政区划改革的内卷化风险及其生成机制 [J]. 人文地理，2020（02）：93-101.

② 匡贞胜. 中国近年来行政区划调整的逻辑何在？——基于 EHA-Logistic 模型的实证分析 [J]. 公共行政评论，2020（02）：93-101.

③ 李一飞，王开泳，王甫园. 县市分等方法及中国县市等第特征的分异规律 [J]. 地理科学，2020（04）：772-786.

④ 吴庚祐，周佑勇. 行政区划变更基本原则的反思与重构——以《行政区划管理条例》第 2 条为中心 [J]. 江苏行政学院学报，2020（02）：127-136.

辖幅度，减少管理层级，稳妥有序地增加城市型政区的设置。①Songsith Meeklinhom 指出，行政区划手段对于解决泰国各区域间城市化发展严重不平衡的问题，发挥了重要的角色。②第二次世界大战以来，泰国的行政区划调整类型主要包括行政区的拆分、行政区的合并、行政区的重组和府改特别市四种方式。结合 11 个行政区划调整案例来看，政治因素是最重要的影响因素，区位位置次之，历史文化因素位列第三。从调整目标来看，四种调整模式都是以维护社会稳定、提高行政效率为主要目的。其中，行政区拆分和行政区重组主要是为了保持社会稳定和维护国家安全，行政区合并主要是为了提升特定政区的人口、经济规模，府改特别市则主要是为了增加行政管理的灵活性。

三、展望与分析

近年来，随着经济发展步入新常态和党中央施政理念的变化，行政区划工作出现了一些新问题和新现象。有的现象在地方实践中已经大量出现，但相关研究却明显滞后，典型如近年来部分城市对"插花地"（飞地）的集中整治，就主要基于行政区划调整推动基层治理现代化的初衷。从本质上看，"插花地"遵循的是"属人"管理的原则，与遵循"属地"管理的行政区划设置存在严重的背离。与之相适应，针对"插花地"所进行的一系列行政区划调整举措都是对属地化管理体制的进一步贯彻与落实，是优化基层治理的重要举措。实事求是地说，属地管理的强化，确实可能会加剧基层有责无权、权责失衡的基层治理格局，但这主要源于部分地方习惯于权力上收、压力下压，使得属地管理最终演化为"责任属地"。在属地管理的强化已经难以扭转的背景下，客观而全面地看待属地管理，才能真正发挥其治理效能。综上，从基层治理与行政区划调整的接合部切入，对"插花地"行政区划进行调整，突出行政区划调整对于优化基层治理的推动作用，与以往"插花地"治理中强调的发展导向形成了鲜明的对比。在中央和各地愈发重视基层治理的背景下，考虑到"插花地"在国内大中城市的普遍存在，相关实践显然具有一定的示范意义。

除了"插花地"整治，街道办体制的优化与转型问题也值得更多关注。不仅是"插花地"治理，近年来一些地方积极推动的街镇区划调整工作中，同样明确将提升城市管理的精细化水平，尤其是缓解城乡接合部街镇在管理和服务

---

① 朱建华，修春亮. 中日韩行政区划比较与空间治理启示 [J]. 中国名城，2020（10）：34-40.

② Songsith Meeklinhom. 基于尺度重组与地域重构视角的泰国城市行政区划改革研究 [D]. 浙江大学硕士学位论文，2020.

中的城乡混杂问题作为主要目标。①实际上，街道办近年来始终面临着严重的权责失衡问题。在计划经济年代，城市居民多为"单位人"，这就使得"单位"作为实际的基层政权末梢，承担了大量的政府职责，街道办实际承担的职责极为有限。随着改革开放以来"单位办社会"的终结，原本大量由单位实际承担的职责重回政府，加上农村人口向城市的快速转移以及城市公共事务本身愈发复杂和多样，导致城市社会管理职能不断扩张。另外，随着近年来国内大中城市纷纷通过合并重组等方式做大做强市辖区，人口在百万级别的市辖区大量出现，很多市辖区在体量上已经达到一个中等城市的规模。在此情境下，借助于自上而下的压力型体制，市辖区政府开始将大量职责下压，自身则逐步转型为"管政府的政府"。于是，作为职责转移的主要承接者，街道办面临的工作任务和压力愈发沉重，"（市、区）两级政府、（市、区、街）三级管理"的城市管理体制基本成型。这里的问题是，由于街道办作为派出机构的法律定位，自身权力非常有限，机构设置也十分简单，且对于以"条"为主的区级职能部门几乎无权干涉，导致权责失衡显现非常突出，经常处在"管而不理，想管没理"的尴尬局面。而且，在这样的政策环境下，街道办也习惯于跟风行事，即上级将公共事务下压至街道，街道办则凭借对社区公共资源的全面掌控，将公共事务进一步发包给社区，这成为社区工作沉重而繁琐的重要体制根源。

此外，属地管理的全面强化，则进一步加剧了街道办的履职困境。虽然学界的批评居多，但不能否认推广属地管理的初衷是良好的：一方面，压实属地责任有助于减少各种不担当、不作为现象；另一方面，属地管理的强化有助于减少"条块"矛盾的羁绊。尤其是在疫情防控的非常时期，属地管理的全面贯彻，有利于最大限度地调动各种资源，是"抗疫"取得阶段性胜利的重要机制保障。因此，在优化街道办体制的过程中，既要正视属地管理可能引发的各种问题，也不能忽视其积极影响。

四、报告要点

报告对 2020 年度全国行政区划调整情况和相关研究成果进行了归纳梳理，并在此基础上，对未来的改革和研究工作进行了展望。报告要点总结如下。

（1）随着 2020 年 1 月《行政区划管理条例实施办法》的正式实施，行政区

---

① 例如，除了"插花地"区划集中调整，天津市在 2020 年还调整了部分街镇的区划设置，典型如静海区和西青区大致按照"村民"和"市民"的空间分布，将相应街镇一分为二，以保障相应街镇能够根据居民性质和服务需求等差别，实施精细化的管理和服务。

划管理的法治化、民主化、科学化水平均得以较大提升。从实践层面来看，2020年出现的行政区划调整案例主要还是为了有效发挥行政区划调整对于优化区域发展格局、完善城市空间结构的积极作用。同时，本年度的行政区划调整也显现出一些新现象，旨在优化基层治理的城市基层行政区划调整较为活跃。

（2）综合近几年的研究情况来看，国内学界除了继续关注通过行政区划调整推动区域和中心城市发展、理顺城市功能分区和规划布局等常规问题外，亦开始经历从侧重宏观到宏、微观并重的结构性调整，基层行政区划调整亦开始受到一定的关注，行政区划调整的治理导向愈发明显。

（3）在党的十八大以来党中央强调全面发展观、愈发重视基层治理的时代背景下，可以发现当前的行政区划管理工作，尤其是围绕基层的区划调整，正在明显地经历着由单纯的强发展导向到发展与治理并重导向的转型。在此背景下，系统探讨后疫情时代行政区划管理与基层治理的双向互动关系，值得学界投入更多的关注。尤其是在大中城市的人口和空间规模不断扩大，且属地管理不断强化的背景下，街道办目前的权责配置显然已经无法适应基层治理的现实需要。在此情境下，积极探索街道体制的优化与转型之路，已成为一个紧迫的课题。

作者单位：南开大学周恩来政府管理学院

纵向政府间关系研究报告

邱　实

纵向政府间关系是以国家行政层级及行政区划为依托，垂直向度上政府间各类关系的总称。政府行政体制、经济社会发展、历史文化传统、人文地理环境及行政实践习惯等是我国纵向政府间关系发展的影响因素。纵向政府间关系的治理与发展既关系到党政关系、权力运行、行政体制的稳定，也影响区域治理、地方发展、资源配置等发展。因此，纵向政府间关系的科学发展直接关系到国家治理现代化的推进。我国纵向政府间关系以各级政府间的行政关系为主，同时包括立法关系、财政关系、司法关系等。

一、2020 年纵向政府间关系发展现状综述

（一）纵向政府间关系的组织结构

我国纵向政府间关系的结构是以政府行政层级为框架的。目前，我国政府行政层级呈现为中央政府、省级政府、市级政府、县级政府和乡镇政府五级，其构成了纵向政府间关系的基本结构。第一，中央政府。中央政府是我国纵向政府间关系的"顶层"，具有最高的行政权威，领导各级地方政府，各级地方政府在一定程度上都可以被认为是在执行中央政府的决策。第二，省级政府。省级政府是我国地方一级行政建制，是纵向政府间关系中"链接"中央与地方的重要环节。在纵向政府间关系中，省级政府主要负责将中央政府的决策进行区域性细化，总体而言，其决策功能还是大于执行功能。我国省级政府包括省、自治区、直辖市。第三，市级政府。市级政府是由省级政府领导的一级行政建

制，其主要负责执行中央和省级政府的决策，同时也具有一定的区域性决策功能。市级政府属于我国纵向政府间关系的"中间环节"，是我国政府决策与执行的"转换器"。当前我国市级政府主要包括地级市（设区的市）、自治州、地区、盟等。第四，县级政府。县级政府是我国政府体系中最基层的一级完整行政建制，其主要负责执行中央政府和上级政府的各项决策，负责提供基础性的公共产品和公共服务等，在纵向政府间关系中具有较强的执行功能。我国县级政府的类别最多，包括县、县级市（不设区的市）、市辖区、自治县、旗、自治旗、特区、林区等。第五，基层政府。在我国政府体系的"末梢"有大量以乡镇政府为代表的基层政府，其主要负责基础的治理性事务，履行我国基层治理的行政职责。我国基层政府主要以乡、民族乡、镇为主体，同时包括苏木、民族苏木和县辖区。值得注意的是，街道作为市辖区派出机构，从理论上说并不属于一级行政建制，但是其在我国基层治理中却发挥了基层政府的现实作用，因此将其纳入基层政府的范畴之中。这也正是将第五级政府称为"基层政府"，而不是单纯"乡镇政府"的原因之一。

特别行政区作为我国特殊的行政建制，具有独立的体制框架和管理机制，因此暂不纳入我国纵向政府间关系的研究之中。据此，截至 2020 年，我国省级建制 32 个，市级建制 333 个，县级建制 2850 个，基层政府建制 38741 个（见表 1）。由此可见，我国纵向政府间的每一层级建制数量从高到低为 10 倍增量递增，纵向政府体系表现为"金字塔"结构。

表 1　中国地方政府纵向层级类型

省级建制		市（地）级建制				县级建制								基层政府建制						
省	自治区	直辖市	地级市	地区	自治州	盟	县	县级市	市辖区	自治县	旗	自治旗	特区	林区	乡	民族乡	镇	苏木	民族苏木	县辖区	街道
23	5	4	293	7	30	3	1312	394	973	117	49	3	1	1	7693	962	21157	153	1	2	8773

资料来源：《中国统计年鉴》，截至 2020 年。

在"五级"政府体系下，纵向政府间关系呈现出明显的"条块"特征。从"条"的角度来看，我国纵向政府为"中央政府—省级政府—市级政府—县级政府—基层政府"（直辖市为四个层级）的逐层领导模式。中央政府是纵向政府体系中的最高领导者和决策者，各级地方政府都必须接受中央政府的领导，执行中央政府的决策。同时，从中央政府开始逐级向下，上级政府的职能部门"对口"下级政府相应职能部门，对其进行业务领导或指导。因此，各级地方政府职能部门从"条线"层面来看，在一定程度上，可以理解为中央政府职能部门的"业务职能延伸"。与此同时，中央政府还通过设置一定数量的垂直管理部门来实现对特定业务的管理，如海关、税务等。这就使得纵向政府间关系具有突出的"条条"特征。而从"块"的角度来看，纵向上的各级政府除基层政府外，都具有较为完整的机构体系，具有管理本区域内经济社会发展等事务的行政权力，形成与"条"相对的"块"。"条"是保证纵向政府间政令畅通的重要载体，而"块"则是纵向向度上各级政府管理地方经济社会事务的责任主体，两者之间的关系成为我国纵向政府间关系的重要焦点，因此处理好"条块"关系是纵向政府间关系优化发展的一个关键。

从我国纵向政府间关系的整体现状来看，中央政府领导各级政府，具有权威性。中央政府通过"分权"来赋予各级政府一定的行政权力，用以治理其辖区内的行政事务。在单一制的国家结构形式下，中央政府的"分权"一般是行政权限的分配和再分配，并非是政治性的分权，所以纵向政府间关系在一定程度上也呈现为中央与地方的关系，而中央与地方关系更多则通过中央政府与省级政府的关系体现。但是从近年发展现实来看，地方政府间的关系的比重也在逐步增加，如市县关系、县乡关系等，纵向政府间关系也并不是央地关系为主了，而是变得更加立体化。传统行政关系之外，财税关系也是纵向政府间关系的重要内容，其与政府间事权的划分关联性较高。中央建立分税体制，将税收收入划分为中央税、地方税和中央地方共享税，分别作为中央政府和各级地方政府的基础财税划分标准。同时，借助财政转移支付制度完善纵向政府间的财政分配。在此基础上，根据基本财权划分来界定政府间事权的划分标准，明确中央与地方共有事权、中央专属事权与地方事权，形成我国纵向政府间财权与事权配置的基本框架。综合而言，当前我国纵向政府间关系是以中央政府为行政权威主导，在"条块"关系的框架中实行"逐层领导"的管理模式。我国纵向政府间关系是国家历史发展、国家结构形式和国家治理实践的综合性成果。

（二）纵向政府间关系的管理机制

我国纵向政府间关系的管理机制是在国家治理进程中逐步形成的，是我国党政关系的体现，在具体运行过程中，中央政府是纵向政府体系中的最高决策者，具有发布命令、指示和分配资源的权力，从这个角度来看，地方各级政府都是中央政府决策的执行者。而从地方政府的角度出发，较高层级的地方政府，如省级政府和部分市级政府，会同时兼具决策者和执行者的角色。在执行中央政府行政决策的同时，较高层级的地方政府也具有在其辖区内进行行政决策的权限，其决策会由下级政府执行。但是这种决策具有有限性，必须要在中央政府决策的范畴内才有效。我国纵向政府间关系的管理机制主要通过人事管理、财政管理及专门性机构来实现纵向政府间关系的管理与运行。

1. 人事管理

人事管理是政府管理的核心权限，关系到政府治理的有效性。我国纵向政府间的人事管理实行"逐层管理"模式，即下级政府的人事安排原则上是由上一级政府（党委）决定或任命的。我国各级政府的人事权都由各级党委或上级党委决定，"党管干部"是我国组织制度的重要原则。目前，党在干部人事管理制度上实行"下管一级"的制度，基于此形成了我国政府人事管理的"逐层管理"模式。纵向政府间人事权的"逐级管理"使政府行政决策能够保持有效贯彻，实现管理的"单向度性"，最大限度地避免政令不畅、政出多门和非正常的利益博弈等。纵向政府间的人事管理还有一个重要特征，就是下级政府领导的人事档案一般是由上级政府管理，公务人员的人事档案由所在层级的政府统一管理，这使纵向政府间人事权的管理模式更加稳定。

2. 财政管理

财政管理是纵向政府间关系的另一个重要管理机制。分税制下，虽然划分了中央税、地方税和中央地方共享税，但主要税收收入的税种基本都被划入了中央税，且中央地方共享税中中央财政分配的比例较高，这就使我国纵向政府间关系在财政权的角度上呈现出随着政府层级降低而财权逐渐减弱的现象。另外，在财政收入向上集中的同时，具体的事权却在层层下移，很多事务性工作都通过各级政府的调配最终落到基层政府层面。为了使地方政府的事权能够得到落实，中央政府与省级政府会通过财政转移支付制度进行一般性转移支付和专项性转移支付，用以保证地方行政事务和特殊事务的有效完成。与此同时，各级政府的财政预算都需要通过同级人大的审批和上级政府的审核，这样使财政管理权也呈现出纵向向度上"层层管理"的形式。基于此，中央政府通过财政管理的方式来保证我国纵向政府间关系的发展与稳定，协调政府间政策运行的通畅性，保证国家行政层级间政府决策与执行的有效性。

3. 设置垂直管理部门和派出机构

由于我国纵向向度上政府层级设置偏多，在一定程度上造成政府间信息传递的失真性和滞后性。同时，也存在地方政府从自身利益出发，对上级政府政策执行有效性偏低的问题。因此，中央政府通过设置垂直管理部门和派出机构在特定区域内来完成特定事务。长期以来，垂直管理和派出机构的具体管理模式分为纯垂直管理和半垂直管理。纯垂直管理机构主要是指由中央政府直接设置且只接受上级主管部门管理，如海关、税务等；而半垂直管理机构主要是指省级以下垂直或实行双重领导的机构。经过 2018 年政府机构改革及其他相关调整，目前我国纵向政府间的垂直管理主要是纯垂直管理，而原来的半垂直管理机构则多以双重管理机构为主，同时通过特定形式的派出机构进行协同辅助，如环境保护、金融管理等。垂直管理部门和派出机构的管理方式在一定程度上是我国纵向政府间"条块"关系的体现，但同时又保障了单一制国家结构形式下纵向政府间关系决策与执行的有效性。

二、纵向政府间关系研究现状综述

通过 CNKI（中国知网）数据库，检索"纵向政府间关系（政府纵向关系）""纵向府际关系""中央与地方关系""地方政府关系"等关键词，2020 年的文献数量相较于前几年总体持平，这体现了政府间关系依然是一个研究热点（见表 2）。

表 2　2020 年纵向政府间关系相关文献与报道统计

数据库	收录时间	检索词	学术论文	其他文献
中国知网 （CNKI）	2020 年	纵向政府间或府际关系	17	24
		中央与地方关系	34	23
		地方政府关系	13	21

值得注意的是，虽然从文献总量上看 2020 年与前几年几乎持平，但是基于纵向政府间关系的相关专题性研究却明显增加。如基于纵向政府间关系视角的政府职责体系研究、央地关系优化研究、应急管理体制机制研究、社保制度完善研究、基层治理效能研究等。因此，通过对 2020 年相关文献的分析，围绕纵向政府间关系的总体性研究虽然略有下降，但是以其为视角或基于其进行的专题问题研究却明显增多，这体现纵向政府间关系已经从一个外在的表象性问题变成了一个融入政治与行政各重要方面的分析框架或研究"抓手"。同时，2020年的相关文献还体现出一个进步，即原有将央地关系作为纵向政府间关系研究主题或核心的情况有所改变，这说明学界已经充分认识到"中央与地方关系"与"纵向政府间关系"并不是一个同质性的问题。

　　基于对 2020 年相关文献的分类与分析，选取其中具有代表性的部分文献成果，将其大致分为三个方面：纵向政府间关系治理与发展研究、纵向政府间关系发展的技术研究、基于纵向政府间关系的专题研究。

　　（一）纵向政府间关系治理与发展研究

　　改革开放 40 多年，我国纵向政府间关系从理论研究到实践发展都已形成了一个较为完整的体系。纵向政府间关系本质上是中央政府与地方政府、各级地方政府间的各类关系的总称，其深刻影响着我国经济社会发展与国家治理现代化的推进。有学者通过梳理从计划经济到改革开放后我国自上而下的行政体制改革，将纵向政府间关系阐释为从弱激励的多任务委托代理关系向强激励的多任务委托代理关系转变，并由此延伸出央地的利益博弈关系。基于此，提出未来纵向政府间关系发展改革的重点依然是放权，且需要加强长期被忽视的监督及激励机制。①长期以来，我国纵向政府间关系是在"职责同构"的结构下进行的，或者说"职责同构"是我国纵向政府间关系的总体概括。因此，有学者认为职责同构虽然发挥过重要的现实作用，但是从国家治理现代化的视角来审视，其难以满足政府间关系发展与改革的实际需要。同时，因为我国政府发展的特色性，国外的职责异构理念未必适合我国政府运行的实际，所以需要从两者之间寻找一个"嵌套型异构"的逻辑来探索纵向政府间关系的发展。具体而言，这一逻辑主要为：一是淡化甚至超越行政级别优先的思维，关注不同层级政府及部门应当履行的职责；二是弱化当前政府间关系中的刚性管控，强化弹性调控工具的使用；三是借助政府内部授权的制度化以及地方人大授权空间的扩大化，实现政府间纵向关系运行的规范化。基于此，应遵循整体性、渐进性的原则，着力塑造制度化的纵向关系结构。②

　　在纵向政府间关系整体性研究下，中央与地方关系也进一步细化。当前，推动中央与地方关系发展变迁的重要力量是治理权限集中与下放的互动。权限的集中与下放在政治、经济和行政领域通过干部人事管理、财税制度改革、行政管理权限三个方面，形成了中央与地方关系变迁的现实图景。③通过调研分析，我国现行纵向府际关系中存在整体性集权、整体性放权和选择性放权三种

　　① 董志霖. 中国纵向府际关系发展研究——以多任务委托代理理论为视角［J］. 湖湘论坛，2020（05）：86-93.

　　② 吕丽舟. 嵌套型异构：关于中国政府间纵向关系结构的理论探索［J］. 公共事务评论，2020：24-32.

　　③ 邱实. 中央与地方关系变迁的学理分析：基于治理权限"集中"与"下放"的视角［J］. 兰州学刊，2020（07）：126-136.

府际权力配置与运行模式。不同的府际权力配置与运行模式又形成了不同的纵向府际关系治理模式，分别为秩序导向型、发展导向型与相机抉择型的府际关系治理模式。①因而，有学者认为如何解释产生优异治理绩效的体制与机制是总结"中国经验"、优化政府间关系的关键。因此，基于党政关系和央地关系两个维度，提出"多层级核心政治体制"的理论框架，阐析非制度性分权、纵向集权与横向竞争、责权利不对称等问题，进而形成中央与地方或上下级地方政府之间"统分结合"的双层治理机制，并根据经济社会发展的现实平衡"统分"比重。②

在地方政府间关系研究方面，对"竞争-合作"的研究一直是焦点。有学者提出政府间新型互助关系的改革思路，即在中央统一调控下，地方政府间形成相互帮助、互相支持的合作关系。这种关系本质上是对原有竞争合作关系和对口互助关系的扬弃，是地方政府治理及政府间关系发展研究的思路变革。③而有学者则认为地方政府间关系应该建构一个"分立型联合体"，在行动者角色、动机、组织形态、激励机制、行为空间和防护保障等方面呈现出有别于传统竞合关系的个性化特征。这种"分立型联合体"也是对传统竞争合作关系的理论补充，修正了地方政府面临角色冲突时行为选择的理论预设，拓展了政权经营者理论的释义空间。④但是从总体来看，党政关系一直是影响地方政府间关系的重要因素。近年来，省以下地方党委政府形成了一种以重点任务为载体的纵向治理机制。重点任务是不同于运动式治理的一种纵向治理机制。一方面，组织人事权为上级党委发布重点任务提供了制度化的稳定权威基础。基于组织人事权，上级党委构建了"依任务提拔"的可信承诺，巩固了下级党委以重点任务为中心工作的内在激励。另一方面，在地方治理中，重点任务与常规工作是张力并存的常态化治理方式。⑤

此外，还有一些学者通过其他的视角对纵向政府间关系的治理与发展进行了研究。如有学者提出从中央政府、省级政府与特区政府到地市政府建立的"三级架构、三级协调"的多层结构关系出发，建构"纵横联动"的区域政府间关

---

① 夏能礼. 府际权力配置运行与纵向府际关系治理——基于 A、B、C 三县市的案例比较 [J]. 中国行政管理，2020（11）：25-31.

② 张雪霖. 多层级核心政治体制与"统分结合"双层治理 [J]. 教学与研究，2020（06）：74-83.

③ 李瑞昌. 论政府间新型互助关系成长：源起、动力和路径 [J]. 社会科学，2020（12）：3-12.

④ 李晓飞. 分立型联合体：地方政府间关系的新形态 [J]. 公共管理学报，2020（03）：12-23.

⑤ 高翔、蔡尔津. 以党委重点任务为中心的纵向政府间治理研究 [J]. 政治学研究，2020（04）：59-71.

系治理模式。① 还有学者通过考察政府生态环境修复政策的演变，发现上级"条块"部门分别主导的纵向创新扩散模式在运作机制、持续条件与政策效果上有着显著的差异，呈现出"条条创新、块块扩散"的现象。因此运用组织社会学拓展创新扩散理论，展现不同纵向创新扩散模式差异背后的组织根源。②

（二）纵向政府间关系发展的技术研究

纵向政府间关系发展中的技术问题研究逐步成为该主题的研究热点。有学者基于对近年来相关文献的梳理，从区域治理的空间布局及其对府际关系的重塑、区域公共问题的治理要求以及区域治理模式的现实选择三个方面对区域治理研究进行概述，从区域治理的"去中心化"与协同化的视角出发，进而对区域治理下的府际关系模式的发展趋向作出技术性展望。③ 还有学者从纵向和横向政府间关系的共同视角出发，将地区间经济发展水平差异作为要素，基于近20年的省级数据建立重力模型，实证分析地方政府间的合作关系及不平衡性。④根据相关地方政府区域治理的技术性研究，有学者针对特定区域的特定问题，对纵向政府间关系的发展进行了进一步研究。例如京津冀一体化问题中，有学者将政府间关系的分析范式运用于区域教育协同发展中，分析府际关系存在的现实困境，如纵向府际的政策执行梗阻、横向府际的合作低效、斜向府际的协同乏力等，并提出理顺府际关系，探索整体性治理；重塑传统的行政文化，协同共赢；完善教育协同制度，创新教育协同体制机制；以信息技术为载体，搭建教育资源共享平台等建议。⑤ 还有学者从人工智能的角度出发，对京津冀地区的府际合作进行研究，特别是在纵向政府合作方面强调政策扩散广度的问题，强调中央政策主体与地方政策主体关联的数量。同时，分析政策执行强度是地方政策主体与中央政策主体的联系频次，并提出纵向府际合作中加强中央政策响应的多样性的建议。⑥

另外，有学者从城市群发展的视角对政府间关系进行技术性研究，认为地

① 方木欢. 纵横联动：粤港澳大湾区政府间关系的理论分析 [J]. 学术论坛，2020（01）：71-78.

② 陈思丞. 政府条块差异与纵向创新扩散 [J]. 社会学研究，2020（02）：146-149.

③ 刘兴成. 区域合作治理：重塑府际关系的新趋向——基于近年来国内相关文献的研究述评 [J]. 学习论坛，2020（02）：54-62.

④ 王芳，余莎，陈硕. 区域经济发展与地方政府间合作：基于重力模型的证据 [J]. 中国行政管理，2020（09）：106-113.

⑤ 郑国萍，王大江，任可心. 京津冀教育协同发展中府际关系协调模式构建研究 [J]. 辽宁教育行政学院学报，2020（02）：26-31.

⑥ 刘晓燕，徐小溪. 京津冀人工智能政策府际合作现状分析 [J]. 科技中国，2020（06）：86-90.

方政府间的协作是推动城市群发展的重要手段。其基于对城市群协作和经济增长关系的研究，以制度性集体行动理论为分析框架，结合特定城市群的面板数据建构多元线性回归模型，进而明确纵横双向政府间关系在城市群发展中的现实影响，提出纵向府际协作具有不同的选择性收益，从而对地方政府官员产生了较大的个人激励的观点。①还有学者通过数字技术角度对纵向政府间关系治理进行研究。通过对某省企业投资项目审批改革的追踪研究，提出数字技术使得高层级政府在纵向治理中逐步超越了目标管理，加强了流程控制，表明数字技术具备约束行政权力、强化纵向治理等重塑政府组织架构的潜力。②

（三）基于纵向政府间关系的专题研究

2020 年，基于纵向政府间关系对专项问题进行研究逐步增加，代表性研究有地方政府间激励机制优化研究、督察制度研究、政府间财政关系研究、大城市基础教育职责研究、行政执法改革研究和疫情防控研究等。

有学者从多任务竞争的角度对地方政府竞争激励进行整体性分析，提出"自下而上属地竞争"和"自上而下的标杆竞争"两种方式，进而认为地方政府职能结构已由注重经济职能向均衡性的多目标任务体系转变；同时，由于地方政府围绕经济增长展开的属地竞争，以及围绕社会创新而展开的标杆竞争的存在，地方政府之间处于多种任务竞相追逐的状态。③还有学者从纵向政府间关系层面对我国督查制度进行系统考察和研究。通过考察中央环保督察在浙江省的具体实施，认为督察制度借助中央权威，实施自上而下的高强度控制，通过动员、进驻、反馈、整改、问责、"回头看"等完整程序，制度性地嵌入治理体系，降低了委托-代理关系中的信息不对称性，实现了对地方治理目标的纠偏，从而有效强化了制度执行，提升了纵向治理效能。④

通过纵向政府间关系视角对政府职责的研究也逐步增多。有学者通过分析市和市辖区两级政府纵向关系，基于特定城市案例分析，提出在纵向政府间基础教育职责的划分实践中，更多地考虑教育发展逻辑和城市发展逻辑，并逐步

①　崔晶，汪星熹. 制度性集体行动、府际协作与经济增长——以成渝城市群为例 [J]. 公共管理与政策评论，2020（04）：27-39.

②　谈婕，高翔. 数字权限：信息技术在纵向政府间治理中的作用机制——基于浙江省企业投资项目审批改革的研究 [J]. 治理研究，2020（06）：31-40.

③　文宏. "多任务竞逐"：中国地方政府间竞争激励的整体性解释——以粤港澳区域治理为例 [J]. 江苏社会科学，2020（01）：75-85.

④　郁建兴. 纵向政府间关系中的督察制度：以中央环保督察为研究对象 [J]. 学术月刊，2020（07）：69-80.

推进不同教育事项的专责化的建议。①还有以五个领域综合行政执法改革为视角,观察省以下地方政府纵向职责配置的现实视角和经验素材。从纵向政府间关系的角度配置高层级政府和低层级政府的执法职责分配,提出以"环节分解"的方式作为纵向政府职责配置的参考思路。②

在疫情防控机制研究方面,纵向政府间关系也成为重要的理论抓手。有学者认为重大疫情防控在纵向上涉及政府各层级之间的关系和"条块"关系,在横向上涉及政府各部门的关系和各地方政府之间的关系。从纵向政府间关系的角度出发,完善重大疫情防控体制机制的基本思路是明晰各层级政府各自的防控职能和权限,完善和健全分级负责、属地管理、上下联动的疫情应对工作机制。同时,要发挥"条条"的技术优势和"块块"的属地优势,健全和强化集中统一高效的领导指挥体系,使应急机制从单一走向协同。要有机结合"条条"的技术优势和"块块"的属地优势,形成中央决策科学、地方和部门执行坚决、上下贯通、部门协同、"条块"畅达的疫情应对防控体系。③还有学者认为疫情防控要通过树立府际合作意识以培育府际信任关系,明确府际权责关系以革新治理结构,优化小组政治形式以建立制度化协调机制,运用现代信息技术以加强能力建设,完善法律法规以构建制度保障体系等。④

除此以外,还有学者对较为传统的政府间财政关系进行研究,通过系统的比较研究⑤,对其变革提出较新的建议⑥。

三、展望与分析

(一)纵向政府间关系需进一步关注的问题

当前我国纵向政府间关系虽然较为稳定,但是也凸显出一些问题,如政府行政层级设置过多、行政区划设置存在不合理之处、垂直管理部门和地方政府关系存在矛盾等,这些问题直接或间接影响到现代政府的建设成效。在政府运

---

① 何李. 大城市基础教育职责的纵向政府间划分——以武汉市为例 [J]. 教育学术月刊, 2020 (07): 8-16.

② 李利平, 吕同舟. 省以下地方政府纵向职责配置的新趋势及配置模式探索——基于对五个领域综合行政执法改革的观察 [J]. 行政管理改革, 2020 (11): 69-77.

③ 周振超. 完善重大疫情防控体制机制: 基于政府间关系的分析 [J]. 中国治理评论, 2020 (02): 24-35.

④ 张玉磊. 重大疫情防控中的府际合作——兼论新冠肺炎疫情防控 [J]. 上海大学学报(社会科学版), 2020 (02): 16-33.

⑤ 孙伯龙. 政府间财政关系的理论及制度比较研究——基于单一制与联邦制的二元视角 [J]. 上海法学研究, 2020 (21): 84-93.

⑥ 温立洲, 朱泉睿, 周艳平: 我国政府间财政关系变革研究 [J]. 经济与管理, 2020 (05): 36-42.

行过程中，这些问题也交织在一起，需要从整体的视角对其进行分析，探索问题产生的深层原因。

1. 政府层级偏多，运行机制出现弊端

如前文所述，目前我国政府在纵向层面呈现出中央、省级、市级、县级和基层的五级政府体系，政府层级设置偏多，很多弊端和问题都较为明显。一是纵向政府间信息传递效率降低，且信息失真或缺失的概率增加。政府治理现代化的重要标志之一就是政府间信息的传递效率，如果政府层级设置过多会造成信息在纵向各级政府的传递过程中因为各种主观或客观因素而使原始信息资源发生缺漏或扭曲。同时，各传递主体也会对信息中各部分的表达进行主观性调整，甚至篡改信息的表达内容。在政府过程中，这样的弊端不仅使政府决策和执行会发生"偏差"，而且也造成行政成本的增加。二是在"职责同构"的作用下，政府层级设置过多也使政府机构规模扩大，人员编制出现结构性不平衡现象。由于目前我国各级政府在机构设置方面总体上还是遵循"上下对口、左右对齐"的模式，因此各级政府都设置类似的机构，在政府层级过多的前提下，省、市、县、乡镇等各级政府都设置相同的政府机构体系，政府机构规模就会出现"臃肿"现象。同时，机构需要配备相应的人员编制，这也使政府机构的人员编制不断"扩大"，其中很多非必要对口机构也配备"齐全"的编制，甚至是编外人员也"对位"配置。所以，从总体上来看，政府层级过多除了会产生人员冗杂的问题，也会使人员编制出现结构性问题。三是政府层级设置过多，使各级政府及相关部门之间容易因为"利益"问题而产生非正常性的竞争，造成政府间的摩擦。在政府层级过多的情况下，这类情况更加明显，这是造成纵向政府间关系协调性偏弱的主要原因之一。同时，因为政府层级和政府机构设置偏多而形成的制度"惯性"，也是政府机构改革陷入停留在"量"的精简，而无法实现完全"质"的精简的原因。政府行政成本因此而不断增加，但行政效率却没有显著提高。

2. 行政区划不合理，政府管理幅度偏大

与政府层级设置直接相关的就是行政区划问题。我国在行政区划总体设置上呈现出省级行政区划偏少，管理幅度偏大的问题。同时，因为我国人口、资源、经济发展等分布具有不平衡性，各行政区划内的资源配置也具有不平衡性。通过统计，目前我国有 28 个省、自治区政府管理的平均人口在 4800 万左右，下辖县级行政建制约为 85—90 个，这样的管理幅度是过大的，特别是省级政府管理的事务过于繁杂。另外，省级行政区划的管理幅度过大除了行政效率不高之外，还会产生地方政府利益矛盾突出的问题，使省级政府在执行中央政府的决策过程中出现"打折扣"的现象，有时甚至与中央政府讨价还价。而在市级行政区划方面，地级市作为我国一级特殊的行政建制，其存在已经凸显出较多的弊端，如阻隔了省级政府与县级政府在财政、资源、人事等方面的正常联系，而且还因为"市管县"体制而造成管理层级上的"负担"，使我国县级政府的发展受到了一定程度的制约。

3. 垂直管理部门与地方政府关系复杂

垂直管理部门与地方政府之间从行政理论上来看是一种协作的关系，并没有多少矛盾或竞争。但是在政府实际运行中，两者之间却存在着非常复杂的关系，经常产生非常规的竞争和矛盾。从现实来看，垂直管理部门虽然直接归属于中央政府管理，但是其设置在地方机构中的人员、资产、社会关系等都无法与地方政府完全切割，甚至一些部门还需要地方政府的资金或资源支持。这就使得垂直管理部门在一定程度上会受到地方政府的影响和干预。同时，垂直管理部门在日常工作中也无法做到完全与地方政府不发生联系。因此，垂直管理部门与地方政府的关系更加复杂化。在这样的情况下，一些垂直管理的事务就会受到地方政府的干预，地方政府会以自身的利益诉求为出发点，使一些公共事务和公共服务产生"地方化"的倾向，甚至对中央政府的一些政策采取"软抵制""不执行"。这些问题的存在虽然没有破坏纵向政府间关系的基本框架体系，但是确使纵向政府间的行政管理产生"偏差"，影响到政府行政的有效性。

（二）纵向政府间关系的优化建议

针对目前我国纵向政府间关系中存在的各类问题，以政府职责作为切入口，通过明确不同层级政府职责、实现政府机构设置的统一性和自主性、调整行政层级与行政区划等方式对纵向政府间关系进行优化。

1. 优化政府职责体系，合理划分政府间事权

目前我国政府在纵向上总体呈现为"五级"结构（直辖市为"四级"），即中央政府、省级政府、市级政府、县级政府和乡镇政府。

中央政府主要负责承担国家治理的宏观性职责，如大政方针的顶层设计，经济社会发展的全局规划，外交、国防及国家重大事务与建设项目等。省级政府和大部分市级政府的职责主要是履行中央政府交办的各类事务，制定本区域内的经济社会发展规划，管理本区域内的公共安全和交通，设计公共服务供给框架，监督下级政府的行政任务完成情况等，省级和市级政府在一定程度上具有一种"承上启下"的功能。县级政府和乡镇政府是直接与人民群众发生联系

的政府层级，同时也是中央政府和省级政府决策的直接执行者。以县级政府为代表的基层政府的主要职责应该包括基础性公共产品和公共服务供给，如义务教育、基本卫生与社会保障、户籍、治安等。虽然基层政府在一定程度上也具有制定本区域发展规划的职责，但是从总体上来看，其更多的还是执行者的角色，决策的属性很少。通过将政府层级进行分类，进而明确其不同的职责范畴，使纵向政府间"职责同构"的现象弱化，为纵向政府间关系的进一步调整奠定基础。

在明确界定各级政府职责之后，就可以对纵向政府间的具体事权进行细化。中央政府主要负责外交、国防、货币发行、经济发展及市场稳定、省际关系协调、重大灾害灾难救灾统筹、重大违法犯罪的预防与处理、全国性公共服务的规划等国家性事务。省级政府和大部分市级政府主要履行地区性教育、科学、文化和体育事业发展、公共卫生、生态环境保护、区域经济发展、地区性社会保障政策制定、行政监督、人才发展规划和劳动力调控、地区性防灾救灾等事权。同时，负责执行中央政府制定的各项政策法规，且有权在不违反宪法和法律的基础上制定行政法规和地方性法规。县级政府和乡镇政府的事权主要是贯彻中央政府和省级政府的各项政策法规，履行辖区内的义务教育、基础卫生与疾病防疫、城市（乡村）环境保护与垃圾处理、基础交通设施、供水供电供气、城市（乡村）基础性发展规划、地方治安、科学文化普及等人民基本生活类的事权。在事权的合理划分方面，需要遵循几个规律。一是经济技术要求偏高的事权原则上由中央政府或省级政府来负责，如全国或区域性质的通信网络建设及升级。而经济技术要求相对不高的事权可以由市县政府来承担，如日常市场秩序的监管、基础性交通设施建设及维护等。二是信息获取较为全面的事权应该交由中央政府或省级政府负责，如国家金融行业发展规划等。而信息获取较为直接的事权应该由市县政府负责履行，如涉及人民群众直接诉求的各类事务。三是跨区域性的事权一般由上一级的政府来履行，如涉及多市县的生态环境保护问题原则上应该由省级政府负责。而地方区域内的事务原则上则由该地区政府负责，如一级政府辖区内的基础公共服务等。

在政府职责明确界定的基础上，事权的充分履行还需要有相应的财权匹配，政府间事权与财权的匹配是纵向政府间关系优化的重要条件。目前我国纵向政府间财权分配主要是以政府事权为基础标准，按照"一级政府一级财政"，根据不同地区的实际情况进行政策倾斜，并通过财政转移支付制度为方法加以配合。基于政府职责体系建设与事权划分原则，可以尝试在不同层级政府间推动财政体制改革，建立非"一一对应"的财政管理体制，充分优化政府间财政资源的调配。

2. 提升政府间机构设置自主性，拓展地方政府治理空间

通过合理界定不同层级政府间的职责，可以对"职责同构"进行优化，但要实现纵向政府间职责及事权的落实与运行，则需要通过纵向政府间的机构设置的改革来进行。纵向政府间机构设置改革是优化纵向政府间关系的重要内容，其核心是统一性与自主性的问题，纵向政府间机构设置的统一性与自主性问题实际上是"条块"关系调整的一种体现。纵向政府间机构设置的统一性与自主性是建立在政府层级间事务关系的基础之上的。所谓层级间事务关系，就是"公共事务在政府组织纵向结构上各层级之间的划分，即国家职能在各级政府之间的分工"①。如前文所述，不同层级的政府实际是具有不同职责的，因此所承担的具体事务也有差异。同时，中国是一个超大型的社会主义国家，不同地区之间的差异较大，各地政府所面对的具体问题和群众需求也有较大不同，并且不同地区经济社会发展的程度也参差不齐。所以，纵向政府间关系需要注重不同层级机构设置的差异性，给予各级地方政府在机构设置上一定的自主性。

纵向政府间机构设置的自主性是纵向政府间关系优化及政府机构改革的必然要求。针对目前中央政府与地方政府在纵向机构设置上"职责同构"的问题，应当通过增加纵向政府间机构设置的自主性，减少纵向政府机构逐级"复制"的现象，实现纵向政府间关系的优化，拓展地方政府治理空间。纵向政府间机构设置自主性的基本原则是要根据中央政府与地方各级政府职责范畴，尽可能地对政府职责做纵向分解，实行机构"上下分工"、各司其职，在尊重中央政府权威性的基础上保证地方政府职责履行及机构设置的自主性与完整性。纵向政府机构设置的自主性主要是从两个方面来理解。第一，中央政府和地方政府纵向机构设置的差异性。中央政府虽然是政府体系中的最高层级，但中央政府本质上是国家最高行政机关，其机构设置多是从国家治理的整体角度出发的，具有统筹性和宏观性。而地方各级政府所管辖的区域不同，且不同地区和不同层级政府间存在较大差异，因此如果各级政府都是复制中央政府的机构设置显然是不合理的。如中央政府设有外交部、国防部等，而地方各级政府中都对应设置外办与人武部等，这其实是没有必要的。这既增加了行政成本，也没有体现出特殊的行政管理职责。同时，地方各级政府中的很多部门有时候也需要根据

---

① 周天勇，翁士洪. 从管理走向治理：中国行政体制改革 40 年 [M]. 上海：格致出版社，2018：297.

地方的实际来设置。例如有一些地方政府因为涉及经济发展的需要而设置人才局或招商局，但是中央政府和省级政府并非需要设置这样微观的机构，这也反映出地方各级政府在具体行政管理的过程中所需要履行的具体职责是有差异的，因此机构设置需要具有自主性。第二，地方政府中机构设置的差异性。除了中央政府之外，地方政府也从纵向上呈现出四个层级（直辖市为三级），其中也需要提升机构设置的自主性。因为我国不同地区的地方政府差异很大，这种差异是受经济发展水平、文化习俗、自然环境等因素影响的，所以将同一层级的地方政府划归到一个标准中是不合理的。如在畜牧业为主的地方设置较多的金融管理机构或工业机构就是不合理的，而在工业发达的城市群中设置专门管理农林牧副渔的"成套"政府机构也是不科学的。所以，需要赋予地方政府在机构设置方面的自主性。具体而言，如文化旅游、新闻出版、地方民政、特色产业、地区经济发展等方面的机构设置权限都可以交由地方各级政府自主设定，上报上级政府机构备案即可。

纵向政府间的机构设置并不是说一定要在统一性和自主性中选择一个为主，两者实际上是根据中国政府"条块"关系的现实特征而产生的一种特殊关系，两者需要相互协调，维护中央政府的权威是原则，推动地方政府的自主性是方法，探索统一性和自主性的平衡点是目标。

3. 调整政府行政层级，增强行政效率

当代中国政府体系实际上呈现为纵横交错的网络化形态，纵向政府间关系主要是通过政府的行政层级及其管理幅度而体现的。我国的五级政府体系是长期发展所形成的，从纵向政府间关系发展的角度来看，其具有一定的弊端。一是政府层级设置过多，造成政府机构规模偏大，人员编制和编外人员总量偏多，行政成本增加，影响行政效率。二是政府层级设置偏多会造成信息传输速率降低、信息失真或信息缺失等。三是政府层级设置过"密"，会造成政府间的非正常竞争，由此出现机构"自我膨胀"的现象。所以，从纵向政府间关系优化的角度出发，必须要对现有的五级政府体制进行调整。

调整政府层级的总目标是使政府层级的设置能够满足政府职责的履行要求，并且最大限度地实现行政效率与行政成本的平衡，各级政府的管理幅度合理，纵向政府间关系优化。调整的方式可以将目前五级政府向三级政府转变，即取消地级市政府建制，虚化乡镇政府建制，实现中央、省级政府、县级政府的纵向政府体系。具体而言，需要通过两个方面的调整与改革。

一方面，尝试逐步取消地级市的行政建制。我国的地级市建制作为一级实体政权是在 20 世纪 80 年代开始撤销地区行政公署的基础上建立的。地级市的建立及"市管县"体制的推行，使地级市政府在财政资源上对县级政府实现了控制，在一定程度上剥夺了县级政府的部分政府管理职能。同时，将县级政府的发展资源转移到了"中心城市"的发展规划之中，使资源非正常集中，造成县域发展缓慢。而在人事权方面，地级市成了省级政府和县级政府之间的一道"闸门"，并通过人事权不断强化地级市对县级政府的控制。取消地级市政府建制，实现省级政府与县级政府的直接对接，从长远来看对于我国纵向政府间关系的优化和政府治理现代化是具有积极意义的。首先，取消地级市建制可以减少一个层级的政府机构及人员编制，极大减少行政成本。地级市政府的机构设置在很大程度上是省级政府的"复刻"，从相对成本的角度来看，行政成本的支出比率其实并不亚于一级省级政府。同时，绝大部分地级市政府都下设区，相应的机构再次进行设置，无论人员编制如何控制，都无法做到行政支出的绝对优化。所以，取消地级市政府对于行政成本的降低是具有重要意义的。其次，取消地级市可以提升行政效率，优化政府间财政结构。目前我国很多地级市政府除了财政权与人事权之外，也通过项目审批权对县级政府进行控制，而实现项目审批就需要通过特定的机构来完成，这就影响了行政事务的执行效率。原本很多可以通过省级政府决策、县级政府直接执行的项目和事务，现在中间多出了一个环节。甚至在一定条件下，地级市政府也会借助各种条件来实施"决策"，并影响到县级政府的具体执行情况。所以，如果撤销地级市这一级行政建制，可以有效提升行政效率，保证决策与执行的明确。同时，可以尝试打破"一级政府、一级财政"的定势思维，简化财政体制，实现财政层级与政府层级的非"一一对应"，以此作为推动"省管县"的主要动力和保障①，逐步推动地级市建制的取消。

另一方面，尝试将乡镇政府调整为县级政府的派出性机构。关于乡镇政府的定位在学术层面一直争议较多，其具体职能在政府实际行政过程中也存在很多模糊的方面。有学者提出，我国乡镇政府可以撤销，由县级政府直接管理基层的各类事务。②根据目前我国纵向政府间关系的发展趋势，并结合现实情况，可以尝试将乡镇政府进行虚化，使其成为县级政府或市级政府的派出机构。从

① 甘行琼. "省管县"代替"市管县"的政治经济学 [J]. 财政研究，2005（06）：11-13.
② 徐勇. 县政、乡派、村治：乡村治理的结构性转换 [J]. 江苏社会科学，2002（02）：27-30.

目前的实际情况来看，乡镇政府其实并不具备建立一级政府的完备条件与能力，县级政府或市级政府几乎能够任意管理乡镇政府的各类事务，其政府职责的界定非常模糊。同时，乡镇政府在机构设置和人员编制上虽然具有独立性，但是在政府职责履行中，其独立性往往又被上级政府的决策和干预而扰乱，乡镇政府其实并没有多少独立的职能。但是，作为直接与基层接触的政府层级，将其完全撤销也不符合现实，所以将乡镇政府调整为类似城市街道的派出性机构更加符合发展现实的需要。这样可以使各地区的地方政府根据地区发展的实际情况来进行基层政府机构的职责划分，通过自主设置基层政府机构来增加公共服务供给的有效性和均衡性，并有效监督其基层政府机构的履职情况。

经过改革，我国纵向政府体系可以调整为中央政府—省级政府—县级政府的形态。中央政府依然是最高行政机关，直接领导各级政府，负责全国行政工作。省级政府是地方最高层级政府，承担履行中央政府决策、规划地方政府发展和监督地方政府政策执行的职责。在县级政府方面，撤销地级市而不撤销"市"，使市级政府和县级政府作为同级别或差半级的行政建制存在。如各中心城市依然可以称为"市"，但是并不具有直接领导原下辖各县的职责。原有的县级市也可以继续称为"市"，其他的县级政府可以保留原有称呼和建制。

四、报告要点

（1）当前我国纵向政府间关系较为稳定，但是"职责同构"的现象依然明显。同时，还存在政府层级过多、行政区划设置不合理、垂直管理部门与地方政府关系复杂等问题。我国纵向政府间关系呈现出总体情况稳定，但具体问题明显的现状。

（2）将优化政府职责体系作为纵向政府间关系优化的基础框架。通过明确纵向各级政府的职责，合理划分政府间事权，根据纵向层面不同层级政府的具体职责来界定相应事权。同时，通过财政体制改革使各级政府具有能够充分履行事权的财权匹配。

（3）纵向政府间关系的调整优化要增加地方政府机构设置自主性。自主性则是纵向政府间关系优化的条件，区域性或地方特殊性的职责则可以通过各地方政府自主性设置机构来完成。

（4）优化纵向政府间关系也需要通过行政层级与行政区划调整来实现。可以尝试将目前我国五级政府体系调整为三级政府体系，尝试逐步撤销地级市建制，虚化乡镇政府建制，实现省直管市、县。同时，尝试改革行政区划，调整管理幅度。具体可以通过增加省级行政区划数量、适度扩大县级政府的行政区划、调整地方政府市县建制等方式来作为探索路径。

作者单位：南京师范大学公共管理学院、南京师范大学全国民政政策理论研究基地

第三部分

公共财政与政府绩效管理

地方政府预算监督研究报告

周振超

一、2020 年地方政府预算监督发展现状综述①

2020 年 10 月，党的十九届五中全会通过的《中共中央关于制定国民经济和社会发展第十四个五年规划和二〇三五年远景目标的建议》指出："深化预算管理制度改革，强化对预算编制的宏观指导……推进财政支出标准化，强化预算约束和绩效管理。"在党中央国务院的推动下，地方各级预算监督主体守正创新，地方政府预算监督各项工作有条不紊地深入推进，政府花钱要受制约和监督的理念进一步落实。

（一）地方预算监督制度体系进一步完善

法治和制度建设是强化预算监督的先导。2020 年 1 月，国务院办公厅印发《中央预算单位政府集中采购目录及标准（2020 年版）》，这对地方财政预算支出规范化产生了强大的示范效应。2020 年 12 月，全国人大常委会审议通过并颁布实施了《全国人民代表大会常务委员会关于加强国有资产管理情况监督的决定》，为国有资产管理情况监督工作提供了法治保障。

2020 年，借助网络直播这一平台，地方人大财经委参加全国人大财经委组织的高层次、高质量、高水平培训。全国人大财经委、常委会预算工委联合举

---

① 本文对发展现状综述以及未来展望的概括所使用的资料多数来自各省级人大、省级政府及其部门网站，因资料和数据等来源众多，因此没有一一标明。

办了全国人大财经干部培训班，31 个省（区、市）、5 个计划单列市、10 个副省级省会城市人大财经委、预算工委负责人及工作人员，部分地方人大机关干部职工等在内的不同层级、不同类型、不同岗位人员参加培训。

各级地方政府进一步完善相关法规，有针对性地规范预算管理，提升预算绩效，强化依法依规进行预算审查监督。表 1 呈现了部分地方出台的涉及预算监督的相关办法和文件等。其中，预算支出是重点内容。

表 1　2020 年发布或实施的部分涉及地方政府预算监督的办法

发布部门	发布日期	实施日期	文件名称	目的
福建省财政厅	2020 年 1 月 2 日	2020 年 1 月 2 日	《福建省财政厅关于进一步规范预决算公开工作的通知》	制定本地区预算公开方案，全面规范预决算公开工作；制作本部门预决算公开文本；强化公开业务指导；严格公开自查自纠；强化公开监督考核
安徽省办公厅	2020 年 7 月 18 日	2020 年 7 月 29 日	《关于印发安徽省国有金融资本出资人职责暂行规定的通知》	进一步加强国有金融资本管理、明确出资人职责
江苏省财政厅	2020 年 9 月 23 日	2020 年 11 月 1 日	《江苏省省级财政专项资金管理办法》	规范省级财政专项资金管理，保障资金安全，提高资金使用效益
山东省财政厅	2020 年 11 月 20 日	2020 年 11 月 20 日	《山东省资产评估行业财政监督管理实施办法》	促进资产评估行业健康发展
福建省教育厅	2020 年 12 月 24 日	2020 年 12 月 24 日	《福建省教育厅关于印发全面实施预算绩效管理实施方案的通知》	加快构建省教育厅部门预算资金和市县教育转移支付资金绩效管理体系，优化教育资源配置，进一步提高教育经费使用效益
浙江省发改委	2020 年 12 月 28 日	2021 年 1 月 19 日	《浙江省中央预算内投资项目管理实施办法》	加强浙江省中央预算内投资项目的全口径、全流程、全闭环管理，提高项目资金使用效益

作为地方预算监督的重要主体，地方人大在不断加强自身建设、提升预算

监督能力等方面积极行动、多措并举。一方面，加强全口径审查和全过程监管，跟踪推动本级人大及其常委会有关预算决议、决算决议和审议意见及审查结果报告的落实情况，跟踪了解人大代表议案和意见建议的办理和反馈情况。另一方面，纷纷启动了预算监督条例、办法的修改与完善工作，进一步建立健全各项制度。2020 年 6 月 11 日陕西省第十三届人民代表大会常务委员会第十七次会议通过《陕西省预算审查监督条例》，2020 年 7 月 30 日湖南省第十三届人民代表大会常务委员会第十九次会议通过修改《湖南省县级以上人民代表大会常务委员会预算审查监督条例》。此轮修改的重点是进一步保障人大预算和决算审查的时间，如湖南省将原来提交相关草案的时间由原来的"二十日"延长至"三十日"。《黑龙江省人大预算监督条例》起草工作启动，2020 年 9 月，省人大常委会成立预算监督条例起草工作领导小组，建立了起草工作专班，组建了起草专家组；12 月形成条例初稿，根据省人大代表预算审查监督联络员和全省各市（地）人大预算委（工委）负责人意见，对条例初稿进行修改。

　　基层工作与人民生活密切相关，基层政府预算监督是监督的重点，亦是预算法制建设的重要一环。2020 年，广东省多个县乡两级人大出台了相应的管理办法，如《广州市白云区太和镇人民代表大会预算监督管理办法》《广州市天河区人民代表大会及其常务委员会审查批准监督预算办法》《广州市白云区太和镇人民代表大会预算监督管理办法》《广州市增城区人大预算联网监督系统管理规定》等。针对街道预算审查监督乏力的状况，重庆市北碚区人大常委会出台《关于加强街道办事处预算审查监督的暂行办法》。

　　（二）全过程监督有序推进

　　从预算草案编制到决算草案审批，形成了一个年度预算的闭环过程。其中，任何一个环节监督不到位，都有可能引发财政资金非规范化使用风险。因此，推进"结果监督"转向"全过程监督"是各级预算监督主体强化监督的题中应有之义。

　　1. 人大跟踪监督审计整改工作

　　2020 年 9 月中旬，四川省人大两委研究制定了《2020 年审计整改情况监督工作方案》。两委专门向民政厅等发函，针对审计查出的问题了解整改情况、督促审计整改，并且委托地方人大常委会预算工委对审计查出问题开展跟踪调研。2020 年 11 月 24 日，辽宁省人大常委会联组会议对审计查出问题整改情况进行了专题询问，省财政厅等七个部门负责人到会应询，省政府副省长就专题询问作表态发言。

2. 人大加强预算绩效监督

"有效果比有道理更重要。"财政资金的使用要讲究绩效，没有绩效就是浪费；对地方政府的预算监督要追求绩效，没有绩效就是空转；地方治理要有绩效的思维，没有绩效就不是真正的创新。

建立健全绩效评价结果与政策完善、预算安排和改进管理挂钩机制。重庆市人大常委会强化对重点项目绩效目标编制的监督，对绩效目标执行过程的跟踪。广东省自 2014 年起连年开展预算绩效监督并引入第三方机构开展绩效评价，取得了较好成效。河北省编制《"部门预算+预算绩效"双文本》，参加河北省十三届人大第三次会议的 700 多名人大代表拿到了 2020 年预算报告和预算参阅资料光盘。与往年不同的是，每名代表首次看到了部门预算和预算绩效两个文本。江苏省南通市通州区强化预决算审查，推进人大绩效监督广覆盖。第一，紧盯绩效目标管理，督促财政部门将绩效目标设置作为预算安排的前置条件，推进绩效目标与预算同编同审，实现项目绩效目标全覆盖。推动建立绩效运行与预算执行调整挂钩机制。第二，开展自评价评审，督促部门主体责任强落实。对于报告质量不高和评价结果一般的项目，要求财政部门以评审结果为依据，与部门下年预算安排相挂钩。

3. 增强财政监督透明度

增强透明度有利于防范化解重大风险。江西省依托预算管理一体化系统，实现数据全省大集中，所有业务流程可追踪、可追溯、可约束，对资金监管实现"穿透式"监督。江苏省宿迁市人大常委会采取"一征、二访、三恳谈、一票决"工作法，推进乡镇参与式预算监督工作。

4. 人大广泛征求意见建议，参与部门预算公开评审

重庆市大足区每年 10 至 11 月召开座谈会、专题会开展调查研究，广泛听取人大代表和社会各界对预算编制工作的意见建议，及时归纳梳理并反馈给政府相关部门研究处理。区级部门预算审查时，从区人大财经委选派熟悉财政工作的人员全程参与并进行监督；同时，组织有关专家对抽取的部门进行预算公开评审。

（三）靶向监督重点突破

突出审查监督重点内容。"收"与"支"是财政预算的两个方面，其中，"支"尤其需要重点监督。2018 年 3 月，中共中央办公厅印发的《关于人大预算审查监督重点向支出预算和政策拓展的指导意见》明确指出，预算监督的重点内容在于支出。在此背景下，预算支出领域成为近几年预算监督的重点内容。2020

年各地在支出领域内又进一步聚焦。

1. 锚定重点领域财政资金开展专项审查

吉林省 2020 年选择乡村振兴等专项资金开展专项审查，邀请部分省人大代表，成立调研组。召开调研座谈会议，听取省财政厅、省审计厅及资金主管部门的有关情况汇报，深入部分省直部门、市县开展调研工作。加强对地方政府债务的审查监督，人大召开预算委员会会议，听取和审议省政府隐性债务有关情况的汇报。

2. 预算执行强调"硬约束"

重庆市大渡口区强化"三严控"，全面兜住财政"三保"底线。具体而言，首先，严控新增项目。除年初已确定的政府投资项目外，不得新增建设项目。其次，严控追加预算。严格执行预算指标的追加、追减和调剂等相关规定，预算追加须报政府审定，严格按照年初确定的预算安排全年支出，在年度预算执行中，原则上不批准部门预算指标调整。最后，严控无预算支出。坚持预算硬约束，严格执行"无预算，不支出"，严格按照经人大审核通过的预算执行支出，不能随意改变，预算没有安排的事项不能支出，不得随意突破预算。

3. 审计查出问题整改跟踪监督机制探索深化

完善审计整改长效机制。对于审计出来的财政问题，监督机关能否跟踪整改情况，不仅事关审计绩效，更是反映预算监督是"硬约束"还是"软约束"。2020 年初，全国人大常委会办公厅印发《进一步加强各级人大常委会对审计查出突出问题整改情况监督的意见》，对人大加强审计查出突出问题开展监督工作提出了明确要求。

相当一部分地方完善审计查出问题整改跟踪监督机制，对审计查出问题进行回应，并且向公众公开。四川省政府按照加强省人大常委会对审计查出突出问题整改情况监督的意见要求，积极组织相关部门配合省人大常委会开展跟踪监督、现场督查和满意度测评等工作。吉林省预算委员会研究贯彻落实意见，加强与政府有关部门沟通，及时将相关内容纳入省委审计委员会审议通过的《关于进一步加强审计整改工作的意见》。

（四）人大预算联网监督迭代升级

1. 人大预算监督走向智能化

采用信息化手段加强监督，利用互联网增强预算监督工作的效能和力度，特别是把线上发现问题与线下推动问题解决紧密结合起来。智能化成为人大预算联网监督的基本方向。在北京，升级后的系统数据收集和归类的能力进一步健全，数据筛选、排列、校对的功能进一步强化，运用大数据技术和统计方法开展多维度比对和分析的能力进一步提升，梳理问题线索的路径更加清晰。呼和浩特市人大财经委利用预算联网监督系统对预算执行、决算情况进行数据分析，整理形成分析报告并印发给相关部门。通过预算联网监督系统形成的分析报告能够发出预警信息，揭示预算执行与决算中存在的问题。

2. 线上线下相结合的联网监督运行机制继续推进

安徽省人大常委会预算联网监督系统包括财政预算监督、部门预算监督等八个模块，实现了查询、分析、预警、服务等功能，具有对象化的设计风格、多层次的数据穿透、多维度的数据分析、及时性的数据采集等特点。安徽省六安市金安区人大增强预算联网监督实效的做法如下。第一，"制度+队伍"。健全《金安区人大预算联网监督综合查询管理制度》《金安区人大预算联网监督综合查询系统操作流程》和《金安区人大预算联网监督查询分析成果使用暂行规定》等制度。设立金安区人大常委会预算联网监督中心，编制 3 名。第二，"线上+线下"。通过预算联网监督平台，全面了解金安区预算单位的财政资金安排等情况，及时反馈预算执行进度和资金使用明细情况，实时监督预算编制情况，及时发现预算编制、预算执行中存在的问题并提出针对性建议。

二、2020 年地方政府预算监督研究现状综述

以"预算"为篇名在 CNKI（中国知网）上进行期刊检索，共得到 2020 年公开发表的 CSSCI 期刊论文 84 篇，剔除与政府预算无关的文献后共得 65 篇论文。综合该年度研究文献来看，政府预算研究紧跟时代发展，主题鲜明，方法多样。研究立足国家治理现代化目标，结合新冠疫情背景，深入探讨了政府预算监督的理论本源和实践操作问题。

（一）研究主题鲜明

2020 年政府预算监督特别是地方政府预算监督研究内容主要聚焦于以下五个主题。

1. 中国特色预算监督改革回顾与走向

立足实践发展，彰显"中国特色"是预算监督研究的基本指向。部门预算改革以来，我国预算监督呈现出鲜明的"中国特色"。基于改革开放以来的省委书记和省级经济的匹配数据，可以发现基建投资表现出"新官上任效应"和"换届激励效应"，这是具有中国特色的政治预期周期，是非固定任期制下地方官员理性选择财政投资政策的结果；而规范官员任期制度、推进水平监督机制建设

能有效保持基建投资的稳定。①在中国特色的制度下，党政机构合并后，新机构应当受到国家法律组成的预算制度的约束，使用国家财政经费等需接受人大的预算审查监督。②

自部门预算改革以来，预算审计监督的重点、特点和变迁逻辑都彰显着"中国特色"。我国预算审计监督在普遍性中蕴含着倾向性，经历了制约性监督、警示性监督、保障性监督和效能性监督四个阶段；通过对重点领域和重点问题分析表明，预算审计监督在追责问责力度、问题语义表述、审计问题语言标准化方面还有待改进。③经过多年的预算改革实践，我国已经初步形成了以"行政控制"为取向的预算系统，未来改革的重点要在完善现有行政预算系统的基础上实现全面绩效预算管理，以及加强人大部门对政府预算进行有效监督的"政治控制"。④此外，立足减税降费背景，预算监督实践可以从加强政治化、法治化、社会化、司法化监督路径着手⑤。

2. 参与式预算的价值审视和实践形式

作为国家治理体系和治理能力的重要实践和政府预算管理监督中的一大亮点，参与式预算近年来受到学界多角度分析。2020 年，学界对参与式预算的分析主要聚焦于其价值和实践路径。概括而言，参与式预算的价值主要体现在国家治理现代化、民主建设、公共财政建设、经济发展等四个方面。具体来说，参与式预算开启了中国基层公共预算改革的先河，优化了公共预算资源的配置，促进了公众学习和培育公共精神，开拓了基层民主发展的新空间，有效提高了基层政府的治理效能，促进了区域经济结构优化调整。⑥民主预算不仅成为公共财政改革的方向，也构成现代国家治理的重要制度基础与行动共识，对此，参与式预算发挥了重要作用，是全过程人民民主的实践形式。⑦

在实践操作层面，各地积极探索参与式预算改革，形成了地方民主治理改革创新特色的成果。例如，浙江温岭探索了参与式预算的"温岭模式"，上海闵

---

① 吴延兵. 中国式政治预算周期 [J]. 中国经济问题，2020（06）：58-73.

② 刘馨宇. 党政机构合并背景下的预算问题研究 [J]. 法学评论，2020（04）：59-67.

③ 姜爱华，杨琼. 部门预算改革以来中国特色预算审计监督变迁与走向 [J]. 财政研究，2020（07）：53-66.

④ 苗庆红. 公共财政框架下中国预算改革：回顾和展望 [J]. 中央财经大学学报，2020（05）：3-12.

⑤ 丛中笑，蒋武鹏. 减税降费背景下预算监督的逻辑进路与实现路径 [J]. 税务与经济，2020（01）：33-38.

⑥ 杨肃昌，何眉. 参与式预算：价值审视与可行性边界 [J]. 甘肃社会科学，2020（05）：185-192.

⑦ 上官酒瑞. 参与式预算是全过程民主的实践形式 [J]. 探索与争鸣，2020（12）：27-29.

行区探索了"张眼看预算"到"开口审预算"的"闵行模式"。有学者以温岭参与式预算改革实践为案例，探讨了基层政策企业家如何实现政策的创新与制度化，发现一线政府工作人员可能充当项目冠军角色，中高层官员更可能充当过程中介的角色，不同层级官员在政治权威、行动策略和政策影响等方面有所差异。①有学者基于参与式预算的优势因素，提出构建基于政府管理、社会组织供给、民众提供需求信息的"供需管"多元联动治贫机制，以此化解社会组织扶贫服务困境。②有学者基于合作治理理论分析了绩效信息采集与使用中遇到的困境，破解方法在于构建预算绩效合作治理模式，在对话协商的基础上开展绩效信息的采集与使用，弱化评价主体与评价对象之间的对立，强化关联主体的共识与互信。③

3. 预算绩效管理理论与实践

预算绩效管理引起了学界的高度关注和热烈讨论，既有对理论层面的深入剖析，例如基于协同治理机制（CGRS）理论④、中心治理理论⑤等理论框架提出构建政府预算绩效评价体系、交互协同并相互制约的预算绩效协同治理体系与机制、做好政府全面预算绩效信息的多中心分享和运用等优化建议；也有基于实证调研的探索，如分析处于全国预算绩效管理改革前列的北京市⑥，对湖北124个省直预算单位和64个市县财政局实施预算绩效管理现状进行问卷调查⑦，基于省际面板数据对政府预算绩效评价及其影响因素进行实证分析⑧等，多角度、广范围分析了现阶段我国预算绩效管理改革现状，并提出优化建议。2020年后，预算绩效管理改革前瞻可以构建起覆盖横向（预算绩效管理内外部评价主体）、纵向（基于多级政府理论的财政层级差异和基于"胡焕庸线"的地区间

---

① 赵琦. 基层政策企业家如何实现政策的创新与制度化?——基于温岭参与式预算的改革实践分析［J］. 公共行政评论，2020（03）：152-171，199.

② 王栋，冯佟，阎茂瑶. 参与式预算化解社会组织扶贫服务困境的路径探索［J］. 中央民族大学学报（哲学社会科学版），2020（03）：78-87.

③ 卓越，张兴. 预算绩效管理中的绩效信息困境与破解路径——以 G 省新农村连片示范建设资金为例［J］. 广西大学学报（哲学社会科学版），2020（03）：135-141.

④ 何文盛，蔡泽山. 中国地方政府预算绩效管理改革的组织机制重构——基于 CGRS 理论的分析［J］. 行政论坛，2020（02）：50-57.

⑤ 杨彦柱. 多中心治理下政府预算绩效管理问题探究［J］. 财会通讯，2020（18）：172-176.

⑥ 童伟. 预算绩效管理的实施路径［J］. 前线，2020（05）：66-68.

⑦ 李祥云. 我国地方财政实施预算绩效管理的效果、问题与政策建议——基于湖北省直预算单位和市县财政局的问卷调查［J］. 华中师范大学学报（人文社会科学版），2020（05）：50-58.

⑧ 山雪艳. 政府预算绩效评价及其影响因素：基于公共价值理论的实证研究［J］. 华中师范大学学报（人文社会科学版），2020（04）：68-77.

差异）和时间（预算循环周期和中期预算）维度的预算绩效管理框架①，积极推进全覆盖与全方位预算绩效管理格局紧密配合、与全过程预算绩效管理链条有机联动的路径机制②，从评估依据、实施主体、绩效指标和结果应用四个方面构建绩效审计和绩效评价的衔接机制③，推动预算绩效管理的全面实施。

4. 预算软约束治理与预算监督法治建设

预算软约束深刻影响地方政府财政行为。研究发现，一是不同表现形式的预算软约束对财政的可持续性影响不一，转移支付的影响不确定，土地财政和城投债存在显著抑制作用；二是转移支付、土地财政、城投债与财政竞争之间的互动会对财政的可持续性产生不同影响，前者会产生积极影响，后两者则相反；三是在欠发达地区，财政竞争和转移支付对财政可持续性具有积极影响，而城投债具有消极影响，土地财政影响的地区差异性不明显；四是转移支付与支出竞争之间的良性互动机制在欠发达地区表现得更明显。④针对预算软约束问题，政府公共预算应是一般收支预算与债务预算的有机结合，应综合考虑各类因素来进行地方政府债务制度设计，完善转移支付制度，健全预算管理体系。⑤

预算法是约束政府收支行为的刚性制度规范。有研究构建了 1994—2017 年31 个省和 2008—2017 年 252 个地级市的预算偏离指标，发现新《预算法》实施显著降低了收支偏离程度⑥，这与运用四川省 21 个市州 2008—2018 年的预决算数据评估新《预算法》实施对收支偏离程度影响所得出的结论具有一致性⑦。有研究利用 2012—2017 年 31 个省级地方政府的面板数据，发现新《预算法》的实施有效提高了地方财政透明度，建议尽快修订出台新《预算法实施条例》，健全财政信息公开的法律体系，继续做好财政信息主动公开工作，完善财政信息公开的社会公众参与机制⑧。此外，关于税收优惠政策制定权的预算规

---

① 马蔡琛. 2020 后的预算绩效管理改革前瞻 [J]. 人民论坛·学术前沿，2020（14）：38-44.

② 孙玉栋，席毓. 全覆盖预算绩效管理的内容建构和路径探讨 [J]. 中国行政管理，2020（02）：29-37.

③ 马蔡琛，朱旭阳. 论绩效审计与预算绩效管理的衔接机制 [J]. 经济与管理研究，2020（06）：108-118.

④ 杜彤伟，张屹山，李天宇. 财政竞争、预算软约束与地方财政可持续性 [J]. 财经研究，2020（11）：93-107.

⑤ 刘雅君. 转移支付、预算软约束与我国政府债务可持续性 [J]. 学习与探索，2020（10）：155-164.

⑥ 吕冰洋，李岩. 中国省市财政预算偏离的规律与成因 [J]. 经济与管理评论，2020（04）：92-105.

⑦ 李建军，刘媛. 新《预算法》能够降低地方政府预决算偏离度吗？——来自四川省市州的证据 [J]. 财政研究，2020（07）：39-52.

⑧ 上官泽明，牛富荣. 新《预算法》实施对地方财政透明度的影响——基于我国省级面板数据的分析 [J]. 当代财经，2020（01）：27-36.

制，有研究提出要统一由专门税收法律法规规定税收优惠政策，且通过建立税式支出制度，使其在预算草案中做出安排①。

5. 结合时代要求强化预算监督管理

信息技术的发展普及使得大数据成为变革时代的重要存在。大数据在公共财政管理领域的广泛应用，深刻影响着地方政府预算监督实践。大数据从思维和技术层面广泛影响着公共预算绩效管理的发展方向。大数据技术可从预算绩效目标审核的科学性、绩效评价的精确性、绩效运行在线实时监控和绩效信息可视化四条路径提升预算绩效管理的质量。②就未来发展而言，应将大数据应用于全过程的预算绩效管理链条中，循着预算决策、预算审批、预算执行和预算评价四个维度，逐步推进大数据条件下的全过程预算绩效管理体系建设。③大数据背景下，人大预算联网监督能通过信息平台实现人大、财政、审计等部门联动，实现实时在线监督。有研究基于河南省 Z 市经验，提出人大预算联网监督系统建设要进一步加强党的领导、发挥系统的监督作用、建设专业化队伍、加强对下级人大的工作指导。④

政府财政的给付能力和预算管理的有效性成为应对突发公共卫生事件的关键因素。疫情引致的财政收支张力有助于地方政府进一步重视财政资金的配置效率与使用效益。⑤在抗击新冠疫情中，政府预算管理在预算公共卫生领域投入、预算公开程度、预备费计提比例、公共卫生支出结构四个方面还存在不足之处，据此可从改善公共卫生财政投入、明确政府定位与责任、完善人民代表大会的预算监督职能、深入推进预算公开、健全应急预算管理机制、合理调整公共卫生支出结构等方面着手提升政府预算管理效能。⑥

（二）研究方法拓展和研究视角多元

在研究方法上，2020 年政府预算监督研究相当一部分使用了量化研究方法。有学者运用静态面板固定效应模型和动态面板向量自回归（PVAR）模型考

---

① 叶姗. 税收优惠政策制定权的预算规制 [J]. 广东社会科学，2020（01）：232-242.

② 李文彬，谢昕. 大数据技术与预算绩效管理质量提升研究 [J]. 学习论坛，2020（04）：38-45.

③ 马蔡琛，赵笛. 大数据时代全过程预算绩效管理体系建设研究 [J]. 经济纵横，2020（07）：114-122.

④ 杨莉，黄鹤，杨军强. 推进市县人大预算联网监督系统建设的实践与启示——以河南省 Z 市为例 [J]. 河南社会科学，2020（01）：78-84.

⑤ 文盛，包睿男. 后疫情时代地方政府深化预算绩效管理改革的目标、特征与对策 [J]. 上海行政学院学报，2020（06）：22-31.

⑥ 杨志安，胡博，邱国庆. 政府预算与突发公共卫生事件的应对——以新冠肺炎疫情为例 [J]. 辽宁大学学报（哲学社会科学版），2020（05）：40-49.

察了政府性基金收入和支出规模对经济增长的影响，其预算收入对经济增长具有显著消极影响，而预算支出则对其有积极影响，要发挥其对经济增长的促进作用就必须保持政府性基金预算适度规模。①有学者采用演化博弈的理论与方法分析公共资产配置与预算管理的博弈演化过程，发现声誉对高成本的预算单位具有激励作用，监督对低成本的预算单位具有惩罚作用，动态惩罚机制比静态惩罚机制的监督效果更好，监督概率和监督惩罚量越大监督效果越好。②有学者运用合成控制法评估预算不透明对地方财政支出绩效的影响发现，预算透明度和地方财政支出绩效呈现正向关系。提升预算透明度，应当积极推进基层单位信息公开进程，充分发挥人大预算审查监督职能，尽快建设预算支出标准体系，并扩大社会公众对预算监督的参与途径。③

在研究视角上，2020 年政府预算研究的重要变化是基于经济学视角④、国际比较视野⑤、预算流程重塑视角⑥、预算执行审计和财政透明度的双重视角⑦等多重视角探讨了政府预算管理问题。

三、展望与分析

2020 年，各地在预算监督制度建设、全过程监督、靶向监督、互联网监督等方面的工作稳步推进。同时也要看到，同"规范政府收支行为，强化预算约束"的要求相比，目前还存在部分地方性法规更新不及时、提前介入机制不健全、绩效评价有待加强等问题。进一步推进地方政府预算监督工作，应重点推进以下几个方面的改革。

（一）加快推进地方预算监督条例修订，进一步健全预算监督法律体系

有法可依是强化地方人大预算监督的重要途径。2018 年新修订的《预算法》

---

① 刘昶. 政府性基金预算对经济增长影响的实证考察 [J]. 统计与决策，2020（20）：128-130.

② 严培胜，王先甲，张青. 公共资产配置与预算管理的演化博弈分析 [J]. 系统工程理论与实践，2020（11）：2872-2884.

③ 刘蓉，熊阳，姜先登. 预算透明度提升对地方财政支出绩效的影响研究——来自合成控制法的新证据 [J]. 当代财经，2020（05）：35-47.

④ 王雍君. 经济学视角的公共预算分析：关于方法论的探讨 [J]. 经济与管理评论，2020（04）：47-55.

⑤ 马蔡琛，桂梓椋. 全面预算绩效管理视域下的政府会计准则体系构建——基于国际比较视野的考察 [J]. 河北学刊，2020（03）：132-139.

⑥ 刘书明，余燕. 整体性预算治理：理论源流与实践模式——基于预算流程重塑视角 [J]. 宏观经济研究，2020（09）：22-35.

⑦ 刘子怡，陈丛笑，邵君利. 政府质量、预算软约束与政府会计准则制度执行效果——基于预算执行审计和财政透明度的双重视角 [J]. 审计与经济研究，2020（04）：58-68.

就强化地方人大预算监督做出了进一步规定。以 2018 年《预算法》修订为契机，近两年来一些省份启动并完成了预算监督管理方面的地方性法规修订工作，进一步健全了人大预算监督法律体系，以提高监督效果和权威性。但也应看到，受制于各种各样的主客观因素，也有部分地方尚未启动和出台预算监督管理方面的法规修订工作。针对这一现实，这些省份应当在落实新《预算法》的前提下，立足本地实际，加快推进地方性立法工作，健全人大预算监督方面的法律法规体系。学界应该重点关注《预算法》修改后地方人大的运作。

（二）深化预算管理制度改革，加强地方人大对政府债务的审查监督

强化全面预算绩效管理理念，推动预算绩效管理提质增效。预算改革关键之一是看绩效。要对重大政策和项目实行全过程跟踪问效，进一步健全绩效评价结果激励约束机制。要更好发挥财政在国家治理中的基础和重要支柱作用，推动重大财税政策落实见效。加大预算收入统筹力度，严格预算编制管理，增强支出政策对预算的引导和约束作用。加强对第三方绩效评价机构的管理。完善政府财务报告体系，推进政府综合财务报告向当地人大常委会备案。加强项目库管理，做好项目前期准备工作，提高政府债券发行使用效率。

加强和改进审计管理和组织方式，突出审计重点，扎实开展国家和地方重大政策措施落实情况跟踪审计。建立健全审计查出问题整改长效机制，在审计工作报告中加大对政府债务问题的揭示力度，加强跟踪督促检查。改进审计查出突出问题整改情况向人大常委会报告的机制，推动审计查出突出问题整改工作制度化长效化，发现一些长期存在的共性问题背后的体制性根源。

形成管理规范、责任清晰、公开透明、风险可控的债务管理制度。防控政府债务风险是一段时间内地方政府预算监督的重点。这需要发挥预算联网监督系统作用，健全完善政府债务审查监督制度，健全政府债务风险预警机制。修改完善人大预算审查监督地方性法规。地方人大既敢于监督，又善于监督，加强与政府财政、审计等部门的沟通联系。健全对地方政府债务审计发现问题督促整改机制。建立健全向人大报告地方政府债务制度。条块结合，分类监管隐性债务。

（三）完善全过程监督机制，持续强化人大预算监督

"全口径审查、全过程监管。"不能简单地把预算理解为收入和支出。预算过程是一个经过民主程序满足公众需求和实现政府职能的过程，是一个讨价还价的过程。预算问题是国家治理的问题。各地人大在提前介入监督、实化预算草案初审、确立预算草案修正权等方面多有创新。不过，这些创新多是预算监

督过程的某一个环节，还需要进一步从全过程人民民主的视角推进整体性创新。现在的探索多数是个案的形式，并且各地发展不平衡。因此，今后应该从全过程视角强化人大预算监督体制机制创新。

突出预算实施过程的监督。人大在实施预算监督中，要改变以往人大预算监督侧重事后监督的模式，变被动监督为主动监督、静态监督为动态监督，实现监督关口前移，形成事前监督批准、事中监督提醒、事后监督追责的全程监督。在这个过程中，数据信息是关键。一方面，人大要积极主动，常态化开展预算执行情况调研，加强与被监督部门的沟通；同时，财政部门也要主动及时提供真实、专业的数据。另一方面，面对各种专业数据，要积极发挥专家作用，尤其是对监督过程中各种数据的分析。

第一，时间保障。人大推动政府增加预算编制的时间，人大提前介入预算编制，建立代表提前初审制度，要给人大留足审查时间以提高对预算报告的审议质量。第二，信息保障。组织人大相关人员参加财政部门举办的预算编制工作会，获取信息，了解情况；在部门编制预算时组织调研，听取意见和建议，将人大代表和部门提出的意见建议汇总转交财政部门研究采纳。通过培训等方式提升人大代表预算审查监督能力，组织人大代表与财政部门相关人员交流互动。第三，人员保障。人大建立预算审查监督联络员制度，建立预算审查监督专家制度，人大加大购买社会服务的力度。第四，机制保障。优化协调机制，完善预算审查机构与财政、审计部门的沟通协调机制。人大推动政府预算公开很重要，在此基础上还要通过预算公开建立通过公开将意见反馈的机制。第五，形式保障。在监督形式上，把法律赋予的询问、质询等方式用起来，使之常态化和刚性化。询问和质询的目的，不是问倒对方，使政府难堪，而是有效改进工作。询问和质询前，人大和政府要进行有效的沟通。

（四）统合人大预算联网监督系统，强化数字赋能

通过网络技术的应用以及系统软件的开发，地方人大在很大程度上改善了传统预算监督中的信息劣势，提升了监督能力。不过，由于地方人大预算联网开启时间有早有晚，各地发展情况参差不齐，而且，地方人大预算联网监督主要集中在支出方面，尚未完全覆盖收入，人大获取预算信息的完整性受限。基于数字赋能的思路，人大预算联网监督深化发展思路应以方便获取、分析完整预算信息为中心展开，具体政策启示如下。

（1）网络独立，软件统一。在信息获取与预算监督方面，人大预算联网监督的优势已得到体现。这些优势的发挥主要集中在那些先试先行的地区。这些

地区人大不仅实现了网络独立而不只是端口的接入，还开发了集查询、分析与预警等功能于一体的软件系统。与之相比，部分地方人大在推进预算联网监督过程中依然限于端口接入，独立软件系统开发处于起步阶段。从人大功能发挥的角度讲，独立网络、功能完善的软件系统是联网的必须。各地重复开发软件系统，既不经济也难保功能齐全。因此，一个经济且效果突出的做法是开发统一的、功能齐全的软件系统，并向全国推广。

（2）预算全纳入，信息全覆盖。预算支出固然是监督重心，但预算收入监督也不能放松。实际上，如人大通过网络不能有效掌握预算收入信息，那么，它在监督过程中确保预算平衡也将较为困难。因此，人大预算联网监督的深入应当将预算收入纳入网络建设之中。在可行性方面，支出纳入的实践为预算收入的覆盖提供了先例。

（3）构建预算咨询机构，实现预算分析专业化。尽管网络技术可以实现预算信息可视化，但这并不等同于预算信息分析不需要专业能力。事实上，信息的丰富使专业分析能力在人大预算监督中的重要性更为凸显。在我国人大代表兼职以及常委会委员专职化不足的情况下，预算信息分析的专业能力受到一定限制。立足当前实践，人大在预算联网监督过程中应当把握发展契机，建立预算咨询机构。人大预算联网监督为预算咨询机构的建立提供了良好的发展契机，不少地方建有"预算监督网络中心"或类似机构，有的还聘用了预算专家。在这类以预算信息收集、分析为主的机构基础上，地方人大应当更进一步，发展出专门的预算咨询机构，以实现预算信息分析的专业化并对预算整改提供专业建议。

（五）从国家与社会关系的角度把握对地方政府的预算监督

预算编制要符合国家、社会的整体和长远利益。公共预算是政府与民众互动的重要枢纽，从国家与社会关系的角度把握对地方政府的预算监督。进一步提高各级地方政府预算透明度、加大预算公开力度和公众监督的力度。提高财政透明度是建立责任政府、阳光政府和法治政府的关键，可以监督政府明智地花钱，让群众了解分配和支出过程，从中可以看出政府职能的重点。把预算和政府职能转变有机结合起来，通过公共预算转型推动政府职能转变。花钱要负责任和有绩效。例如，在政府网站上公开连续几个年度的政府预算，提供详细的收入和拨款支出表格；每个政府部门的预算全部在网站上统一公布。

四、报告要点

回顾 2020 年地方政府预算监督的实践探索和理论研究，本报告的基本结论如下。

（1）各地在完善预算监督法律制度体系、推进全过程监督、健全靶向监督、建立审计查出问题整改跟踪监督机制以及深化人大预算联网监督等方面均有进展，强化地方政府债务管理，预算绩效管理水平有所提升。尤其值得重点关注的是，全过程预算监督稳步推进。例如，浙江省温州市在这方面亦有长足进展。该市人大常委会加强对重点支出、重大专项资金、重大投资项目资金安排的审查，关注支出结构、项目预期绩效目标及实现情况等。市人大要求提交审查的市级部门预决算，按照统一格式在市政府网站开辟专栏统一公开。

（2）人大预算监督是从预算编制到决算的全过程监督，整体性是推进人大预算监督的基本原则。尽管各个环节的创新在实践中易于实现，也可在一定程度上强化人大预算监督实效，但是，随着改革的深入，某一环节的重点突破将越来越难以实现人大预算监督能力提升的目标。相应的改革思路是在完善相应法律法规的基础上，坚持整体性思路，优化人大预算监督流程，从静态监督转向动态监督，重点关注预算执行过程监督方面的体制机制创新。

（3）在强化预算监督方面，数字政府建设是重要的实践资源。它不仅为包括预算管理与监督在内的各类政府活动提供了必要的信息共享平台，还形塑着政府组织建构，推进无缝隙的、扁平化的整体政府。在该进程中，包括人大在内各类预算监督主体将会在预算信息与智能化分析方面获益匪浅。因此，数字时代的预算监督不应仅是人大预算联网监督，而应有更为开阔的创新平台，致力于预算智慧监督。

（4）通过梳理 2020 年的研究文献可发现，政府预算监督的理论本源和实践操作问题是重要领域，其中，参与式预算、预算绩效管理成为重要的关注点。研究还呈现出视野进一步拓宽、理论依据更加多元的特征。不过，现有研究多聚焦于技术层面，对制度架构方面的探索还有待加强，与之相伴的是，在预算监督方面，本土化的理论建构也存在一定的滞后性。由此带给我们的一个重要的研究启示是：强化我国预算监督制度方面的特色安排，探究本土化的理论。学界要多掌握人大监督政府预算的事实，在此基础上进行解释。通过问卷、访谈等方式了解真实世界中的故事，努力推进地方人大预算监督的理论和实践创新。

作者单位：西南政法大学政治与公共管理学院

中央对地方专项转移支付研究报告

史普原

国家与社会关系、中央与地方关系是国家治理的两条主线，专项转移支付是连接两条主线的重要财政举措。从"财"的方面讲，它不仅是单纯的中央对地方的转移性资金，更是撬动地方资金和社会资本投入的杠杆，进而能够帮助我们理解地方投资、融资、债务等一系列财金现象。从"政"的方面讲，它不仅体现于高站位、广视角维度上国家战略目标的实现路径，而且体现在更加微观的、技术的、管理的项目实践上。因此，专项转移支付对于理解中国国家治理实践中标准化与异质性、竞争性与均衡性、合法性与有效性、内部性与外部性、理性化与意外化等诸多难题，具有至关重要的意义。

在过去四五年的基础上，2020年中央对地方专项转移支付制度建设又取得了一定进展。这些进展包括：在《关于深化预算管理制度改革的决定》基础上，进一步颁布了《中华人民共和国预算法实施条例》；在《关于改革和完善中央对地方转移支付制度的意见》《中央对地方专项转移支付管理办法》《关于推进中央与地方财政事权和支出责任划分改革的指导意见》等基础上，针对更加具体的领域相继出台了细致的管理办法，比如《中西部和东北重点地区承接产业转移平台建设中央预算内投资专项管理暂行办法》《林业改革发展资金管理办法》等。此外，作为"十四五"规划的重要开局年、全面脱贫战略实现年、突发疫情暴发年，专项转移支付也在其中扮演了重要地位。

一、中央对地方专项转移支付体系现状

（一）中央对地方专项转移支付制度建设

关于专项转移支付，2020 年的国家治理制度建设突出体现在如下几个层面（见表1）。

第一，应对突发疫情、打赢脱贫攻坚战，是 2020 年最为突出的两大和平"战役"，专项治理在此发挥了长足效能，体现了集中力量办大事的制度优势。首先，为应对疫情，中央果断划拨 2 万亿的特殊补助。它们虽然未被明确为专项转移支付，但它比明面上的专项补助更具"专项性"，因为其不仅明确指定了用途，而且快速直达、重点突出，时效性和精准性兼具，发挥了较好绩效。此外，2020 年是全面脱贫完成年，对此，中共中央、国务院，以及国务院扶贫办、财政部、国家发展改革委等在资金统筹、降低疫情和旱涝等天灾影响度、扶贫长期效能等方面，作出了重大部署。

第二，预算实施、地方监管与考核等方面，取得了更大的制度性进步。《地方财政管理工作考核与激励办法》《关于规范中央预算内投资资金安排方式及项目管理的通知》《中华人民共和国预算法实施条例》等制度条例的相继出台，标志着我们在专项转移支付从预算到具体投放方式选择、激励和验收、考核等方面，取得了系统成绩。这不仅有利于地方形成更加稳定的制度预期，而且有利于将国家自上而下的监管与社会自下而上的监督结合起来，发挥交互效应，推动专项转移支付绩效提升。

表 1　中央有关专项转移支付制度文件梳理（2020 年）

发布时间	发布机构	文件名称	相关内容
2020 年 1 月	财政部	《地方财政管理工作考核与激励办法》	财政预算执行管理工作（18 分）。盘活财政存量资金管理工作（18 分）。国库库款管理工作（18 分）。推进财政资金统筹使用管理工作（18 分）。预算公开管理工作（18 分）
2020 年 2 月	国务院扶贫办、财政部	《关于积极应对新冠肺炎疫情影响加强财政专项扶贫资金项目管理工作确保全面如期完成脱贫攻坚目标任务的通知》	重点向产业项目倾斜，结合实际加大对受疫情影响较大的产业扶贫项目生产、储存、运输、销售等环节的支持，解决"卖难"问题。针对疫情影响，做好项目库动态调整，及时优化年度项目实施计划，对因疫情致贫急需实施的项目，对符合疫情防控需要和脱贫攻坚政策的项目，对有利于增加贫困户收入的项目，优先入库，优先安排资金支持

续表

发布时间	发布机构	文件名称	相关内容
2020 年 2 月	财政部	《关于加强新冠肺炎疫情防控财税政策落实和财政资金监管工作的通知》	地方各级财政部门要加强中央转移支付以及地方一般公共预算、政府性基金预算、社会捐赠等各项资金的统筹，按照"特事特办、急事急办"原则，加快预算执行，及时、足额拨付各项疫情防控资金
2020 年 3 月	财政部、国务院扶贫办	《关于做好 2020 年财政专项扶贫资金、贫困县涉农资金整合试点及资产收益扶贫等工作的通知》	对已经实现稳定脱贫的地方，可根据实际情况统筹安排专项扶贫资金，支持非贫困县、非贫困村贫困人口脱贫。已经实现稳定脱贫的贫困县，还可统筹安排整合资金用于非贫困村贫困人口脱贫。各地不得将财政专项扶贫资金及其他整合资金用于美化、亮化、绿化等各类"造景"工程、形象工程
2020 年 3 月	财政部、农业农村部	《关于修订印发农业相关转移支付资金管理办法的通知》	进一步规范和加强中央财政农业生产发展资金、农业资源及生态保护补助资金、动物防疫等补助经费等三项农业相关转移支付资金管理，提高资金使用效益，服务乡村振兴战略
2020 年 3 月	国家发展改革委	《中西部和东北重点地区承接产业转移平台建设中央预算内投资专项管理暂行办法》	根据项目性质提出每个项目的拟安排方式（直接投资、资本金注入或投资补助），按国家级新区、承接产业转移示范区两个方向报送年度投资计划申请报告和资金申请报告
2020 年 4 月	农业农村部办公厅、财政部办公厅	《关于完善农业相关转移支付"大专项+任务清单"管理方式的通知》	中央财政农业相关转移支付项目实施"大专项+任务清单"管理方式改革，将性质相同、用途相近的项目整合成为大专项。中央财政设置农业生产发展资金、农业资源及生态保护补助资金、动物防疫等补助经费、农田建设补助资金等大专项
2020 年 4 月	国家发展改革委	《关于规范中央预算内投资资金安排方式及项目管理的通知》	国家发展改革委在向地方下达投资计划时，具体到项目的，应当按项目明确资金安排方式；打捆、切块下达的，地方发展改革部门在分解投资计划时，应当按项目明确资金安排方式
2020 年 6 月	财政部、体育总局	《中央集中彩票公益金支持体育事业专项资金管理办法》	专项资金纳入政府性基金预算管理，由财政、体育行政部门按职责共同管理。重点项目资金实行项目法分配。重点项目资金安排的项目原则上应为已评审并纳入项目库的项目

发布时间	发布机构	文件名称	相关内容
2020 年 6 月	财政部	《关于进一步加强财政扶贫资金监管工作的指导意见》	监管合力有待进一步增强，没有形成监管"一盘棋"工作格局等问题。加强与扶贫、审计以及行业扶贫部门间的协调配合
2020 年 7 月	国家发展改革委	《长江经济带绿色发展专项中央预算内投资管理暂行办法》	本专项支持地方的中央预算内投资资金，地方可以采取直接投资、资本金注入、投资补助等方式安排项目。本专项中央预算内投资采取直接下达投资、打捆下达、切块下达投资三种方式
2020 年 7 月	国家发展改革委	《西部大开发重点项目前期工作专项中央预算内投资管理办法》	本专项采取投资补助方式对符合条件的项目予以支持，通过切块方式向西部地区各省（自治区、直辖市）和新疆生产建设兵团下达
2020 年 7 月	财政部	《关于加快地方政府专项债券发行使用有关工作的通知》	坚持专项债券必须用于有一定收益的公益性项目，融资规模与项目收益相平衡
2020 年 8 月	国务院	《中华人民共和国预算法实施条例》	专项转移支付向社会公开应当细化到地区和项目。专项转移支付，是指上级政府为了实现特定的经济和社会发展目标给予下级政府，并由下级政府按照上级政府规定的用途安排使用的预算资金。县级以上各级政府财政部门应当会同有关部门建立健全专项转移支付定期评估和退出机制
2020 年 8 月	国务院扶贫办、财政部	《关于用好财政扶贫资金项目支持克服洪涝地质灾害影响的通知》	高度重视灾情对如期全面脱贫的不利影响。统筹安排和使用财政专项扶贫资金和贫困县统筹整合资金，在规定的支出范围内进行有针对性的帮扶，重点用于产业扶贫项目恢复和小型农村公益性基础设施修复
2020 年 9 月	中共中央办公厅、国务院办公厅	《关于调整完善土地出让收入使用范围优先支持乡村振兴的意见》	当年土地出让收益用于农业农村的资金占比逐步达到 50%以上计提。统筹整合土地出让收入用于农业农村的资金。防止支出碎片化。土地出让收入用于农业农村的资金主要由市、县政府安排使用，重点向县级倾斜
2020 年 10 月	中共中央	《关于制定国民经济和社会发展第十四个五年规划和二〇三五年远景目标的建议》	推进重大科研设施、重大生态系统保护修复、公共卫生应急保障、重大引调水、防洪减灾、送电输气、沿边沿江沿海交通等一批强基础、增功能、利长远的重大项目建设

　　第三，更加突出专项转移支付对区域分工与协调的带动作用。《关于制定国民经济和社会发展第十四个五年规划和二〇三五年远景目标的建议》明确沿边、沿江、沿海交通等重大项目建设突破。《西部大开发重点项目前期工作专项中央预算内投资管理办法》《长江经济带绿色发展专项中央预算内投资管理暂行办法》《中西部和东北重点地区承接产业转移平台建设中央预算内投资专项管理暂行办法》从产业承接、长远效应等方面，对专项资金和重大投资项目在其中扮演的作用提出了更高要求。

　　第四，更好地发挥专项转移支付从财政到金融的杠杆功能。《中央集中彩票公益金支持体育事业专项资金管理办法》《关于加快地方政府专项债券发行使用有关工作的通知》《关于调整完善土地出让收入使用范围优先支持乡村振兴的意见》等制度条例的颁布发行，标志着我们对专项转移支付的理解不仅从一般公共预算上升到包括政府基金在内的多元专项资助，而且从城乡关系、央地关系、文化事业与财政配套等多重层面，更好地把握了专项资金的杠杆性撬动意义。

（二）专项转移支付规模与结构

　　近五年来，中央财政支出规模与占比情况见表2。其一，2020年的一个重要不同在于，由于疫情突发，中央在一般转移支付和专项转移支付之外，设置了特殊转移支付，占比5.1%，主要用于公共卫生体系建设和重大疫情防控救治体系建设、应急物资保障体系建设、疫情防控救治等。由于这种特殊性，除均衡转移支付外，该年其他各类支出占比均有一定下降。其二，中央本级支出较为稳定，一直略高于30%，2020年略有降低，但可以看出，近年来70%左右的资金是通过地方政府实现的。其三，税收返还保持稳定，2019年以前单列，但2019年后转列于一般转移支付名目之下，近两年在10%左右浮动。其四，专项转移支付自2019年断崖式下跌以来，2020年继续下跌，这并非因为"项目治国"战略有重大调整，而是财政统计口径有很大变化，原本列于专项门类之下的重要支出，转列为央地共同财政事项支出，并被纳入一般转移支付统计数据之下，但其支出程序并无实质变化。其五，目前的一般转移支付具有很大的异质性。地方具有实质性统筹能力的仅有均衡性转移支付，2019年的统计口径调整后，均衡转移支付巨幅下降，近两年基本稳定，大致符合均衡意义。然而，其他部分的一般转移支付实具强度不同的专项性。其六，承接上条，2019年开始设置的中央与地方共同财政事项转移支付，以及除了均衡转移支付之外的其他一般转移支付，均被指定用途，因此不具有地方可统筹的国际通用意义，而更近于通常所指的"整块补助"。该部分介于一般与专项之间，该部分近两年的猛增体现出国家治理策略调整实践的"中庸之道"。

表 2　近五年来中央财政支出规模与占比（2016—2020 年）

年份	本级支出		税收返还		均衡转移支付		整块转移支付		专项转移支付	
	亿元	%	亿元	%	亿元	%	亿元	%	亿元	%
2016	27403.85	31.6	6826.84	7.9	20709.97	23.9	11154.96	12.9	20708.93	23.7
2017	29857.15	31.5	8022.83	8.5	22381.59	23.6	12764.00	13.4	21883.36	23.0
2018	32707.81	31.9	8031.51	7.8	24442.28	23.9	14279.78	13.9	22927.09	22.4
2019	35115.15	32.0	11251.78*	10.3	15632.00	14.3	39914.38	36.5	7561.70	6.9
2020	35095.57	29.7	11275.64*	9.5	17192.00	14.5	40992.22	34.6	7765.92	6.6

注：数据来源于 2016—2020 年财政决算数据。其中，图表数字指一般公共预算支出；统计口径上，2019 年与 2020 年*号税收返还包括固定补助，并与以往不同，列入一般转移支付。另外，2020 年转移支付还包括特殊转移支付 5992.15 亿元，占比 5.1%，为便于历年比较，该部分未在表中呈现。

表 3　近三年专项性质转移支付主要门类同口径比较（2018—2020 年）

门类	2020 年数额（亿元）	2019 年数额（亿元）	2018 年数额（亿元）
农业资源及生态保护补助资金	418.59	241.35	241.54
农村义务教育薄弱学校改造补助资金（义务教育薄弱环节改善与能力提升补助资金）	293.50	293.50	360.50
学生资助补助经费	567.77	504.36	422.72
支持地方高校改革发展资金	366.75	367.32	367.32
困难群众救助补助资金	1483.97	1466.97	1396.34
就业补助资金	538.78	538.78	468.78
优抚对象补助经费	493.27	474.28	439.34
退役安置补助经费	623.93	524.73	453.76
公共卫生服务补助资金（基本公共卫生服务补助资金）	603.30	559.24	629.26
节能减排补助资金	432.23	520.05	518.96
林业生态保护恢复资金（林业草原生态保护恢复资金）	470.24	408.84	416.04
农业生产发展资金	1846.38	1963.30	1926.78

续表

门类	2020 年数额（亿元）	2019 年数额（亿元）	2018 年数额（亿元）
林业改革发展资金	536.17	502.80	489.74
水利发展资金	556.80	546.94	660.75
目标价格补贴	771.73	671.97	625.03
农业综合开发补助资金（农田建设补助资金）	682.80	671.07	374.00
车辆购置税收入补助地方	3015.41	3401.38	3006.43
政府还贷二级公路取消收费后补助资金	260.00	300.00	296.09
中央财政城镇保障性安居工程专项资金	706.98	1251.16	1274.81
中央政法纪检监察转移支付资金（基层公检法司转移支付）	528.34	507.77	470.86
城乡义务教育补助经费	1695.90	1565.30	1462.46
基本养老金转移支付	7885.06	7303.79	6664.41
军队转业干部补助经费	457.41	422.60	/
城乡居民基本医疗保险补助	3467.58	3327.38	2724.69
成品油税费改革转移支付	693.04	693.04	693.04
农村综合改革转移支付**	277.85	332.55	313.55
土地指标跨省域调剂收入安排的支出**	764.71	816.61	/
基建支出**	5070.00	4336.64	4108.67
特殊转移支付	5992.15	/	/

注：可比科目以 2019—2020 年全国财政决算中列入共同财政事项转移支付和专项转移支付中的科目为准，两项加总，与 2018 年专项转移支付科目及非均衡性一般转移支付大致对应。其中，仅举列 300 亿元以上；**标记科目为 2018—2020 年均列入专项转移支付科目，其余部分包括自 2019 年来，从专项转移支付转列一般转移支付名下的共同财政事项转移支付科目，以及其他整块转移支付。数据来源于 2018—2020 年《中央对地方税收返还和转移支付决算表》。

　　进一步细看中央对地方的专项补助（见表 3），我们可以发现以下内容。首先，分科目支出保持大致稳定，并不受科目转列的太大影响，表明实际运作并无根本变化。其次，农林水、扶贫等领域扶持力度依然突出，困难群众救助补助资金、农田建设补助资金等支出较稳定，农业资源及生态保护补助资金则有大幅增长。再次，多层面的社会福利性支出规模较大，体现出中央目标已不仅仅是经济问题，而具有更强的社会性，此中不仅包括教育、养老、医疗"三驾马车"，还包括优抚和退役安置、困难救助等。最后，国家发展改革委负责的"基建支出"（见表 4）被单列出来，规模依然很大，2020 年增幅进一步提升。国家发展改革委是财政部之外具有预算分配权的主要机构，这也是中国财税体制的重要特色。其中，交通运输等硬件性基础设施增幅较大，表明这方面还有一定的提升空间。受疫情防控影响，卫生基建增幅也较大。区域协调性领域也有突出表现，包括粤港澳大湾区、推进海南全面深化改革开放、长江三角洲区域一体化发展等建设。此外，为推动转型升级，创新驱动等基建投资也有亮眼表现。

表 4　近四年基建大类专项各门类规模与占比（2017—2020 年）

门类	2020 年数额（亿元）	2019 年数额（亿元）	2018 年数额（亿元）	2017 年数额（亿元）
"一带一路"建设中央基建投资	36.27	37.26	38.06	34.23
京津冀协同发展中央基建投资	65.00	75.00	60.25	56.25
长江经济带发展中央基建投资	85.81	61.41	24.61	20.00
保障性安居工程中央基建投资	985.81	913.29	891.19	855.89
水利中央基建投资	852.02	856.63	808.66	812.68
农业中央基建投资	269.63	270.59	241.98	234.30
易地扶贫搬迁等"三农"建设中央基建投资	/	162.35	304.24	289.37
交通运输中央基建投资	267.22	89.13	71.61	62.14
能源中央基建投资	16.93	20.00	/	/
其他基础设施中央基建投资	143.34	74.00	29.63	19.50
支持边疆、少数民族地区发展中央基建投资	345.80	332.83	295.12	270.52
基础科研和自主创新中央基建投资*（创新驱动中央基建投资）	319.29	152.66	40.39	4.10
产业结构调整和制造业转型升级中央基建投资*	124.35	183.59	174.46	179.23
教育中央基建投资	216.93	178.50	177.22	176.71
卫生中央基建投资	531.32	240.80	240.27	242.51
社会服务中央基建投资	76.10	69.94	53.89	52.89
文化、体育和旅游等中央基建投资	97.11	89.34	86.96	85.22
公共安全体系中央基建投资	145.30	199.93	208.24	197.51
节能减排和环境保护中央基建投资	142.85	139.67	127.89	134.11
生态建设中央基建投资	182.67	124.50	128.54	125.64
粤港澳大湾区、推进海南全面深化改革开放、长江三角洲区域一体化发展等建设	50.00	/	/	/
其他投资	52.61	65.22	95.46	89.57
合计	5070.00	4336.64	4108.67	3942.36

注：*标记科目中，2017 年的产业结构调整和制造业转型升级科目，2018—2020 年均细分为产业结构调整科目和转型升级科目。2017 年的基础科研和自主创新科目合并为 2018—2020 年的创新驱动科目。数据来源于 2017—2020 年《中央基本建设支出决算表》。

再分区域细看，2020 年，中央对各地区专项转移支付呈现如下特征。首先，西部地区占据中央对地方专项补助的近乎"半壁江山"。这体现出中央补助向西部地区的侧重，背后是中央对边疆和少数民族区域稳定（突出体现在新疆、西藏、内蒙古、云南、广西）的重视，也反映出西部区域在"吃饭财政"格局下对中央补助的依赖。其次，东部地区接受中央专项补助普遍很低。与德国不同，中国缺乏横向转移支付体系，但借助中央专项补助，东部对西部的扶持和反哺作用非常明显。最后，中部地区介于东部区域和西部区域之间，考虑到它既不具备东部地区那样高的立足于自身财政收入的自主性，又不具备西部地区那样高的中央补助，应引起高度重视。

再看新设置共同财政事项的情况。与专项转移支付相比，东部地区大致占比相似，但中部地区占比更高，尤其体现在河南、黑龙江，以及两湖领域，某种意义上体现出中央对这些地区的划拨资金主要以整块而非项目形式。西部地区虽然占比不如专项占比，但依然高于中部与东部，尤其是四川等省份属于重点扶持区域。

二、中央对地方专项转移支付研究现状综述

当前的相关研究大致可分为三个重要方向：第一，专项转移支付的制度逻辑与分配成效如何？第二，专项转移支付的实际运作过程中存在哪些问题？第三，专项转移支付对地方政府具有怎样的意外化后果，又具有怎样的异质性？下文我们将分别梳理。

（一）专项转移支付的制度逻辑与分配成效

第一类研究从基本的制度逻辑着手进行探讨。在对专项转移支付的研究中，"项目制"是一个重要的本土化概念。有学者指出，以往把项目制定位为"技术治理"的研究，并没有揭示出决定央地关系的根本性原因。[①]因此，项目制的技术逻辑不仅能够协调多元项目主体的一致性行动，而且能够提高国家治理的科学化和精细化水平。然而，由于技术自主、专家陷阱和结构替代的限制，项目制实施效果远未达到预期并且经常受到批判。[②]

在这类研究中，专项与一般的制度边界是个重要话题。当前制度对两者的

---

① 张向东. 央地关系变化逻辑与政策实践的微观机理——兼论项目制的定位 [J]. 四川大学学报（哲学社会科学版），2020（05）：185-192.

② 关晓铭. 项目制：国家治理现代化的技术选择——技术政治学的视角 [J]. 甘肃行政学院学报，2020（05）：87-103.

制度界定并不清晰，在事权与支出责任划分上仍然存在一定缺陷，导致二者之间的关联性不强，主要表现在部分一般性转移支付专项化。①此外，饱受诟病的还有央地共同事项转移支付，要充分运用比例原则，尽量避免"为主承担""按相应的职责承担"等不确定性字眼的出现。②

此外，随着《预算法实施条例》的颁布，学界指出，在对专项转移支付范围给出明确界定的基础上，该条例突出强调了专项转移支付绩效的校正性和约束性，即对于实际绩效同目标差距较大的，需要进行调整。③当然，实际的制度边界是在央地博弈中形成的。对此，有学者在中央和地方政府之间建立演化博弈模型，用以探究是否存在专项转移支付项目向一般性转移支付进行转换的条件。④

最后，由于突发疫情而设置的特殊转移支付虽然未被明确列入专项转移支付，但它构成实质意义上的专项补助。新冠疫情带来地方财政收支矛盾突出，由于常规的转移支付制度无法满足特殊时期的需要，为实现对地方的财力补助，特殊转移支付应运而生。中央切块、省级细化、备案同意、快速直达。⑤与可由省级政府进行二次分配后再下达市县财政的传统转移支付资金相比，它直达市县财政，省级财政无权截留。⑥在成效方面，无论是用于减税降费减轻企业负担，还是用于基础设施和抗疫支出，都会极大地拉动我国投资消费。⑦

第二类研究更加系统地关注专项转移支付的分配成效。在扶贫方面，专项转移支付的减贫效果要优于一般转移支付。⑧农民获得的转移支付收入每提高1000元，其愿意供给公共品的概率平均提升约16%，且在当前转移支付力度下，该促进效果主要通过信任补偿机制发挥作用。⑨

---

① 温立洲，朱泉睿，周艳平. 我国政府间财政关系变革研究 [J]. 经济与管理，2020（05）：36-42.

② 李思思. 央地共同事权与支出责任划分：政策考察、实施障碍及其改进 [J]. 地方财政研究，2020（06）：20-26.

③ 孙玉栋，梅正午. 从新旧《预算法实施条例》的变化看我国预算管理制度改革的趋势 [J]. 财政监督，2020（21）：5-10.

④ 李泽琳. 专向转移支付的设立逻辑——基于演化博弈模型分析 [J]. 经济研究导刊，2020（12）：51-52.

⑤ 郭维真，马鑫阳. 法治视角下的财政均衡：特殊转移支付解读 [J]. 财政监督，2020（18）：11-16.

⑥ 余欣艺，许坤，许光建. 新冠疫情下的特殊转移支付机制：特点与效果 [J]. 价格理论与实践，2020（07）：8-12.

⑦ 赵婷. 从审计视角探析特殊财政转移支付制度的完善 [J]. 审计学刊，2020（10）：50-51.

⑧ 李丹，李梦瑶. 财政转移支付的减贫效应研究——基于国定扶贫县的实证分析 [J]. 财经研究，2020（10）：48-63.

⑨ 黄祖辉，王雨祥，刘炎周，等. 消费替代还是信任补偿——转移支付收入对农民公共品供给意愿的影响研究 [J]. 管理世界，2020（09）：97-111.

在其他方面，专项补助也取得了一定成效。在生态环境方面，虽然经济发展的激励使得中国纵向转移支付具有显著的环境污染效应[1]，但我们也看到，生态转移支付政策的实施有效地改善了重点生态功能区所在县市的生态环境[2]。在教育方面，教育类专项转移支付还能提升人力资本在代际间的流动性[3]。在卫生方面，整块转移支付是实现各地区医疗卫生基本公共服务均等化的重要制度安排[4]。在公共服务方面，较高的转移支付筹资水平和专项补助方式有助于提高城乡基本公共服务的供给激励[5]。并且，农业转移人口市民化的财政转移支付挂钩机制有利于推进市民化进程[6]。尤其需要强调的是，专项补助还有利于地方协作的增强，即通过降低地方间不平衡来增加地方政府合作意愿。[7]

另一些研究则更精细地区分了专项补助的具体效果，而专项的灵活性为其相机调整提供了一定的空间。比如，财政自主权越高的城市，越倾向于增加经济性财政支出比重，而对于社会性支出则更有动机展开"逐底竞争"。[8]此外，随着企业的逐渐壮大，在财政支农专项转移支付政策机制中融入"嘉奖"制度，较事后的"勉励"制度，对于发展农业提升企业利益与反哺农民改善民生的两种行为，可更好地引导工商资本下乡正确与合理地分配资金。[9]

（二）专项转移支付运行中的主要问题

第一类研究关注的是碎片化问题。这体现在多个层面、多个领域。有研究发现，一些地方补助小、散、碎，难以形成资金聚集效应。[10]目前，行业间农村

---

① 曹鸿杰，卢洪友. 中国纵向转移支付的生态环境效应 [J]. 中南财经政法大学学报，2020（04）：57-67.

② 朱艳，陈红华. 重点生态功能区转移支付改善生态环境了吗——基于 PSM 的结果 [J]. 南方经济，2020（10）：125-140.

③ 范子英. 财政转移支付与人力资本的代际流动性 [J]. 中国社会科学，2020（09）：48-68.

④ 李红霞，陆悦. 健康中国视角下财政转移支付对医疗卫生基本公共服务均等化的效应研究 [J]. 首都经济贸易大学学报，2020（03）：21-30.

⑤ 张帆，吴俊培，龚旻. 财政不平衡与城乡公共服务均等化：理论分析与实证检验 [J]. 经济理论与经济管理，2020（12）：28-42.

⑥ 何鑫，罗杰思，刘春晖. 湖南省农业转移人口市民化的财政转移支付挂钩机制研究 [J]. 中国农业资源与区划，2020（05）：159-166.

⑦ 王芳，余莎，陈硕. 区域经济发展与地方政府间合作：基于重力模型的证据 [J]. 中国行政管理，2020（09）：106-113.

⑧ 余泳泽，王岳龙，李启航. 财政自主权、财政支出结构与全要素生产率——来自 230 个地级市的检验 [J]. 金融研究，2020（01）：28-46.

⑨ 李娟，庄晋财，贾鹏. 财政支农专项转移支付制度制定：矫正工商资本下乡异化行为 [J]. 运筹与管理，2020（17）：198-205.

⑩ 于冬冬. 浅谈如何提升对下专项补助使用效益 [J]. 中国工会财会，2020（12）：29-30.

水利资金多头管理、交叉重复问题仍然存在。①在基层，县级所获专项转移支付具有典型的"保民生""保基本"取向，在预算分配中呈现碎片化、部门化特征。②因此，有研究甚至指出，转移支付的专项化是造成扶贫资源碎片化的深层原因，要提升贫困治理的有效性，须在县级层面实现对碎片化扶贫资源的财政统筹。③而不触及深层问题，进行财政涉农资金整合试点虽然能够显著推动农业的发展，即产生"增产效应"，但对农民的"增收效应"并不显著。④

第二类研究侧重关注资金分配中的非制度性、非预期性。专项转移虽然能够更好地协调地方政府行为，但也带来非常大的负面效应。专项转移支付没有公式化标准，依赖于中央各部委的主观决定，加剧了地方"跑部钱进"现象。⑤因此，分税制改革以来，专项转移支付项目多，立项随意性强，部门自由裁量权大，负面反映不少。⑥

随之带来的非预期性和不确定性，产生了诸多负面后果。省级政府和地级市政府面临的转移支付不确定性对辖区的经济发展质量存在着显著的负向冲击⑦。比较起来，非预期转移支付的环境效应不明显⑧。非制度化影响贫困地区生态补偿转移支付整体性效益，淡化了贫困地区生态综合补偿法律制度的属性，覆盖面难以普及。⑨

第三类研究主要关注专项资金的管理和监督问题。研究发现，专项转移支付在运作过程中出现了分配与预算脱节、项目与实际脱节、拨款与到账脱节、决策与监督脱节、执行与评估脱节、配套与财力脱节等问题。⑩预算源头上划分

---

① 天津市财政局农业处. 农村水利转移支付资金实行"大专项+任务清单"管理方式实施情况调研 [J]. 天津经济, 2020 (03)：42-45.

② 焦长权. 项目制和"项目池"：财政分配的地方实践——以内蒙古自治区 A 县为例的分析 [J]. 社会发展研究, 2020 (04)：105-134.

③ 林辉煌. 贫困治理与县级财政统筹 [J]. 北京工业大学学报 (社会科学版), 2020 (02)：41-50.

④ 杨广勇, 杨林. 财政涉农资金整合解决农业增产不增收问题了吗——基于中部 A 省 51 个县域数据的双重差分检验 [J]. 中国经济问题, 2020 (06)：107-120.

⑤ 郭柃沂, 许光建, 许坤. 地方政府债务的形成机制及对策 [J]. 宏观经济管理, 2020 (01)：41-47.

⑥ 刘昆. 我国的中央和地方财政关系 [J]. 中国财政, 2020 (20)：4-9.

⑦ 詹新宇, 刘洋. 转移支付不确定性的经济发展质量效应及其影响机制 [J]. 广东财经大学学报, 2020 (05)：4-21.

⑧ 田嘉莉, 赵昭. 国家重点生态功能区转移支付政策的环境效应——基于政府行为视角 [J]. 中南民族大学学报 (人文社会科学版), 2020 (02)：121-125.

⑨ 徐丽媛. 贫困地区生态综合补偿转移支付法制研究 [J]. 中国环境管理, 2020 (06)：137-142.

⑩ 李利文. 国家财政体制变迁中的公共服务供给碎片化及其整体性治理 [J]. 学习论坛, 2020 (04)：53-60.

太粗，至少应按项目用途性质、实施方式进行预算管理分类。①在具体管理程序上，项目资金拨付不规范，未按项目建设要求拨付。②更重要的或许是"自下而上"政策制定思路的缺位，导致项目治理体系存在关键缺环。③此外，在项目审计方面，我国财政专项资金绩效审计存在审计目标深度不够，审计内容与范围完整性不足，评价体系不系统，审计结果运用不充分等问题。④

（三）对地方的异质性影响与地方应对

第一类研究关注区域异质性效果。从东、中、西地理区域上看，中央对东部地区转移支付的宏观经济效应总体上大于中西部地区⑤，东、中、西部地区农业专项转移支付项目间的政策协同程度依次递减⑥。有学者提出的"中部塌陷"尤其值得关注，其研究表明，中央财政转移支付为核心的国家政策支持不足是影响中部地区义务教育发展"塌陷"的主要因素。⑦从这个角度讲，对中部地区的扶持的边际收益最大。⑧

从产业格局与市场成熟度上讲，在第二产业占主体的地区，专项转移支付具有促进地方 GDP 增长的作用，而第三产业占主体的地区，专项转移支付对地方 GDP 的增长形成了抑制作用。⑨政府补助与企业外部市场化程度存在替代效应，补助对企业创新活动的促进作用仅限于市场化程度一般的地区。⑩

第二类研究将重心放在地方应对层面，尤其是其导致的地方债务问题。地方政府利用转移支付扩大财政支出规模，在举债融资许可期过度举债，政策收

① 段国海. 优化财政转移支付的预算管理 [J]. 预算管理与会计，2020（06）：9-11.

② 金宇. 论我省财政专项资金问题及对策分析 [J]. 山西财税，2020（06）：50-52.

③ 郑晓冬，上官霜月，陈典，等. 有条件现金转移支付与农村长期减贫：国际经验与中国实践 [J]. 中国农村经济，2020（09）：124-144.

④ 审计署深圳特派办理论研究会课题组. 财政专项资金绩效审计现状及策略研究 [J]. 审计研究，2020（01）：7-15.

⑤ 王文甫，王召卿，郭柃沂. 转移支付宏观经济效应的区域差异性研究 [J]. 当代经济科学，2020（06）：38-49.

⑥ 操小娟，李佳维. 主体功能区建设中农业专项转移支付的政策协同研究——基于东、中、西部的比较分析 [J]. 软科学，2020（08）：30-36.

⑦ 尚伟伟，陆莎，李廷洲. 我国义务教育发展的"中部塌陷"：问题表征、影响因素与政策思路 [J]. 北京大学教育评论，2020（02）：172-187.

⑧ 肖攀，苏静，刘春晖. "加剧"还是"缓解"：政府转移支付与农户家庭未来减贫——基于贫困脆弱性视角的实证分析 [J]. 财经理论与实践，2020（04）：86-93.

⑨ 郝凤霞，朱琪. 中央对地方的转移支付结构对地区经济增长的影响研究——基于产业结构的分组回归 [J]. 工业技术经济，2020（02）：101-109.

⑩ 张杨勋，周浩. 政府专项补助与企业创新产出：来自专利的证据 [J]. 中南财经政法大学学报，2020（03）：71-78.

紧后又极力扩张隐性债务规模。①专项转移支付对地方政府债务的影响在 2014 年之前显著为正，2014 年之后，对于基建投资规模较大的地区而言，专项转移支付仍然会带动地方政府的隐性债务规模扩张。②总之，专项转移支付的"公共池"效应均助长了地方政府债务的"道德风险"，造成了非理性的债务风险。③

三、中央对地方专项转移支付改革的展望与分析

（一）需要进一步注意的问题

尽管中国在专项转移支付制度建设与实质运行方面均取得了一定进展，但也要看到尚有较长的路要走，更加具体地讲，主要问题如下：④

第一，名义专项与实质专项的边界不清晰，突出体现在专项与整块（主要体现为共同财政事项支出）的关系方面。财政部共同财政事权转移支付中，还有近半未出台对应领域财政事权与支出责任划分方案。部分已出台划分方案的仍沿用原专项管理办法，在项目设立、央地分担比例、资金分配等方面，未体现共同财政事权特征。一些专项资金定位多元、政策目标冲突。有的既作为专项转移支付改善生态，又作为均衡性转移支付补充地方财力，实际分配有一定的混乱性。

第二，专项分配有一定的随意性，且有较大的套取与骗取空间。其主要是未按规定办法分配、无明确标准调整分配规模，或对同类地区同类项目分配标准不一。比如老工业地区振兴发展投资专项向湖南省 3 个道路项目以投资总额 30%比例补助 3357 万元，又以 20%比例向该省另两个道路项目安排 1148 万元。专项资金的套取、骗取屡禁不止、花样翻新。目前手段更加隐蔽、载体更加多样。16 省动用 10.9 亿元用于修建公园、雕塑等景观工程，17 省 38.17 亿元被套取、骗取或挤占挪用。

第三，雷同内容的专项缺乏整合。财政部 2 项转移支付与发展改革委 2 个投资专项均包含城市管网、黑臭水体治理等项目。发展改革委 2 个投资专项均

---

① 王春婷. 垂直财政不平衡约束下地方政府的行为逻辑：一个"生存型"政府的解释 [J]. 江海学刊，2020（06）：137-143.

② 陈小亮，谭涵予，刘哲希. 转移支付对地方政府债务影响的再检验 [J]. 财经问题研究，2020（10）：64-73.

③ 李升，陆琛怡. 地方政府债务风险的形成机理研究：基于显性债务和隐性债务的异质性分析 [J]. 中央财经大学学报，2020（07）：3-17.

④ 主要参见审计署 2020 年度及相关分季度、领域审计报告。

投向产业园区基础设施建设，财政部 2 项转移支付均安排南水北调生态补偿资金。

第四，对地方资金下达与监管乏力。3 个投资专项 211 个项目的承建单位自发展改革委下达投资计划，至收到财政部门预算指标的平均时长为 114 天。财政部对 47 个地区的财政专户监控不到位，其中 44 个地区通过专户延压收入360.33 亿元或虚列支出 102.36 亿元。发展改革委对地方自行缩减内容、未按期开（完）工或暂停的 13 个投资项目（涉及中央财政投资 17.78 亿元），未及时督促整改。涉农资金分配部门多、链条长，有 579.42 亿元在省级财政未按规定时限下拨，其中 17.23 亿元到达基层后已错过农时。

（二）进一步推进中央对地方专项转移支付改革的建议

第一，对转移支付口径进行再界定。当前央地共同财政事权转移支付、专项转移支付，以及部分非均衡性一般转移支付的制度界定尚不清晰，不利于纵向和横向比较，也不利于对地方形成稳定、清晰的激励机制。对此，应进一步运用统一的、通用的标准进行界定，不必过度纠缠于表面的各类占比，可将主要精力放在政策制定的科学性、有效性层面，并在具体的专项资金运转中及时进行制度调整。

第二，进一步优化"条块"关系。当前审计和监管及相关研究中发现的诸多不良现象，包括资金下达不及时、链条长导致的监管难题等，实质与"条块"关系的不合理有很大关系。对此，对"条条"与"块块"分别扮演的国家治理功能，应进行更加深入、本质的研究和探讨，不同时期、不同领域的条块关系应随着国家与社会关系、中央与地方关系乃至国际国内关系的变迁，进行及时调整，以更好地发挥两个积极性，而不是使其在"条块"错配、磨合、重叠乃至冲突中丧失或降低制度效能。

第三，更加注重从整体层面推动专项转移支付制度建设。首先，自上而下的资金输送必将对地方行为产生影响，比如地方债务的提升、经济发展对公共服务的挤占等，对此应格外关注制度配套。其次，不同区域的专项转移支付应做好协调、均衡。比如，当前中部地区仍然有一定的区域性扶持不足，导致其难以发挥东部与西部的衔接作用。最后，对项目链条的配合，特别是"最后一公里"现象的整顿，乃至于建管关系、主体关系等，应给予更大的制度关切与研究。

四、报告要点

本报告要点如下。

（1）2020年，中央对地方专项转移支付体系取得了较大进展。第一，应对突发疫情、打赢脱贫攻坚战，是2020年最为突出的两大和平"战役"，专项治理在此发挥了长足效能，体现了集中力量办大事的制度优势。第二，预算实施、地方监管与考核等方面，取得了更大的制度建设进步。第三，更加突出了专项转移支付对区域分工、协调的带动作用。第四，更好地发挥了专项转移支付从财政到金融的杠杆功能。

（2）中央对地方专项转移支付规模与结构呈现。第一，2020年的一个重要不同在于，由于疫情突发，中央在一般转移支付和专项转移支付之外，设置了特殊转移支付，占比5.1%，主要用于公共卫生体系建设和重大疫情防控救治体系建设、应急物资保障体系建设、疫情防控救治等，它具有较强的专项性。第二，专项转移支付自2019年断崖式下跌以来，2020年继续下跌，这并非因为"项目治国"战略有重大调整，而是财政统计口径有很大变化，原本列于专项门类之下的重要支出，转列为央地共同财政事项支出，并被纳入一般转移支付统计数据之下，但其支出程序并无实质变化。第三，国家发展改革委负责的"基建支出"规模依然很大，2020年增幅进一步提升。受疫情防控影响，卫生基建增幅也较大。区域协调性的领域也有突出表现，包括粤港澳大湾区、推进海南全面深化改革开放、长江三角洲区域一体化发展等建设。第四，西部地区占据中央对地方专项补助的近乎"半壁江山"。这体现出中央补助向西部地区的侧重，背后是中央对边疆和少数民族区域稳定（突出体现在新疆、西藏、内蒙古、云南、广西）的重视，也反映出西部区域在"吃饭财政"格局下对中央补助的依赖。

（3）中央对地方专项转移支付还有诸多问题。第一，名义专项与实质专项的边界不清晰，突出体现在专项与整块（主要体现为共同财政事项支出）的关系方面。第二，专项分配有一定的随意性，且有较大的套取与骗取空间，主要是未按规定办法分配、无明确标准调整分配规模，或对同类地区同类项目分配标准不一。第三，雷同内容的专项缺乏整合。第四，对地方资金下达与监管乏力，涉农资金分配部门多、链条长。

（4）在事实与规范、成绩与问题分析的基础上，我们提出如下建议。第一，对转移支付口径进行再界定。对此，应进一步运用统一的、通用的标准进行界定，不必过度纠缠于表面的各类占比，可将主要精力放在政策制定的科学性、有效性层面，并在具体的专项资金运转中及时进行制度调整。第二，进一步优化"条块"关系。不同时期、不同领域的"条块"关系应随着国家与社会关系、中央与地方关系乃至国际国内关系的变迁，进行及时调整，以更好地发挥两个积极性。第三，更加注重从整体层面推动专项转移支付制度建设。不同区域的专项转移支付应做好协调、均衡。比如，当前中部地区仍然有一定的区域性扶持不足，导致其难以发挥东部与西部的衔接作用。

作者单位：浙江大学国际文化与社会思想研究所、地方政府与社会治理研究中心

中国政府绩效管理研究报告

翟　磊

2020 年，我国绩效管理改革全面实施，在实践中加快构建全方位、全过程、全覆盖的预算绩效管理体系，推进绩效管理和预算管理深度融合，压实绩效管理责任，强化绩效结果应用，提高财政资源配置使用效率。①

一、2020 年中国政府绩效管理发展现状综述

根据《关于全面实施预算绩效管理的意见》，2020 年预算绩效管理改革工作得到进一步有序推进，中央部门和省级层面已基本建成全方位、全过程、全覆盖的预算绩效管理体系，在市县层面也初步打下预算绩效管理基础，并继续向纵深推进。②对实践领域进行梳理，2020 年主要的创新与突破体现在如下几个方面。

（一）预算绩效管理体系加快建设

全面实施预算绩效管理是推进国家治理体系和治理能力现代化的关键点和突破口，2020 年是面对新冠疫情严重冲击的极不平凡的一年，在各级政府过紧日子，做好"六稳""六保"重点工作的要求下，加快建设预算绩效管理体系、把每一分钱都花到刀刃上显得尤为关键。

---

① 财政部. 2020 年中国财政政策执行情况报告［EB/OL］.（2021-03-06）. http://www.gov.cn/xinwen/2021-03/06/ content_5590913.htm.

② 经济日报. 各地政府强化预算绩效目标管理［EB/OL］.（2020-11-22）. http://www.gov.cn/xinwen/2020-11/22/ content_5563287.htm.

1. PPP 项目全生命周期绩效管理规范化

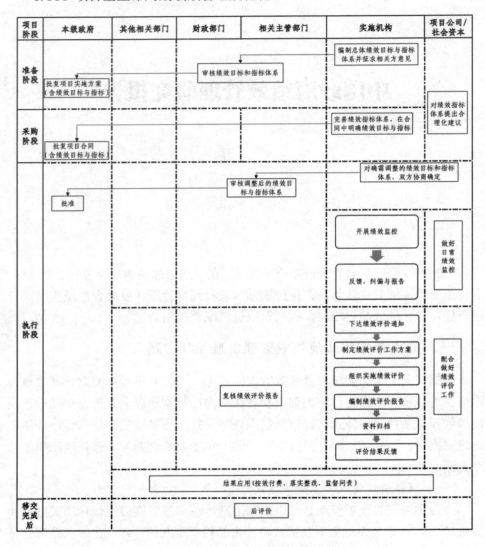

图 1 PPP 项目全生命周期绩效管理导图[①]

为规范政府和社会资本合作（PPP）项目全生命周期绩效管理工作，财政部

---

① 财政部. 关于印发《政府和社会资本合作（PPP）项目绩效管理操作指引》的通知［EB/OL］.（2020-06-16）. http://www.mof.gov.cn/gkml/caizhengwengao/202001wg/wg202003/202006/t20200616_3533410.htm.

制定印发《政府和社会资本合作（PPP）项目绩效管理操作指引》①，旨在提高公共服务供给质量和效率，保障合作各方合法权益，PPP 项目全生命周期绩效管理导图如图 1 所示。《政府和社会资本合作（PPP）项目绩效管理操作指引》规定，PPP 项目绩效管理是指在 PPP 项目全生命周期开展的绩效目标和指标管理、绩效监控、绩效评价及结果应用等项目管理活动。项目实施机构应在项目所属行业主管部门的指导下开展 PPP 项目绩效管理工作，必要时可委托第三方机构协助。

在 PPP 项目绩效目标与绩效指标管理方面，项目实施机构负责编制 PPP 项目绩效目标与绩效指标，报项目所属行业主管部门、财政部门审核。PPP 项目绩效目标包括总体绩效目标和年度绩效目标。总体绩效目标是 PPP 项目在全生命周期内预期达到的产出和效果；年度绩效目标是根据总体绩效目标和项目实际确定的具体年度预期达到的产出和效果。PPP 项目绩效指标体系由绩效指标、指标解释、指标权重、数据来源、评价标准与评分方法构成。

PPP 项目绩效监控是对项目日常运行情况及年度绩效目标实现程度进行的跟踪、监测和管理，通常包括目标实现程度、目标保障措施、目标偏差和纠偏情况等。

在 PPP 项目绩效评价方面，由项目实施机构根据项目合同约定，在执行阶段结合年度绩效目标和指标体系开展 PPP 项目绩效评价。财政部门应会同相关主管部门、项目实施机构等在项目移交完成后开展 PPP 项目后评价。PPP 项目绩效评价结果是按效付费、落实整改、监督问责的重要依据。

2. 发挥好绩效评价的"指挥棒"作用

财政部于 2020 年 6 月印发了《政府性融资担保、再担保机构绩效评价指引》（以下简称《指引》），突出政策导向，鼓励业务拓展，弱化盈利考核，强化正向激励，兼顾原则性与灵活性。因此，其发布不仅是实现对于绩效的科学管理，更具有"指挥棒"的作用②。

《指引》从政策效益、经营能力、风险控制、体系建设四个维度构建了政府性融资担保、再担保机构绩效评价体系。一是突出政策导向。提高政策效益指标分值（在百分制中独占 40 分），重点考核新增支小支农担保业务规模及占比、

---

① 财政部. 关于印发《政府和社会资本合作（PPP）项目绩效管理操作指引》的通知［EB/OL］.（2020-06-16）. http://www.mof.gov.cn/gkml/caizhengwengao/202001wg/wg202003/202006/t20200616_3533410.htm.

② 新华社. 绩效"指挥棒"将给政府性融资担保带来哪些变化？［EB/OL］.（2020-06-05）http://www.gov.cn/xinwen/2020-06/05/content_5517528.htm.

新增 1000 万元及以下担保业务规模及占比、担保费率等指标，引导政府性融资担保、再担保机构聚焦支小支农、降低费率水平。二是鼓励业务拓展。在经营能力方面重点考核新增担保业务规模、放大倍数等指标，鼓励政府性融资担保、再担保机构主动作为、扩大业务规模。三是弱化盈利考核。坚持保本微利原则，不追求国有资本保值增值率增幅最大化，同时明确经济下行期内，在做好风险防控的前提下，可适当降低该项指标分值或暂不考核该项指标，发挥政府性融资担保逆周期调节作用。四是强化正向激励。将绩效评价结果作为担保机构获得资本金补充、风险补偿、补贴、奖励等财政支持，与国家融资担保基金优先合作，以及确定负责人薪酬、工资总额的重要依据，增强机构内生动力。①

《指引》的出台，是健全政府性融资担保制度体系的关键一环，改变了简单套用国有企业、金融机构绩效评价指标的现状，重构政府性融资担保绩效评价体系，有助于强化对政府性融资担保绩效评价工作的统一指导和规范。此外，在过去一段时期的"重盈利考核"的绩效评价导向下，政府性融资担保机构出现了"垒大户、挣快钱、高收费"以及"裹足不前"两种发展倾向，政策功能作用未能充分发挥。《指引》突出政策导向，坚持职责定位，弱化盈利考核，强化正向激励，着力引导政府性融资担保机构回归担保主业、聚焦支小支农、降低担保费率、拓展业务规模，有助于推动政府性融资担保行业健康可持续发展。②

3. 预算绩效管理扩面加力

财政部在修订《财政支出绩效评价管理暂行办法》的基础上，结合绩效自评管理有关要求，印发了《项目支出绩效评价管理办法》③。该办法主要有以下几个新变化。其一，拓展了绩效评价范围，明确绩效评价范围涵盖一般公共预算、政府性基金预算、国有资本经营预算的所有项目支出。政府投资基金、主权财富基金、政府和社会资本合作（PPP）项目、政府购买服务、政府债务项目等绩效评价可参照执行。其二，健全了绩效评价体系，绩效评价分为单位自评、部门评价和财政评价三种方式。单位自评由项目单位自主实施，即"谁支出、

---

① 财政部. 财政部有关负责人就《政府性融资担保、再担保机构绩效评价指引》答记者问［EB/OL］. (2020-06-01). http://www.gov.cn/zhengce/2020-06/01/content_5516618.htm.

② 财政部. 财政部有关负责人就《政府性融资担保、再担保机构绩效评价指引》答记者问［EB/OL］. (2020-06-01). http://www.gov.cn/zhengce/2020-06/01/content_5516618.htm.

③ 财政部. 关于印发《项目支出绩效评价管理办法》的通知［EB/OL］. (2020-02-25). http://www.gov.cn/zhengce/zhengceku/2020-03/02/content_5485586.htm.

谁自评"，旨在落实资金使用单位绩效主体责任，要求实现全面覆盖。财政和部门评价在单位自评基础上开展，评价对象要"突出重点、兼顾一般"。部门评价优先选择部门履职的重大改革发展项目，原则上应以5年为周期实现部门重点项目绩效评价全覆盖。财政评价优先选择贯彻落实党中央、国务院重大方针政策和决策部署的项目，以及覆盖面广、影响力大、社会关注度高、实施期长的项目，对重点项目应周期性组织开展绩效评价。其三，完善了绩效评价指标、标准和方法，对绩效自评、财政和部门评价的内容和方法进行了分别规定。其四，提高了绩效评价的科学性，对单位自评的一级指标权重进行统一设置，方便结果的相互比较，原则上产出、效益指标权重不低于60%，从而突出结果导向。其五，增强绩效评价结果的约束力，规定绩效评价结果应与预算安排、政策调整、改进管理实质性挂钩，体现奖优罚劣和激励相容导向。①

从地方实践来看，预算绩效管理的覆盖面更广了。例如，北京明确提出市级部门预算绩效运行监控管理机制的监控范围涵盖市级部门一般公共预算、政府性基金预算和国有资本经营预算的所有项目支出。辽宁将省本级305个部门预算项目和省对下转移支付项目全部纳入绩效运行监控，而且首次探索将省本级559个部门整体绩效目标纳入绩效运行监控范围。

一些地方还将绩效管理范围逐步向政府投资基金、政府购买服务、政府和社会资本合作（PPP）项目、政府性融资担保机构等领域延伸。比如，四川已出台非义务教育学校（食堂、宿舍）、市政领域（污水、垃圾、道路、停车场）PPP项目绩效评价指标指引。各地在绩效评价结果运用上也不断加力。宁波鄞州区对上年度重点评价项目中评价结果相对较好的基本公共卫生服务项目，2020年预算优先保障；评价结果相对一般的企业上市补助项目、律师服务业补助项目，2020年预算削减率分别为32.7%、36%。②

（二）强化全过程绩效管理链条建设

按照绩效管理与预算管理一体化的要求，绩效管理不断深度融入预算编制、执行、监督的全过程。中央及地方预算和绩效目标公开范围扩大，在事前绩效管理、事中绩效监控、事后绩效评价方面不断优化创新。

---

① 财政部.《项目支出绩效评价管理办法》解读［EB/OL］.（2020-03-06）. http://www.gov.cn/zhengce/2020-03/06/content_5488008.htm.

② 各地政府强化预算绩效目标管理［EB/OL］.（2020-11-22）. http://www.gov.cn/xinwen/2020/11/22/content_5563287.htm.

1. 扩大绩效目标公开范围

绩效目标反映政府预算投入在一定时期内预计达到的产出和效果，通过全面公开预算项目绩效目标，能够让公众更清晰地了解政府预算资金用在什么地方、达到什么效果。甘肃省 2020 年共有 100 家省级部门（除涉密单位和涉密信息外）按要求编报了所有预算项目绩效目标并"晒"出了家底，涉及预算项目 1025 个，预算支出 946.9 亿元。其中，省级部门预算支出项目 839 个，预算支出 298.1 亿元；省级部门负责管理的省对市县转移支付项目 186 个，预算支出 648.8 亿元。[①]

过"紧日子"管理思路和成本绩效管理贯穿于北京市预算管理全过程，北京首次公开部门整体支出绩效目标，将部门整体支出绩效目标申报表随市级部门预算一并向社会公开。为进一步强化绩效目标对预算执行的约束和引导，将绩效目标填报和公开范围从 500 万元（含）以上的预算项目，扩展为所有事业发展类项目以及 200 万元（含）以上的机构运行保障类项目，实现了绩效目标应填尽填，应公开尽公开。[②]

2. 绩效管理与预算管理一体化

用好纳税人的钱，办高效有效的事，是预算和绩效在内涵上的统一。[③]财政部预算司努力将绩效管理深度融入预算编制、执行、监督全过程。一是结合预算评审、政策评估，不断加大事前绩效评估力度，对立项依据不充分、实施条件不具备、交叉重复的项目不予安排。二是严格绩效目标管理，加大绩效目标审核力度，对绩效目标不明确、与资金不匹配的项目予以调整，建立完善绩效目标与预算同步申报、同步审核、同步批复下达的工作机制，充分发挥绩效目标的引导约束作用。三是开展绩效运行监控，组织中央部门对本级项目开展绩效运行监控，督促强化监控结果应用，针对发现的问题，对预计无法完成、进度滞缓、绩效指标设置不合理的项目及时分类处置。四是完善绩效自评机制。组织对中央本级项目、中央对地方转移支付开展绩效自评，加强绩效自评结果规范性审核，组织财政部各地监管局建立绩效自评结果抽查机制，配合审计署抽查中央部门项目绩效自评结果。五是财政评价常态化机制已经建立。[④]

财政部预算评审中心立足 2020 年财政评审工作发展的效能之年，深入探

---

① 甘财. 甘肃百家省级部门悉数"晒"预算项目绩效目标 [N]. 中国财经报，2020-02-29（007）.

② 张衡. 北京首次公开部门整体支出绩效目标 [N]. 中国财经报，2020-02-29（007）.

③ 赵学群. 关于预算与绩效管理一体化的三点思考 [N]. 中国财经报，2020-02-29（007）.

④ 齐小平. 预算绩效管理改革取得阶段性成效 [N]. 中国财经报，2021-03-12（005）.

索打通评审、监管、评估、绩效等管理监管链条，持续选择重点领域、重点项目试点开展全过程预算绩效管理，不断做实"前后两端"，并主动融合预算、绩效、规范和支出标准等各项政策制度要求，发挥预算绩效管理审核监管机制性、系统性作用，更好提高财政资源配置效率和使用效益、改变预算资金分配的固化格局、提高预算管理水平和政策实施效果，为经济社会发展提供有力保障。①此外，2020 年，为应对突发疫情而紧急建立的财政资金直达机制在一定程度上缓解了"财权上收、事权下放"的体制性矛盾，并且充分体现了事前赋权和事后监督相结合、强调资金监控与问题纠偏并重的绩效思维方式。②

（三）优化专项资金绩效管理

在 2020 年度"过紧日子"的财政要求下，民生保障、疫情防控、救灾等方面的专项资金绩效管理工作进一步优化。

1. 疫情防控资金绩效管理

财政部《关于进一步做好新型冠状病毒感染肺炎疫情防控经费保障工作的通知》③指出，要强化资金使用监管，加强对资金使用的事前、事中和事后全流程监管。《关于加强新冠肺炎疫情防控财税政策落实和财政资金监管工作的通知》进一步明确要做好绩效评价，提高疫情防控财税政策和财政资金绩效，要围绕政策落实和资金管理使用的时效性、公平性、有效性开展评价，重点关注政策和资金是否及时、精准到位，资金补助标准是否科学合理，资金分配是否公开透明、公平公正，防控政策和资金是否达到预期效果等。④

大连市财政局在迅速出台政策措施、拨付疫情防控资金的同时，及时制定发布《大连市财政局关于做好新冠肺炎疫情防控资金绩效管理的通知》，以确保资金投得准、管得住、用得好、效益高。该通知要求开通"绿色通道"，简化事前绩效管理。一是疫情防控期内，与疫情防控相关的各类新增或调剂使用的资金可按照特事特办、急事急办原则，不纳入事前绩效评估管理范围。二是绩效目标执行补录备案制，即：先行申请下达资金指标，疫情防控期结束后 3 个月内据实编制绩效目标，提交同级财政部门备案。大连市财政局要求，疫情防控

---

①　程铄雅. 有效对接预算评审和绩效评价［N］. 中国财经报，2021-01-23（007）.

②　李忠峰. 预算报告全面贯彻绩效思维［N］. 中国财经报，2021-03-09（006）.

③　财政部. 关于进一步做好新型冠状病毒感染肺炎疫情防控经费保障工作的通知［EB/OL］.（2020-01-31）. http://www.gov.cn/zhengce/zhengceku/2020-02/13/content_5478324.htm.

④　财政部. 关于加强新冠肺炎疫情防控财税政策落实和财政资金监管工作的通知［EB/OL］.（2020-02-17）. http://jdjc.mof.gov.cn/fgzd/202002/t20200219_3471721.htm.

期结束后，各资金使用部门应在半年内组织对疫情防控资金使用情况和绩效目标实现情况进行绩效自评，并将评价结果及时报送同级财政部门。各级财政部门应根据需要，重点抽取具有长期性、涉及竞争性领域以及社会关注度高的疫情防控项目资金，适时组织开展重点绩效评价。[①]

2. 救灾资金实行全过程绩效管理

财政部、应急部印发实施《中央自然灾害救灾资金管理暂行办法》[②]，就中央自然灾害救灾资金支出范围、申请与下达、管理与监督等做出规定，明确要求对救灾资金实行全过程绩效管理。该办法指出，救灾资金是中央一般公共预算安排用于支持地方人民政府履行自然灾害救灾主体职责，组织开展重大自然灾害救灾和受灾群众救助等工作的共同财政事权转移支付。财政部会同应急部建立救灾资金快速核拨机制，可以根据灾情先行预拨部分救灾资金，后期清算。

《中央自然灾害救灾资金管理暂行办法》要求，省级财政部门接到中央财政下达的救灾资金预算后，在预算法规定时限内会同省级应急管理部门及时分解下达，并在规定时间内将本省区域绩效目标上报财政部和应急部备案，抄送财政部当地监管局。区域绩效目标应当包括中央救灾资金以及与中央救灾资金共同安排用于救灾的地方财政资金和其他资金。应急部应当指导灾区有关部门做好救灾工作，会同财政部督促地方有关部门按规定安排使用救灾资金，加强绩效运行监控，年度终了开展绩效自评，提高资金使用效益。救灾资金使用管理应当严格执行预算公开有关规定。

此外，财政部、教育部发布的《特殊教育补助资金管理办法》，财政部、发改委、能源局发布的《可再生能源电价附加资金管理办法》，财政部印发的《海洋生态保护修复资金管理办法》，财政部、国家林业和草原局发布的《林业草原生态保护恢复资金管理办法》等，均对该领域资金的全过程绩效管理做出规定。

二、2020 年政府绩效管理研究现状综述

2020 年公开发表的政府绩效管理类期刊论文总量继续呈现下降趋势。以"政府绩效"为主题对 CSSCI 期刊论文进行检索，论文数量下降至 59 篇，如图 2 所示。

[①] 张文浩. 大连：疫情防控资金效率与效果并重［N］. 中国财经报，2020-02-15（007）.

[②] 财政部，应急部. 关于印发《中央自然灾害救灾资金管理暂行办法》的通知［EB/OL］.（2020-06-28）. http://www.gov.cn/gongbao/content/2020/content_5551812.htm.

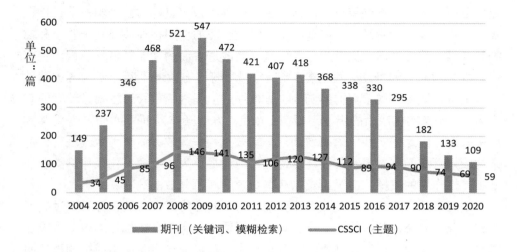

数据来源：CNKI 检索，检索日期 2022 年 3 月 7 日。

图 2　政府绩效相关成果数量

从研究内容与观点来看，2020 年的相关研究对我国政府绩效管理的理论与实际问题进行了较有成效的梳理和分析，研究突出问题导向，理论与实证并重，在政府绩效管理的信息化、领导行为、公民参与等方面进行了深入研究，为指导各级政府的相关实践起到了积极作用。

（一）绩效管理理论层面问题辨析

1. 信息收集和使用悖论

尚虎平认为在我国"全面绩效管理"实施过程中，在最关键的获得激励与问责结果的绩效评估环节的操作中，基本上都采用了被评估单位填报数据的方法，这种"自我举证"给每个政府选用最有利于自己的数据留下了巨大的空间，使得绩效评估与全面绩效管理流于形式。解决这一问题需要从"绩效数据生成是个不以人的意志为转移的客观过程，但绩效数据的使用却几乎完全主观"这种悖论入手，通过协商民主模式、算法决策模式、权威裁判模式、群众举证模式、第三方模式等有助于数据生产与使用悖论的解决。①

2. 理论与实践的鸿沟

从价值和目标上来看，政府绩效管理既追求经济、效率、效益的提升，亦

---

① 尚虎平. 政府绩效数据生成的客观性与绩效数据选用的主观性悖论及其消解——一个解决政府全面绩效管理流于形式的路径探索 [J]. 中国行政管理，2020（08）：109-117.

追求公平、民主、责任等价值取向，其所倡导的效率目标与公平和民主目标在实际运作中较难达到统一。在现实中，绩效管理的作用往往被局限于监督和控制的工具，其在学习、提升责任及促进绩效改进方面的功能却多被忽视，也存在忽视外部问责和推动公民监督的问题。①尽管地方政府不断地研制各类绩效管理工具，试图实现治理的精确性、有效性，但作为绩效管理主要推动者的政府中人，制定实施政策的出发点却在于如何"方便操作"，而不单单是考究其实质有效性，因此在实践中"绩效计划—绩效执行—绩效评估—绩效改进"全链条的绩效管理面临着工具理性与价值理性的双重缺失，非理性化操作制约着绩效工具性作用的发挥，公民也难以获得绩效管理所释放的红利。②

政府绩效管理目标设置上存在强制性与单向性特征，有些目标设置过高或互相冲突、表述模糊、片面、难以操作及不适应现实，导致执行者将精力投入主要目标的实现上，选择性执行对自己有利的目标，注重容易出成绩和被证明的量化目标与指标，甚至以虚构数据、损害其他目标、变通的或不正当的方式执行绩效目标。③

（二）关注影响因素与信息化建设

1. 政府绩效管理影响因素

有学者关注地方政府政务服务创新举措对政府绩效管理的影响因素，并对其进行探讨。彭云等通过对省级政府政务服务"好差评"制度的研究，认为"好差评"制度通过精准识别政务服务的供需双方，包括政务服务的具体事项、机构、平台和人员，以及公民和企业的基本特征，能够像仪表盘一样精准刻画政务服务存在的问题和不足，并为绩效反馈和绩效改进提供决策依据。④王程伟等以北京市"接诉即办"为研究场域分析绩效差距对政府绩效的影响，北京市"接诉即办"建立"书记抓、抓书记"的工作机制，将责任落实至各级政府一把手，通过自上而下的问责传导行政压力。绩效得分由响应率、解决率和满意率构成，而"三率"均由群众打分确定，该过程通过自下而上的绩效考核传导公众治理

---

① 董静，尚虎平. 政府绩效管理鸿沟：问题识别、形成逻辑与研究展望 [J]. 上海行政学院学报，2020，21（05）：80-88.

② 孟宪斌. 融合工具理性与价值理性：对地方政府绩效管理运行逻辑的反思 [J]. 中国矿业大学学报（社会科学版），2020，22（04）：77-89.

③ 董静，尚虎平. 政府绩效管理鸿沟：问题识别、形成逻辑与研究展望 [J]. 上海行政学院学报，2020，21（05）：80-88.

④ 彭云，马亮. "放管服"改革视域下的政务服务"好差评"制度——中国省级政府的比较研究 [J]. 行政论坛，2020，27（06）：51-58.

压力。①

此外，政府绩效与领导行为、领导模式之间的关系也得到进一步的研究。领导行为确实会以下属信任为中介对政府绩效产生影响。②绩效领导是基于以公共价值为基础的政府绩效治理理论框架提出的概念，可以定义为：以公共价值为基础，以绩效目标为对象，在领导者或领导团队引领和绩效领导功能结构的整体承载下，形成协同领导系统的一种机制，在治理过程中管理冲突、传导价值以实现治理目标。绩效领导包括三个重要功能机制，即价值领导、愿景领导和效率领导，分别对应绩效领导所具有的价值、战略和工具属性。③从领导行为上来看，马佳铮研究认为，变革型领导行为通过下属信任对政府绩效所产生的影响大于交易型领导行为通过下属信任对政府绩效所产生的影响。关注下属的媒介属性是深入全面了解领导行为对政府绩效的影响过程及作用机理的有效切入点，可以从公务员个体、组织文化、相关制度等方面入手发挥下属信任的积极作用。④

随着大数据、信息化技术手段在政府绩效管理实践中的普遍运用，政府绩效管理的信息技术驱动属性突出。大数据时代的政府绩效管理在绩效信息的收集、分析和使用方面与传统政府绩效管理相比有显著差异。马亮对大数据时代的政府绩效管理特征进行梳理，如表1所示，大数据分析技术使政府绩效管理人员认识到政府绩效的信息来源可以更加多元，信息收集、存储、处理、使用等环节都可以引入大数据分析，并使政府绩效管理体系发生根本改变。⑤罗敏等的研究从评估主体、评估数据、评估方法、评估结果的角度分析了信息技术驱动政府绩效评估的基本路径：在信息技术的驱动下，从作为政府绩效评估的技术主体的角度出发，通过大数据、云计算、区块链等信息技术的运用，让更专业的第三方评估机构作为评估主体参与政府绩效评估的全过程，使得绩效评估更专业，评估主体从单一走向多元；通过打破"数据壁垒"、增强"数据去噪"、

① 王程伟，马亮. 压力型体制下绩效差距何以促进政府绩效提升——北京市"接诉即办"的实证研究 [J]. 公共管理评论，2020，2（04）：82-109.

② 马佳铮. 领导行为与政府绩效的关联路径：基于下属信任中介作用的实证研究 [J]. 上海行政学院学报，2020，21（02）：35-45.

③ 包国宪，张弘. 政府绩效治理中的协同领导体系构建：超越个体层面的公共领导新发展 [J] 行政论坛，2020，27（03）：97-104.

④ 马佳铮. 领导行为与政府绩效的关联路径：基于下属信任中介作用的实证研究 [J]. 上海行政学院学报，2020，21（02）：35-45.

⑤ 马亮. 大数据时代的政府绩效管理 [J]. 理论探索，2020（06）：14-22.

识别"数据关联"使得评估数据从烦冗走向精准；评估方法的融合与智能促进了评估方法的灵活转变；信息技术构建的有效度和信度的评估指标等促使中国政府绩效评估指标从泛化走向精细；评估结果也从偏畸走向公正。①依托信息化发展，绩效管理建立了决策咨询辅助工作机制、全流程管理的工作机制等。②地方政府绩效评估的数字技术解构了信息资源组合配置"技术有效"的治理目标，体现了"以人民为中心"及评估决策科学化、执行高效化和监督立体化的绩效评估思想。③

表 1　大数据时代的政府绩效管理特征④

维度	前大数据时代	大数据时代
管理目标	问责与激励	绩效评测与改进
数据来源	为考核而专门收集	公共管理的伴生物或副产品
数据类型	结构化的小数据	非结构化的大数据
数据分析	简单线性计算	复杂建模
管理周期	年度或半年	每月、每周、每日乃至实时
评估对象	部门或辖区	人、事、点位
公众参与	低	高
信息可视化	弱	强
信息使用	排名和奖惩	实时诊断、调适和绩效改进
信息公开	低	高
信息失真	高	低

与此同时，童佩珊等学者从公众评价的视角，利用调查数据对政府绩效评价和非制度化参与进行研究，发现互联网的使用显著降低了政府的绩效评价。⑤这意味着从公众感知和评价视角，需要重视互联网使用与政府绩效评价之间的关系。

---

① 罗敏，李文军，刘欣. 信息技术驱动政府绩效评估的创新转向 [J]. 中国科技论坛，2020（03）：8-15.
② 刘登峰，姚镇. 关于加强新时代政府绩效管理信息化建设的思考 [J]. 中国行政管理，2020（08）：149-151.
③ 陈留根. 地方政府绩效评估信息数字化治理的三重机制——兼论数字化政务技术限制的解构 [J]. 河南师范大学学报（哲学社会科学版），2020，47（05）：16-22.
④ 马亮. 大数据时代的政府绩效管理 [J]. 理论探索，2020（06）：14-22.
⑤ 童佩珊，卢海阳. 互联网使用是否给政府公共关系带来挑战?——基于政府绩效评价和非制度化参与视角 [J]. 公共管理与政策评论，2020，9（04）：60-71.

2. 政府绩效管理的信息化建设

绩效目标指标化、绩效生产标准化、绩效结果数量化与绩效应用简单化是政府绩效评估的技术治理特征。①陈留根运用组织理论，通过"信息处理、信息反馈、信息回应"的三重具体机制透视政府绩效评估政策执行的行动机制及技术治理过程，用数据说话的信息数据处理机制、用数据管理的信息数据绩效反馈机制、用数据决策的信息数据回应机制建构起地方政府绩效评估信息的数字化治理。②基层政府利用互联网等信息技术能够在被评估政府机构与行政相对人之间嵌入第三方机构，并可以从第三方机构处便捷地获取被评估政府机构为民办事效率和行政相对人满意度等绩效评估元信息，而被评估政府机构与第三方机构共同提供绩效评估元信息所形成的考评机制被视为"双线"考评机制，③这一机制在兰州市西固区已经得到了有益的实践探索经验。

对于预算绩效管理而言，预算全面绩效管理需要顶层设计技术体系的架构、功能及运行，优化既有技术模块和建立面向新预算形态及管理环节的技术标准，即将技术模块切割改造并重组为完整、灵活的集成技术系统。从要素与逻辑来讲，需致力于分步构建和不断发展预算全面绩效管理知识库。一方面，集成知识库可随时为新增的绩效管理需求提供技术支持；另一方面，集成技术体系可作为检索、评估和碎化潜在入库知识的科学标尺。④

除了政府绩效管理信息化建设中技术和数据的积极建构效果，有学者指出，技术因素所衍生的"虚假流量"同样需要得到重视。现实的社会和经济生活是一个复杂的系统，不同的数据采集方式可以生成不同的数据，并帮助衡量某些因素。在技术层面上，并非所有的信息都可以精确测量，将部分估算数字当作统计数字产生出的往往是难以反映真实情况的"虚假流量"，进而可能诱发与现实相悖的政策目标。⑤需要对数据生成过程、统计数据作用和技术等进行更深入的厘清。

---

① 卢扬帆. 超越技术治理：绩效评估与政府绩效的社会再生产 [J]. 学海，2020（06）：160-167.

② 陈留根. 地方政府绩效评估信息数字化治理的三重机制——兼论数字化政务技术限制的解构 [J]. 河南师范大学学报（哲学社会科学版），2020，47（05）：16-22.

③ 何阳，高小平. "双线"考评机制：技术赋能下基层政府绩效评估新途径 [J]. 理论与改革，2020（06）：106-118.

④ 卢扬帆. 预算全面绩效管理技术与知识集成初探 [J]. 理论探索，2020（06）：23-33.

⑤ 梁平汉. 警惕政府治理中的"虚假流量" [J]. 人民论坛，2020（11）：58-59.

（三）探讨政府绩效管理的发展创新路径

1. 指标与方法

郑方辉等依据我国财政支出的结构特征，构建财政支出绩效评价统一兼容的通用模型，评价维度指向（支出）决策、过程（监管）、产出（目标实现）和影响（社会满意），并以指标权重及评分标准区分层级关系，以内部结构指标体现层次绩效。①综合打分制方法是我国财政绩效评价中普遍采用的方法，然而综合打分制方法存在着多方面的问题：综合打分制将管理绩效与产出绩效等多维指标融为一体，难以体现绩效实质；难以体现评价对象的差异性；易于出现评价指标标准化、评价尺度差异化的问题；不利于建立绩效管理的文化和氛围；组织综合打分制绩效评价需要消耗大量的人、财、物等资源；等等。需要从理念上更加强调绩效评价的方法应服务于绩效管理的战略目标，借鉴基于证据的绩效评价等新方法，构建满足财政绩效评价管理需求的新的方法体系等方面加以完善。②

着眼政府绩效管理的治理效能，指标构建和实证分析领域也有不少研究成果。王芳等遵循针对性、价值导向和可操作性原则，运用 VFT 价值焦点思考法进行政策分析，并在此基础上构建了包含 4 个一级指标，19 个二级指标和 38 个三级指标的"基于大数据应用的政府治理效能评价指标体系"。其中，治理绩效、治理能力、制度保障和公众参与是一级指标，行政效率、经济增长、行业监管、公共服务、社会治理、数据技术能力、法规政策、技术标准、政务微信热度等为二级指标，为大数据提升政府治理效能提供了可量化的评价工具。③秦晓蕾等以某市具体城管局为案例，构建了提升治理能力的城管绩效考核模型，模型重点关照两方面能力考核，"城市管理业绩"维度和"内部运行"维度主要指向行政执法能力和管理能力，"社会大众满意度评价"和"学习与发展"维度主要指向公共服务能力，④研究对城市治理实践的优化和完善具有积极意义。

2. 社会参与

公众参与和第三方参与是政府绩效管理的社会参与领域学者研究的重点。

---

① 郑方辉，刘国歌. 论财政支出绩效评价结构体系 [J]. 中国行政管理，2020（07）：41-48.

② 阿儒涵，程燕林，李晓轩，等. 关于财政绩效评价综合打分制方法的思考 [J]. 中国科学院院刊，2020，35（12）：1439-1447.

③ 王芳，张百慧，杨灵芝，等. 基于大数据应用的政府治理效能评价指标体系构建研究 [J]. 信息资源管理学报，2020，10（02）：17-28.

④ 秦晓蕾，陆登高. 基于治理能力提升的城管绩效考核：一个层次分析法应用 [J]. 公共管理与政策评论，2020，9（02）：33-42.

　　公众参与政府绩效管理既是建构一种更具包容性、有效性与合法性的公共管理实践方式，也是公共服务伦理价值的回归。而公众参与政府绩效管理面临着不可持续的挑战，具体表现为：一方面，公众参与政府绩效管理的有限性，公众参与更多停留在绩效评价环节，其参与也缺乏必要的话语权和效能感；另一方面，公众参与政府绩效管理的非延续性，大多数地区具有"运动式"特点。实现公众参与政府绩效管理可持续性的有效路径就在于构建政府与公众间的知识共享机制，这就需要关注于官僚理性知识壁垒的形成机理及其超越路径，以及利益相关者间的知识共享能力的构建。①

　　在第三方评估方面，尚虎平等通过建立第三方评估效能评估标准体系，对我国已经结项的 21 个政府绩效第三方评估案例的效能实证评估。研究发现，目前我国政府绩效第三方评估基本合格，但在独立性、群众认可度等方面存在着"局部失灵"。未来需要从制定相关法律法规确定第三方评估的法定地位，减少对第三方评估的干预，鼓励和发展专业评估组织，提高第三方评估机构的专业性和公信力等方面来解决第三方评估失灵问题。②何文盛等根据评估权力组织模式的不同将第三方评估划分为委托受限第三方评估、充分委托第三方评估和独立第三方评估，研究发现，委托受限第三方评估由于评价管理者同时也是被评对象，多方扰动因素会影响第三方主体的独立性，进而影响到评估结果的科学性；充分委托第三方评估通过成立专门的绩效管理机构实现了评价管理者与被评对象的分离，为第三方独立开展评估提供了保障；独立第三方评估的评估结果偏差主要受限于第三方主体的工作能力和专业水平。③第三方绩效评价作为推动政府购买服务改革的重要措施，已成为政务服务"好差评"制度的方法借鉴。④

三、展望与分析

　　结合 2020 年度理论与实践领域的发展，未来中国政府绩效管理的发展在

　　① 孙斐, 叶烽. 公众参与政府绩效管理的可持续性：一个系统性文献综述 [J]. 行政论坛, 2020, 27（01）：79-87.

　　② 尚虎平, 孙静. 失灵与矫治：我国政府绩效"第三方"评估的效能评估 [J]. 学术研究, 2020（07）：50-58.

　　③ 何文盛, 姜雅婷. 政府绩效评估"三权"视角下第三方评估权力组织模式与评估结果偏差——基于多案例的阐释 [J]. 江苏行政学院学报, 2020（04）：98-105.

　　④ 翟云. 政务服务"好差评"制度：政策意蕴、理论阐释与路径建构 [J]. 行政管理改革, 2020（03）：66-72.

如下三个方面有待进一步加强。

（一）加强政府绩效管理的信息化技术建设

大数据时代，政府的绩效管理容易产生一些问题和隐忧。其一，数据被人为操纵，导致绩效扭曲。大数据分析容易发生"见物不见人"的问题，即虽然大数据分析技术可以帮助政府部门采集海量数据，但是这些数据的真实意涵和具体指向可能会被错误解读。政府绩效管理领域存在一个被称为"坎贝尔定律"的规律性现象，即绩效监测必然会导致数据扭曲和腐败。其二，算法的复杂容易导致"黑箱"现象。如果说传统政府绩效管理所产生的绩效信息一目了然和通俗易懂的话，那么大数据时代的政府绩效管理则变得令人费解和难懂。基于海量数据和复杂算法而得出的绩效分值或绩效指数，是对政府绩效的高度浓缩和抽象，可能无法对应公共管理人员的实际感知。与此同时，掩藏在算法背后的主观故意和偏见，也可能被算法"封装"而难以察觉，并使政府绩效信息失真问题进一步凸显。[1]此外，数据的客观形成和主观选择之间存在悖论，种种问题都意味着政府绩效管理的信息化技术建设并不是仅仅加强技术创新和使用便可实现赋能，而是需要关注技术赋能背后的潜在矛盾，在已有的政府绩效管理信息化技术建设基础上实现更科学有效的治理效能。

（二）加强预算绩效管理的有效监控

在预算与绩效管理一体化领域还存在着"双监控"尚未找到切入点的问题。"双监控"指的是对绩效目标实现程度和预算执行进度进行监控。这两者的关注点是不同的，预算执行进度关注的是财政资金的支出情况，绩效目标实现程度关注的是资金使用单位使用资金后产生的绩效是否与绩效目标偏离，如何将这两者放在一起实施有效监控，则需要在实践中寻找路径。未来应按照全面、重大、重点三级分层次开展"双监控"，将部门整体绩效和项目绩效全面纳入监控范围，运用信息化手段及时反应和通报；对一定金额以上的重大项目进行定期监控，确保项目有效实施；对社会关注的民生等重点项目可委托第三方机构开展绩效跟踪，及时微调纠偏。[2]设立红黄绿灯预警机制，按财政支出进度快慢、绩效目标偏离度设定预警规则，实现动态监控。

（三）加强社会主体的有序有效参与

目前我国政府绩效评价、公共项目绩效评价、公用事业绩效评价、外包公

---

① 马亮. 大数据时代的政府绩效管理［J］. 理论探索，2020（06）：14-22.

② 赵学群. 关于预算与绩效管理一体化的三点思考［N］. 中国财经报，2020-02-29（007）.

共服务绩效评价等均开始大范围采用第三方评估模式，但在各类政府绩效管理第三方评估的实践中却出现诸多失灵现象，共性问题是：第三方评估的整体独立性不够、专业水平有限、评估过程中信息发布不透明、政府与第三方机构之间信息不对称、缺乏反馈和应用机制，以及公众对评估机构信任度不高等。①

在公民参与方面，存在参与程度和效果不佳的问题。其一，公民参与政府绩效评估的合法性不足，缺乏统一的政策指导和长效机制保障；其二，公民参与政府绩效评估的程序不规范，在具体评估过程中仍然是以政府为主导，评估具有自上而下的单向性特征，公民参与政府绩效评估的代表选取机制缺失，意见表达机制不健全，并缺少必要的外部监督机制；其三，公民参与政府绩效评估的权利意识淡薄。②通过规范、科学、有序的方式加强社会主体对于政府绩效管理和评估的有效参与，是未来政府绩效管理领域一个需要加强的重点。

四、报告要点

综合本报告的内容，报告的要点归纳如下。

1. 预算绩效管理体系建设纵深推进

2020 年，我国预算绩效管理改革全面实施，在实践中加快构建全方位、全过程、全覆盖的预算绩效管理体系，在中央部门和省级层面已基本建成全方位、全过程、全覆盖的预算绩效管理体系，在市县层面也初步打下预算绩效管理基础，并继续向纵深推进。出台了一系列的文件，项目预算支出、融资担保等领域的绩效管理更加规范化，在实践中预算绩效管理的覆盖面也不断拓宽。绩效管理范围已涵盖一般公共预算、政府性基金预算、国有资本经营预算，覆盖中央本级项目、中央与地方共同财政事权转移支付以及专项转移支付。同时，将绩效管理向政府投资基金、政府购买服务、政府和社会资本合作（PPP）项目、政府性融资担保机构等领域延伸。还积极组织对先进制造产业投资基金、国家新兴产业创业投资引导基金、国家集成电路产业投资基金等多支政府投资基金开展绩效评价。

2. 全过程绩效管理链条进一步强化

中央及地方预算和绩效目标公开范围扩大，在事前绩效管理、事中绩效监控、事后绩效评价方面不断优化创新。绩效管理不断深度融入预算编制、执行、

---

① 尚虎平，孙静. 失灵与矫治：我国政府绩效"第三方"评估的效能评估 [J]. 学术研究，2020（07）：50-58.

② 陈晨. 我国公民参与政府绩效评估的法治化路径探析 [J]. 科学社会主义，2020（02）：125-129.

监督的全过程，持续选择重点领域、重点项目试点开展全过程预算绩效管理，不断做实"前后两端"，并主动融合预算、绩效、规范和支出标准等各项政策制度要求，发挥预算绩效管理审核监管机制性、系统性作用。

3. 妥善处理政府绩效管理中的技术赋能

大数据分析技术等使得政府绩效的信息来源更加多元，信息收集、存储、处理、使用等环节更加高效，能够助力评估数据、指标构建、评估方法的精准科学。技术赋能的同时，也需要关注技术体系建构、功能和运行背后的潜在技术问题，例如"虚假流量"、算法"黑箱"、信息失真等，在已有的政府绩效管理信息化技术建设基础上实现更科学有效的治理效能。

4. 社会力量在绩效评估中的参与有待加强

当前，第三方机构在参与绩效评价时存在评价质量参差不齐、工作人员专业性有待提升等问题。胜任绩效管理咨询服务的社会机构数量少，对绩效评估、绩效目标审核、绩效评价等关键环节智力协助能力不足。同时，当地参与绩效管理并能够发挥作用的专家数量有限，难以充分满足各参与方获得理论和业务指导的需求。此外，第三方评估机构的独立性、群众认可度方面也需要进一步的提升。除了第三方机构，公众有效有序地参与政府绩效评估同样需要受到重视并在参与的范围、效果上加以改善。

作者单位：南开大学周恩来政府管理学院

第四部分

政府治理方式变革与基层治理

政府与社会资本合作（PPP）发展研究报告

郭道久

2020 年，政府与社会资本合作（PPP）在经历了前两年的调整和规范后进入相对平稳的发展时期。不管是政府，还是社会投资方，对 PPP 的认识都更加全面和稳健，项目更注重可行性，政策法规的针对性更明确，各方都更注重 PPP 的持续健康发展。新冠疫情对 PPP 项目的招标采购、建设施工等虽然产生了一定的影响，但同时 PPP 也在缓解财政压力方面被寄予了更多希望。

一、2020 年政府与社会资本合作（PPP）发展情况

2020 年 PPP 的特点是平稳发展，清理整顿之后 PPP 的发展重质不重量；数量上平稳增长，相关法律法规和政策继续出台，支持发展措施不断丰富，"两新一重"是主要增长点。

（一）PPP 项目进展情况

根据国家发展改革委全国 PPP 项目信息监测服务平台的数据，截至 2020 年底，全国共录入 PPP 项目 7473 个，总投资额 103150 亿元；其中，贵州、广东、安徽、山东和浙江录入项目较多，分别达 567、522、491、468、456 个，总投资额分别为 7880、4914、4787、3753、8557 亿元；行业分布上，城市基础设施、农林水利、社会事业、交通运输和环保五个行业 PPP 项目最多。2020 年全国各地新增 PPP 项目 645 个，其中，贵州省、江西省、辽宁省新增项目较多，城市基础设施领域新增 214 个项目，为最多的行业；新增项目中已签约 273 个。截至 2020 年底，平台已签约项目中民间投资项目共 1704 个，占全部已签约项

目的 43%；2020 年全年各地新增已签约 PPP 项目中民间投资项目 61 个。①

　　根据财政部全国 PPP 综合信息平台项目管理库的数据，截至 2020 年 11 月末，管理库入库项目累计 9954 个、投资额 15.28 万亿元，覆盖 31 个省（自治区、直辖市）及新疆生产建设兵团和 19 个行业领域；2014 年以来，累计落地项目 6920 个、投资额 11.0 万亿元；开工项目累计 4188 个、投资额 6.4 万亿元，开工率 60.5%。2020 年新入库项目 998 个，投资额 1.57 万亿元；签约落地项目 590 个，投资额 1.16 万亿元；开工建设项目 480 个，投资额 8589 亿元。2020 年以来在库项目数净增量前五位的分别是广西 97 个、江西 70 个、辽宁 63 个、河南 51 个、广东和河北 47 个；在库项目投资额净增量前五位分别是云南 2091 亿元、山西 880 亿元、四川 804 亿元、江西 715 亿元、河南 670 亿元。管理库内各行业累计项目数前五位的是市政工程 4059 个、交通运输 1362 个、生态建设和环境保护 945 个、城镇综合开发 626 个、教育 479 个，合计占管理库项目总数的 75.1%。②

　　2020 年财政部没有推出新的 PPP 示范项目，地方政府在不断总结经验、加强管理中，仍有推出示范项目。比如，江苏省为加强示范引领和样板推广，2020 年推出"南京市鼓楼区铁北片区城中村改造更新及产业发展"等 21 个 PPP 示范项目，涉及城镇综合开发、生态建设和环境保护、旅游、市政工程等领域，总投资 613.5 亿元；同时，江苏省财政下达示范项目奖补资金 8900 万元。③

　　（二）促进和规范 PPP 发展的政策法规

　　2020 年，中央政府及各部门出台与 PPP 有关的法律法规和政策文件相对较少（见表 1）。2020 年 8 月国务院公布修订后的《中华人民共和国预算法实施条例》被认为对 PPP 的影响较大。该条例作为法律效力较高的行政性法规，从政府预算管理的角度，对政府违规举债、转移支付、绩效管理等做出了清晰的规定，从而对约束 PPP 项目的违规举债、支出责任，提高资金使用效率有很强的针对性。财政部发布的《政府和社会资本合作（PPP）项目绩效管理操作指引》针对 PPP 项目存在的产出不及预期、履约付费不及时、透明度不够等现象，强

---

　　① 各地已签约 PPP 项目中民间投资项目 1704 个［EB/OL］. 国家发展改革委全国 PPP 项目信息监测服务平台，2021-01-25.

　　② 全国 PPP 综合信息平台管理库项目 2020 年 11 月报［EB/OL］. 财政部政府与社会资本合作中心网站，2020-01-13.

　　③ 江苏完成 2020 年 PPP 示范项目评选［EB/OL］.（202-12-15）. http://www.cfen.com.cn/dzb/dzb/page_6/202012/t20201215_3634645.html.

调规范 PPP 项目全生命周期绩效管理，明确将 PPP 项目绩效评价结果作为按效付费、落实整改、监督问责的重要依据。农业农村部出台的《社会资本投资农业农村指引》肯定了社会资本投入对乡村振兴的重要性，并明确了投资的 12 个重点产业和领域。2020 年，地方政府仍然出台了一些有关 PPP 的政策和文件（见表2），主要集中于绩效管理、财政监督等方面。

表 1　2020 年中央政府及各部门发布的有关 PPP 的法规和政策文件简况表

名称	发布部门	时间
《中华人民共和国预算法实施条例》	国务院	2020 年 8 月
《关于加快加强政府和社会资本合作（PPP）项目入库和储备管理工作的通知》	财政部	2020 年 2 月
《关于印发污水处理和垃圾处理领域 PPP 项目合同示范文本的通知》	财政部	2020 年 2 月
《关于全国 PPP 综合信息平台（新平台）上线运行的公告》	财政部	2020 年 2 月
《政府和社会资本合作（PPP）项目绩效管理操作指引》	财政部	2020 年 3 月
《社会资本投资农业农村指引》	农业农村部	2020 年 4 月
《关于支持民营企业参与交通基础设施建设发展的实施意见》	国家发展改革委等	2020 年 6 月
《〈政府会计准则第 10 号——政府和社会资本合作项目合同〉应用指南》	财政部	2020 年 12 月

资料来源：根据财政部政府与社会资本合作中心网站"政策法规"栏目相关内容整理。

表 2　2020 年地方政府发布的部分有关 PPP 的法规和政策文件

名称	地区	时间
《关于开展 2020 年度全省政府和社会资本合作（PPP）项目财政监督的通知》	江苏	2020 年 4 月
《关于开展政府和社会资本合作（PPP）"高质量发展年"活动的指导意见》	山东	2020 年 4 月
《四川省非义务教育学校（食堂、宿舍）PPP 项目绩效评价指标指引》	四川	2020 年 5 月

名称	地区	时间
《关于进一步提高政府和社会资本合作（PPP）项目第三方服务机构工作质量的意见》	江苏	2020 年 7 月
《关于加快规范推进政府和社会资本合作模式促进经济高质量发展的若干措施的通知》	宁夏	2020 年 7 月
《四川省市政领域（污水、垃圾、道路、停车场）PPP 项目绩效评价指标指引（试行）》	四川	2020 年 9 月
《关于进一步加强 PPP 项目绩效管理的通知》	江苏	2020 年 9 月
《2020 年广西深入推进政府和社会资本合作工作百日攻坚行动方案》	广西	2020 年 9 月
《关于印发山东省污水处理行业政府和社会资本合作（PPP）项目绩效指标体系和山东省黑臭水体治理行业政府和社会资本合作（PPP）项目绩效指标体系的通知》	山东	2020 年 10 月

资料来源：根据财政部政府与社会资本合作中心网站"政策法规"栏目相关内容整理。

（三）PPP 发展的各种支持措施

PPP 研讨工作持续开展。2020 年 1 月 5 日，第四届"中国 PPP 投资论坛"在中国政法大学举办，论坛以"规范发展，行稳致远"为主题，来自政府、行业和学界的专家就共同推进中国 PPP 的良性、健康、规范发展进行深度探讨。2020 年 11 月 7—8 日，"2020 年中国 PPP 学术 30 人论坛"在上海举办，主题为"新发展格局下的 PPP 研究：中国情境与国际视野"，与会学者对 PPP 在中国实践中面临的新问题、国内外 PPP 发展趋势与研究热点等进行了全面深入的探讨。2020 年 12 月 19 日，"2020 政信产业高峰论坛暨第五届中国 PPP 投资论坛"在北京举行，论坛以"聚合能量·创投未来"为主题，共谋政信产业 PPP 的新发展。2020 年 12 月 25 日，"第二届中国 PPP 法律论坛"在北京举办，200 多名与会专家充分探讨 PPP 法制建设的新使命、新机遇、新挑战。2020 年 12 月 27 日，第五届"中国 PPP 论坛"在清华大学举行，论坛以"新阶段 新理念 新格局 新 PPP"为主题，来自政府部门、国际组织、高校和研究机构、社会资本的专家共同探讨 PPP 模式的新使命、新机遇、新挑战。全国性高层次的研讨会是推动 PPP 健康稳定发展的重要基础，诸多理论和实践问题需要通过研讨来解决，政府工作人员、学者和实务工作者也需要在沟通中寻求共识。

PPP 基金助推项目发展。成立于 2016 年 3 月的中国政府和社会资本合作融资支持基金（中国 PPP 基金），是政府支持 PPP 项目融资的重要举措。PPP 基金通过市场化、专业化运作，充分发挥"引导、规范、增信"作用，引导和规范 PPP 项目合作，培育高效、规范、透明、统一的 PPP 市场。截至 2020 年 11 月 30 日，中国 PPP 基金累计已决策项目 156 个，涉及项目总投资超 13000 亿元，覆盖了 28 个省（自治区、直辖市）的 100 多个地市；中国 PPP 基金累计拨款项目 102 个，涉及项目总投资超 8700 亿元。[①]

发挥 PPP 专家库的作用。财政部政府与社会资本合作中心 2017 年开始建立 PPP 专家库和咨询机构库，以充分发挥 PPP 领域专业人士和专业机构的重要作用；国家发展改革委员会也于 2016 年开始建立 PPP 专家库。2019 年 2 月，财政部政府与社会资本合作中心依托"道 PPP"微信平台，开设了专家库交流实录专栏，真实记录库内各领域专家对 PPP 改革的讨论内容。2020 年累计发布 43 期，逾 94 万字，共有 155 名库内专家参与，共计 1165 人次，点击率逾 9.2 万次；两年累计发布 87 期，点击率超 20 万次。[②]

（四）"两新一重"与 PPP 发展新契机

2020 年 5 月 22 日，李克强总理在政府工作报告中提出，重点支持新型基础设施建设，新型城镇化建设，交通、水利等重大工程建设，即"两新一重"建设。这是扩大内需，对冲疫情给经济运行带来的冲击的重要手段。更为重要的是，国家将"两新一重"等关键领域和行业的建设向社会资本开放，为 PPP 模式的融合发展提供新的契机。5G、大数据、人工智能等新基建项目投资需求大，但效益预期也很显著；县城公共设施建设、城镇老旧小区改造等属于传统项目，但在新型城镇化战略的加持下，也是社会资本投资的可选项；交通、水利等重大工程领域的开放，是社会资本的难得机遇。从实践看，"两新一重"确实成为 PPP 项目投资的主要增长点。根据财政部全国 PPP 综合信息平台管理库数据，2020 年前三季度"两新一重"新入库项目 605 个，投资额 11882 亿元，占全部新入库项目投资额 13545 亿元的 87.7%。[③]2014 年以来，新型基础设施

---

① 中国 PPP 基金项目投资情况（截至 2020 年 11 月底）. 中国 PPP 基金网站"资讯中心"栏目，2020-12-07.

② 2020 年度财政部 PPP 专家库交流实录汇编. 政府与社会资本合作中心网站"资料库·PPP 视角"栏目，2020-12-23.

③ PPP 模式前三季度逾万亿元资金投向"两新一重". 政府与社会资本合作中心网站"PPP 要闻"栏目，2020-12-01.

项目累计 140 个，投资额 865 亿元；新型城镇化项目累计 6533 个，投资额 7.8 万亿元；交通运输、水利建设等重大工程项目累计 1770 个，投资额 5.4 万亿元。①

二、2020 年政府与社会资本合作（PPP）研究综述

2020 年，有关 PPP 的研究成果仍然比较多。2020 年，CNKI（中国知网）数据库收集的以"政府与社会资本合作"或"PPP"为篇名的论文有 2100 多篇，以其为主题的则有 3400 多篇，较 2019 年的 2600 多篇和 3900 多篇有小幅减少。从学科上看，相关研究广泛分布于经济（金融、财政）、法学、政治、公共管理、管理工程、系统工程、环境工程等多个学科领域。与之前相比，2020 年有关 PPP 的学术研究更加深入，诸如 PPP 的应用、管理、风险等问题，研究成果都更富科学性，理论更丰富，经验更具体。综合起来看，这些研究主要集中在 PPP 的双面影响、具体领域应用、风险管控、法律法规等多个方面。

（一）PPP 的双面影响

PPP 受到广泛重视，重要原因之一就是其被赋予了盘活基础设施存量资产等许多特定正面效能，但在其具体运行过程中也产生了诸如增加政府隐性债务负担等负面影响。在 2020 年的相关研究中，不少学者就 PPP 在实践中带来的正反两方面影响等问题展开了细致讨论。吴亚平认为存量资产引入 PPP 模式，对盘活存量资产、提高运营效率并为社会资本提供更多的投资机会具有重要意义。②高震男等通过对 2006—2017 年中国省际数据的分析，发现 PPP 项目进行资产证券化会带来较为明显的 GDP 增长和居民消费水平的提高，且这一积极影响的大小与 PPP 项目的流转率密切相关。③詹雷等发现上市公司参与 PPP 项目的公告引发了正向的股价反应，其首次参与 PPP 项目对 CAR（资本充足率）有正向影响。④冯净冰等认为 PPP 项目具有吸纳社会资本的效果，且这一效果受到地方政府收益支持、推进效率、权利让渡等因素的影响。⑤同时，PPP 模式在实践中也会导致一些负面问题。谢进城等发现推行 PPP 模式会持续性地显著

---

① 全国 PPP 综合信息平台管理库项目 2020 年 9 月报. 财政部政府与社会资本合作中心网站，2020-10-30.

② 吴亚平. 基础设施存量资产引入 PPP 模式研究［J］. 宏观经济研究，2020（02）：84-91.

③ 高震男，潘水洋. PPP 项目资产证券化对宏观经济的影响［J］. 兰州学刊，2020（02）：110-120.

④ 詹雷，王波. 上市公司参与 PPP 的股价反应及其异质性——来自中国沪深两市的经验证据［J］. 财政研究，2020（08）：101-117.

⑤ 冯净冰，章韬，陈钊. 政府引导与市场活力——中国 PPP 项目的社会资本吸纳［J］. 经济科学，2020（05）：19-31.

增加政府隐形债务，且随着隐性债务规模占 PPP 投资额比值的增大，该模式将会造成更大的政府隐性债务负担。①张曾莲等通过 PSM-DID 检验得出，参与PPP 项目在一定程度上降低了上市公司的创新，参与 PPP 项目的数量与上市公司创新的降低幅度间呈正相关。②吴卫星等认为政府和社会资本合作会显著影响企业的债务期限结构，即增加长期有息债务、降低短期有息债务占比。③姜迪等研究发现我国近年来的 PPP 项目集中落地虽然可能在一定程度上和在短期内缓解了地方政府的财政压力，但长期系统性地来看会积累地方财政风险，并加剧地方财政的脆弱性和不可持续性。④

（二）PPP 模式在不同领域的应用

2020 年仍然有一些研究成果聚焦于 PPP 模式在不同领域的具体应用。其中，探讨 PPP 新的应用领域的比较少，大多数成果关注的是 PPP 在既有领域的深度推进与完善，以及解决发展中出现的各方面问题。

2020 年是"一带一路"建设的关键一年，这一年有不少学者对该背景下的PPP 模式应用问题展开了探讨。仇娟东等通过对"一带一路"沿线国家 PPP 项目数据进行实证检验，发现这些国家 PPP 项目发起政府级别对私人部门投资额的影响符合"差序信任"逻辑，而债务融资获得、股权融资获得和风险选择均成为中间机制。⑤王威等构建了"一带一路"沿线国家基础设施 PPP 投资环境的评估分析模型，并以样本国家的实证分析结果筛选出了适宜的 PPP 项目类型。⑥徐鸿等在分析了"走出去"企业以 PPP 模式进行境外投资可能面临的各类涉税风险的基础上，提出了完善 PPP 模式下的国家间税收协定与境外投资促进涉税法律制度，以及探索建立专项涉税争端解决机制等建议措施。⑦吴慧德等

① 谢进城，张宗泽，梁宏志. PPP 模式与隐性债务：增加负担还是减轻负担？[J]. 财经论丛，2020（04）：22-32.

② 张曾莲，原亚男. 参与 PPP 项目对上市公司创新的影响——基于 PSM-DID 方法的实证分析 [J]. 华东经济管理，2020（05）：42-50.

③ 吴卫星，刘细宪. 政府和社会资本合作对企业债务期限结构的影响——来自中国上市公司的微观证据[J]. 系统工程理论与实践，2020（06）：1545-1556.

④ 姜迪，汤玉刚. PPP 如何影响地方财政风险——来自债券市场反应的证据 [J]. 经济理论与经济管理，2020（10）：50-64.

⑤ 仇娟东，黄海楠，赵冬. "一带一路"沿线国家 PPP 项目发起政府级别如何影响私人部门的投资额："差序信任"还是"贴近市场"？ [J]. 财政研究，2020（01）：96-112.

⑥ 王威，夏仕成. 基础设施建设投资"走出去"的 PPP 模式选择研究[J]. 中央财经大学学报，2020（06）：3-11.

⑦ 徐鸿，史永健，曹煜，等. "走出去"企业 PPP 模式下的涉税风险分析及建议 [J]. 税务研究，2020（08）：102-105.

认为"PPP+不动产信托基金"模式有助于推动金融要素有序自由流动、资源高效配置和基础设施产业的深度融合，是增强"一带一路"沿线国家和地区 PPP 项目流动性的重要举措之一。①

城镇化建设与城市开发领域中 PPP 模式的应用依然是研究关注点之一。王克强等研究发现 PPP 模式的推行既直接提升了新型城镇化建设质量，又通过宏微观层面的产城融合间接影响了新型城镇化的建设质量。②张琦认为开发性 PPP 模式具有激励相容、风险对冲以及自我造血等功能，更能满足新型城镇化的内在要求和发展规律，是具有中国特色与时代特征的政府和社会资本合作模式。③毕然通过将监督和激励机制纳入博弈分析中，为地方政府在海绵城市 PPP 项目的决策上提供了参考。④李冠雄等认为海绵城市是 PPP 模式与项目系统以及新型城市管理方式的结合，在此建设背景下合理运用 PPP 创新模式，需要兼顾当地的自然生态环境、城镇化建设全局与供给侧结构性改革的宏观经济全局。⑤

农业和农村发展领域中如何促进 PPP 模式的科学合理应用也是研究关注点。严华东等在明确了 PPP 模式应用于乡村振兴项目的适用范围的基础上，提出了不同实施机构主导下 PPP 的典型交易结构，并从坚持基本建设程序、实施负面清单管理、加强事中事后监管、完善相关配套政策、辩证认识 PPP 模式等方面贡献了政策建议。⑥杜焱强等通过农村生活垃圾处理案例的对比分析，发现 PPP 模式与传统的政府治理模式相比治理总成本差异不大，但 PPP 模式更加注重建设环节的投入以确保质量而降低全生命周期成本。⑦詹卉认为农业基础设施 PPP 与农户自组织相结合的模式能够将分散农户利益联结起来，是促进小农与现代农业发展衔接的有效路径。⑧唐祥来等分析了目前农业农村领域 PPP 项目在设立、建设、运营和退出阶段税收政策存在的问题，并提出要建立涵盖从

① 吴慧德，刘永元."一带一路"基础设施 PPP 项目不动产信托基金化研究 [J]. 中国国情国力，2020（07）：57-62.

② 王克强，路江林，李岳存.PPP 模式提升了新型城镇化建设的质量吗? [J]. 统计研究，2020（04）：101-113.

③ 张琦. 开发性 PPP：新型城镇化高质量发展的新路径 [J]. 湖湘论坛，2020（03）：110-118.

④ 毕然. 海绵城市 PPP 项目中政府与企业的博弈分析 [J]. 工业技术经济，2020（05）：144-151.

⑤ 李冠雄，贺洋. 新时期海绵城市建设融资问题研究 [J]. 管理现代化，2020（03）：4-6.

⑥ 严华东，丰景春. 乡村振兴背景下我国农业农村领域 PPP 模式的适用范围、交易设计及政策建议 [J]. 农村经济，2020（02）：14-22.

⑦ 杜焱强，刘瀚斌，陈利根. 农村人居环境整治中 PPP 模式与传统模式孰优孰劣?——基于农村生活垃圾处理案例的分析 [J]. 南京工业大学学报（社会科学版），2020（01）：59-68、112.

⑧ 詹卉."PPP+自组织"：农业基础设施供给机制的创新 [J]. 财政研究，2020（06）：121-129.

PPP 项目设立到项目退出全过程的税收政策支持体系。[①]朱增勇等通过对某县典型案例的分析，研究了病死畜禽无害化处理的 PPP 项目回报机制，并认为适应区域产业发展布局调整趋势、因地制宜确定建设规模、设置可行性缺口补助是保证 PPP 项目顺利发挥效用的关键。[②]

公共服务和基础设施建设领域中 PPP 模式的应用仍然保持着较高的研究热度。戴艳清等从参与主体职能的视角，剖析了 PPP 模式在公共数字文化服务应用中存在的诸如法律政策不完善、政府干预过多、公共文化机构合作意愿不强等阻碍，并提出了相应的解决措施。[③]唐义等以"韵动株洲"云平台为例，深入分析了 PPP 模式在公共数字文化服务平台的运行机制，并就云平台 PPP 模式运用中的现存问题提出了对策建议。[④]邓银花研究发现公共图书馆领域应用 PPP 模式有利于提高服务供给水平、管理水平和服务效率，以满足其社会化发展与服务用户的个性化需要。[⑤]韩烨探究了当前老年消费市场上不同的需要类型，得出社会化养老服务偏好是构建养老服务 PPP 模式的前提，而构建多层次养老服务 PPP 模式供给服务才是满足当前老年人的差异化养老需求的关键。[⑥]孙涛等研究发现，养老服务模式的差异源自不同层次的市场定位和投资环境，政府与社会资本投资都具有明显的风险规避倾向。[⑦]廖卫东等分析了目前我国 PPP 养老产业的现状和困境，并基于协同治理理论从建设良好的养老人文环境和制度环境、发展医养结合养老新模式、创新财政与金融政策等方面提出了 PPP 养老产业发展的政策建议。[⑧]张博文等发现我国公共体育服务 PPP 模式中存在多元

---

① 唐祥来，康锋莉. 税收政策促进农业农村领域 PPP 模式发展研究 [J]. 税务研究，2020（11）：114-118.

② 朱增勇，浦华. 病死畜禽无害化处理 PPP 项目回报机制研究 [J]. 中国农业资源与区划，2020（11）：73-78.

③ 戴艳清，南胜林，完颜邓邓. PPP 模式在公共数字文化服务中的应用——基于参与主体职能视角 [J]. 图书馆论坛，2020（07）：94-102.

④ 唐义，徐薇. 公共数字文化服务平台 PPP 模式应用研究——以"韵动株洲"云平台为例 [J]. 国家图书馆学刊，2020（02）：3-15.

⑤ 邓银花. 公共图书馆的 PPP 项目建设探讨 [J]. 图书馆论坛，2020（08）：155-162.

⑥ 韩烨. 社区居家或入住机构——养老服务 PPP 模式的差异化构建与优化 [J]. 吉林大学社会科学学报，2020（02）：179-188、223-224.

⑦ 孙涛，谢东明，赵志荣. 养老 PPP 的服务模式与融资结构研究 [J]. 吉林大学社会科学学报，2020（02）：167-178、223.

⑧ 廖卫东，廖剑南. 基于协同治理的 PPP 养老产业困境和优化路径研究 [J]. 江西社会科学，2020（04）：212-221、256.

主体存在协同意愿不强、协同动力不足、协同通道不畅等问题。①刘荣飞等认为在义务教育领域推行 PPP 办学模式有利于缓解财政压力、弥补设施短板、提高治理能力和促进社会力量办学，从而助推我国义务教育逐步迈向优质均衡发展。②张婷等构建了高速公路 PPP 项目合作双方信任、合同柔性、项目绩效三者的理论模型，集中探讨了柔性合同及其在信任影响高速公路 PPP 项目管理绩效中的中介作用。③刘用铨深入剖析了北京地铁四号线 PPP 项目，认为新基建领域推行 PPP 模式有利于调动民间投资积极性，加大补短板力度。④黄俊杰等探讨了厂网一体化 PPP 模式在水务基础设施建设中的具体应用，并从保证项目建设质量、发挥社会资本优势、提高项目吸引力和提升设施运营维护水平等角度为建设适宜排水系统特性和服务要求的城市水务基础设施提供了思路。⑤

（三）PPP 的风险问题

PPP 项目的风险问题仍然是学者们关注的重点。袁竞峰等构建了社会风险涌现模型，并通过计算实验发现社会风险等级、项目规模与政府风险应对能力均在不同程度上影响了 PPP 项目的社会风险水平。⑥张平等对 PPP 视阈下我国地方政府的隐性债务风险进行了空间分布测度，并从加强债务高风险地区监控、建立债务风险监控平台、加大省际债务风险治理合作的角度提出了防范对策。⑦魏蓉蓉等研究发现我国各地方政府 PPP 隐性债务规模仍处于合理范围，但是部分地区的违约风险相当大，且西部内陆地区的违约风险明显高于东南沿海地区。⑧胡振等借鉴了日本第三部门的改革经验，从进一步建立信息公开机制、定

① 张博文，王天琪. 我国公共体育服务 PPP 模式多元主体协同研究 [J]. 体育文化导刊，2020（01）：30-36.

② 刘荣飞，董圣足. 义务教育领域推行 PPP 办学模式：动因、问题与策略 [J]. 教育发展研究，2020（Z2）：40-45.

③ 张婷，陈倩. 高速公路 PPP 项目合作双方信任对项目绩效的影响研究 [J]. 西安财经大学学报，2020（03）：85-94.

④ 刘用铨. 新基建领域推行 PPP 模式探析——以北京地铁四号线为例 [J]. 财会月刊，2020（13）：145-151.

⑤ 黄俊杰，汤伟真，吴亚男. 厂网一体化 PPP 模式在水务基础设施建设中的应用探讨 [J]. 给水排水，2020（12）：46-49，55.

⑥ 袁竞峰，尚东浩，邱作舟，等. 不同回报机制下 PPP 项目社会风险涌现机理研究 [J]. 系统工程理论与实践，2020（02）：484-498.

⑦ 张平，王楠. PPP 视阈下我国地方政府隐性债务风险的空间分布测度与防范对策 [J]. 当代财经，2020（12）：39-49.

⑧ 魏蓉蓉，李天德，邹晓勇. 我国地方政府 PPP 隐性债务估算及风险评估——基于空间计量和 KMV 模型的实证分析 [J]. 社会科学研究，2020（02）：66-74.

期进行审核评估、实行有限度财政支援、健全退出机制、明确责任分工和培养专业人员方面为降低我国 PPP 项目政府参股的风险提出了针对性措施。①段艺璇等研究了 PPP 项目中的政府财政风险来源，并结合我国东西部地区的经济发展差异研究了 PPP 项目形成的地方政府财政风险的地区差异。②王军武等构建了考虑风险关联的轨道交通 PPP 项目风险分担演化博弈模型，发现影响双方策略选择的因素包括风险分担系数、风险控制成本、基础收益等。③王玉霞等认为 PPP 项目风险与民营企业的参与度密切相关，政府应当在事前规划与项目实施中提供相对完善的风险分担管理以提升民营企业对 PPP 项目的参与力度。④敖慧等将农村基础设施 PPP 项目的风险分为宏观层、中观层和微观层，并在凝练风险要素的基础上构建起最优风险分担比例模型。⑤陈少强等基于 PPP 项目绩效管理研究，从规范管理和创新管理两个方面提出了应对 PPP 项目不确定性风险的建议。⑥宋子健等根据委托代理理论厘清了 PPP 项目风险成本测算的影响因素，并对一般意义、信息对称和信息不对称三种情况下的风险成本测算模型展开了求解分析。⑦

（四）PPP 相关法律法规问题

为保障 PPP 模式在法制轨道上健康运行，与其相关的法律法规问题仍然是学者们的关注点之一，相关研究更加聚焦于 PPP 领域的立法安排、法律规范与行政法制等方面。肖华杰认为 PPP 模式下政府应当秉持平衡公共利益与私人利益、最大限度消除信息不对称、强化双方的履约责任的监管理念，以此理顺监管的立法逻辑以保障 PPP 项目的顺利开展。⑧李明超认为"规范化"已成为政府与社会资本合作项目有效运行的根本保障，但我国高位阶的立法依旧缺失，

---

① 胡振，马樱瑞.PPP 项目政府参股的风险：日本第三部门的改革经验及启示 [J]. 现代日本经济，2020（01）：13-25.

② 段艺璇，郭敏.PPP 项目中的政府财政风险来源研究 [J]. 管理现代化，2020（02）：100-103.

③ 王军武，余旭鹏. 考虑风险关联的轨道交通 PPP 项目风险分担演化博弈模型 [J]. 系统工程理论与实践，2020（09）：2391-2405.

④ 王玉霞，孟繁锦.PPP 风险分担管理与民营企业参与度研究 [J]. 经济问题，2020（06）：56-63.

⑤ 敖慧，朱茜，朱玉洁. 农村基础设施 PPP 项目的风险分担 [J]. 统计与决策，2020（08）：173-176.

⑥ 陈少强，郭骊. 不确定性视角下的 PPP 项目绩效管理研究 [J]. 中央财经大学学报，2020（08）：14-23.

⑦ 宋子健，董纪昌，李秀婷，等. 基于委托代理理论 PPP 项目风险成本研究 [J]. 管理评论，2020（09）：45-54、67.

⑧ 肖华杰.PPP 模式下政府监管的立法逻辑与规则构架 [J]. 社会科学家，2020（02）：118-123.

需从立法的前提、进路和内容对未来 PPP 模式的立法作系统性的设计和调整。①刘海鸥等从美国 PPP 立法的历程中得出了加强顶层设计、加大金融支持力度、明确政府间财政关系等经验启示，以此助推我国 PPP 领域的立法进程。②于海纯等认为 PPP 项目在实践中异化为地方政府融资平台的现象源于立法定位不够明确、政府管理路径依赖、社会资本力量薄弱以及政府融资需求无法满足等原因，并提出了纠正该乱象的法律对策与建议。③贺馨宇阐述了 PPP 合同中单方解除、变更权的法律属性与控制机制，并从多维度提出了完善对单方解除、变更权行使事后控制的措施。④江国华等通过引入德国行政法体系中的双阶理论，分析了 PPP 项目在预约前阶段、预约至缔约阶段与缔约后阶段退库的法律后果。⑤王春业提出要运用行政法促进和规制 PPP 的推行，辨析出 PPP 合作中行政法律关系的内容，构建具有中国特色的 PPP 行政法律制度。⑥同时，他还分析了行政协议司法解释对 PPP 合作产生的影响，认为应当按照不同类型 PPP 的特点进行不同定性，并采取多元化纠纷解决方式以促进 PPP 的良性发展。⑦

　　总体上，2020 年的 PPP 相关文献反映出以下特点。其一，PPP 研究得到深入发展，分析 PPP 带来的正反两方面的影响以及探讨其在具体应用领域中的深度应用，体现了 PPP 模式在快速发展中不断走向完善，而对 PPP 风险问题以及相关法律法规问题的关注，则体现出 PPP 模式正逐渐迈向规范发展的法制运行轨道。其二，PPP 研究的热度有所降低。就研究成果的数量而言，2020 年的研究成果相比于 2019 年有少许减少，而与 2018 年相比则数量降低较为明显。其三，研究成果的质量逐步提升。在成果数量没有显著增长的情况下，其学术质量有了一定程度上的提升，仍然有许多相关研究成果刊登在北大核心、CSSCI、CSCD 等高水平期刊上。

---

①　李明超. PPP 立法的制度调适［J］. 行政与法，2020（08）：34-42.

②　刘海鸥，贾韶琦. 政府和社会资本合作（PPP）立法的美国镜鉴与启示［J］. 财经理论与实践，2020（03）：155-160.

③　于海纯，安然. PPP 项目异化为地方融资平台的纠正及其法律路径［J］. 南京社会科学，2020（04）：80-86.

④　贺馨宇. 论 PPP 合同中单方解除、变更权的法律属性与控制机制［J］. 法律科学（西北政法大学学报），2020（03）：159-168.

⑤　江国华，贺馨宇. PPP 项目退库之法律后果分析［J］. 华东政法大学学报，2020（01）：73-84.

⑥　王春业. 论政府与社会资本合作（PPP）的行政法介入［J］. 社会科学战线，2020（11）：211-220.

⑦　王春业. 行政协议司法解释对 PPP 合作之影响分析［J］. 法学杂志，2020（06）：59-68.

三、政府与社会资本合作（PPP）发展展望

（一）政府与社会资本合作（PPP）发展中的问题

PPP 在经历清理整顿和规范管理后，已经进入相对平稳的发展期。前期发展中显现的问题在逐步得到解决，各地也不会盲目跟风上新项目，稳健有效的 PPP 项目是政府和社会资本方共同期待的。在这种背景下，围绕着 PPP 的一些深层次问题需要解决。

1. PPP 项目增长放缓

进入 2020 年以来，PPP 项目增速不仅明显低于 2014 年开始的爆炸式增长时期，也低于 2017 年清理整顿后的发展期。疫情对 PPP 项目的影响比较明显。财政部全国 PPP 综合信息平台数据显示，2019 年底 PPP 项目入库数量累计为 9440 个，而截至 2020 年 3 月，PPP 项目入库累计数量为 9493 个，2020 年一季度入库项目仅 53 个，入库量极少。2020 年下半年，PPP 项目有了明显的反弹。2020 年 7 月份，PPP 签约落地项目数和投资额两个指标同步上升，新入库项目 98 个，投资额 2510 亿元，投资额环比上涨 25.1%；签约落地项目 80 个，投资额 1480 亿元，环比上涨 103.3%。但综观全年的情况，PPP 项目的增长态势仍然较慢，2020 年 PPP 项目入库数与上一年同比下降 25%，同期落地项目数同比下降 61%。①

2. PPP 项目收益率偏低，社会资本方参与意愿不足

社会资本方参与 PPP 项目投资，一定会有利润要求；如果利润预期不足，社会资本方的参与意愿就不会高。现有的 PPP 项目，周期一般都比较长，投资比较大，社会资本方因此承担着较大的风险。目前来看，社会资本方的社会融资成本普遍在 8% 左右，而 PPP 项目的收益率在 9%—10% 之间，收益率普遍偏低。对不少社会资本方而言，参与 PPP 项目建设的主要利润来自施工而不是运营，或者项目没有进入运营期，或者前期的运营收益较低。还要考虑到，社会资本方为了中标，会降低投标价格，实际是在被动放弃合理的利润，低价恶性竞争不仅进一步降低了收益预期，还可能带来风险。较大的风险压力，较低的收益率，导致社会资本方在参与 PPP 项目时，会很谨慎，一定程度上也导致不少项目被搁置，甚至社会资本方的退出。

---

① 2020 年 PPP 冷暖自知:"两新一重"占 8 成，地铁项目超万亿[EB/OL].（2021-01-15）https://www.sohu.com/a/444669489_120077488.

3. PPP 项目的绩效管理问题

中央政府和地方政府都对 PPP 项目的绩效问题给予高度关注，因为随着大量项目进入建成运营阶段，其效率问题逐步暴露。在 PPP 大潮开启时，一些 PPP 项目仓促上马，政府乃至社会资本方都没有经过完整的论证和成熟的思考，这导致项目上马后并没有产生预期的效果。PPP 项目的绩效管理问题主要体现在以下几方面。（1）缺乏整体性设计。尽管具体到每个项目，在论证和签约时都会包括绩效方面的内容，但政府整体上缺少对 PPP 项目进行绩效管理的目标原则、组织实施、指标设定、结果应用等方面的规定，且直到 2020 年才由财政部出台 PPP 项目绩效管理操作指引。（2）缺乏全周期生命管理。现有的 PPP 项目物有所值评价、财政承受能力评价主要集中在项目的设计立项阶段，对后期建设运营阶段的评价不足，有关项目转让完结阶段的评价则更少。虽然 PPP 项目的生命周期长，且各阶段绩效评价的原则和内容也不完全相同，但在项目建设时，应该有全周期评价设计，不能到什么阶段说什么话。（3）绩效管理主体不清晰，能力需要提高。PPP 项目的参与者包括政府、社会资本方和项目公司等，资金来源也不同。现有的评价方式没有针对不同的参与方区别出不同的绩效评价的原则和重点。关于评价主体的选择和业务能力的鉴别，也缺少明确的标准，自己评价自己的现象还存在。

4. PPP 法律法规仍不健全

一是立法规范的层次低，法律位阶低。目前，从中央到地方政府，已出台了一批有关 PPP 的规范性文件，对 PPP 项目的方方面面进行保障和约束。这些文件以实施办法居多，只能在具体运行方面发挥作用，涉及 PPP 的基本问题的顶层设计一直欠缺。二是法规间的关联性和执行性问题。由于有关 PPP 的法规文件出自不同的政府部门，相互之间的关联性问题没有很好地解决，甚至出现规定不一致的现象。在具体的执行中，法规文件也有没关注到的方面，或者说规定不详，缺乏执行性，如 PPP 项目中社会资本方的退出机制等。

5. 地方政府的 PPP 管理能力不足。

各级地方政府是 PPP 项目的主要推动者，同时又承担着主要的管理任务。从现实看，部分地方政府的管理能力有所欠缺。从认识上看，一些地方政府对 PPP 的属性和作用认识不足，还停留在简单的融资渠道认识上，对中央政府明令禁止的明股实债等形式警惕性不够，对后期风险认识不足，导致社会资本方退出、项目运行不下去时留下烂摊子。从建设过程看，一些地方政府对项目前期准备工作不足，在没有做好足够的准备工作时就签约上马，等开工建设时又出现征地拆迁、群众认同等方面的问题，社会资本方可能经不起漫长的等待就会退出。

（二）政府与社会资本合作（PPP）的规范和发展

1. PPP 在规范中稳健发展

2020 年上半年，PPP 项目受疫情影响增长缓慢，下半年已经开始恢复增长，与 2018 年清理整顿后的增长态势基本持平。目前，PPP 的政策框架已基本成型，市场也趋于理性，这意味着 PPP 已经进入平稳发展阶段，不会再出现高速增长和大幅波动，而是会根据实际需要建设新项目，向着规范化方向平稳发展。随着经济下行压力加大，今后一段时间，PPP 在拉动基础设施建设、稳定投资保就业等方面将发挥重要作用。

2. 加强 PPP 项目绩效管理，发挥其更显著的效益

绩效是 PPP 模式的决定因素，只有参与各方都高度重视、最大程度发挥 PPP 模式的效益，它才能获得存在的空间。加强绩效管理，一是要有绩效意识。本着对人民、对国家负责的原则，PPP 的参与各方都需要建立高度的绩效责任理念。二是建立全周期生命管理理念。不仅在 PPP 项目设计和立项阶段要完善物有所值评价、财政承受能力评价，更要加强对后期建设运营和转让完结阶段的评价。三是完善绩效管理机制。绩效管理重在提高绩效，绩效评价只是手段，更重要的是通过评价促进参与各方共同努力提高效益。同时要注重第三方评价主体能力提升，要聘请专业性高的主体参与绩效评价。

3. 健全 PPP 相关法律法规

制定一部统一的国家法律虽然存在不同的看法，但仍然是规范诸多争议问题，使 PPP 形成系统、规范的制度模式和监管体系的重要依托，只依靠分散在《合同法》《招标投标法》《政府采购法》等法律中的相关条款，并不能完全消除争议，也会给实践造成困难。在目前的政策法规框架下，促进 PPP 发展的办法是查缺补漏，明晰操作规则。

4. 提高地方政府的管理能力

遵循中央政府的规定，地方政府要确实做到不受换届等因素的影响，始终遵守契约，完全履责；在对 PPP 的认识上，杜绝变相举债等现象，确实通过 PPP 项目提高基础设施建设和公共服务水平。在项目实施过程中，地方政府要做好前期准备工作，不因征地拆迁、施工许可等问题而影响项目进度。

5. PPP 未来发展仍然值得期待

PPP 仍然是地方政府有效的融资方式，在经济下行、地方债务压力仍然较

重的背景下，在地方政府可选择的融资方式中，PPP 模式仍被寄予厚望。"两新一重"成为 PPP 项目最重要的增长点。同时，强调规范发展后 PPP 项目的回报预期也将稳中有升。总之，PPP 模式的未来仍然值得期待。

四、报告要点

2020 年 PPP 特点是规范平稳发展。本报告对 2020 年政府与社会资本合作的基本情况进行总结，主要涉及 PPP 相关政策和措施、进展情况、学界的研究状况，发展中存在的问题及展望等内容。本报告要点总结如下。

（1）PPP 的实践进展情况。2020 年，中国 PPP 的发展主要体现为：截至 2020 年底，全国 PPP 项目信息监测服务平台共录入 PPP 项目 7473 个，总投资额 103150 亿元；地方政府也有推出新项目；中央和地方政府继续推出一系列有关 PPP 的政策法规和政府文件，但数量较前几年有所下降；PPP 的各类支持措施继续完善，包括召开研讨会、发挥 PPP 基金和项目专家库、咨询机构库的作用等。

（2）PPP 研究综述。2020 年有关 PPP 的研究成果总体数量仍然较多，但比之前几年有所下降，相关研究主要集中在：PPP 的积极和消极影响、PPP 模式在相关领域的应用、PPP 的风险问题、PPP 相关法律法规问题。此外，有关 PPP 与疫情的研究也有出现。

（3）PPP 模式存在的问题与发展展望。当前 PPP 发展中存在的主要问题包括：增长速度放缓、绩效管理存在缺失、法律法规仍不健全、地方政府管理能力不足等。展望 PPP 的发展：PPP 将在规范管理中平稳发展，在加强绩效管理、健全法律法规、提高地方政府管理能力等措施的支持下，PPP 整体发展前景仍然值得期待。

作者单位：南开大学周恩来政府管理学院

中国城市基层治理报告（2020）

吴晓林　李慧慧

　　基层治理是国家治理的重要基石。党的十九大以来，党和国家多次强调统筹推进乡镇（街道）和城乡社区治理，努力构建党委领导、党政统筹、简约高效的乡镇（街道）管理体制与自治、法治、德治相结合的城乡基层治理体系。2020 年，我国城镇化率达 63.89%，在城市化进程快速发展的现实背景下，城市基层治理日益受到重视。本报告将回顾 2020 年中国城市基层治理的实践进展与研究路向，形成城市基层治理发展特点与发展路径的总结和思考。

一、2020 年中国城市基层治理发展现状

（一）顶层统筹：中国城市基层治理发展的基本路向

　　党的十八大以来，中国基层治理重心逐渐从基层民主政权建设转向基层社会治理与服务体系建设。2018 年，党的十九届三中全会首次提出构建简约高效的基层管理体制，夯实国家治理体系和治理能力的基础。[①]2019 年，党的十九届四中全会首次强调构建基层社会治理新格局，健全党组织领导的自治、法治、德治相结合的城乡基层治理体系。[②]2020 年通过的《中共中央关于制定国民经济和社会发展第十四个五年规划和二〇三五年远景目标的建议》再次强调，要

---

① 中共中央关于深化党和国家机构改革的决定［EB/OL］.（2018-03-04）. http://www.gov.cn/ xinwen/2018-03/04/content_5270704.htm.

② 中共中央关于坚持和完善中国特色社会主义制度　推进国家治理体系和治理能力现代化若干重大问题的决定［EB/OL］.（2019-11-05）. http://www.gov.cn/zhengce/2019-11/05/content_5449023.htm.

"建设人人有责、人人尽责、人人享有的社会治理共同体"，"加强基层社会治理队伍建设，构建网格化管理、精细化服务、信息化支撑、开放共享的基层管理服务平台"。①

中国城市基层治理发展同样呈现出工作体系化、服务精细化等基本特点。民政部统计数据显示，截至 2020 年底，全国有 8773 个街道，11.3 万个居委会，2020 年增长 3000 个居委会自治组织②（见图 1）。这一发展趋势与不断下降的村委会自治组织数量形成鲜明对比。在国家治理现代化、基层治理现代化的新要求下，中央层面以社区治理为主要着力点，进行了一系列新的探索。

在中央层面，国务院于 2014 年 7 月批复"同意建立全国社区建设部际联席会议制度"，联席会议由民政部、中央组织部等 13 个部门组成，并于 2016 年 7 月增至 17 个成员。"部际联席会议制度"主要负责贯彻落实党中央、国务院关于社区建设的方针政策以及统筹推进城乡社区建设工作，以制度化形式强化部门间协作，为统筹推进社区治理提供了有效的制度保障。此外，自 2011 年至 2019 年，民政部先后确认四批全国社区治理和服务创新实验区，以系列化试验的方式激发地方进行社区建设与治理创新的积极性，并为地方社区治理创新提供了基本的方向依循。

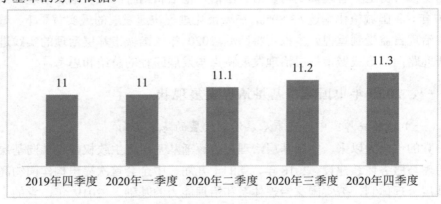

图 1　2020 年居委会数量发展统计图（单位：万个）

注：本图根据民政部统计数据自制。

---

① 中共中央关于制定国民经济和社会发展第十四个五年规划和二〇三五年远景目标的建议［EB/OL］.（2020−11−03）. http://www.gov.cn/zhengce/2020/11/03/content_5556991.htm.

② 民政部. 2020 年 4 季度民政统计数据［EB/OL］.（2021−02−19）. http://www.mca.gov.cn/article/sj/tjjb/qgsj/2020/202004.html.

（二）百花齐放：城市基层治理发展的地方经验

在中央政策导向下，各地方也相应出台系统化的基层治理政策，同时从优化治理体制、激发主体活力、强化技术赋能等方面创新基层治理实践。

1. 基层治理体制改革的创新实践

聚焦于街居制调整的基层治理体制改革在实践中主要体现为三种发展方向：一是导入更多社会参与，在"街居制"基础上做加法的转变思路，这一方向也是改革的主流方向；二是引入社区准入制和清单制，在"街居制"基础上做减法的规范思路，这一思路由于随意性较大，存在着改革反复的现实问题；三是变"街居制"为"社区制"的撤销思路，但由于其遭遇着权威性不足、公务员积极性下降等难题，这一改革往往最终走向回头路。值得注意的是，2020年既往"撤销街道办"的改革实践有了一些新的变化，除安徽铜陵市、北京市石景山区鲁谷街道之外，其他地方都重新恢复街道办体制。2020年，贵阳市印发《关于科学规范设置街道办事处的通知》，要求在南明区、乌当区等地撤销原社区服务中心，重新设立六十个街道办事处，以强化基层行政管理层级，加强公共服务优化配置的体制保障。北京、天津等地主要聚焦于重塑基层治理体制，优化治理流程，推动城市基层治理创新。

北京市就街道层面的职责归属和空间形态等方面进行创新调整，推动基层治理体制改革的深化和细化发展。为配合"吹哨报到"机制的改革进展，适应基层治理体制改革需要，北京市基于街道层面进行权责清单制定和区划设定，在街道办事处的设立调整和权责配置等方面进行了新的改革规定。2020年4月，北京市人民政府印发并推行《关于向街道办事处和乡镇人民政府下放部分行政执法职权并实行综合执法的决定》，以清单制方式将市、区有关部门承担的部分行政处罚权、行政强制权下放至街道办事处和乡镇人民政府；同时，在街道办事处及其与区有关部门之间建立基层综合执法协调配合机制，为体制改革过程中的权力行使与流程运行提供更为明确清晰的执行依据。2020年12月，北京市又从行政区划调整的角度出发，印发推行《北京市街道办事处设立标准（试行）》，对全市各区街道办事处的管理幅度、城镇化率与社区居委会数量占比、公共服务设施等方面进行了细致的标准调整与划定，以优化调整街道规模适应基层治理发展需要。

天津市着力推进街道层面的权责调整工作，压实属地责任，以深入落实"战区制、主官上、权下放"的基层治理创新模式。2019年，天津市提出"战区制、主官上、权下放"的改革规划，强调通过加强党组织领导、完善主体责任、向下赋权等方式为党建引领基层治理健全机制保障。2020 年，为落实改革方案，天津市通过"市—区—街—社区"四级党建联席会议制度构建等方式明确了基层党组织的领导核心地位；通过"一委八办三中心"①加一支执法队伍的治理机构调整过程，将街道工作划定在党政工作、党群工作、公共管理、公共服务、社区建设等八类职责范围之内②，明确了街道和社区的"主战区"地位；同时以清单制形式积极推动执法力量、审批权限、综合管理权等配套权力以及人、财、政策等配套资源的同步下沉。此外，天津市进一步推行"飞地"基层治理属地化工作，依托行政区划的合理调整压实基层治理的属地责任，为落实主官责任，推动"吹哨落地""报到有序"提供了基本依循。

2. 社会参与基层治理的创新实践

党建引领、社会参与是基层治理现代化发展的重要方向。基于这一目标指向，南昌、成都等地的基层治理改革着力于激发治理主体活力、调动社会和居民参与。

南昌市西湖区于 2020 年在全区推广"幸福微实事"项目以推动社区实现参与式治理。"幸福微实事"以"百姓点单、政府出资""社区吹哨、部门报到"的方式赋予社区居民切实的参与感与话语权。社区居民可以自主提议、推选、投票、评估与验收社区项目实施状况与资源配置情况，实现居民需求与公共产品供给之间更为直接有效的对接。西湖区以"幸福微实事"和"幸福圆桌会"的政民对话与协作机制，将治理流程的主动权下移至社区和民众手中，形成了党委领导、政府指导、社区搭台、部门协同、社会参与的自上而下的基层治理创新机制。

成都市武侯区创新性推出信义治理，构建以利益结构重塑为基础的信托制物业治理模式。信义治理模式主要致力于解决市场化发展背景下，商业住宅小区内部物业与业主、业委会之间矛盾频发，物业服务与公共服务职能边界不清等治理难题。信托制物业治理模式强调以基层党组织引领为基础，借鉴信托理念，重构小区治理主体合作关系，其通过组织统合、前置营造、还权增利和试点示范四重过程机制，推动实现主体结构的价值统一和目标结构的权责归位，

---

① "一委"指纪检监察工委；"八办"分别指党政工作办公室、党建工作办公室、党群工作办公室、综合保障办公室、社区建设办公室、公共服务办公室、公共安全办公室、公共管理办公室；"三中心"分别指党群服务中心、综合治理中心、退役军人服务管理站/中心。

② 师林，孔德永. 制度-效能：基层党建引领社区治理的创新实践——以天津市"战区制、主官上、权下放"模式为例 [J]. 中共天津市委党校学报，2020，22（01）：16-24.

并以此为中介，最终达到治理主体利益结构的动态平衡。面临"时空错配"的现实发展困境，信托制物业治理模式尝试在决策主体"因时造势"的前提下，依托利益结构的合理调整维系治理长效的持续动能，从而为基层治理创新实践的有效落地与长效发展提供了可借鉴的创新发展思路。

3. 技术赋能基层治理改革的创新实践

技术赋能治理改革成为城市基层治理实践的发展新动态，福州、北京等地引入技术手段，为基层治理转型提供有效技术支撑。

福州市鼓楼区推出基层社会治理"一线处置"创新机制，为回应解决市民诉求架起更为便捷有效的高速通道。"一线处置"创新机制以"智慧鼓楼"平台为智能处理中枢，以"社区幸福通"平台为接收反馈端口，连通"12345"、网格化管理等平台，以"综合平台+多方平台"的嵌套连通模式为综合处置基层治理难题提供统筹性的技术路径。此外，线下系统性的体制调整为技术创新提供了基本的制度支撑。鼓楼区围绕基层党建构建了以1个区级指挥中心、10个街镇指挥分中心与N个责任单位构成的"1+10+N"运行管理体系，同时基于"一线处置"机制汇集10个街镇、86个主责部门与4000名左右的工作人员[①]，使原本条专块统的行政处置机制能够在综合治理平台上实现资源的有效整合与供需的快速对接。

北京市朝阳区双井街道创新推出"13社区"模式，实现了技术治理背景下虚拟社区与实体社区的有机结合。"13社区"是在现行12个行政建制性社区的基础上，依托互联网构建的新型虚拟社区，其实质是借助互联网智能平台，将双井街道这一现实"大社区"网聚在虚拟社区空间之中，以专门化的平台空间打造，实现专业分工治理下线上、线下社区空间的有机互动。"13社区"为政府、居民与社会单位参与社会治理提供了切实有效的平等渠道，实现了治理资源在公共空间的高度统合，为参与主体了解街道治理信息、进行交流互动提供了一定的空间与渠道。这一治理模式将抽象的智慧治理平台化为实体社区治理，通过专门管理与实体对接，实现智能治理平台的有效嵌入和虚拟、现实平台的有机结合，为技术灵活嵌入基层社会治理提供有益经验。

总结以上改革创新经验可以发现，当前城市基层治理的实践探索主要有五个特点：一是党建引领在基层治理中的位置日益突出，基层党组织的领导作用

---

① 福视悦动. 鼓楼"一线处置"获中国城市治理创新优秀案例奖[EB/OL].（2021-12-06）. http://www.zohi. tv/ywbd/p/228300.html.

日益增强；二是更加强调社区治理的体系化建设，基层治理更加重视社区治理体系的配合；三是更加强调基层治理的服务导向，街道办的主要职责从原来的"领导经济与社会建设"转向"社区治理与公共服务"；四是全面强化了街道办的"块块权力"，在上级"条条部门"行政执法力量下沉的同时，赋予街道办综合管理、统一指挥的权力；五是更加注重智能技术的灵活运用，以智能技术赋能基层治理，破解传统治理模式难以应对的现实困境。

（三）现存问题

总体来看，当前中国城市基层治理依然存在着以下四个方面的问题。

其一，城市基层治理面临着职责交叉不清与基层负担过重的治理约束。快速城市化的发展背景带来了人口、空间向城市的快速集聚，城市既体现出较强的包容性与差异性，也形成了"陌生人社会"中的种种治理困顿。面临着纷繁复杂的治理难题，城市治理涉及平安城市建设、卫生城市建设、文明城市建设、智慧城市建设、城市综合管理等多领域事务，其职责也散落在不同职能部门，并在属地化管理框架下形成"上面千条线、下面一根针"的基层治理负担过重的现实难题。当前，智能技术的广泛应用虽然解放了人力、物力等硬性资源，但同时也带来了多平台应用功能重复叠加、治理数据烦琐庞杂的新型治理难题，技术反而为基层治理带来新的束缚与枷锁，基层减负问题的解决依旧任重道远。

其二，城市基层治理面临着社区类型多样化与治理模式单一化的现实矛盾。社区是基层治理的基本单元，伴随着市场化改革的深入与单位制的逐渐解体，后单位时代也快速生长出商品房社区、村改居社区、城中村社区等多种社区类型，交织着多元主体的多重利益诉求。面临不同类型社区的异质化诉求（见表1），单一化的社区治理模式难以有效回应公共诉求，基层治理效能也大打折扣。

表 1　不同类型社区面临的主要问题

小区类型	主要问题
商品房小区	物业纠纷多，维修资金动用难；养犬问题；住改商、违法搭建；车位不足
安置小区	房屋质量风险；车位不足；楼道堆积杂物、高空抛物；群租房，流动人口管理难；违法搭建；物业费收取难
老旧社区	基础设施老化；配套设施不足
农村社区	集体经济不足；空心化；老龄化严重；公共服务、公共产品供给不足
保障房社区	房屋质量问题；公共空间不足；归属感不强

其三，城市基层治理面临着治理体量偏大与风险高度集聚的发展困境。进

入 21 世纪以来，我国每年新增城市人口近 2000 万人，平均每个街道办管理服务人口达 10 万人，最大的街道办服务人口（含流动人口）达到 105 万人；平均每个社区居委会服务 8000 人；有的社区人口达到数万人，最大的社区人口超过50 万人。在快速城市化的发展背景下，各类社会阶层向城市空间的快速集聚，为基层治理与社会稳定带来了新的压力与挑战。一方面，人口快速流动容易造成社会风险，不仅为基层属地化治理带来流动难题，也潜在地影响着社会犯罪比例的提升。另一方面，城市人口集聚本身潜藏着诸多风险，超大社区的出现凸显出基层治理在治理空间扭曲、安全风险激增与主体矛盾不断等多方面的治理难题，城市基础设施的老旧落后也难以应对城市快速发展带来的诉求与难题，增强了城市基层治理的脆弱性。此外，在风险频发的社会背景下，基层治理在非常态治理领域的应对不足、风险应对过程中系统思维的缺乏等问题，对风险社会下的基层治理提出了更大挑战。

其四，城市基层治理依旧面临着政府包办主义与社会参与不足的现实问题。新时代的基层治理虽然不断强调多主体的参与和合作协同，但部分党员干部的治理思维依旧落后于政策理念与实践发展。部分党政部门依旧存在"父爱主义"思维，部分居民依旧存在"依赖心理"，党建引领下的社会治理往往停留于党组织引领与党员带头的第一阶段，其后续效用的发挥依旧有很大局限，从而较多显露出"干部干、群众看"的现象。截至 2020 年底，我国社会组织登记总数达89.4 万个[①]，但社会组织在各区域、各城市的发展情况并不均衡，一些社会组织缺乏必要的引导与制约，加之自身能力不足，最终造成转移的政府职能接不住也接不好的尴尬境地，基层治理中的社会内生力量依旧有待培育与挖掘。

二、2020 年中国城市基层治理研究现状

通过爬梳城市基层治理的相关研究可以发现，2020 年国内相关研究依旧主要集中于社区治理领域。整体而言，研究主要体现为以下五个方向。

一是城市基层治理中的基层党建研究。在党建引领基层治理的社会背景下，学者们基于该领域的多种创新实践进行了丰富的理论探究。学界聚焦于党建链接社会、党建引领基层治理尤其是社区治理的运作机制和内在逻辑等方面进行了较为深入的探讨。社区党建通过组织动员、资源链接和服务链接三种机制加

---

① 民政部. 2020 年 4 季度民政统计数据［EB/OL］.（2021-02-19）. http://www.mca.gov.cn/article/sj/tjjb/qgsj/2020/202004.html.

以推进，并通过主体补位和培育社会两重逻辑，最终实现党"二次构建社会"的链接效果。①此外，社区党建主要呈现出社会整合的政治逻辑与"条块"整合的行政逻辑两者相辅相成的运作机制②，内含着结构、功能、关系与认知多重嵌入的实践逻辑③。然而，党建引领基层治理存在着顶层设计与整体规划缺乏，基层党组织功能弱化、虚化、边缘化，组织力不强，服务能力不强，社区党建视野不宽、理念不新，缺乏科学规范的党建体制机制架构等现实问题。④为此，党建引领城市基层治理的未来发展可以通过"空间规划"手段建立区域化党建，以推动党组织再造为手段，融合基层党建服务链和城市基层治理链⑤；依循"一核两化三步走"的原则推动社区党建在维持基层秩序的基础上实现社会共建共治共享的治理目标⑥；以利益整合、结构整合和价值整合的社会整合为着力点，强化党组织权威，培育治理主体的横向合作关系⑦。

二是城市基层治理的改革创新问题研究。如何构建简约高效的基层管理体制是实务界与学界长期关注的重要问题。宏观来看，学界多从权力运作和权责结构的角度展开探讨。从政社力量对比来看，以行政权力为表征的基础性权力同社会权力的双向嵌入有利于提升基层治理效能，但也可能形成挤压社会力量的治理失序风险。⑧从权责结构的角度来看，条线下沉导致基层治理权责失衡，从而形成科层权力束缚和责任驱动异化的治理内卷化困境。为此，应当在以居民需求为出发点的基础上，形成权责一致、政社共强的良好治理目标。⑨中观来看，党的十八大之前，相关研究多围绕"街居制"改革展开。在梳理总结改革

① 吴晓林. 党如何链接社会：城市社区党建的主体补位与社会建构 [J]. 学术月刊，2020，52（05）：72-86.

② 赵聚军，王智睿. 社会整合与"条块"整合：新时代城市社区党建的双重逻辑 [J]. 政治学研究，2020（04）：95-105、128.

③ 王东杰，谢川豫. 多重嵌入：党建引领城市社区治理的实践机制——以 A 省 T 社区为例 [J]. 天津行政学院学报，2020，22（06）：75-84、95.

④ 李永胜，张玉容. 基层党建在城市社区治理中的作用、问题及创新研究 [J]. 西北大学学报（哲学社会科学版），2020，50（05）：112-118.

⑤ 王磊. 从空间整合到服务供给：区域化党建推动城市基层治理体制创新 [J]. 中共天津市委党校学报，2020，22（06）：37-46.

⑥ 吴晓林. 党如何链接社会：城市社区党建的主体补位与社会建构 [J]. 学术月刊，2020，52（05）：72-86.

⑦ 王立峰，潘博. 社会整合：新时代推进党建引领城市基层治理的有效路径 [J]. 求实，2020（02）：26-36、109-110.

⑧ 王泽，亓永达. 城市基层治理何以有效：国家基础性权力的视角 [J]. 求实，2020（04）：28-40、110.

⑨ 赵吉. 条线下沉与权责失衡：社区治理内卷化的一种解释 [J]. 城市问题，2020（05）：81-87.

实践的基础上，学术界先后提出"撤、转、规、升"四种主张以破解"街居制"的发展困境（见表2）。"撤"是指撤销街道办，实行二级政府，以推进城市治理结构扁平化、提升公共服务效率。"转"是指通过社区制建设推进政府、市场和第三部门合作治理。"规"指通过责任清单的方式规范上下级之间以及不同主体之间的权责关系。"升"指在街道办承载的行政职责日渐增多的基础上，将街道办升为一级政府，或者"虚区实街"，变为两级政府。当前，在基层治理现代化发展的背景下，学术界一方面以"合"为基本导向，提出街道体制改革的多种主张，如通过"嵌入式"改革构建以街道为核心的基层社会治理共同体①；通过"街道统筹、条块协作"的条块整合和"一方引领、多方协商"的组织整合增强街道办对职能部门的协调能力等。②另一方面以"增"为基本导向，剖析基层治理中的"管区制度"模式，以"逆扁平化"的组织扩张提升基层治理效能。③微观来看，学术界聚焦典型实践模式，以社区为基本观察窗口，总结形成"通才型治理"的社区综合治理模式④、行政—半行政半自治—自治机制的链式治理结构⑤、"社综院治"的国家创制社会模式⑥和以协商式共治为核心的"社区共营"的共同生产模式⑦等创新治理模式。

表 2　党的十八大之前基层管理体制改革的主张与做法

主张	内涵	实践	缺点
撤销	撤销街道办	贵阳市、铜陵市全区域撤销街道办	权威性不足、积极性下降
转变	导入多主体合作	深圳"社区服务站"、广州"家庭综合服务中心"、成都武侯区引入社会组织承接政务服务	未解决"街居"职责超载问题

---

① 王佃利, 孙妍. 基层社会治理共同体与城市街道的"嵌入式"改革——以青岛市街道办改革为例 [J]. 公共管理与政策评论, 2020, 9（05）: 47-57.

② 杨宏山, 李娉. 双重整合: 城市基层治理的新形态 [J]. 中国行政管理, 2020（05）: 40-44.

③ 王印红, 朱玉洁. 基层政府"逆扁平化"组织扩张的多重逻辑——基于"管区制度"的案例研究 [J]. 公共管理学报, 2020, 17（04）: 21-31, 165.

④ 张雪霖. 通才型治理: 城市社区治理现代化新方向 [J]. 求索, 2020（02）: 104-111.

⑤ 张雪霖. 链式治理结构: 解释中国特色社区治理模式的理论框架 [J]. 科学社会主义, 2020（02）: 113-119.

⑥ 吴晓林, 谢伊云. 国家主导下的社会创制: 城市基层治理转型的"凭借机制"——以成都市武侯区社区治理改革为例 [J]. 中国行政管理, 2020（05）: 91-98.

⑦ 韩福国, 胡春华, 徐晓菁. 协商式共治: "社区共营"的中轴性程序及其创新价值 [J]. 新视野, 2020（03）: 65-72.

主张	内涵	实践	缺点
规范	清单制	武汉市、宁波市"社区准入制"；其他地区"街居清单制"	随意性大
升级	街道办变一级政府	—	—

三是城市基层治理中的技术嵌入研究。技术治理成为当前基层治理的重要发展方向，学术界对其研究方向主要有三。第一，对技术赋能城市基层治理进行整体的模式总结与逻辑探析。学界认为技术嵌入城市社区治理的模式主要有网格化社区治理、智慧社区、大数据社区治理和人工智能区块链社区治理等四种类型。①数字化转型背景影响着城市基层治理逻辑从网格逻辑、通约逻辑、管控逻辑、条块逻辑和刚性逻辑转变为网络逻辑、精细逻辑、倾听逻辑、整合逻辑和恰适逻辑。②第二，基于改革实践探讨智慧化基层治理的基本路径与未来路向。基于"智慧平台"建设形成的全景敞视主义治理模式，能够通过权威动员、服务置换和自主架构等方式推动基层治理的清晰化发展。③然而，面对可能存在的技术成本过高、制度供给不足等现实困境，智慧社区的未来建设应当推动政府各层级的制度供给，动员各治理主体与制度、技术的良性互动，更好发挥技术优化的总体效能。④第三，基于新技术风险提出的创新发展路径。即面对技术带来的潜在风险，可以通过适应性治理理念、风险响应的多元共治体系、城市与社区联动机制、助推式的风险治理政策工具和社区层面的首席信息官制度等五个方面的变革，推动聚焦于解决技术风险的敏捷治理变革。⑤

四是城市基层治理中的非常态治理研究。如上所述，风险集聚问题是当前城市基层治理面临的现实困境之一。后疫情时代下，学术界与实务界再次聚焦城市基层治理的风险问题，并对其进行了系统的思考与深入的探讨。学术界首先对此进行了再次审视与系统梳理，认为城市快速集聚的超大空间可能会造成

---

① 宗成峰. 中国"互联网+"城市社区治理：挑战、趋势与模式 [J]. 城市发展研究，2020，27（10）：23-27，46.

② 刘凤，杜宁宁. 数字社会转型背景下城市基层治理逻辑变革研究 [J]. 湖北民族大学学报（哲学社会科学版），2020，38（04）：28-33.

③ 陈晓运. 从模糊走向清晰：城市基层治理的全景敞视主义——以乐街"智慧平台"建设为例 [J]. 中国行政管理，2020（07）：84-90.

④ 钱坤. 社区治理中的智慧技术应用：理论建构与实践分析 [J]. 当代经济管理，2020，42（04）：64-70.

⑤ 葛天任，裴琳娜. 高风险社会的智慧社区建设与敏捷治理变革 [J]. 理论与改革，2020（05）：85-96.

空间拥堵、空间隔离、安全故障、主体矛盾加剧、职责超载等空间、安全与治理等方面的潜在风险，也暴露出社区工作行政化、专业化不足等一系列问题。①基于此，学界进一步对应急治理体制进行了一定的理论探讨，如从风险识别、评估、预警、决策、沟通、响应和责任追究等方面构建社区疫情精细化防控机制②；以网格化治理为基础，统合基层党政组织、社会组织、驻区单位、物业公司等各治理主体的社区抗击疫情体系等③。此外，借助韧性治理概念，学界致力于探讨韧性治理的基本内涵与构建路径。基于危机全周期管理、社区内生优势与学习适应能力等韧性治理的基本理念④，韧性社区建设可以通过多中心协同、适应性循环、社区学习与承诺等机制实现社区的结构韧性、过程韧性、能力韧性和文化韧性⑤。

五是城市基层治理研究的新方向探讨。其一，基于"治理共同体"构建的政策导向研究。基于构建社会治理共同体的政策目标，学界主张可以通过"网络—互构—团结"的行动逻辑加以建构，即在凭借基层党建形成的结构化治理网络中，多元治理主体通过持续的互构合作形成有效的社会团结机制，最终培育社区"公共性"，构建社区治理共同体的建构过程。⑥其二，对基层治理的差异化研究。学界开始关注社区的多样化类型，根据类型差异，依据治理主体将社区治理路径区分为权威整合、专业介入、社会扩展和自我成长等类型，以实现社区类型与治理手段的有效适配。⑦其三，基于情感、空间等新要素的创新性研究。空间转向与情感转向是当前研究的创新方向，空间和情感要素既提供了新的研究视角，又为破解城市基层治理困境提供了新的突破方向。从空间角度加以理解可以发现，城市的空间集聚易造成空间拥堵的硬质风险、空间陌生的

---

① 石枚鑫. 城市社区危机治理现代化的路径［J］. 学术交流，2020（09）：131-138.

② 董幼鸿. 精细化治理与特大城市社区疫情防控机制建设——以上海基层社区疫情防控为例［J］. 社会科学辑刊，2020（03）：192-200.

③ 田毅鹏. 治理视域下城市社区抗击疫情体系构建［J］. 社会科学辑刊，2020（01）：19-27、2.

④ 王东杰，谢川豫，王旭东. 韧性治理：城市社区应急管理新向度［J］. 江淮论坛，2020（06）：33-38、197.

⑤ 蓝煜昕，张雪. 社区韧性及其实现路径：基于治理体系现代化的视角［J］. 行政管理改革，2020（07）：73-82.

⑥ 陈秀红. 城市社区治理共同体的建构逻辑［J］. 山东社会科学，2020（06）：83-89.

⑦ 冯猛. 特大城市社区分类治理：理论框架与实践应用［J］. 福建论坛（人文社会科学版），2020（11）：171-180.

柔质风险与空间隔离的物理风险。①社区治理存在着治理尺度再造和治理空间再生产的运作逻辑，通过理顺权责关系等制度性手段，能够更好地发挥治理空间再生产的治理效能。②从情感要素加以理解可以发现，社区共同体构建的实质是情感凝聚及其功能发挥，基于情感治理与社区公共文化空间再造的双向互构过程，能够为基层治理转型提供可供探索的创新发展路径。③

三、中国城市基层治理发展的基本方向与未来展望

（一）中国城市基层治理发展的基本原则

如何构建有效的基层治理体制以提升基层治理效能是理论界与实务界长期以来探讨的重要问题。党的十八大以来，中央对基层治理体制改革的看法逐渐成熟，即构建简约高效的基层管理体制，并以此作为基层治理发展的基本原则。

第一，注重理顺权责关系，明确构建简约高效基层管理体制的方向。在传统的基层治理体制中，"上下对口、左右对齐"的行政管理体系原则与"职责同构"的结构特征，使街道承接了许多上级部门的职责，居委会则成为街道的"腿脚"，最终形成了"沙漏型"治理结构。大量的社会事务和政务信息被堵塞在"街道办＋居委会"这条狭窄的单行道上，制约了基层治理效能的有效发挥。为此，党的十八届三中全会开始涉及基层管理改革，明确提出"直接面向基层、量大面广、由地方管理更方便有效的经济社会事项，一律下放地方和基层管理"。党的十九届三中全会通过的《中共中央关于深化党和国家机构改革的决定》再次明确提出"构建简约高效的基层管理体制"，指出"除中央有明确规定外，允许地方因地制宜设置机构和配置职能"，"基层政权机构设置和人力资源调配必须面向人民群众、符合基层事务特点，不简单照搬上级机关设置模式"。2020年，中共中央办公厅印发有关解决基层形式主义问题的专门文件，并明确提出要"构建党的领导、人民当家做主和依法治理有机统一的基层治理体制机制。进一步

---

①　吴晓林. 城市超大居住区的风险与治理［A］. 沈湘平，石峰. 非常状态的反思——生命政治·城市·风险治理——第五届城市文化发展高峰论坛会议论文集［C］. 北京：北京师范大学北京文化发展研究院，2020：500-504.

②　陈亮. 超大城市大型社区的治理尺度再造与治理空间再生产——以上海市基本管理单元实践为例［J］. 内蒙古社会科学，2020，41（05）：21-28.

③　曾莉，周慧慧，龚政. 情感治理视角下的城市社区公共文化空间再造——基于上海市天平社区的实地调查［J］. 中国行政管理，2020（01）：46-52.

向基层放权赋能，加快制定赋权清单"①，再次重申面向基层需求适时调整治理体制的重要性。

第二，注重推进政社互动，明确构建治理共同体为基层管理体制改革目标。在长期实践中，社区承担了大量基层行政事务，甚至成为基层行政单位和派出机构的"派出机构"。作为基层治理的基本单元和重要场域，社区管理体制改革在基层治理改革中有着十分重要的地位。党的十七大报告首次在中央文件中提出"实现政府行政管理与基层群众自治有效衔接和良性互动"，其中，"深化乡镇机构改革，加强基层政权建设""发挥社会组织积极作用""健全群众自治机制，把城乡社区建设成为管理有序、服务完善、文明祥和的社会生活共同体"，是其基本支撑。2017 年《关于加强和完善城乡社区治理的意见》提出，"依法厘清街道办事处（乡镇政府）和基层群众性自治组织权责边界"，同时，将社区建设为"幸福家园"的提法取代此前"社会生活共同体"的提法。党的十九届四中全会再次强调，"构建基层社会治理新格局""建设人人有责、人人尽责、人人享有的社会治理共同体"。从"社区共同体"到"治理共同体"提法的转变，展示出中央对"基层管理与社区管理"不可割裂、互为依存的关系有了新的判断。

第三，注重治理重心下移，明确权责一致为基层管理体制改革的原则。党的十八大以来，党和国家多次强调"推动社会治理重心向基层下移"，然而属地责任要求的存在，使得基层管理在实践中依旧面临着"上面千条线、下面一根针""上面千把刀、下面一颗头"的问题，基层管理主体依旧处于有责无权、权责失调的尴尬境地。为此，中央再次明确以深化保障机制切实推动重心下移。党的十九届三中全会强调，"推动治理重心下移，尽可能把资源、服务、管理放到基层，使基层有人、有权、有物，保证基层事情基层办、基层权力给基层、基层事情有人办"。党的十九届四中全会在再次明确相关政策要求的基础上，提出"权责一致原则"。2020 年，党和国家再次明确提出，要"推动更多社会资源、管理权限和民生服务下放到基层，人力物力财力投放到基层。厘清不同层级、部门、岗位之间的职责边界，按照权责一致要求，建立健全责任清单，科学规范'属地管理'，防止层层向基层转嫁责任"②，为治理重心下移提供了更

---

① 中共中央办公厅印发《关于持续解决困扰基层的形式主义问题为决胜全面建成小康社会提供坚强作风保证的通知》[EB/OL].（2020-04-14）. http://www.gov.cn/zhengce/2020-04/14/content_5502349.htm.

② 中共中央办公厅印发《关于持续解决困扰基层的形式主义问题为决胜全面建成小康社会提供坚强作风保证的通知》[EB/OL].（2020-04-14）. http://www.gov.cn/zhengce/2020-04/14/content_5502349.htm.

为清晰的政策指导。

（二）中国城市基层治理发展的总体要求

依据基本原则的方向指引，在回顾党的十八大以来相关政策论述的基础上，可以总结出新时期城市基层治理发展的总体要求。具体而言，新时期城市基层治理发展在操作层面主要包含六个方面的总体要求。

一是人民中心论。党的十八大以来，党和国家多次强调"坚持人民的主体地位"。2017 年，党的十九大在判断新时代主要矛盾的基础上明确指出，中国共产党人的初心和使命，就是为中国人民谋幸福，为中华民族谋复兴。"新时代中国特色社会主义思想，必须坚持以人民为中心的发展思想……使人民获得感、幸福感、安全感更加充实、更有保障、更可持续。"2020 年，《中共中央关于制定国民经济和社会发展第十四个五年规划和二〇三五年远景目标的建议》将"坚持以人民为中心"作为经济社会发展必须遵循的原则之一，强调"坚持人民主体地位，坚持共同富裕方向，始终做到发展为了人民、发展依靠人民、发展成果由人民共享"。"以人民为中心"成为新时代推进国家治理、社区治理的底色和定向标。

二是治理体系论。在推进国家治理体系与治理能力现代化建设的进程中，城市基层治理也愈发强调体系化建设与系统化推进。党的十八大以来，党和国家多次强调基层治理的体系建设问题。2017 年，党和国家明确指出，要"形成基层党组织领导、基层政府主导的多方参与、共同治理的城乡社区治理体系"。党的十九届四中全会提出要"完善党委领导、政府负责、民主协商、社会协同、公众参与、法治保障、科技支撑的社会治理体系""健全党组织领导的自治、法治、德治相结合的城乡基层治理体系"，对基层治理体系的内容进行了更为全面的阐释。与此同时，中央与地方层面也相应进行了体系化的实践探索，不但在纵向层面推出了部际联席会议制度，典型城市也更加重视社区治理的"政策体系建设"，体现出"主动改革、建构体系"的特点。

三是党建引领社会协同论。党建引领是贯穿社会治理和基层建设的一条红线。2019 年，中央办公厅引发的《关于加强和改进城市基层党的建设工作的意见》要求"加强和改进城市基层党建工作的重要性紧迫性"。2020 年，中共中央印发《中国共产党党和国家机关基层组织工作条例》，为强化基层党建的组织结构建设提供政策保障。与党建引领作用相承接的是社会力量的协同参与，党和中央多次强调，要"建立起党组织统一领导、政府依法履责、各类组织积极协同、群众广泛参与，自治、法治、德治相结合的基层治理体系"。社会协同主要指的是引导驻社区企事业单位、社会组织和市场主体参与社区治理。在实践中，具体表现为"三社联动"（社区、社会组织、社会工作）、社会组织承接服务、社会工作团队参与服务的过程。

四是重心下移论。党的十八大以来，治理重心向社区场域下移成为基层治理发展的重要趋势。社区治理与"基础不牢，地动山摇"的政治要求紧密联系在一起。习近平总书记多次强调城市治理的"最后一公里就在社区"，"社会治理的重心必须落到城乡社区"。党的十九届三中全会强调，要推动治理重心下移，尽可能把资源服务、管理放到基层，使基层有人有权有物，保证基层事情基层办、基层权力给基层、基层事情有人办。①党的十九届四中全会再次强调，"推动社会治理和服务重心向基层下移，把更多资源下沉到基层，更好提供精准化、精细化服务"②。

五是治理机制创新论。党的十九大强调，"提高社会治理社会化、法治化、智能化、专业化水平"。网络化、智能化、精准化成为基层治理改革创新中的高频词汇。中央决策层强调创新治理机制，既包括物理技术的应用，也包括社会创新手段的运用。从科技创新的角度来看，决策层强调大数据、网络技术等在基层治理中的灵活应用，从而实现让百姓少跑腿、数据多跑路的理想目标。从社会创新的角度来看，决策层强调协商民主、网格化、精细化等社会治理手段，以治理模式创新提升基层治理效能。

（三）中国城市基层治理发展的具体路径

结合城市基层治理发展的基本原则和总体要求，新时代城市基层治理发展的具体路径可以从以下七个方面加以展开。

一是构建符合新时代特点的基层治理体系，为基层治理发展提供基本指引。基层治理体系的构建不是仅有一个层级或一种模式，需要根据不同层级的职责，完成宏观、中观和微观三个层面的体系构建。具体而言，宏观层面要在多重逻辑并存的条件下，以法治化、民主化为基础确保人民核心地位，平衡其他逻辑对社会的冲击，保证居民的权利与权益。中观层面要在深层逻辑的指引下，构建机构平台与法律制度规范的整合性的法制体系。微观层面要形成差异化、分类化的行动体系，构建以生活需求为中心的微观治理体系。

---

① 中共中央关于深化党和国家机构改革的决定［EB/OL］.（2018-03-14）. http://www.gov.cn/zhengce/2018-03/04/content_5270704.htm.

② 中共中央关于坚持和完善中国特色社会主义制度 推进国家治理体系和治理能力现代化若干重大问题的决定［EB/OL］.（2019-11-05）. http://www.gov.cn/zhengce/2019-11/05/content_5449023.htm.

　　二是发挥党建引领基层治理的作用，补齐基层治理的"社会短板"。城市基层治理需要在党的领导下坚持"一核两化三步走"的原则路线。其中，"一核"是指坚持党的领导核心地位，发挥党的领导的政治优势，统筹各层次、各方面的积极力量；"两化"是指推动党建引领基层治理的政治化和社会化，实现党的建设和社会建设的充分融合；"三步走"是指以维持基层秩序为基础，以引导社会、培育社会、撬动社会的发展为支点，以共建共治共享为目标。

　　三是坚持以人民为中心，精准对标人民群众的服务需求。城市基层治理不仅要推进供给侧改革，还要动态掌握服务需求，实现供需两侧的精准对接与有效呼应。为此，要真正理解"坚持人民性"的意义，以人民性统领社会治理，通过大数据等智能技术精准掌握居民需求，通过引入"社区需求导向机制"，更好发挥社会组织了解居民需求、服务灵活的特性，并在实践中更多推广项目制等创新模式，让社区社会组织参与治理，最终实现社会治理的"供需平衡"。

　　四是推进公共服务的联合生产，从单边行动转化为联合行动。长期以来，我国的事业单位多依附于行政单位进行事实上"垄断性地承接服务"，向社会提供公共服务。为此，需要引入"社区治理社会化"的机制，以自上而下推动自下而上，培育和支持社会组织、群众更多地参与社区治理，吸引社会组织等其他社会力量联合供给公共服务，使社会组织承接政府职能常态化、稳定化、制度化。

　　五是积极培育社会力量，避免社会失灵现象。基层治理转型并非简单地遵循线性逻辑，往往需要经历培育社会的治理阶段。社会事务的管理要重视"自我管理"，打破以"政治整合代替社会整合"的行政逻辑，坚持社会组织依法自治，推动群众自治组织归位，发挥"党建社会化"功能。在发挥国家自主性的基础上，通过公民需求对接、社会组织再造和资源配置杠杆三重机制，推动国家组织以创制社会的形式实现治理转型，从而吸纳社会力量并使其成为社会管理和服务、政府职能转移的合作伙伴。

　　六是优化资源配置机制，发挥资源配置杠杆作用。资源配置方式是推进社会化治理的基本杠杆。在传统的"控制-依赖"式资源配置方式中，社会力量能否参与治理及其参与范围大小，多取决于政府意愿。城市基层治理的未来发展要打破单向资源配置机制，推广"自下而上"的资源分配体制，推动资源配置从"块状粗放的行政拨付"转型到"条状精细的政社对接"，从而带动社会力量的成熟发展，使其成为社会良序的维持者和公共服务的联合生产者。

　　七是优化智能技术应用，搭建智慧治理平台。党的十八大以来，物联网、大数据、人工智能等现代技术在城市基层治理中的应用更具普遍性，以技术优化治理过程，既规避技术安全风险、信息安全风险、信息壁垒风险，又以智慧化、精细化的手段为城市居民提供精准、高效的服务；要发挥好科技对城市基层治理的支撑作用，通过大数据等智能技术动态把握社会治理需求，提高城市基层治理在常态治理与非常态治理中的应对能力。

四、报告要点

本报告的主要观点体现为以下三个方面。

（1）2020年中国城市基层治理的实践发展呈现出核心化、智慧化、体系化和服务化的典型特征。城市基层治理的实践创新大多围绕着以基层党组织为核心的主体要素、大数据等技术要素、治理体制要素等方面展开。具体而言，首先，城市基层治理大都以基层党组织作为治理过程中的核心主体，以党建引领作为基层治理的核心动力，呈现出治理主体核心化的特征；其次，城市基层治理的实践改革更多强调智能技术的有机嵌入与治理功效，体现出治理手段智慧化的特点；再次，城市基层治理的实践改革更加重视治理结构（纵向组织结构、横向主体协作）、治理流程、治理手段和治理理念的配套更新与整体推进，更加注重基层治理的体系化构建；最后，城市基层治理在主体、技术和体制等方面的同向发力，都是基于"向下看齐"的基层服务导向，体现出基层治理重心下沉，治理目标向服务偏移的重要特征。

（2）2020年中国城市基层治理的理论探究呈现出政策导向、微观导向与本体导向的重要特征。在党建引领社会治理的背景下，基层党建成为城市基层治理研究的重要议题。在基层治理包罗万象的特点下，社区成为基层治理研究的主要窗口，相关研究多呈现出"一事一议，就事说理"的本体论特征。以"城市""基层治理"为主题检索词在中国知网进行文献检索时可以发现，2020年的相关研究共有412篇。其中，涉及"党建"内容的有154篇，占总篇数的37%左右，涉及"社区"领域的有285篇，占总篇数的69%左右，这一比例也体现出文献研究的政策化导向与社区导向。当前，相关探讨也开始挖掘新的治理要素在基层治理中的重要作用。未来研究可以更多探讨社区治理之外的其他重要议题或中观层面的理论议题，推进"社区治理体系"的相关研究以及多元治理要素的体系化构建。

（3）中国城市基层治理的未来发展应当注重基层治理的多元化特征、职责体系的合理构建和城市发展的风险特性。2020年，中国城市基层治理发展依旧存在着社区类型多样化与治理模式单一化的现实矛盾、治理体量偏大与风险高度集聚的发展困境、职责交叉不清与基层负担过重的治理约束，以及政府包办主义与社会参与不足的现实问题。为此，城市基层治理的未来发展应当注重基层治理实践的异质化特征，在明晰不同问题类型的基础上进行差异化探讨与针对性改革；应当始终坚持对政府职责体系的合理调适，厘清政府与市场、社会之间，政府纵向各层级之间，横向各部门之间的权责边界和事务范围，在明确治理主体定位的基础上进行理性化分析与合理性建议；应当更加注重城市基层治理的非常态场景，探索实现常态治理和非常态治理平稳对接的基层治理体制，以适应城市现代化发展的高度风险性与不确定性。

作者单位：南开大学周恩来政府管理学院

基层公共卫生体系改革研究报告

张　翔

2003 年非典疫情暴露了中国公共卫生体系的短板，推动公共卫生服务体系的整体性变革，被张文宏医生称为"浴火重生"。2020 年新冠疫情的暴发，又将基层公共卫生体系改革推向前台。相较于公立医院体系而言，基层公共卫生体系主要由城市社区卫生服务中心、乡镇卫生院、村卫生室等基层医疗机构组织构成，它们承担着预防排查、应急反应、系统减压等多方面的任务。随着疫情防控进入常态化，通过"有为改革"建立一个行之有效的基层公共卫生体系，已经成为国家治理韧性的一个关键领域，也是深化基层治理需要关注的一个重要问题。

一、2020 年基层公共卫生体系改革现状综述

2020 年的新冠疫情对现有基层公共卫生体系提出了重大挑战，引发了从中央到地方各级政府的高度重视，由此，一场以"增投入、补短板"为主题的基层公共卫生体系改革也拉开了序幕。

（一）基层公共卫生资源的投入持续增加

自从 2009 年医改以来，政府保障医疗卫生的主体责任得以明确，基层公共卫生领域的财政投入显著提升。政府卫生支出由 2009 年的 4816.6 亿元升至 2020

年的 21941.9 亿元。①在这一总的经费提升背景下，基层公共卫生资源投入也持续增加。

第一，财政对基层卫生医疗机构的拨款逐年增加。从 2015 年至 2020 年，基层卫生医疗机构的财政补助收入由 13973640 元升至 24874395 元，在五年间几乎实现了翻番。其中，作为基层卫生医疗机构的两个主要部门，社区卫生服务中心（站）的财政补助收入由 4047753 元升至 8413375 元；乡镇和农村卫生机构的财政补助收入由 9925850 元升至 16460004 元。财政投入的增长是基层卫生医疗机构得以快速发展的重要资源支撑。

第二，基层医疗卫生机构整体数字再创新高，城乡比例有所调整。据统计，截至 2020 年，基层卫生医疗机构达到 970036 个，创历史新高。在城市化的进程中，城市基层医疗机构快速增加，社区卫生服务中心（站）持续增加，由 2015 年的 34321 个增至 2020 年的 35365 个，门诊部（所）总数由 2015 年的 208572 个增至 2020 年的 289542 个。农村基层医疗机构整体有所萎缩，但依然在数字上维持在高位。其中，乡镇卫生院由 2015 年的 36817 个减至 2020 年的 35762 个，村卫生室由 2015 年的 640526 个减至 2016 年的 608828 个。（见表 1）

表 1　基层医疗卫生机构变化表

年份	基层医疗卫生机构	社区卫生服务中心（站）	乡镇卫生院	村卫生室	门诊部（所）
2015	920770	34321	36817	640536	208572
2016	926518	34327	36795	638763	216187
2017	933024	34652	36551	632057	229221
2018	943639	34997	36461	622001	249654
2019	954390	35013	36112	616094	266659
2020	970036	35365	35762	608828	289542

资料来源：根据《中国卫生健康统计年鉴》（2015—2016）整理。

（二）基本公共卫生服务项目不断完善

2009 年，国家开始实施国家基本公共卫生服务项目。国家基本公共卫生服务是我国政府针对当前城乡居民存在的主要健康问题，面向全体居民免费提供

---

① 中国国家统计局. 中国统计年鉴 2020［EB/OL］.（2020-09-20）. http://www.stats.gov.cn/tjsj/ndsj/2020/indexch.htm.

的最基本的公共卫生服务。基本公共卫生服务主要由乡镇卫生院、村卫生室、社区卫生服务中心（站）负责具体实施，是基层公共卫生体系的核心职责。经过十余年的发展，基本公共卫生服务项目不断完善。

第一，形成了较为成熟稳定的基本公共卫生项目体系。自实施国家基本公共卫生服务项目以来，基本公共卫生服务项目也在不断增加。截至 2020 年，根据《国家基本公共卫生服务规范》（第三版）和《新划入基本公共卫生服务相关工作规范》（2019 年版）的规定，基本公共服务主要覆盖领域包括建立居民健康档案、健康教育、预防接种、0～6 岁儿童健康管理、孕产妇健康管理、老年人健康管理、慢性病患者健康管理（高血压、2 型糖尿病）、严重精神障碍患者管理、肺结核患者健康管理、传染病和突发公共卫生事件报告和管理、中医药健康管理、卫生计生监督协管、免费提供避孕药具、地方病防治、职业病防治等工作。这奠定了基本公共卫生服务的基础性框架。而在此基础上，根据国家发展改革委、中央宣传部、教育部、民政部等 21 个部门重磅发布的《国家基本公共服务标准（2021 年版）》，基本公共卫生服务项目在 2021 年还在小幅增项。

第二，国家投入基本公共卫生服务的经费投入不断增加。根据《关于做好 2020 年基本公共卫生服务项目工作的通知》的要求，截至 2020 年，人均基本公共卫生服务经费补助标准升至 74 元。根据人口普查数据推算，全国投入资金在 2020 年已经达到千亿以上。按照《关于做好 2020 年基本公共卫生服务项目工作的通知》要求，经费补助增加部分全部落实到乡村和城市社区，统筹用于社区卫生服务中心（站）、乡镇卫生院和村卫生室等基层医疗卫生机构（以下简称基层医疗卫生机构）开展新冠疫情防控的人员经费、公用经费等支出，加强基层疫情防控经费保障和提高疫情防控能力，强化基层卫生防疫。

第三，经费来源较为稳定。基本公共卫生服务项目由央地统筹支出，经过十余年的经验积累，中央与地方在支出责任上已经较为明晰，形成了一个分档次、分地域的资金来源结构。通过支出责任的明确，全国范围内的基本公共卫生服务项目得到有效统筹，形成了一个在基本面上均等化的公共服务体系。根据《基本公共卫生服务补助资金管理办法》的要求，基本公共卫生服务支出责任实行中央分档分担办法。第一档包括内蒙古、广西、重庆、四川、贵州、云南、西藏、陕西、甘肃、青海、宁夏、新疆 12 个省（区、市），中央分担 80%；第二档包括河北、山西、吉林、黑龙江、安徽、江西、河南、湖北、湖南、海南 10 个省，中央分担 60%；第三档包括辽宁、福建、山东 3 个省，中央分担 50%；第四档包括天津、江苏、浙江、广东 4 个省（直辖市）和大连、宁波、厦门、青岛、深圳 5 个计划单列市，中央分担 30%；第五档包括北京、上海 2 个直辖市，中央分担 10%。（见表 2）

表 2　基本公共卫生服务补助资金示意表

档次	省份	中央分担比例
第一档	内蒙古、广西、重庆、四川、贵州、云南、西藏、陕西、甘肃、青海、宁夏、新疆	80%
第二档	河北、山西、吉林、黑龙江、安徽、江西、河南、湖北、湖南、海南	60%
第三档	辽宁、福建、山东	50%
第四档	省（直辖市）：天津、江苏、浙江、广东 计划单列市：大连、宁波、厦门、青岛、深圳	30%
第五档	北京、上海	10%

资料来源：根据《基本公共卫生服务补助资金管理办法》整理。

（三）基层公共卫生体系的信息化建设初显成效

为了汇集基本公共卫生服务的数据，统筹全国基层公共卫生体系改革，国家卫生计生委基层卫生司建设了国家基本公共卫生服务项目管理信息系统。

国家基本公共卫生服务项目管理信息系统通过报表管理信息系统跟踪城乡居民健康档案管理、健康教育管理、预防接种、0～6 岁儿童健康管理、孕产妇健康管理、老年人健康管理、慢性病患者健康管理（高血压、2 型糖尿病）、严重精神障碍患者管理、肺结核患者健康管理、中医药健康管理、传染病及突发公共卫生事件报告和处理服务、卫生计生监督协管服务、国家基本公共卫生服务资金落实情况报表、基本信息统计、家庭医生签约情况等 15 类基本公共卫生服务项目业务实施情况，并及时掌握各地基本公共卫生服务经费的到位情况。报表系统由国家卫生计生委基层司对各类型报表进行定制、下发，实现统计分析等各种应用；各省统一管理所辖县市用户权限，审核各县市上报的数据，并上报本省数据；县市级用户上报数据。国家基本公共卫生服务项目管理信息系统的全国基层公共卫生体系的数据实现了整体性汇总，为基层公共卫生体系改革积累了数据。

除了全国层面的国家基本公共卫生服务项目管理信息系统之外，在疫情防控过程中，各省的公共卫生数据平台也得到了充分建设，夯实了基层公共卫生体系。从实践上看，各省（区、市）都建立了以健康码为中心的基层公共卫生大数据系统。在疫情防控过程中，我们可以发现，通过对健康码的管理，极大地降低了基层治理成本，提高了基层公共卫生体系的应急能力。这些大数据系统产生于新冠病毒感染疫情防控常态化的社会治理需要，却在长期维度上支撑了基层公共卫生体系的现实运转。可以说，大数据技术的运用是基层公共卫生体系由幼稚走向成熟的一个重要的分水岭。长期以来，中国作为一个超大国家，人口规模大、地域广阔，基层治理一直面对着治理资源与治理规模之间的矛盾，以及由此造成"基层死角多"的治理难题。在基层公共卫生体系中，如何有效地应对基层的"治理死角"一直也是改革的重要难题之一。大数据技术的运用，使基层的"治理死角"逐步透明化，从而使基层公共卫生体系的治理格局全面清晰化，这就为中国的基层公共卫生体系改革走向成功创造了技术条件。

（四）"新医改"对基层公共卫生体系的辐射日益显现

2009年3月17日，中共中央、国务院发布了《关于深化医药卫生体制改革的意见》，这次意见的出台也被称为"新医改"。该意见提出了"建立健全覆盖城乡居民的基本医疗卫生制度，为群众提供安全、有效、方便、价廉的医疗卫生服务"的目标。经过十余年的发展，"新医改"在2020年取得了重要突破，实现了对基层公共卫生体系的改革辐射。

第一，地方医改试点取得了明显成效。自"新医改"以来，各地在中央部署下推进医改工作。2020年，以"三明医改"为代表的地方医改取得了实质性成效。通过医保体制改革、卫生体制改革与药品流通体制三个领域协调作战的"三医联动"改革，"三明医改"在2020年实现了三个重要突破，县级以上公立医院药品耗材收入占比由改革前的60.08%下降到32.51%，医疗服务收入占比由改革前的18.37%提高到2020年的41.46%，医院在岗职工平均年薪从改革前的4.22万元提高到13.37万元。在这个突破的基础上，"三明医改"成为中国医改的一个重要样板。2021年3月，习近平总书记在视察三明时指出，"三明医改体现了人民至上、敢为人先，其经验值得各地因地制宜借鉴"。通过各地的医改试点，基层医疗卫生机构得到了规范，老百姓"看病难，看病贵"等困扰基层多年的医疗问题得以较好地解决，从而使基层公共卫生体系进入了一个新的阶段。

第二，县域医共体的建设进一步明确了基层医疗卫生机构的职责。全面建设县域医共体是推动优质医疗资源下沉、发展基层医疗卫生能力的重要抓手。县域医共体即打破县域内医疗机构横纵向壁垒，以县级医院或中医院为龙头，整合全县各级基层医疗卫生机构，组成一个总医院（县域紧密型医共体）。县域医共体主要实行一个机构、两块牌子，同时保留原医院和基层医疗卫生机构的名称及相应的财务管理制度。目前，中国许多地区存在医疗资源倒挂、医疗资源流动不顺畅等问题，基层群众难以享受公平、可及性高的公共医疗卫生服务。组建医共体有利于医院体系主动引导资源、人才下沉以将当前的医保控费压力转化为成本节约动力，进一步改善医疗服务体系"头重脚轻"现状、壮大基层医疗服务机构的生存空间。部分地区（如三明市）的县域医共体实践主要通过定期组织总医院医务科（部）下乡、完善医师定期驻乡驻村制度等加强基层医疗护理服务的质控检查、夯实基层医疗卫生服务能力。在此过程中，基本医疗保险制度应予以配套改革，合理确定县域各级医疗卫生机构诊疗病种目录，并适当向基层倾斜资源、优化支付方式，进一步激发医务人员基层服务热情，让基层群众能够就近享受优质且实惠的医疗卫生服务。

二、基层公共卫生体系改革的研究综述

国外理论界对于基本公共卫生研究起步较早。早在 1993 年，世界银行《世界发展报告》就提出了"基本健康服务"（Basic health care service）的概念。由此，国外理论界在基本公共服务均等化的认识基础上理解基本公共卫生体系[①]，形成了"以社区为中心"[②]的基本公共卫生服务理论取向。这一理论取向也不可避免地对中国基层公共卫生体制改革的相关研究产生了影响。近年来，关于基层公共卫生体系改革的文献可谓汗牛充栋，但高质量的研究成果却十分有限。在 CNKI（中国知网）搜索平台上，2016—2020 年的 5 年间，以"基层公共卫生"为主题的论文多达 1715 篇，但在北大核心以上发表的期刊仅 64 篇，CSSCI 来源期刊以上仅 11 篇。这种数据反差说明，基层公共卫生体系研究还没有在理论层次上提升。从基本面上看，现有研究主要集中在以下方面。

（一）以均等化为导向：定调基层公共卫生体系改革的公品产品特点

有学者意识到，基本公共卫生服务均等化是我国基本公共服务均等化的重要组成部分，是改善人群健康必不可少的一系列活动。[③]基本公共卫生服务均等

---

① Grad F P. The Preamble of the Constitution of the World Health Organization [J]. Bull World Health Organ, 2002, 80(12): 981-982.

② Bilchik G S. Simple elegance. Making the Right Connections for Systems Governance [J]. Trustee: the journal for hospital governing boards, 1997(02): 8-12.

③ 王伟，任苒. 基本公共卫生服务均等化的内涵与实施策略 [J]. 医学与哲学（人文社会医学版），2010 （06）：58-60.

化作为新医改的目标，是要尽量使全体社会成员大致均等地享有物质与非物质医疗卫生方面的基本公共服务，是基本医疗卫生服务方面的"底线"均等①，其实质是政府在不损失效率的前提下，按照公平、公正的原则为社会公众提供基本的、在不同阶段具有不同标准的、大致均等的公共卫生和基本医疗服务。②也有学者进一步细化基本公共卫生服务的内容，例如要从公共支出的角度着手，在健康教育、卫生监督等项目上下功夫，向公民主体提供大致均等的卫生服务要尽可能地遵循公平公正的原则。③

　　在均等化为导向的研究基础上，许多学者开始建构各式各样的指标体系，为深入分析基本公共卫生服务提供框架。具有代表性的研究包括以下几种。于勇等通过两轮专家评分法构建基本公共卫生服务均等化评价指标体系，引入了居民对基本公共卫生服务的知晓率和满意率指标，对需求方的主观认知进行调研，使评价指标体系更趋完整。④吴建等以9类国家基本公共卫生服务为评估主体，把不同人群获得服务的差异性作为均等化评估的重要考虑因素，以服务成本作为确定每类服务权重的依据，以服务过程和结果为重点，实行结构化设计，在参考Roemer模型以及世界卫生组织2000年世界卫生报告中提出的卫生系统模型等基础上，提出了"服务实施过程+健康生态环境"的结构化评估框架。⑤宋俐等采用德尔菲法提出一套以服务能力、服务内容和服务效果为主体框架的适合农村基本公共卫生服务工作的评价指标体系。⑥董丽晶等从公共卫生服务资金筹集、服务资源、服务提供及服务结果4个方面构建评价指标体系，利用集对分析模型对基本公共卫生服务均等化水平进行测度。⑦张金梦等构建了以资源配置、基本公共卫生服务利用和结果为主体的3个一级指标、17个二级指标和37个三级指标的评价指标体系为基础，采用TOPSIS和模糊综合评判两种

① 刘琼莲. 论基本公共卫生服务均等化及其判断标准 [J]. 学习论坛，2009（09）：54-57.

② 于风华，孙经杰，刘瑾. 公共财政框架下基本公共卫生服务均等化探讨 [J]. 中国卫生资源，2009（03）：101-102.

③ 罗鸣令，储德银. 基本公共医疗卫生服务均等化的约束条件与公共财政支出 [J]. 当代经济管理，2009（08）：44-48.

④ 于勇，陶立坚，杨土保. 基本公共卫生服务均等化评价指标体系的构建 [J]. 中南大学学报（医学版），2014（05）：511-515.

⑤ 吴建，张亮，赵要军，等. 基本公共卫生服务均等化评估框架设计与构建 [J]. 中国卫生经济，2011（08）：26-28.

⑥ 宋俐，羊海涛. 应用德尔菲法建立农村基本公共卫生服务评价指标体系 [J]. 江苏预防医学，2011（02）：10-12.

⑦ 董丽晶，林家熠，苏飞，等. 基本公共卫生服务均等化水平测度 [J]. 统计与决策，2021（09）：41-45.

方法验证指标体系的稳定性，并以此为结果评价山东省各地市基本公共卫生服务均等化水平。①刘一欧利用泰尔指数分析法，从投入阶段、产出阶段和受益阶段三个方面对我国城乡基本医疗卫生服务均等化程度进行了实证分析。②李相荣等结合专家咨询法与层次分析法构建基本公共卫生服务均等化指标体系，并计算指标权重，运用西北五省的相关数据，测量其基本公共卫生服务均等化水平。③蔡黎等采用德尔菲法构建指标体系，选择 24 名基层工作人员开展实证研究，并对指标体系的信度、效度和指标权重设置的合理性进行评价。④

（二）基层公共卫生体系改革的成效与问题

秦江梅等利用 2010—2017 年中国卫生和计划生育统计年鉴、2009—2016年全国卫生财务年报数据、2014—2016 年国家卫生计生委和财政部基层卫生综合改革重点联系区县监测数据以及结合相关调研结果，展示我国基层卫生综合改革取得的成效。⑤徐恒秋对安徽省基层卫生综合改革开展研究，在改革后，安徽省建立了公益性管理体制，功能定位更加明确；建立了全员聘用制，人员结构得到优化，探索实践绩效考核分配制度，保证改革任务落实；初步建立了基本药物制度，实现了全省药品招标、采购、销售的"七统一"；初步建立了财政集中支付制度，保障水平较改革前明显提高。⑥李创等对深圳市公共卫生体系改革与实践进行研究，认为其已取得了公共卫生体系持续完善、公共卫生服务能力持续增强，公共卫生管理水平持续提升的成效。⑦

汪金鹏对我国农村公共卫生体系进行分析，认为其仍存在三级医疗预防保健网关系松散、卫生投入严重不足、资源闲置与效率低下并存、公共卫生功能弱化、缺乏较高素质医务人员等问题。⑧孙广厦选取"农村卫生"为研究对象，

---

① 张金梦，贾腾腾，程梦菲，等. 基本公共卫生服务均等化评价的实证研究 [J]. 中国卫生统计，2018（06）：932-934.

② 刘一欧. 城乡基本医疗卫生服务均等化水平评估——基于泰尔指数的分析 [J]. 农村经济与科技，2018（17）：252-254.

③ 李相荣，徐宁，马蛸婷，等. 西北五省基本公共卫生服务均等化水平测量研究 [J]. 中国初级卫生保健，2018（02）：6-7.

④ 蔡黎，李长风，王高明，等. 武汉市基本公共卫生服务均等化评价指标体系实证研究 [J]. 中国预防医学杂志，2017，18（10）：732-736.

⑤ 秦江梅，张丽芳，林春梅，等. 我国基层卫生综合改革进展 [J]. 中国全科医学，2017（22）：2683-2690.

⑥ 徐恒秋. 安徽省基层卫生综合改革的进展、挑战与展望 [J]. 中国卫生政策研究，2011（07）：1-3.

⑦ 李创，罗乐宣，周海滨，等. 健康中国战略背景下深圳市公共卫生体系改革与实践 [J]. 中国卫生政策研究，2019，12（12）：20-24.

⑧ 汪金鹏. 我国农村公共卫生体系现状及宏观改革措施 [J]. 中国卫生资源，2006（02）：59-61.

从公共政策的学科视角出发分析了制约其改革与发展的突出问题，即农村医疗队伍建设滞后、基本药物制度的影响、编制和社保等配套政策的缺失以及农村医疗费用的快速攀升等。①宿杨通过研究认为，我国的公共卫生体系主要面临着医疗投入宏观效率低下、卫生服务供求失衡以及应急能力不足等重点难点问题。②郝爱华等认为，随着基本公共卫生服务经费的增长，工作任务不断加重，工作要求不断提高，医防割裂的工作模式和激励机制不完善，人员短缺的难题加剧。③陈毅对豫南 P 镇进行实证调查，发现当地公共卫生领域仍存在基层卫生医疗资源非常短缺；卫生主管部门消极被动，新农合医保政策救助乏力；民众对疾病感知比较迟缓，健康意识比较薄弱；乡镇公共卫生条件趋于恶化等问题。④

（三）基层公共卫生体系改革的对策探索

在对成效与问题进行充分分析的基础上，理论界从不同方面对基层公共卫生体系改革进行了探索。

第一，从公共卫生体系的基本面进行思考，为基层公共卫生体系提供了结构基础。江宇等认为在新冠疫情背景下应从公共卫生体系的法制建设、机构体制完善、人才培养、服务体系、信息化体系以及卫生应急体系建设等方面进行改革探索。⑤胡善联强调了建设强大公共卫生体系的必要性，并认为公共卫生体系改革应从改革疾病预防控制体系、加强监测预警和应急反应能力、健全重大疫情救治体系、深入开展爱国卫生运动、完善公共卫生法律法规、发挥科技在重大疫情防控中的支撑作用等方面进行。⑥迟福林认为，推进公共卫生治理体系变革应确立国家公共卫生安全战略，提升公共卫生体系的战略定位，以健康中国 2030 为目标，全面提升我国的公共卫生治理体系的水平和质量，理顺公共卫生体制，提升公共卫生体系的效能，深化公共卫生体系变革，组建以"白衣战士"为主体的公共卫生医疗队伍，充分发挥中医药在公共卫生体系建设中的独

①　孙广厦．公共政策视角下农村卫生的改革与发展：制约因素及对策探析 [J]．中国卫生经济，2011（02）：11-12.

②　宿杨．新一轮公共卫生体系改革与应急能力建设 [J]．甘肃社会科学，2020（06）：229-236.

③　郝爱华，罗焕金，宋铁．后疫情时代推动广东省基本公共卫生服务发展的思考 [J]．中国公共卫生管理，2022（01）：52-56.

④　陈毅．卫生公平的实现：公共卫生医疗体制改革的着力点——基于对新冠肺炎疫情中豫南 P 镇的观察 [J]．行政科学论坛，2021（01）：28-34.

⑤　江宇，刘璇，岳和欣，等．新型冠状病毒肺炎疫情下的中国公共卫生体系改革建议与思考 [J]．中华疾病控制杂志，2021（04）：472-477.

⑥　胡善联．如何建设强大的公共卫生体系 [J]．世界临床药物，2021（01）：1-3.

特优势。①广东省社会科学界联合会中国（海南）改革发展研究院联合课题组认为，应以改革完善公共卫生治理体系为重点推进社会治理现代化的进程，其中要求坚持人民健康至上，全面落实预防为主的卫生总方针，以提升公共卫生风险监测预警能力为重点改革完善疾病预防控制体系、以体制创新为重点提升公共卫生突发事件应急处置能力、以强化公立医院公共卫生职责为重点提升重大疫情救治能力、打造平战结合的公共卫生应急队伍"常备军"、以织牢网底为重点夯实公共卫生治理基础、以大社区为载体形成多元参与的公共卫生治理新格局、以促进社会参与为导向提升公共卫生突发事件应对处置的透明度、以大数据为依托提高公共卫生风险治理的智能化水平，进一步强化公共卫生治理的法治保障。②

第二，关注后疫情时期的基层公共卫生体系改革的具体方向。如单莹等则认为在疫情后期，基层公共卫生体制改革应合理安排基层公共卫生人员、家庭医生承担居民公共卫生项目，提高他们对重大疾病与公共卫生突发事件的认知与应对能力。③杜江等从财政角度提出，推动构建防控公共卫生风险的财政体制机制，从传统的"人应对突发事件"转变为"体制机制对抗突发事件"，更好地发挥财政在国家治理中的基础和重要支柱作用。④

第三，关注农村基层公共卫生体系改革问题，对基层公共卫生体系改革提出建议。如王玉生提出，应加强乡镇卫生院和村卫生室建设，提高乡村两级的医疗卫生服务水平。⑤谢国财等认为农村公共卫生和基本医疗的改革取向必须重建我国农村公共卫生和基本医疗保障体系，具体要做到：重新界定农村公共卫生的内涵与范围、明确各级政府在农村公共卫生中的责任、加大对农村公共卫生的投入、合理配置和有效利用农村公共卫生资源、建立信息通畅的农村公共卫生应急系统、树立公共健康投资理念、建立稳定的筹资机制、重建农村新型医疗服务体系、重建村级公立卫生室、实施农村医疗救助计划。⑥

---

① 迟福林. 以人民健康至上的理念推进公共卫生治理体系变革 [J]. 行政管理改革，2020（04）：4-12.

② 广东省社会科学界联合会中国（海南）改革发展研究院联合课题组. 改革完善公共卫生治理体系——新时代推进社会治理现代化的重大任务 [J]. 新经济，2020（11）：4-22.

③ 单莹，孔凡磊，李娇娇，等. 疫情后期公共卫生体制机制改革研究进展 [J]. 中国农村卫生事业管理，2021，41（08）：581-585.

④ 杜江，蒋震. 构建防控公共卫生风险的财政体制机制 [J]. 宏观经济管理. 2020（05）：37-42.

⑤ 王玉生. 乡村卫生机构在公共卫生改革中的思考 [J]. 临床合理用药杂志，2012，5（35）：174.

⑥ 谢国财，陈建夫. 农村公共卫生和基本医疗：内涵、性质、问题和改革取向 [J]. 中共福建省委党校学报，2009（01）：36-43.

三、基层公共卫生体系改革的展望与分析

（一）由动员式医疗向常态式医疗转变

虽然基层公共卫生体系改革取得了一定的成绩，但是基层公共卫生体系起点较低、基础薄弱、资源配置有限等问题仍然十分突出。当前，基层公共卫生体系改革的有效性还依赖于自上而下的政策动员，以及由此而衍生的资源配给。这对面对类似疫情防控这样的运动式任务固然有效，但是在常态化治理过程中，基层公共卫生体系改革依然有很长的路要走。因此，从动员式医疗向常态式医疗转变将是基层公共卫生体系改革的一个重要方向。当然，这种转变不是自然而然的，如下两个问题是迫切需要解决的。

第一，资源配给问题。2020年7月，国家卫健委下发了《全面推进社区医院建设工作的通知》。该通知指出，"进一步完善房屋、设备、床位、人员等资源配备，加强信息化等基础设施建设和设备提档升级，重点健全临床、公共卫生、医技等科室设置，并注重数据共享、业务协同和综合管理"。但是，相当数量的社区卫生服务中心（站）还处在建设过程中，还不具备全面转型升级的条件。要在全国范围内实现整体的社区医院建设，还需要资源的持续投入与优化配置。

第二，人才队伍问题。一直以来，基层医护人员缺乏有效的激励，基层难以留住优秀医护人员的问题是困扰基层医疗水平提升的症结之一。在城市中，基层医护人员待遇低、发展空间有限，造成了基层医护流动性大、稳定性差，制约了社区卫生服务中心（站）的转档升级。在农村，由于配套性公共服务的缺乏，如养老、教育等工作的相对落后，乡镇卫生院与村医队伍难以留住人才的问题更为突出，即使是定点培养的医护人才，也难以持续稳定地扎根基层，这已经成为农村基层公共卫生体系的一个短板。因此，探索基层医护人员的激励机制与基础性公共服务的配套，是解决人才问题的两个关键。

（二）基层卫生体系的城乡统筹发展

随着城市化进程的深入推进，城市人口的急性膨胀与农村人口的断崖下跌共时性推进。城市内出现相当数量的城中村与流动人口，而许多乡村甚至是"有名无实"，已经没有实质性人口居住。行政建制与功能变化之间的矛盾日益突出。这同时也意味着，基层公共卫生体系改革导向需要同时适应这两种发展趋势。但是，目前基层的公共卫生体系还是以行政建制为导向，与城市化进程中所形成的功能需要之间还存在着差距。因此，"城乡统筹"将会成为基层公共卫

生体系改革的方向之一。

一方面，从人口规模、布局与结构的角度调适基层公共卫生体系的资源配置，使基层卫生医疗机构能够适应高速的城市化进程。这要求各地政府以第七次人口普查数据为基准，加强对市域与村域的实地调查，摸清人口变化的底数，进一步调整基层公共卫生医疗机构、人员、编制、资金的配置。

另一方面，在农村地区，乡镇卫生院与村卫生室将迎来一波"关停并转"潮。根据实际情况对农村基层卫生医疗机构进行整合是下一阶段基层公共卫生体系的关键。在这一过程中，需要考虑三个方面的问题。一是农村地区空巢化带来的人口老龄化、低龄化问题，这也是农村基层公共卫生服务的重点内容；二是处理好乡镇卫生院与村卫生室之间的协作关系，高效地为农村基层群众提供公共卫生服务；三是协调好村卫生室的地理定位，既要考虑到基本公共卫生服务的全覆盖，又不简单地基于行政建制过度调置。

（三）探索分级诊疗的"中国道路"

随着社会民众对公共卫生服务的诉求不断提升，基层公共卫生体系面临着前所未有的压力，推动基层卫生医疗机构的减负、提质、增效就成为基层公共卫生体系改革需要直面的新问题。在这一背景下，探索分级诊疗的"中国道路"就显得尤为重要。2017 年，习近平总书记在全国卫生与健康大会上明确提出，分级诊疗制度是五项基本医疗卫生制度之首。事实上，2015 年 9 月，国务院办公厅印发的《关于推进分级诊疗制度建设的指导意见》提出了在 2020 年初步形成基层首诊、双向转诊、急慢分治、上下联动的分级诊疗模式的目标。从当前来看，这一目标初步完成，但就改革实践而言，探索中国式的分级诊疗模式依然任重而道远，公立医院与基层卫生医疗机构之间的关系依然有待在改革进程中进一步厘清。

第一，基层卫生医疗机构侧重全科，公立医院侧重专科。当前基层全科医生的数量与力量都还有待进一步提升，而公立医院依然是全科与专科的"大统合"。首先，各级地方政府可以考虑以购买公共服务的方式委托培养一批全科医生；其次，各级卫生主管部门应考虑为基层全科医生制定职业发展规划，使基层全科医生看到希望。与此同时，作为过渡方案，在一定条件下还可以考虑公立医院的全科医生轮岗基层，提升基层卫生医疗机构的全科诊治水平。

第二，基层卫生医疗机构侧重"防"，公立医院侧重于"治"。作为初诊，基层卫生医疗机构应更为突出健康教育上的职责，提升"治未病"的能力，从而侧重在"防"；而公立医院的诊治体系健全，应更为突出对"已病"患者的治疗，从而侧重于"治"。当然，这种侧重是一种"倾向"，而非静态的区分。当前，基层卫生医疗机构忙于治，而疏于防，与公立医院之间的职责重合，基层卫生医疗机构的负担不断增加。这意味着，基层公共卫生体系将是一个与基层卫生医疗机构的职责转变相互促进的过程。

第三，基层卫生医疗机构侧重常规慢性病，公立医院侧重急重疑难症。基层卫生医疗机构应将力量放在常规慢性病的防治上，深化建设"健康中国"的底色，以区别于公立医院强于急重疑难症的治疗。这也将是基层公共卫生体系改革的一个维度。

（四）基层公共卫生应急体系的进一步完善

新冠疫情的暴发对基层卫生应急体系提出了新的挑战，也对完善基层公共卫生应急体系提出了新的要求。随着后疫情时代的逐渐临近，完善公共卫生应急体系将是基层公共卫生体系改革需要直面的一个关键问题。

第一，处理好疾控体系与公立医院体系的关系。一直以来，疾控机构承担了基层公共卫生应急的关键职责。然而疾控机构的整体力量有待进一步提升。作为应急单位，疾控机构在常态治理期间维持高位运转既不现实，也不可行，但简化式的疾控机构又不足以支撑公共卫生应急管理的需要。因此，导入公立医院的诊疗资源，提高疾控机构的力量就成为值得探索的改革路径。这要求各级地方政府着力于体制机制改革，建立疾控体系与公立医院体系之间的协调机制，尤其是需要在长期协作中形成"相互响应，即时应对"的战时协同机制，以提升基层公共卫生应急管理水平。

第二，完善基层监测预警机制。基层监测预警是基层公共卫生应急的关键环节。完善基层监测预警机制需要打通地方党政部门、疾控体系、公立医院、基层卫生医疗机构之间的壁垒，形成一个联动式的预警系统。其中，基层卫生医疗机构是监测预警体系统的"前哨"，因此，提升基层卫生医疗机构在应急管理上的反应、识别、诊治、处置等能力至关重要。

四、报告要点

本报告对近年来基层公共卫生体系改革的理论成果与发展现状进行了初步的归纳。在此基础上，从以下四个方面对本报告进行总结。

（1）2020年新冠疫情的暴发将基层公共卫生体系改革推向了前台。自2016年以来，基层公共卫生体系的建设取得了明显的成效，其主要表现在基层公共卫生资源投入持续增加、基本公共卫生服务项目不断完善、信息化建设初显成效、"新医改"的辐射效应不断显现等方面，这为基层公共卫生体系的持续性改革奠定了基础。

（2）在前期研究的研究格局中，有关基层公共卫生服务体系改革的研究呈现出"多、全、散"的特点，理论界对基层公共卫生体系改革的产品属性，以及基层公共卫生体系改革的成效、问题、对策都进行了多维度的探索性研究。但整体而言，当前理论研究精品较少，理论层次有待进一步提升。

（3）2020 年是基层公共卫生体系改革的关键时间节点。2020 年后，基层公共卫生体系改革将迎来新的历史机遇。这也是 2003 年"非典"后，公共卫生服务体系整体性改革的一次重要深化。

（4）从现有的改革现状与发展的角度上看，四个方面的改革值得基层公共卫生体系改革重视。第一，由动员式医疗向常态式医疗转变；第二，基层卫生体系的城乡统筹发展；第三，中国式分级诊疗模式的探索；第四，基层公共卫生应急体系的进一步完善。

作者单位：福建师范大学公共管理学院

第五部分

政府改革热点与地方政府创新

昆明市政务服务体系建设课题调研报告*

贾义猛　　张梦时

一、基本情况概述

2020 年 9 月 2 日至 4 日，南开大学调研组赴云南省昆明市进行了为期三天的调研。本次调研以政务服务体系建设为核心，目标是深入了解昆明市政务服务机构体系（包括政务服务管理局及其下属中心等）、"一局四中心"模式的形成及运行、政务服务一体化建设、政务服务体系建设中的经验等。为了保证调研对象具有代表性，除市本级政务服务机构，调研组另选取两区（官渡区、呈贡区）、一县（宜良县）、一功能区（经济技术开发区）作为调研对象，并对其下辖乡（镇、街道）和村（社区）进行走访和座谈。

（一）调研地区基本情况

昆明市，云南省省会、滇中城市群中心城市，也是国务院批复确定的中国西部地区重要的中心城市之一。截至 2018 年，全市下辖 7 区 3 县、代管 1 个县级市和 3 个自治县，总面积 21473 平方千米，常住人口 685.0 万人，城镇人口 499.02 万人，城镇化率 72.85%，常住外来人口达 219 万人。

在选取的调研点中，官渡区人口约为 85.3 万人，下辖 10 街道。呈贡区人口约为 31.1 万人，下辖 10 街道。宜良县人口约为 41.9 万人，下辖 2 街道、3 镇和 2 乡。昆明经济技术开发区（以下简称经开区）为国家级经济技术开发区，

课题组组长：贾义猛；课题组主要成员：张梦时、赵志远、陈璐、张郁、诸冰璐。

地处昆明主城、呈贡区、长水国际机场三角区域中心，国批面积 11.8 平方公里。2008 年 5 月实体化管理后，托管了阿拉、洛羊 2 街道，实际管辖面积扩大至 156.6 平方公里，辖区人口约 17.7 万人，常住 13.5 万人。

（二）昆明市政务服务机构演进及其现状

在政府职能转变与服务型政府建设的大背景下，2001 年 1 月，昆明市委、市政府成立了"昆明市便民服务中心"及其领导小组办公室。2009 年 12 月，"昆明市人民政府便民服务领导小组办公室"更名为"昆明市人民政府政务服务管理局"，由议事协调机构调整为市政府工作部门。"便民服务中心"也相应改为"市政务服务中心"。2011 年 12 月，"昆明市公共资源交易中心"成立，为隶属于市政务服务管理局的副县级公益性事业单位。2016 年 2 月，昆明市公共资源交易监督管理委员会办公室履行的职责被划入市政务服务管理局，市政务服务管理局加挂"市公共资源交易管理局"牌子。同年 12 月，昆明市成立"投资服务中心"，为市政务服务管理局管理的副县级事业单位。2019 年 3 月，新一轮机构改革开启。为进一步推进行政审批制度改革，优化营商环境，原分散于发改、编办、政务等部门的相关职能被划转至政务服务管理局，使其由市政府工作部门转为市政府组成部门。同时，由市人民政府副秘书长兼市政务服务管理局党组书记、局长，实现"首长高配"。

目前，昆明市政务服务管理局共有行政编制 31 人，市公共资源交易中心、市投资服务中心分别有事业编制 41 名、3 名。昆明市坚持党建引领，着力于营商环境优化与政务服务体系建设，目前已经形成了以市政务服务管理局（与市公共资源交易管理局实行"一套班子、两块牌子"）、市政务服务中心、市公共资源交易中心、市投资服务中心以及党群服务中心为整体格局的"一局四中心"模式。

二、政务服务体系建设的经验与特色

（一）组织架构的"一局四中心"模式

昆明市人民政府政务服务管理局于 2009 年 12 月成立，在发展过程中以优化营商环境和推动行政审批制度改革为抓手，不断整合、调整相关职能，最终形成了"一局四中心"的模式。所谓"一局四中心"，即包括政务服务管理局、政务服务中心、公共资源交易中心、市投资服务中心和党群服务中心。在市本级，一局实际上是指政务服务管理局与公共资源交易管理局，公共资源交易管理局整合进政务服务管理局后，在工作上实行合署办公，实质上实现了"一套班子、两块牌子"。在各区县级政府，"四中心"与市本级保持一致；在"局"的方面，普遍形成了"三局合一"的模式，即在政务服务管理局加挂公共资源交易管理局和行政审批局的牌子。总体来说，市县两级组织架构的一致性，能够体现改革过程中的高位统筹。一方面，纵向层面的机构设置具有整体性的考虑，为进一步推进改革奠定了基础；另一方面，区县与乡镇政府也具备充分的自主探索空间，使得改革过程兼具稳定性与灵活性。

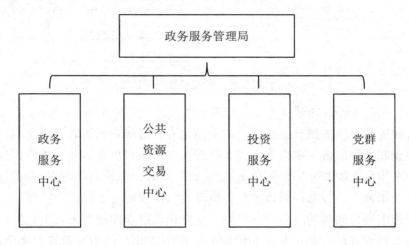

图 1　"一局四中心"模式

（二）党建引领的突出地位

将党群服务中心整合进政务服务体系，是昆明市政务服务体系建设中的一大亮点。2020 年 1 月，昆明市出台《关于加强党群服务中心建设和管理使用的指导意见》，预计在年底前完成"1+18+N"党群服务中心建设。其中，"1"即一个市级党群服务中心，"18"即十八个县（市、区）、开发（度假）园区级的党群服务中心，"N"即一批街道社区、工业园区、商务楼宇、商圈市场、规模较大的专业市场、行业系统部门、非公企业和社会组织、居民小区等党群服务中心。除了一般性的文化生活与氛围营造，各区县将党建引领落实到了政务服务体系建设的具体领域，实现了党务与政务的互嵌耦合。具体到走访的各调研点，可以将其归结为以下三方面，即"党建+政务服务""党建+具体业务"以及"党建+志愿服务"。

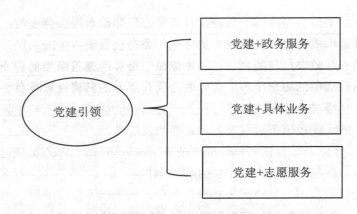

图 2　党建引领下的政务服务体系建设

1."党建+政务服务"

官渡区是昆明主城核心区之一，正在全力打造成为昆明城市新中心。一直以来，官渡区牢固树立以党建引领发展的观念，高位统筹、系统推进、开放融合，将城市基层党建融入政务服务工作，在以政务服务管理局为中心的基础上，纳入政务服务中心与党群服务中心，形成"一体两翼"格局。2015 年，官渡区党群服务中心正式揭牌启用，主要为全区党员、群众和各类人才提供流动党员组织关系转接咨询、创业扶持咨询等服务。除此之外，还为党员提供活动场所，为辖区群众提供各类文娱活动与相关培训，成为非公党组织和各类群团组织的活动家园、流动党员的爱心驿站，是加强党员教育阵地和提供全方位政务服务的有效抓手。

2."党建+具体业务"

宜良县党群服务中心以"服务、学习、教育、交流、休闲"为主线，按照"一中心"即党建孵化中心，"一部"即企业家俱乐部，"一会"即新的社会阶层人士联谊会，"两室"即谈心谈话室、党员活动室进行建设。其中，于 2016 年12 月成立的全省首家县级企业家俱乐部，以"协调关系、增进信任、资源共享、团结凝聚、互助共赢"为宗旨，围绕"经济合作、文化交流、感情联谊、学习提升、慈善公益"五大板块，充分发挥中心作用，致力于成为企业的参谋、政府的助手、合作的桥梁、交流的渠道。俱乐部不设定准入门槛，不收取会费，配备书吧、健身室和茶室等设施，企业家仅需预约便可免费使用场地。为了解决问题，营造良好的营商环境，四班子领导和县委办局主要负责人分为 28 个小组，由 1 名县级领导带领 2—3 家政府职能部门轮流参加俱乐部举办的茶叙会，鼓励企业家畅所欲言，提出问题并共同解决问题。在政务服务大厅中，各入驻部门的人员编制并未划转，但入驻人员的党组织关系转入大厅。这一方面能够通过党建活动凝聚人心，加强政务服务工作队伍建设，提高政务服务工作质量，另一方面又能够通过党组织对服务工作人员进行监督。

经开区是云南省各级园区中市场主体规模最大的配套产业区。越来越多的中外企业的入驻，对于经开区在非公企业和社会组织中开展党建工作提出了新的要求。党群服务中心设置的组织生活馆、党群馆、人才驿站、流动党员服务中心、人才培训中心、营商服务中心、综合排练室等，是党建宣传、党群服务、活动组织、营商服务、资源互通的党群红色阵地。中心以"有困难找中心，要创业到中心，做奉献来中心"为出发点，依托"智慧党建平台"实现了线上线下的联动。从企业登记注册开始，便为企业做好全流程服务，实现党、政、商良性互动。依托全省服务型党组织综合服务平台，同步实现党建、政务、商务信息在线上交流融合，不断强化党组织的政治引领和核心作用。

呈贡区以党建为引领，牢固树立"一盘棋"思想，区政务服务管理局党组与入驻区级政务服务中心的20多家单位党组织建立了"党建联盟管理机制"，真正将"党建"做实。具体地看，呈贡区政务服务管理主要通过四项具体机制实现党建与具体业务之间的紧密连接。其一，"1+1"责任区志愿服务机制。对进驻政务服务中心各单位党员实行"双重管理"。通过政管局党支部党员与该区域党员"1+1"结对的方式，在政务服务中心设置10个党员服务责任区，共同负责该区域的相关业务与服务工作。其二，区政务服务中心党员"双重管理"机制。以政管局党组织为主导，对各派驻单位党员进行"双重管理"，在督促"双重管理"的党员积极参与区政管局党支部组织活动的同时，将党员的组织生活情况、工作表现向其所在的单位党支部直接反馈，通过与党员组织关系所在党组织的直接联动，实现对党员管理的无缝对接。其三，"政务服务党建联盟"机制。将党建作为整合资源与沟通协作的着力点，通过召开联席会议的方式，与入驻单位协商解决中心内窗口服务人员的管理、培训和教育等重要问题。其四，党员创先争优机制。通过在政务服务中心全面开展的"党员示范岗""服务之星"评比活动，推动评价标准与党员积分管理、辅助性岗位奖励性绩效考核相结合。通过党员先锋评比等方式，推动党建联建共建向服务延伸，把增强群众获得感作为政务服务的出发点，共同建设政务窗口服务品牌。这一方面能够激励党员勇当改革先锋，充分发挥党员在政务服务领域的先进性和模范性；另一方面，也能够通过党员"亮身份"的方式，对工作人员的行为进行有效监督。

3."党建+志愿服务"

呈贡区雨花街道为民服务中心积极开展党的群众路线教育实践活动，并于2015 年被评为昆明市"五星级"为民服务中心。雨花街道党建联盟成立于 2019年，成员共有 20 家单位，以街道党工委为中心，实行"大事共议、实事公办、要事共决、急事共商"的议事原则，整合党建资源，共享互补。中心充分开展多样的志愿活动，建立巾帼志愿服务长效机制，开展创全国文明城市，弘扬传统节日，关爱空巢老人、留守儿童，保护滇池巾帼行动等多主题的志愿服务活动，为群众提供多元、精细、有效服务。营盘社区周边设有多所大学，在 1400余名志愿者中，有将近三分之一的志愿者为大学生，社区通过创立志愿服务积分卡等形式，积极开展各类形式的志愿服务。

雨花街道为民服务中心还通过党建联盟机制搭建了辖区群众与联盟单位之间的桥梁，以"党建"作为资源整合和配置的重要途径。例如，雨花街道为民服务中心开展的"微心愿"志愿活动，街道工作人员搜集、汇总并审核本辖区内群众的"微心愿"，并制作心愿卡片，党建联盟单位认领并帮助许愿人实现心愿。

（三）"综窗"的高效应用

在"局+中心"的模式下，昆明市在政务服务大厅建设中自上而下普遍实行了"综合窗口"的模式，并在实践中得到了相对高效的应用。总体上，在"政务服务管理局+政务服务中心"的模式中，机构本身不具有实质性的审批权限。因此，为了解决"办事群众找不到对应窗口"的问题，昆明市在政务服务大厅建设中普遍实行了"综合窗口"（"综窗"）模式，实现了"受"与"审"的分离。将审批环节细化为受理与审批，便于中心实施对于原部门工作人员的监督与管理，同时也有助于实现窗口人员与后台审批人员的双向监督。现阶段，入驻大厅的原部门工作人员与窗口临聘人员之间形成了"互帮互助"的过渡性关系。简单来说，就是标准化程度高的材料基本由窗口人员实现了高效的初审，而对于相对复杂的"疑难杂症"，原部门人员也能够在审核部分提供一定的帮助。这种过渡性的方式，在一定程度上平衡了窗口外"高效"与窗口内"有效"的关系。

同时，在实现"受审分离"和受理材料清单标准化的基础之上，各级政务服务中心跳出了编制的"桎梏"，即采取劳务派遣的方式弥补中心的人力缺口。本次调研的各区（县）政务服务中心的"综窗"工作人员均为劳务派遣人员，其劳务关系不在政务服务中心，但中心掌握着他们的绩效考核权。中心工作人员不足是区（县）政务服务中心面临的具有一定普遍性的问题。通过"劳务派遣"的方式，将一般性、服务性工作外包，以商务礼仪为基础制定并实行工作人员行为规范，一方面有效缓解了中心编制紧张、人手不足的压力；另一方面极大提升了中心工作人员服务的质量与标准化程度。

（四）"政务+"模式的形成

宜良县政务服务管理局以政务服务带动结构性整合，邀请人大代表、政协委员定期监督工作并当场为民解困，其目前已将这项工作制度化。自 2017 年 9 月开展这项工作以来，已在县政务服务中心、乡镇（街道）为民服务中心、村（社区）为民服务站建立起"人大代表联系群众窗口"147 个，人大代表轮流值守窗口，化解基层矛盾。自 2018 年 4 月起，宜良县政协也在县政务服务中心设立"政协委员民主监督窗口"，每隔一周值守一次，收集社情民意，便于更好履职。宜良县通过党建引领、中心搭台的工作形式，以政务服务为中心，设立企业家俱乐部、人大代表联系群众窗口和政协委员民主监督窗口，建设成为"大政务服务中心"，充分运用政务服务带动多元主体、多项功能的结构性整合。

（五）"互联网+"的充分运用

昆明市高起点谋划"互联网+政务服务"平台，在建立的全国首家"一网四中心"平台上，将"互联网+政务服务"拓展到公共资源交易、投资服务和党群服务领域。昆明市开展"一网四中心"建设，遵循"全国一体化"的顶层设计，上与云南省政务服务网上大厅实现"统一服务入口、统一身份认证、统一事项管理、统一数据共享、统一效能监察"五个统一，下可延伸服务至所辖县（市、区）、乡镇（街道）、村（社区），实现"互联网+政务服务"五级联动，统筹推动更大范围的数据共享。通过该平台的数据整合与共享，供给侧的数据信息更客观、准确与真实，从而实现需求侧群众办事更方便。此外，为了强化监督落实，昆明市建设了政务服务效能监察 App，实现政务服务"掌上监督"。利用效能监察 App，全市各级党委和政府、各审批职能部门和督办监察部门，可通过手机对各级政务服务中心、审批部门及人员事项受理和办理的环节进行实时跟踪。同时，效能监察 App 也为市人大代表和政协委员提供监察账号，使其自觉接受监督。

（六）省级政府统筹政务平台建设

2018 年，云南省制定了加快推进一体化在线政务服务平台建设的方案，提供统筹政务服务实体大厅和网上大厅资源，推动线上线下融合服务，建设完善全省政务服务 App，推进覆盖范围广、应用频度高的政务服务向移动端延伸，推动企业和群众办事实现"指尖办"。建设银行主动合作支持云南省推进"互联网+政务服务"建设，并出资建设网上办事系统平台，提供云平台支撑。因此，全省 319 个建行营业网点、1587 台智能柜员机也成了政务服务办事点，群众不仅能在手机上办理政务，也能在建行网点享受便捷的政务服务。云南省全面梳理线上服务事项，加快"一部手机办事通"项目建设，实现了"省、州（市）、县、乡镇（街道）、村（社区）"五级联网通办，线上事项全省通办比例达 94%。通过线上一体化全面推行行政审批标准化，实现省、州（市）、县、乡镇（街道）、村（社区）同一政务服务事项要素"五级十二同"。

（七）"套餐式"服务

昆明市政务服务管理局积极探索集成套餐式政务服务，通过"一对一"量身定制计划，免费帮办代办投资建设项目的审批全流程，让企业花最少的精力、用最短的时间办完事。通过探索一个事项由一个主要部门牵头、其他部门作为辅助的工作形式，由过去的"企业跑"转变为"政府替"。依据项目性质组建帮办代办团队，主管部门全程进行审批协调、流程优化、跟踪指导等活动，提供主动式和全方位的政务服务。通过业务主管部门整合审批服务资源，提升审批服务效能。通过健全代办服务体系、完善代办运行机制，解决项目审批难、繁、慢等问题，加快项目落地建设，优化提升政务服务和营商环境。

（八）机制创新带动服务优化

1. 色彩分区，导引快速便捷

呈贡区政务服务中心入驻了 18 家单位，设置窗口卡位 123 个，共有 45 个审批事项、149 个服务事项进驻中心。该中心选择采用不同的颜色标识区分大厅的企业注册区、民生保障区、综合审批服务区、网络化监管指挥中心、婚姻登记服务区、不动产服务区、税务服务区、公安综合服务区、档案区和中介超市服务区等十个片区。地板与各类办公用具均使用不同色彩进行划分，各个功能片区所在的位置一目了然，方便办事群众准确找到办事窗口，提供简洁服务。将色彩管理引入公共服务，既能为办事群众提供视觉美和温馨感受，又能打破群众对政府的刻板印象。

2. 无声叫号，改善大厅环境

呈贡区政务服务中心启用"无声叫号"系统服务办事群众。群众仅需在取号机上点击业务窗口名称与要办理的业务，输入手机号码，便会获得一张纸质的排队号码，上面印有票号、办理的具体事项、等待人数等内容。"无声叫号"除窗口显示屏提醒外，还采用了手机短信提醒，解决了大厅声音嘈杂等问题。

"无声叫号"系统为办事群众和窗口工作人员创造了良好的办事环境与工作环境，使得政务服务更加便捷化与高效化。

3. 设立标识，建立和谐关系

呈贡区政务服务中心通过在窗口人员工位设置"政务先锋""党员先锋"等标识，调动窗口人员的工作热情，激励工作人员探索创新政务服务工作新形式。该措施不仅有助于发挥党建的引领作用，也可以发挥群众对于窗口人员的监督作用。宜良县政务服务中心为窗口工作人员贴心设立了"准妈妈"工作标牌，方便告知办事人员该窗口的特殊情况，便于办事人员选择办理窗口。此类人性化标识的使用，不仅可以照顾窗口人员的身体情况与工作情绪，也便于调节办事人员与窗口工作人员之间的关系。

4. 信息自动录入，提升办事效率

呈贡区政务服务中心通过梳理各项行政审批和公共服务事项办理流程，发现各类需填报的表格总体上分为三大板块，即个人信息板块、申请事由板块以及审批情况板块。通俗地讲，就是"我是谁""我要做什么"以及"可不可以做"。其中，个人信息板块往往反复出现。传统填写方式（无论是电子化还是纸质化填写）会耗费填表人的时间精力；同时，由于手动填写的正确率难以保证，"审查信息正误"不可避免地成为各项审批事项办理的"第一步"，审批时间难以进一步压缩。基于此，呈贡区政务服务中心建设并投用了信息自动录入系统，群众只需刷身份证，个人信息即可自动填写完成。信息自动录入系统的使用，既提升了群众办事的便利性，也保证了个人信息的正确性，同时又"解放"了填表人和审批人，有效压缩了办理时间，优化了群众的办事体验。

（九）营商环境评价"红黑榜"制度

昆明市通过"红黑榜"制度推动营商环境优化，倒逼政务服务改革。2019年12月底，昆明市人民政府出台《昆明市营商环境"红黑榜"考核评价暂行办法》，提出对市级部门和县（市）区及开发度假（园区）两大类对象进行营商环境指标化考评。考评由受委托的第三方机构独立开展，采取召开座谈会调查、问卷调查、实地调查、专题调查、网络调查等多种考评手段，实现月度（每两月）测评、年度评分相结合。"红黑榜"考评结果与全市综合考评挂钩，并定期通过省、市主流媒体公开通报，接受社会监督；同时，考评对象需对"红黑榜"指出问题接受督促、限期整改直至追责问效。

目前，昆明市已通过市人民政府新闻发布会形式，发布了两期营商环境评价"红黑榜"。通过"红黑榜"制度，昆明市试图实现上下联动，强化市牵头部门对县区的监督指导力度；加强各个横向部门之间的协同配合；激励各层级、各部门间的竞争、创新与先进经验学习。

三、政务服务体系建设面临的问题与挑战

（一）"内嵌式"审批局模式面临挑战

在省级政府的统一要求下，昆明市各区县政府基本在政务服务管理局的基础上加挂了行政审批局的牌子。但事实上，大部分区县的行政审批局在实际运转过程中还是遇到了诸多困难。所谓"内嵌式"的审批局，实际上是相对于"大审批局"而言，它只整合了极少部分事项的审批权限。例如，官渡区整合了工程项目建设相关的审批权限，设立了行政审批科，对外加挂行政审批局牌子。也有些区县由于运转面临困难较大，并未在真正意义上将原部门的审批权限剥离。关于"内嵌式"审批局在运转中遇到的困难，主要涉及以下方面。首先，在机构层面，无论是对上还是对下，"内嵌式"审批局都要对接更多原部门，实际上是降低了办事效率。这对于本身工作繁重的工作人员来说无疑是增加了负担。其次，在其他部门的认可方面，"内嵌式"审批局也面临着更大的困难。"承认与否"是所有审批局模式遇到的普遍性问题之一。纵向上上级部门承认与否，以及横向上其他地区承认与否，都决定着审批局审批结果的有效性。对于"内嵌式"的审批局，这一困难也显得尤为突出。如呈贡区在将行政审批局实体化运作过程中就遇到了"无平行""无上下"的问题，给审批工作的开展造成了困难。审批局内部的审批系统与其他部门的系统并行，导致信息的重复录入，效率低下。

（二）统筹协调困难

政务服务管理局由领导小组办公室转为政府工作部门，进而转为政府组成部门的过程，在角色定位与功能发挥上发生了很多实质性的变化。尤其是在政府职能转变、行政审批制度改革以及营商环境优化等方面的统筹、协调性功能都有了实质性的提升。然而，在实际运行过程中，政务服务管理局仍然被视作"中心"的管理者。因此，在对改革相关工作的推进过程中，就很难发挥协调与整合的作用。最为典型的表现是，一些重要政策会议上的参会者往往是入驻单位的工作人员，这对其在改革过程中充分发挥作用是不利的。

（三）事权"非全链条"下放导致低效

一个事项的办理往往需要符合一系列的法律法规和程序的要求，相应地，在事权下放时，应从业务全链条的完整性角度进行考虑，对可以下放权限的事

项，进行事权的涉及权力的"全链条"下放，减少事权衔接的"断点"。在实际工作中，由于部门间相互独立，整体上也缺乏协调机制，一个事项涉及的办事权限无法完整地归属于同一层级的政府。权限的"非全链条"下放，不仅对办理相关事项的群众造成了诸多困扰，对于政府内部各部门间的数据互动和业务交流也造成了诸多障碍。这导致了办事效率低下，办事流程不合理、不顺畅等诸多问题。事权的整合应当突出整体性、系统性，对于同一事项涉及的相关权限，应当尽可能地归并于同一层级，避免出现权限的"非全链条下放"问题。

（四）先发地区与区域整体的关系处理问题

在信息化建设中，昆明市政务服务管理面临着"先发地区劣势"的问题。现有资料显示，云南省政府于 2016 年底出台的《关于加快推进"互联网+政务服务"工作的实施意见》，正式提出依托省政府门户网站，整合政务服务资源与数据，建成全省一体化网上政务服务平台。昆明市早在 2014 年就制定并实施了《昆明市政务服务管理局信息化发展规划和工作计划》。

一般地，自上而下的推动方式更加适合政务服务的信息化建设的需要。昆明市是云南省率先推行信息化的城市，但如今信息化系统建设走得太快，反而成为制约昆明市政务服务进一步推进信息化改革的"劣势"。由于昆明市信息化程度具有比较优势，走在云南省整体进度之前，较为成熟的政务服务信息化建设难以与上级信息化系统建设协调，实现二者的兼容需要投入更高的改革成本。对于云南省其他市县而言，"互联网+政务服务"仅仅是一个建设的过程；但对于昆明市而言，可能面临的是一个"重建"的过程。

（五）系统内部壁垒问题

呈贡区政务服务中心建设并投用了信息自动录入系统，群众只需刷身份证，个人信息即可自动填写完成。但是信息自动录入系统的前提是各个部门愿意打破壁垒，实现信息互通。由于缺乏早期顶层设计和统一规划管理，绝大多数部门的数据库只能在本部门范围内有限共享，不具备与其他数据库交互共享的条件。由于部门协调性不足而导致的"部门壁垒""信息壁垒"，阻碍了政务服务的一体化、系统化和便利化进程。

事实上，真正意义上的"综窗"应该是通办，即所有要办的事都能办，但实际上并没有实现。例如在呈贡区，人社部门的 23 个窗口内部还分为 4 个独立的业务部门，虽然部门都进驻大厅，但其内部还存在系统互不相通的问题。"综窗"背后仍然各自为营，导致效率低下，出现了"排队"问题。

四、政务服务体系建设的完善思路及对策

（一）以营商环境优化倒逼行政审批制度改革

营商环境是市场主体赖以生存发展的基础，是其在市场经济活动中所涉及的体制机制性因素和条件。行政审批制度改革的进一步推进需要抓手，而以往改革过程中面临着一定程度的概念泛化、唯数字化等问题。以营商环境倒逼行政审批制度改革是一个新思路。营商环境本身是指标化和体系化的，可通过制定和完善营商环境的标准与体系来进一步细化行政审批制度改革的工作流程和完成任务目标，进而倒逼行政审批制度改革的深入开展。优化营商环境是行政审批制度改革进一步推进和深化的集中表现。优化营商环境是一项综合性系统工程，在这一过程中必须抓住转变政府职能、优化政府流程这一关键，从处理政府与社会、市场关系这条根本之路出发，以服务人民群众为思路转变的起点。优化营商环境要聚焦审批流程，可以通过简政放权、压缩审批环节和审批事项，提高办事效率。

（二）在组织上实行首长高配以增强机构整合力

尽管各级政务服务管理局由政府工作部门逐步转变为政府组成部门，但机构主要领导多未由同级政府副秘书长兼任。政管局是行政审批制度改革过程中出现的一个全新的机构，从政务服务办公室向政府工作部门再向政府组成部门的转变，一方面体现了政管局在整个政府构成要素中地位的变化，另一方面也集中说明了政管局自身功能和作用的改变。在这一演变过程中，政管局作为一个协调机构所独立承担的职能逐步增强了，尤其是在推动"放管服"改革、推动行政审批制度改革和推动政府职能转变方面，政管局的定位在不断凸显，其职能的发挥也在不断增强。但是，由于政管局作为一个新生事物，尤其是在独立性相对较强、受到复杂的条块关系影响下的各部门之间，其功能的发挥还是会受到诸多阻碍。政管局局长作为机构主要领导，本质上是重要的组织和人事资源。以政管局领导的行政高配，来增强机构的协调和整合能力，对于政管局在推动改革过程中的作用发挥具有不可忽视的重要作用。

（三）事项涉及的"权限"尽可能统一层级

如前文所述，由于同一事项涉及的诸多权限并未实现"全链条"下放，这降低了政府的办事效率，也进一步加剧了政府间打通数据壁垒的困难。事实上，"放管服"改革的推进，既要强调权力的下放，也要强调权力的运行，即改革本质关注的是权力运行的最优，因此同步调整了权力的结构和权力的过程。而最

优化的权力结构与运行过程绝不是一味地下放权力，一味下放权力不仅会导致权力的承接问题，也会造成部门、层级之间相互踢皮球的现象。总体来看，各级政府都应当把该自己管的事情管起来，这就要强调相关事项涉及权限的系统性和整体性，也即事项相关权限的"全链条"，即尽可能将事项的相关权限归并到同一个层级的政府。

（四）高位统筹打破信息壁垒

在信息化进程中，政务服务面临着信息壁垒的问题。有些部门从上而下形成"信息烟囱"，而对应政府各层级之间没有横向联系。信息不透明、不公开、无法实现共享，这在很大程度上阻碍了政务服务能力的提升。

目前昆明市已基本实现"前台综合受理、后台分类审批、统一窗口出件"的服务模式，但要实现真正的"综窗"、一窗通办还有一定距离。部门间的信息壁垒就是一大阻碍，而这势必需要国家顶层设计，由国家层面自上而下地推动，充分运用大数据、区块链等现代信息技术，打破部门壁垒、信息壁垒，实现横向纵向信息的互通共享，以形成并完善"网上办理为主，自助办理为辅，大厅兜底服务"的政务服务模式。

作者单位：南开大学周恩来政府管理学院

2020 年城市管理综合执法改革发展研究报告

杨书文

  城管综合执法改革是行政执法改革中的一个重要组成部分，是近年来我国深化行政执法改革、提高行政执法效能的一个重要举措。国家层面对于城管综合执法工作的开展高度重视，各个城市在紧密结合当地实际的情况下，形成了多元化的城管执法体制与模式，并对其进行不断的改革与创新。

一、2020 年城市管理综合执法改革现状

（一）北京市城市管理综合执法改革现状

1. 转变执法理念

  北京市在城管综合执法改革中积极转变执法理念，在工作中提出"服务是本质"的执法理念，并由原来的"管制"逐渐转向为"服务"和"疏导"；同时，为了化解有可能引起执法冲突的问题，积极协助与配合相关部门推行一些利民、便民的措施。比如在对社会流动摊贩进行治理时，北京市城管尝试引导他们遵守城市规章制度、进行合法经营，以从源头上解决流动摊贩问题以及避免城管与摊贩之间产生冲突。丰台区城管执法局南苑乡执法队在对果园村、久敬庄、凉水河桥等地区的乱摆摊违法经营行为进行依法整治时，考虑到该地区处于城乡接合部、具有较多的外来人口以及这种占道经营的情况较多等实际问题，灵活采取"疏导相结合"的方法，与当地的街镇办事处协调设立了固定的便民服务点，并引导商贩在便民服务点进行经营，这一举措既有利于解决居民买东西困难的问题，也有利于解决流动摊贩影响市容的问题，从而维护城市社会秩序

的健康运行。

2. 推进城管综合执法规范化

北京市在城管综合执法改革中注重执法的严格规范与责任的明确落实，以维持良好的城市环境和秩序为目标，不断推进执法朝着规范化与标准化方向发展。第一，北京市城管将"形象是生命"作为执法的一项工作理念，强调要落实每一位执法人员的形象责任，要从一点一滴、一言一行做起，提出了岗位责任制，将城管综合执法中的具体岗位分为行政处罚与行政许可两个大类，并按照职能又将行政处罚大类岗位分成了 13 个小类。同时制定并发放了城管执法人员责任手册，指出将工作标准、岗位职责以及具体的奖惩方式落实到每一位执法人员。第二，北京市从适用的法律、执法的权限、执法的程序、违法的事实、执法的行为、执法文书的填写、档案的管理以及执法监督八个方面对执法内容和具体标准作出明确规范。

3. 引领多方参与志愿服务

北京市城管综合执法改革积极引领社会公众等社会力量参与到跟城管执法相关的志愿服务中。第一，志愿者协助城管人员对城管执法相关法律法规、政策文件进行宣传，宣传一般分为常规宣传和专项执法宣传两种。第二，志愿者积极举办和参与相关便民服务活动，例如参与"城市文明加油站"等这一类的专项活动，或者在周末（节假日）的时候在城市的旅游景区，或是一些繁华地区设置服务点，志愿者可以在这些服务点为市民提供指路等服务。第三，由志愿者组成劝导队进行日常巡查，对发现的违法违章行为进行劝导。志愿服务为城管综合执法增加了极大的助力。

4. 注重城管综合执法中的科技应用

北京市城管综合执法改革不断拓宽向市民提供服务的渠道，这些渠道主要包括 96310 城管热线电话、城管执法局官方网站、移动手机平台、城管岗亭等。与此同时，北京市也越来越注重对高新科技的应用，以物联网平台为依托，运用大数据技术，构建了"我爱北京"城管地图这一服务平台。这一平台的建设向社会公众打开了城管执法信息公开的窗口，可以将相关执法信息清楚地展示给公众，让社会公众更好地对城管执法进行监督，同时社会公众也可以借助平台进行互动，可以对城管执法相关问题进行举报和反馈，也可以就某一问题提出自己的建议。城管地图的应用为执法信息公开化提供了平台和条件，同时也增加了社会公众参与城管执法的渠道与便捷程度。

5. 探索"街乡吹哨、部门报到"协同治理机制

北京市作为我国特大型都市，城市治理问题多、难度大，尤其是基层城市治理方面存在诸多问题，在城管综合执法改革中，北京市开创性地对"街乡吹哨、部门报到"的基层协调、治理机制进行了探索。"街乡吹哨、部门报到"指的是将执法的主导权交给街镇和乡镇，在执法中遇到难题时，街乡先"吹哨"，与之相关的执法部门和队伍听到召唤后需要在 30 分钟内到达，根据各自的职责和专业性知识技能协商以解决问题，做到不解决问题不走人。"吹哨报到"作为一项创新性的改革，有利于开展基层治理实践创新，真正破解城市基层治理上的难点。

（二）上海市城市管理综合执法改革经验

1. 构建"1+1+1+X"工作体系

上海市在城管综合执法改革中，提出构建"1+1+1+X"区、县城管综合执法的实践工作机制。其中，第一个"1"代表 12345 市民服务热线，市民如果有与城市管理相关方面的问题、建议以及诉求，都可以通过这一条热线反馈出来，这有利于强化社会对城管执法的监督；第二个"1"指的是城市网格化监督、指挥、管理平台，专门的网络监督员通过巡查发现城市管理方面的各种问题，将其交给相关部门进行处置并对处置具体情况进行监督，之后区县的网格化中心根据分工职责，分别向区城管执法局和各街镇的网络平台分派问题中所涉及的执法问题；第三个"1"指的是城管综合执法队伍，主要是负责具体执法工作，由市、区（县）、街镇三级城管综合执法队伍构成；最后一个"X"代表了与城管执法相关的其他行政管理部门，如水务、质检、工商等部门，在城管执法中将涉及专业性知识和技能的工作移交给相关部门，有益于提升执法效能。

2. 注重加强法制化建设

上海市在推进城管综合执法改革中，始终把依法行政、规范执法当作执法工作的重要要求，不断提升执法队伍规范严格执法的水平和能力。从 2012 年开始，上海市先后发布并实施了《上海市城市管理行政执法条例》（以下简称《条例》）等 3 部地方性法规，明确了城管执法机构涉及市容、绿化、房管、环保、公安等众多领域的 400 多项执法事项。2015 年，上海市对 2012 年颁布的《条例》进行了修改。同一年，市政府又颁布了《上海市城市管理行政执法条例实施办法》，2019 年重新对其进行了修改与补充。这些年来，上海市又陆陆续续制定并出台了关于城管执法程序、执法案件移送、城管执法行政处罚自由裁量基准以及城管执法调查取证、文书制作等方面的政策文件，进一步对城管执法

的相关内容与标准进行了明确和细化，注重加强法制化建设。

3. 加强城管综合执法队伍建设

自 2015 年开始，上海市开始对行政执法类公务员进行分类管理改革，这一改革对于城管综合执法队伍建设具有重要影响。第一，将具有现场执行性特点并且主要承担行政检查、行政处罚以及行政强制的职位设为执法类职位，进而充实执法力量。第二，在对人员进行招聘时严格把守入口关，实行分类专项招聘录用，以提高执法能力。第三，采用控制职位的数量与设置条件管理结合起来的方式，注重扩展执法类公务员的职业发展渠道与通道，从而缓解其晋升上的压力。第四，根据基层执法的特点，对绩效管理和考核机制进行完善，采取激励和约束相结合的方式方法，从而提升执法人员的精神和状态。第五，对执法人员坚持严格管理，完善"负面清单"相关制度，以明确执法人员行为的红线，更好地对执法过程进行监督和约束。

4. 建立健全执法协作机制

上海市各级城管综合执法部门依托城市网格化的管理平台，与相关行政管理部门共同建立了比较完善的信息共享、案件移送的执法衔接联动机制，对执法资源进行了有效的整合。第一，完善城管执法与司法机关的协调衔接机制，加强城管执法部门与检察院、法院等相关部门的沟通与协调，并且在执法过程中强化执法联动，从而强化执法的威慑力。第二，着力完善公安部门对城管综合执法的保障机制，主动加强城管执法部门与公安机关部门之间的协商合作。目前，上海市实行一种特殊的工作机制，即区、县公安分局里主管治安的副局长同时兼任区、县城管执法局中的副局长，以专门落实警力来强化执法保障，大大强化了城管执法的时效性与权威性。

5. 整合社会力量协同治理

上海市城管综合执法改革依据网格化监督管理平台，将区、街镇及村居有效连接起来，通过日常信息排查，将社会力量和执法保障资源最大限度地调节整合起来，持续推进协同治理。在街面上，由城管、协管、派出所、治安辅警、物业保安等队伍整合形成专门的巡查队伍，采集、排查跟城市的市容市貌、社会环境秩序、市政管理等城市管理与执法相关的各方面信息；在村居里，积极整合小区物业、社区保安、楼组长、志愿者等民间力量，成立社区网格巡查队伍，对各类隐患问题、违法违规问题的信息进行排查并上报。总的来说，上海市在引导社会力量参与协调治理方面取得了一定的成效。

（三）天津市城市管理综合执法改革经验

1. 街道属地化管理与城市基层治理相融合

自 2020 年 11 月开始施行的《天津市街道办事处条例》对综合执法等属地管理工作起到了关键的支撑和指引作用。作为嵌入城市街道管理中的一部分，相对集中行使行政处罚权的体制优势尤其表现为综合执法与联合执法两方面。

2. 一支队伍管执法与社会大综治相适应

在构建社会基层治理格局的伟大宏图中，在重大社会危机事件的应对和回应下，不仅仅是城市管理综合执法部门，中国行政体制下的任一治理机构和部门都成了整个社会治理的共同体。在社会治理大综合的良性发展态势下，天津市街道综合执法在执法效率、执法场域、执法周期的控制和管理上更为高效和智能，并逐渐发展成为治理重心下移、一支队伍执法、多元主体协作的常态且长效的综合执法模式。

3. 街道综合执法改革迈向智慧管理新阶段

为了更加有效地规范城管综合执法，更好地监督执法人员的执法行为和活动，并对执法效能进行评估，从而做到规范公正文明执法，天津市在区级层面设立了行政执法监督平台。滨海新区行政执法监督平台的建设与发展进一步推动了对执法监督信息化的探索与推广，并且在执法的事前、事中、事后三个阶段一直都发挥着应有的监督作用。

（四）长三角区域管理综合执法改革现状

截至 2020 年 7 月底，长三角区域城管综合执法探索的协作实践主要分为三个阶段，即区县层面合作、设区的市层面合作和省级层面合作。

第一个阶段，由一体化示范区内的区县一级城管执法部门进行协作。通过加强青浦、吴江、嘉善"两区一县"城管执法部门的协作，打造"一个平台""三个机制"，共同提升城市管理水平，助力一体化示范区建设。第二个阶段，由一体化示范区内的设区的市一级城管执法部门进行协作。2020 年 5 月发布的《推进长三角城市管理与综合执法一体化发展十二条合作》包括建立工作协调机构，建立联席会议、交流学习、研讨、热线电话联络、联合执法等执法协助、调查取证协作、执法预警通报、公共信用信息共享等制度，加强党的领导，加强地方立法研究等 12 条合作内容。第三个阶段，由长三角区域的省一级城管执法部门进行协作。2020 年 7 月，该地区发布了《长江三角洲区域一体化城市管理综合行政执法协作三年行动计划（2021—2023）》和《长江三角洲区域一体化城市管理综合行政执法协作清单》。这意味着江苏、浙江、安徽、上海"三省一市"城管执法主管部门将推动城管执法制度标准"趋同化"、执法检查"协同化"、队伍建设"同一化"，加强城管执法信息"互联互通"，提升区域一体化城管执法能力和水平。

　　苏州市"智慧城管"作为配合苏州"城市数据大脑"建设的重要数据平台，在其前身"数字城管"标准统一、运转顺畅、数据共享的基础上，"建有数据中心、应用中心、管理中心三个层级"，以"互联网+政务"的方式致力于在城市管理中实现"感知、分析、服务、指挥、监察'五位一体'"的功能，在借助大数据实现精细化城市管理过程中积累了丰富有效的经验。为扎实做细做好城市管理的各项工作，运用科技信息手段保障城市运行和经济社会的发展，创造良好的城市生活环境，苏州市通过以下几方面措施支持和保障"智慧城管"的顺利运行：第一，经费支持和监督考核保障"智慧城管"的建设运转；第二，平台对接和数据共享实现"智慧城管"的信息采集；第三，网格化管理和部门联动实现"智慧城管"的管理效能；第四，"大城管"的格局和服务民生的理念实现"智慧城管"的提升发展。

　　（五）全国地方城市管理综合执法改革现状的数据统计

　　2020 年各地方城市管理综合执法相关代表性法律政策出台情况见表 1。

表 1　2020 年各地方城市管理综合执法相关代表性法律政策出台情况

政策类别	代表性法律政策	所属地区	出台时间
地方法规	《青岛市城市管理相对集中行政处罚权条例》	山东省青岛市	2020 年 3 月
	《山东省城市建设管理条例》	山东省	2020 年 7 月
	《西宁市限制销售燃放烟花爆竹管理规定》	青海省西宁市	2020 年 9 月
	《太原市城市供水管理办法》	山西省太原市	2020 年 12 月
	《晋城市生活垃圾分类管理条例》	山西省晋城市	2020 年 12 月
	《齐齐哈尔市城市供水用水管理条例》	黑龙江省齐齐哈尔市	2020 年 12 月
地方部门规章	《广州市无障碍环境建设管理规定》	广东省广州市	2020 年 3 月
	《潍坊市公共健身设施管理办法》	山东省潍坊市	2020 年 4 月
	《重庆市政务服务管理办法》	重庆市	2020 年 4 月
	《潍坊市市区公共自行车系统管理办法》	山东省潍坊市	2020 年 4 月
	《青海省城市管理执法行为规范》	青海省	2020 年 4 月
	《上海市重大行政决策程序规定》	上海市	2020 年 8 月
	《武汉市加快推进新型智慧城市建设实施方案》	湖北省武汉市	2020 年 12 月

续表

政策 类别	代表性法律政策	所属地区	出台时间
地方部 门规章	《天津市行政执法监督平台管理办法》	天津市	2020 年 12 月
	《天津市城市建设档案管理规定》	天津市	2020 年 12 月
规范性 文件及 相关政 策意见	《成都市建筑节能管理规定》	四川省成都市	2020 年 2 月
	《北京市厨余垃圾分类质量不合格不收运管理暂行规定》	北京市	2020 年 6 月
	《湖南省地级城市生活垃圾分类工作实施方案》	湖南省	2020 年 6 月
	《天津市人民政府关于印发天津市公共租赁住房管理办法的通知》	天津市	2020 年 9 月
	《长沙市人民政府关于加快建设新型智慧城市示范城市的决定》	湖南省长沙市	2020 年 11 月
	《北京市城市管理委员会关于印发石油天然气管道保护行政许可与备案规定的通知》	北京市	2020 年 12 月
	《上海市房屋使用安全管理办法》	上海市	2020 年 12 月

资料来源：根据各省市政府网站及相关新闻报道整理。

2020 年地方城市管理执法的创新探索经验见表 2。

表 2　2020 年地方城市管理执法的创新探索经验

类别	代表性地区	主要内容及成效
构建"城管＋"模式，搭建多种平台办公	石家庄市	探索创建"5+X"执法模式，构建"综合执法+专业执法"体制
	舟山市	构建"城管+社区网格"模式推进全域网格化系统治理；构建"城管+志愿者"模式推进便民精细化高效服务；构建"城管+大数据"模式推进精准智慧化覆盖管理；构建"城管+居民"模式推进群众法治化多元自治
非现场执法，运用科技手段非现场取证	上海市	通过"一网统管"智慧平台，执法队改变传统调查取证方式，积极探索"不接触"执法模式
	昆山市	以原数字城管平台为基础，构建"探头站岗、鼠标巡逻、系统派单"的信息化勤务指挥平台。通过整合公安、交通、住房和城乡建设等部门 7 万多个高清视频探头，将视频监控覆盖面扩大到中心城区的大街小巷，实现了"足不出户管全城"

类别	代表性地区	主要内容及成效
非现场执法，运用科技手段非现场取证	武汉市	燃气工程安全质量监督检查、燃气经营检查、城市建筑垃圾处置监管、市政、户外广告、环境卫生、"门前三包"、占道经营、餐厨垃圾、油烟噪声等 10 大类都被纳入智慧城管执法监督平台，利用信息技术来管理城市
	江阴市	通过运用高清探头、无人机等技术手段，全方位、多角度进行非接触案源采集，并形成特定的影像数据和文字资料，提高了执法效率
优化城市法治营商环境	郑州市	"实施事项""一网通办、一次办成"引领"放管服"改革，持续提升线上线下政务服务融合度和服务效能，实现审批事项网上可办率达到 100%
	深圳市	发布第一批 100 个"不见面审批"服务事项清单、商事登记启动"三十证合一"、推出"开办企业一窗通"服务、推广"秒批"政务服务等系列措施
	青岛市	确立"用市场化、法治化搞活青岛"的发展思路，注重从"让企业家舒服"的角度出实招、硬招，"用平台思维做发展乘法"的思路，全面启动上合"法智谷"建设
	天津市	推进"一网通办"；扩大电子营业执照等应用

资料来源：根据各省市城市管理执法网站整理。

2020 年代表性城市数字城管建设成果见表 3。

表 3　2020 年代表性城市数字城管建设成果

地区	建设成果
北海市	建立数字化城市管理指挥中心
太原市	利用信息技术优势和网格化管理手段，将建成区 353.5 平方公里范围划分为 3.05 万个单元网格
江门市	视频智能分析、排水信息化、路灯在线监控、桥梁防撞预警
天津市	推动路灯"1001 工程"意风区智慧路灯工程
北京市	通州全区的井盖加装了识别"身份"的二维码
广州市	完成公厕、垃圾压缩站、燃气站点、井盖、垃圾终端处理设施等 37 类、199 万个城管设施标注上图工作，并实现在线查询、更新和上报
上海市	运用网上办案系统与"一网通办"公共支付平台对接的方式，让违法当事人通过扫码支付作为罚款缴纳渠道，完成付款缴纳

地区	建设成果
郑州市	道路路内停车泊位100%完成了智慧升级，85%封闭停车场也已经接入智慧停车管理系统
太原市	"门前三包"AI智能管控系统
济南市	推进城区化粪池监测管控平台建设
重庆市	数字化城管中心建设完成百姓城管微信平台项目，打造便民与政务的"连心桥"为城市管理工作赋能，充分发挥社会服务效能
霍尔果斯市	全力推进"智慧城管"建设和应用，依托信息化、智能化手段，探索创新城市管理新模式
绍兴市	开发综合行政执法局"城市管家"平台
娄底市	市民通过娄底城管网和"娄底智慧城管"公众号，可及时了解城管工作动态和办事服务，还可通过"随手拍"App等对身边发生的城市管理案件进行上报

资料来源：根据各省市城市管理执法网站整理。

二、2020年城市管理综合执法研究综述

本报告在CNKI（中国知网）期刊数据库中以"城市管理综合执法改革""城市管理执法""城管综合执法"为主题、关键词，以2020年为时间范围进行检索，共得到248篇各类文献。筛选除去非城市管理领域的行政执法文献、新闻纪实、无关文献168篇，确定80篇文献为研究样本，对有关城市管理综合执法的研究进行分析。

表4　2020年城市管理综合执法文献统计

相关文献研究分类	总文献（篇）	占比（%）
既有体制及机制的分析	24	30%
地方实践分析及创新探索	38	47.5%
现有问题梳理与优化对策探索	18	22.5%
合计	80	100%

资料来源：根据CNKI数据统计自制。

由表4可见，2020年城市管理综合执法的相关文献研究主要集中于以下三种类型。一是对城市管理综合执法既有体制及各类机制的分析与反思，主要表现为对全国范围内现有的体制机制进行梳理与分析，陈列利弊，以及从整体性

治理、整体型政府等不同视角对体制机制改革的聚焦与研究。二是对地方实践分析及创新探索，其中包括城市管理在执法方式、管理模式等方面的创新以及对技术创新、信息化平台的进一步应用。三是对地方城市管理综合执行现状的问题发现、梳理以及相应的对策探索。相关领域的学者将关注的焦点投向各地方城市管理综合执法现存的问题，从执行的各个环节入手探寻城管执法的更优路径。

（一）现有体制与机制的分析

作为重要的国家管理制度，城市管理体制与国家治理特别是与民生大事息息相关，尤其在疫情背景下更为明显。尽管中国城市管理体制经过了长期的渐进式改革并有所进展，但仍然不够完善，不太适应形势发展需要，还有不少问题仍未找到解决方案。众所周知，城管力量原本就是专为治理城市脏乱差的需要而诞生并不断强化的，城管执法体制改革就是专为赋予城管以更强的治理手段与效力而产生的。随着改革开放的日益深入，城市化在不断加快，其对城市基层社区治理水平提出更高要求。因此，城市管理体制改革触角正在不断由街道向基层社区延伸，城管执法进社区呈现扩大化与常态化趋向。①城管执法进社区摆脱了以往执法权力过于集中的痼疾，将执法权限横向拉伸，重塑权力分配与再分配体制。有学者提出应当坚持以构建"令行禁止、有呼必应"党建引领基层共建共治共享社会治理新格局为契机，深入推进镇街体制改革，围绕全面加强党的领导、合理下放管理职权、整合设置党政机构、优化工作运行机制、加强政策配套衔接，积极推动社会治理重心向基层下移，为实现老城市新活力、"四个出新出彩"提供了坚强的体制机制保障。②加强基层党组织的统一领导；坚持宜放则放、应放尽放，合理下放管理职权；着眼民生需求，构建便捷利民的基层治理工作机制从点到面推进党群服务全覆盖；着眼配套支撑，构建规范完备的基层治理保障体系强化政策配套，确保职权明晰；自上而下建立健全执法人员末位淘汰制度和准入制度等方向是相关学者在反思现有体制机制后的探索方向。③各地方对现行的城管综合执法体制不断探索，作为全国综合行政执法改革试点地区，青岛市西海岸新区启动综合行政执法体制改革，通过体制重塑、职能重整和监督重构，探索建立扁平高效的"局队合一"执法管理体制，组建

①　王颖，王梦. 合理化、合法化、有效化：城管执法进社区的三维向度研究 [J]. 中共天津市委党校学报，2020（01）：90.

②　龚彦成，邓家钱. 推进镇街体制改革，构建科学高效基层治理体系 [J]. 旗帜，2020（12）：74-75.

③　陈从忠. 推动综合行政执法体制改革成果落地见效 [J]. 理论与当代，2020（06）：35-36.

综合行政执法局，统一行使城管、国土、交通、文化、旅游、海洋、水行政管理、环保八大领域近千项执法权，解决了多头执法等难题，提升了执法效率和监管水平。聚焦"如何执法"，针对内设机构职责重叠交叉等问题，深化流程再造，科学划分直属中队和派驻中队执法范围，以工业互联网思维打造集成式综合执法数字化平台，行政执法效率大大提升。①

（二）地方实践分析及创新探索

2020 年长三角区域城管执法以《长三角规划纲要》《示范区总体方案》以及江苏、浙江、安徽、上海"三省一市"有关《长三角规划纲要》的实施方案为宏观制度基础，以江苏、浙江、安徽、上海"三省一市"制定的有关城管执法的地方性法规和政府规章为微观制度基础形成协作机制，为未来执法协作的深入开展奠定良好基础。②学者们在技术创新上继续探索新路径。有学者提出信息化建设已成为实现城市管理长远发展的制胜法宝与战略要求，智慧城管逐渐取代了传统的城市管理模式，力求实现城市各子系统无缝对接、数据共享。有学者认为技术赋能是深化综合行政执法改革的重要机理，并以 H 省 L 市的"智慧城管"模式为例进行了实证分析。智慧城管对城市管理综合行政执法改革的范式重构是城市经济社会可持续发展的内生需求，在深化综合行政执法改革阶段发挥着关键作用，并且推进了城市精细化治理。③同时，智慧城管、城管通等智能平台的使用大大简化了日常管理工作，提高了组织内部的管理能力和管理效率。④

（三）现有问题梳理与优化对策探索

城市管理综合行政执法是政府管理城市的有效策略，关乎着该城市能否得到更持久的发展。然而，从当前的城市管理现状来看，我国相当一部分城市管理存在着较大的问题。部分相关领域的学者将关注的焦点投向各地方城市管理综合执法现存的问题上。从源头上讲，城管执法中林立的问题主要来源于三重矛盾。一是多头执法却无人负责的矛盾。权责不清与重复执法是该领域老生常谈的问题。尽管各职能部门的权责清单制度逐渐建立并完善起来，但放在地方城市这个更具灵活性和复杂性的管理场域，面对一些特殊的情境，多头执法的

① 逯鹰. 探索"局队合一"综合行政执法管理体制 [J]. 机构与行政，2020（08）：41-43.

② 李幸祥. 长三角一体化城管执法的制度基础与实践探索 [J]. 上海城市管理，2020，29（06）：49-58.

③ 李雪松. 技术赋能综合行政执法改革：基于"智慧城管"的实证分析 [J]. 四川行政学院学报，2020（01）：44-45.

④ 庞明礼，陈念平. 城市化进程中的空间挤压与行动者策略 [J]. 上海行政学院学报，2020（02）：81-82.

老问题仍然存在。问题的关键在于，某些个别事项的行政执法没有明确的责任部门，似乎很多部门都可以管但却都难管，这就会产生多头执法、重复执法问题或者是推诿扯皮、无人执法问题，久而久之甚至演变成为没有部门负责的情形。①二是编制有限却配置失当的矛盾。尽管城市管理综合执法队伍的"强转树"专项行动持续推进，但对于综合执法队伍的建设管理而言，编制问题是其重要的且最受执法人员关注的问题。相关文件规定，"公务员是行使行政处罚权的行政机关的专门执法人员"，但是随着政府职能转变和机构改革的推进，机关行政编制受到严格控制，在此背景下，行政执法部门的人员编制同样受到了严格约束。为了缓解用人紧张的问题，街道综合执法大队中还存在编外辅助人员。这些编外辅助人员可能对城市管理综合行政执法问题的专业知识掌握不够，所以在综合行政执法问题方面也不够成熟。由于执法部门机关事务的增加，在行政执法编制受限的情况下，很多具备执法资格的人员却从事机关工作而非执法工作，这就更加凸显了编制有限却配置失当的矛盾。三是事项繁多却无法可依的矛盾。受到我国展开城市管理综合执法起点晚的影响，城管执法理念以及模式仍处在较为滞后的阶段，因而在不断摸索过程中对现有的机制进行完善的任务迫在眉睫。缺乏足够的理论支撑就很难高效开展后续一系列的执法活动。②由于尚无一部可作为城管执法部门执法依据的主体法，因而各个地方城管执法所依据的法律法规并不一致。这种借法执法的行为无法适应执法范围不断扩大的需要，也相应导致城管人员在城管工作的执行中面对违法者没有底气。法律依据不足甚至还为执法者留下互相推卸责任的空间。四是城管执法存在权力执行碎片化问题。城管虽然在权力使用结构中处于中端处罚环节，但城管几乎没有一项权力可以单独使用，都必须依靠公安部门或其他部门的协助配合，这个环节因为权力分散，导致其拥有的只是"不完整权力"，所以权力执行过程也因受到其他部门各种制约而呈现碎片化的状态。③五是执法存在不规范的情况，部分城市存在城管协管员"以权谋利"现象。作为公益性岗位的城管协管员是顺应城市治理发展而出现的新群体，但梳理有关城管系统的政策文件，中央、省、市都没有制定任何详细的城管协管员管理规定。城管协管员的"制度边缘人"地

---

① 代凯. "一支队伍管执法"：破解行政执法的三重矛盾——基于对广州市南沙区综合行政执法体制改革的研究 [J]. 社科纵横，2020，35（10）：86-91.

② 郭炳才. 城市管理综合执法的现状及存在的问题与对策 [J]. 法制与社会，2020（27）：133-134.

③ 刘升. 基层治理中的"权力执行碎片化"研究——以城管执法为研究对象 [J]. 云南大学学报，2020（02）：124-126.

位导致他们在城管系统内通过努力工作来改善生活处境非常困难，在城管局的宽容下，"吃一点拿一点"成为协管员的普遍做法①。

三、发展和展望

城市管理综合行政执法体制改革已经成为我国行政体制改革的重要组成部分，全面推进行政执法体制改革工作是大势所趋，这既是提升国家治理能力的内在要求，也是基层管理对象和人民群众的迫切需要，城市管理综合执法不仅成为法治城市建设的关键路径，更是城市治理现代化的重要抓手。经过多年的创新探索，在推动城市管理综合执法改革方面，天津市开展了一系列探索性、创新性的工作，取得了一定的成效，但是改革中也存在诸多问题，改革还需进一步深化，未来改革发展需聚焦以下方面。

（一）需要注意的问题

1. 执法过程存在的问题

（1）城管执法权运用不规范

城市管理综合执法在执法过程中具有较大程度的自由裁量性和随意性，目前改革中还存在着执法权运用不规范的问题。例如，具体执法过程中的标准不统一。由于城管综合执法人员在执法过程中具有较大的自由裁量性，因此在具体的执法工作中，执法人员对执法标准的设置比较随意，很可能会导致相同的案由处罚的结果却不一样。

（2）执法程序不规范

作为一种行政强制或行政处罚程序，综合执法的程序化要求主要是为了规范执法活动的合法性和合理性，从法律上制约行政执法者。但是街道综合执法大队在行使行政执法权的过程中，执法程序存在不规范、不完善的方面，行政执法效率低。

2. 行政执法有效性不足

（1）基层执法工作难以有效开展

天津市在对城管综合执法进行改革的过程中对执法组织的架构、职权的配置方面都进行了一定的调整，市、区两级城管综合执法机构不再参与执法活动的一线，执法力量下沉到街镇，具体的执法事项和任务均由街镇承担，街镇综

---

① 凌争，段司超. "抓大放小"：基层有限规制协管员"以权谋利"的逻辑——基于 B 市 Z 区城管协管员案例 [J]. 公共管理学报，2020（01）：61-67.

合执法的职权范围既包括城管综合执法应当行使的全部行政处罚权，还包括那些执法频率较高、职责交叉执法问题较重、技术要求适宜、与市民生活以及城市管理紧密联系的多个领域的部分行政处罚权。

（2）执法时效性较短

城管综合执法的目的在于推动城市健康发展，维护良好的社会秩序，营造富强、美丽、文明、和谐的城市环境，让人们拥有更好的生活。但是在实际的执法工作过程中，城管执法人员有时会出于各种各样的原因，采取模糊性或者机械化的方式执法，尽量以不出事为主，维稳执法，这样一来就导致城管综合执法中的形式化问题凸显，执法时效性得不到保障。

3. 编制不统一使执法队伍建设管理难

（1）执法人员的日常培训和激励不足

按照天津市城市管理综合执法的组织结构设置，执法队伍的培训工作需要区法制部门负责进行，还需要区城市管理委员会定期安排和统筹。在执法人员培训、交流和学习方面，城管委的实然作用并未完全发挥。

（2）社会公众参与程度有待提高

天津市在城管综合执法改革中鼓励多元主体参与城市治理，倡导社会公众参与到城管综合执法中来，从而构建和完善多元主体参与机制，进一步提升执法效能。但是实际执法改革中在社会公众参与方面还存在许多问题，公众参与程度不高，多元主体共同参与治理的模式还不能很好地得以落实，主要表现在社会公众参与的积极性不高，对参与的热情程度不够，没有在城市管理综合执法相关方面投入太多关注。

4. 层级信息壁垒阻滞智慧执法实际应用

（1）执法信息的不互通问题

传统行政执法监督向智慧执法监督转变需要各类系统要素与数字信息形成合力。街道综合执法正以技术创新推进法治城市建设，形塑全新的法治图景。天津市各级行政执法监督平台初步形成了涵盖行政执法全流程的信息化体系，但各级行政执法信息尚未实现互联互通和共享。此外，各系统内数据资源和要素的互联互通可以降低实际的综合执法成本，实现城市管理"一网统管"总目标。

（2）执法过程的不规范问题

2015 年，天津市推进建设集行政执法、执法监督、执法考核于一体的智慧执法工作。多年来，以滨海新区为代表的行政执法监督平台取得了卓越成效，执法依据编码、执法过程可视、执法记录回溯等功能成为现实。然而在执法环节中，在对流动摊贩、临街商户的综合执法过程中，行政执法人员极易不按照既定环节进行检查和处罚，告知身份和权限、法制文书的制作、过程记录等不规范执法行为常有发生。

（二）未来的改革建议

1. 完善城管综合执法组织运行机制

（1）创新执法理念和执法方式

推动城管综合执法开展和改革的最终目标是提升城市管理和服务水平，维护城市秩序和环境，满足人们的需求，从而提高人们的生活质量。因此，在执法过程中，要充分考虑实际情况，转变执法理念，要清楚地意识到服务市民、以人为本是城管综合执法改革工作的落脚点，坚持"管理城市为人民"的理念，强化宗旨和服务意识并将其有效运用到城管执法中去，同时要对执法方式进行创新和转变。

（2）建立健全监督机制

为确保城管综合执法人员公平、公正、文明、规范地行使权力，建立完善的监督机制十分有必要。完善信息化监督机制，注重对互联网、大数据等现代信息技术的综合应用，积极推进城管执法网络化平台建设，推动城管执法向智慧化、精细化的方向发展。同时进一步开发、完善与应用各区级的行政执法监督平台，借鉴滨海新区的有益经验（见图1），其他各区要不断完善平台建设与应用，对城管执法的事前、事中、事后三个阶段进行高效监督，推进信息化执法监督工作的开展。

（3）建立健全考核机制

科学、规范的考核机制可以有效地对执法人员的执法行为和综合素质等进行考核，因此要注重完善和创新相关的考评考核机制，同时要保证考核工作开展的公平性和公正性。

2. 加强城管综合执法人员队伍建设与管理

（1）提升执法人员的职业认同感

由于城市管理综合执法范围几乎涵盖了社会生活的各个方面，因此相比于其他部门，城管综合执法人员承受的工作压力更大，对应的执法环境也更为艰苦，故而要关心执法人员的工作生活和心理状态。

（2）加强对协管人员的规范管理

城管执法协管人员对于减轻城管综合执法工作的压力、弥补执法力量空缺做出了巨大贡献，但是目前相关管理机制还不健全，城管执法部门需要不断健全管理机制，加强管理力度，引导协管人员达到当前城管执法工作要求。

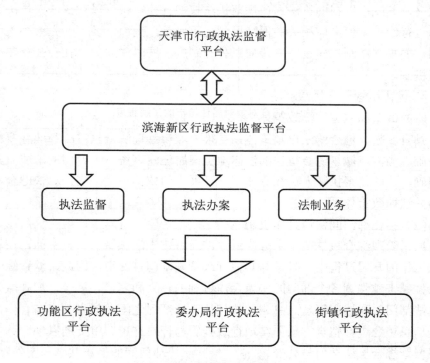

图 1　滨海新区行政执法监督平台建设

3. 完善社会公众参与机制

（1）培养公众参与意识

　　城市是所有社会公众一同生活的地方，相关政府部门首先要不断深化对公众参与城市治理的认识，开放心态，积极转变管理思路，综合运用各种手段做好宣传工作，加大与城市管理和城管综合执法相关内容的宣传。要想引导社会公众更好地参与就需要培养其参与城市管理与城管综合执法的意识，如以基层社区为单位，定期举办相关专题讲座等，开展相关执法教育。

（2）创新公众参与平台与方式

　　想要更好地引导社会公众更有效地参与到城市治理与城市管理综合执法中，推动城市健康发展，最关键的是需要不断完善和创新社会公众参与的平台和方式。例如，要积极拓宽公众参与的渠道和途径，不断完善相关热线与网络平台的建设，并积极宣传等。

（3）完善相关保障机制

引导社会公众参与在进一步巩固并完善城市管理综合执法改革方面具有重要意义，其既可以帮助执法人员规范执法权的行使，也可以对执法人员决策和行为进行约束，但当前相关的保障机制还不健全，因而，要不断完善相关保障机制。要加强法制化建设，完善信息公开制度，同时建立健全社会公众参与的反馈机制。

4. 优化城管综合执法环境

（1）健全和完善法律政策体系

具有明晰、健全的法律政策体系是推进城市管理综合执法改革的重要保障和基础。当前，城管综合执法的法律地位问题还没有统一、专门的法律对其进行明确，这就使得执法人员在具体工作开展中的依据不足，应该尽快健全和完善相关法律政策体系。

（2）强化部门间协调合作机制

城市管理综合执法范围十分广泛，涉及城市生活领域的各方各面，在城管执法工作的开展过程中，时常与其他行政管理部门打交道，因此，城管综合执法过程越来越强调各个部门间协调合作机制的建立和完善。第一，加强城管综合执法部门与和城市管理息息相关的其他职能部门之间的信息共享与合作，对相关信息资源进行整合，从而实现行政处罚与行政许可、审批的联动。第二，加强城管综合执法部门与公安、法院、检察院等部门间的信息共享与案件移送，建立和完善协调合作机制。第三，加强与房管、工商、环保等各部门的协调与合作，改变当前基层执法队伍各自为政的局面。

（3）加大舆论正面引导

新闻媒体是对城管综合执法进行外部监督的一个重要渠道，城管综合执法部门和人员应该充分地认识到新闻媒体所具有的强大宣传能力与号召能力。第一，在城市管理综合执法过程中，要积极调动新闻媒体的力量，向社会进行相关法律法规的多角度宣传。第二，主动加强信息公开的力度，让新闻媒体和社会更好地对城管执法进行监督，推动城管综合执法过程、处罚结果等内容的公开，推动阳光执法。

5. 融合升级智慧执法平台实现"一网统管"

（1）构建统一的基础数据库，加强数字资源的精细管理

搭建信息化平台的目的是寻求丰富的数据资源，本质是通过数据积累与统计分析高效对接执法人员与执法案件，运用大数据、云计算等前沿技术推动行

政执法监督创新发展，现阶段平台一体化建设的首要任务应是关键数据库的持续优化与精细管理，发挥系统平台上下有效对接、信息共享作用，为执法主体提供更高质量的支持决策参考。

（2）全面融合综合执法信息平台需同步建设纵向一体化与横向一体

纵向一体化要求全市各层级行政执法监督平台"向上收口"、"向下覆盖"、统一管理，即市、区、街镇综合执法信息化工作垂直推进。尤其要保证街镇一级信息化平台的应用，提高基层综合执法信息化平台的使用效率、维护频率、管理能力。

（3）实现信息化平台的落地服务

实现信息化平台的落地服务，包括"执法 App"与"便民 App"。特别是信息化平台的运用推广需要打造追求实用的"便民 App"，创新人民群众办事服务由传统向现代的转型升级，增强人民群众主动反馈、关注违法动态意识。另外，作为法治领域的新基建项目，行政执法监督信息化平台推进建设工作需将"专业的事交给专业的人"，引入具备竞争力的社会力量参与其中，充分发挥政府购买服务的潜在优势。城市管理综合执法改革必须由执法信息化的平台作为支撑，实现行政执法监督的新变革。

四、报告要点

本报告重点对 2020 年城市管理综合执法改革发展与研究情况进行了系统回顾，提出未来城市管理执法需要注意的问题及建议。

报告要点如下。

（1）从中央政府层面来看，2020 年城市管理综合执法的关键政策方案更加关注行政执法的精细化和法制化。要求通过"优化职责""科学立法""柔性执法"和"精细管理"，明确改革进程中的阶段性任务，切实提升人民的认可度、满意度。

（2）建立城市管理科学评估体系是城市管理进入改革发展新阶段的必然要求。2020 年，综合执法队伍建设及管理规范化更加注重监督考核指标的细化量化，多个城市发布了相关细化后的考核标准，比如天津市政府在 2020 年 9 月发布的《天津市城市管理考核办法》；苏州市城市管理局 2020 年 5 月发布的《苏州市城市管理工作考核办法实施细则》等。旨在整合城市管理资源，规范城市管理行为，促进部门协调联动，提高城市管理效能和公共服务能力，建立新型城市管理模式。

（3）2020年，城市管理执法的创新探索经验体现在构建"城管+"模式，搭建多种平台办公；非现场执法，运用科技手段非现场取证；优化城市法治营商环境三个方面。另外，多个城市正在进行"智慧城市"的建设，城市管理执法也逐步智慧化，与物联网和互联网相连接使执法过程更清晰和简洁，有效解决了执法过程易发生冲突的问题。

（4）2020年城市管理综合执法相关理论研究共80篇，主要集中在对城市管理执法体制的建设、各地改革及创新的实践探讨、现有问题及对策的梳理探讨三方面。

（5）今后城市管理综合执法改革发展需聚焦以下方面：完善城管综合执法组织运行机制、加强城管综合执法人员队伍建设与管理、完善社会公众参与机制、优化城管综合执法环境、融合升级智慧执法平台实现"一网统管"。未来城管综合执法改革既要巩固已经取得的阶段性成果，不断补短板、提质量，推进城市管理综合执法改革工作，切实推动我国美好城市建设进程，提高我国城市治理整体水平。

作者单位：天津财经大学财税与公共管理学院

公务员制度改革与发展研究报告

薛立强

为配合 2019 年 6 月 1 日新修订的《中华人民共和国公务员法》（以下简称《公务员法》）的正式实施，2020 年中央又出台了一系列配套法规，学界也继续加强相关研究。

一、2020 年公务员制度发展现状综述

2020 年公务员制度的发展主要表现为中组部分别于 3 月 3 日、12 月 28 日发布的两批《公务员法》的配套法规。

（一）2020 年 3 月 3 日发布的配套法规

1.《公务员范围规定》

该规定共 16 条，根据新修订的《公务员法》，明确规定了公务员的范围。按照该规定，下列 8 类机关中除工勤人员以外的工作人员列入公务员范围（见表1）。

表 1　公务员的范围

机关	人员
中国共产党各级机关	中央和地方各级党委、纪律检查委员会的领导人员
	中央和地方各级党委工作部门、办事机构和派出机构的工作人员
	中央和地方各级纪律检查委员会机关及其向党和国家机关等派驻或者派出机构的工作人员
	街道、乡、镇党委机关的工作人员

机关	人员
各级人民代表大会及其常务委员会机关	县级以上各级人民代表大会常务委员会领导人员，乡、镇人民代表大会主席、副主席
	县级以上各级人民代表大会常务委员会工作机构和办事机构的工作人员
	县级以上各级人民代表大会专门委员会办事机构的工作人员
各级行政机关	各级人民政府的领导人员
	县级以上各级人民政府工作部门和派出机构的工作人员
	乡、镇人民政府机关的工作人员
中国人民政治协商会议各级委员会机关	中国人民政治协商会议各级委员会的领导人员
	中国人民政治协商会议各级委员会工作机构的工作人员
各级监察机关	国家和地方各级监察委员会的领导人员
	国家和地方各级监察委员会机关及其向党和国家机关等派驻或者派出机构的工作人员
各级审判机关	最高人民法院和地方各级人民法院的法官、审判辅助人员
	最高人民法院和地方各级人民法院的司法行政人员
各级检察机关	最高人民检察院和地方各级人民检察院的检察官、检察辅助人员
	最高人民检察院和地方各级人民检察院的司法行政人员
各民主党派和工商联的各级机关	中国国民党革命委员会中央和地方各级委员会的领导人员，工作机构的工作人员
	中国民主同盟中央和地方各级委员会的领导人员，工作机构的工作人员
	中国民主建国会中央和地方各级委员会的领导人员，工作机构的工作人员
	中国民主促进会中央和地方各级委员会的领导人员，工作机构的工作人员
	中国农工民主党中央和地方各级委员会的领导人员，工作机构的工作人员
	中国致公党中央和地方各级委员会的领导人员，工作机构的工作人员
	九三学社中央和地方各级委员会的领导人员，工作机构的工作人员
	台湾民主自治同盟中央和地方各级委员会的领导人员，工作机构的工作人员
	中华全国工商业联合会和地方各级工商联的领导人员，工作机构的工作人员

　　需要注意的是，下列人员虽然与上述机关有一定关系，但其人事关系所在部门和单位如果不属于上述机关的，不列入公务员范围：中国共产党的各级代

表大会代表、委员会委员、委员会候补委员、纪律检查委员会委员；各级人民代表大会代表、常务委员会组成人员、专门委员会成员；中国人民政治协商会议各级委员会常务委员、委员；各民主党派中央和地方各级委员会委员、常委和专门委员会成员；中华全国工商业联合会和地方工商联执行委员、常务委员会成员和专门委员会成员。

2.《公务员登记办法》

该办法共 20 条，根据新修订的《公务员法》，对规范公务员登记、依法确定公务员身份做出了规定。其主要内容如下。

（1）登记的范围和条件：依法履行公职、纳入国家行政编制、由国家财政负担工资福利且在编在职的除工勤人员以外的工作人员。具备《公务员法》第十三条规定的条件。①

（2）登记的对象：试用期满经考核合格的新录用公务员。按规定安置到公务员职位工作的军队转业干部。通过调任、聘任、面向社会选拔等方式到机关任职的人员。原不具有公务员身份，依照法律或者有关章程经选举等方式担任机关领导职务的人员。已经进行参照《公务员法》管理机关（单位）工作人员登记，因工作需要交流到机关任职的人员。其他符合登记条件的人员。

3.《公务员职务、职级与级别管理办法》

该管理办法共 23 条，根据新修订的《公务员法》等有关法律法规和 2019年制定的《公务员职务与职级并行规定》，进一步完善了公务员领导职务、职级与级别的设置和管理制度。主要内容如下。

（1）领导职务与级别的对应关系。公务员级别由低至高依次为二十七级至一级，领导职务与级别的对应关系见表2。

表 2　领导职务与级别的对应关系

领导职务	对应级别
国家级正职	一级
国家级副职	四级至二级
省部级正职	八级至四级
省部级副职	十级至六级

---

①《公务员法》第十三条规定，公务员应当具备下列条件：具有中华人民共和国国籍；年满十八周岁；拥护中华人民共和国宪法，拥护中国共产党领导和社会主义制度；具有良好的政治素质和道德品行；具有正常履行职责的身体条件和心理素质；具有符合职位要求的文化程度和工作能力；法律规定的其他条件。

领导职务	对应级别
厅局级正职	十三级至八级
厅局级副职	十五级至十级
县处级正职	十八级至十二级
县处级副职	二十级至十四级
乡科级正职	二十二级至十六级
乡科级副职	二十四级至十七级

除表2的内容外，副部级机关内设机构、副省级城市机关的司局级正职对应十五级至十级；司局级副职对应十七级至十一级。

（2）补充完善晋升乡科级领导职务的最低任职年限条件。《公务员职务、职级与级别管理办法》第九条规定：第一，晋升乡科级正职领导职务的，应当任乡科级副职领导职务2年以上，或者任乡科级副职领导职务和三级、四级主任科员及相当层次职级累计2年以上，或者任三级、四级主任科员及相当层次职级累计2年以上，或者任四级主任科员及相当层次职级2年以上；第二，晋升乡科级副职领导职务的，应当任一级科员及相当层次职级3年以上。

（3）对几类特殊情况公务员的职务、职级及其对应的级别做出规定。（见表3）

表3　几类特殊情况公务员的职务、职级及其对应的级别

特殊情况	职务、职级及其对应的级别
新录用的公务员试用期满考核合格后	职级、级别的确定按照有关规定执行
通过面向社会选拔、调任等方式进入机关的公务员	其级别按照新任领导职务、职级，结合本人原任职务、工作经历、文化程度等条件，参照机关同类人员确定
公务员晋升领导职务、职级后	原级别低于新任领导职务、职级对应最低级别的，晋升到新任领导职务、职级对应的最低级别
	原级别已在新任领导职务、职级对应范围内的，除晋升一级、三级调研员和一级、三级主任科员及相当层次职级外，在原级别的基础上晋升一个级别

特殊情况	职务、职级及其对应的级别
公务员累计 5 年年度考核结果均为称职以上等次	可在领导职务、职级对应级别范围内晋升一个级别
担任领导职务的公务员辞去领导职务的	按照有关规定执行
公务员因年度考核被确定为不称职等次	
公务员受到组织调整或者组织处理	
公务员受到处分应当降低领导职务、职级与级别的	
公务员受到诫勉、组织调整或者组织处理、处分等，遇有影响期且影响期未满或者期满影响使用的，以及有法律法规规定的其他影响晋升的情形的	不晋升领导职务、职级与级别

4.《参照〈中华人民共和国公务员法〉管理的单位审批办法》

该审批办法共 16 条，旨在规范参照《公务员法》管理的审批工作。主要内容如下。

（1）事业单位列入参照管理范围应当具备的条件。具体而言，应当同时具备以下两个条件：第一，具有法律、法规授权的公共事务管理职能；第二，使用事业编制，并由国家财政负担工资福利。

（2）作为授权依据的法律、法规。第一，全国人民代表大会及其常务委员会制定的法律。第二，国务院制定的行政法规和国务院决定；监察法规；省、自治区、直辖市人民代表大会及其常务委员会制定的地方性法规，设区的市、自治州人民代表大会及其常务委员会制定并报省、自治区人民代表大会及其常务委员会批准的地方性法规，经济特区所在地的省、市人民代表大会及其常务委员会制定的经济特区法规；民族自治地方的人民代表大会制定的自治条例和单行条例；其他与行政法规有同等效力的政策性法规文件。

（3）确定公共事务管理职能的依据。法律、法规的授权，党委、政府以及机构编制部门规定的主要职责。

（二）2020 年 12 月 28 日发布的配套法规

1.《公务员考核规定》

该规定共 6 章 37 条，对准确评价公务员的德才表现和工作实绩，规范非领导成员公务员的考核工作做出了系统规定①。主要内容如下。

（1）考核内容。对公务员的考核，以公务员的职位职责和所承担的工作任务为基本依据，全面考核德、能、勤、绩、廉，重点考核政治素质和工作实绩。具体内容见表4。

表4　公务员考核内容

考核类别	具体内容
德	全面考核政治品质和道德品行，重点了解学习贯彻习近平新时代中国特色社会主义思想，坚定理想信念，坚守初心使命，忠于宪法、忠于国家、忠于人民，增强"四个意识"、坚定"四个自信"、做到"两个维护"的情况；带头践行社会主义核心价值观，恪守职业道德，遵守社会公德、家庭美德和个人品德等情况
能	全面考核适应新时代要求履职尽责的政治能力、工作能力和专业素养，重点了解政治鉴别能力、学习调研能力、依法行政能力、群众工作能力、沟通协调能力、贯彻执行能力、改革创新能力、应急处突能力等情况
勤	全面考核精神状态和工作作风，重点了解忠于职守，遵守工作纪律，爱岗敬业、勤勉尽责，敢于担当、甘于奉献等情况
绩	全面考核坚持以人民为中心，依法依规履行职位职责、承担急难险重任务等情况，重点了解完成工作的数量、质量、效率和所产生的效益等情况
廉	全面考核遵守廉洁从政规定，落实中央八项规定及其实施细则精神等情况，重点了解秉公用权、廉洁自律等情况

（2）考核方式。公务员的考核分为平时考核、专项考核和定期考核等方式。定期考核以平时考核、专项考核为基础。具体而言，第一，平时考核是对公务员日常工作和一贯表现所进行的经常性考核，一般按照个人小结、审核评鉴、结果反馈等程序进行。第二，专项考核是对公务员完成重要专项工作，承担急难险重任务和关键时刻的政治表现、担当精神、作用发挥、实际成效等情况所进行的针对性考核，可以按照了解核实、综合研判、结果反馈等程序进行，或者结合推进专项工作灵活安排。第三，定期考核采取年度考核的方式，是对公务员一个自然年度内总体表现所进行的综合性考核，在每年年末或者翌年年初进行。

（3）考核结果及其运用。公务员的考核结果分为优秀、称职、基本称职和

---

① 对领导成员的考核，由主管机关按照《党政领导干部考核工作条例》等有关规定办理。

不称职 4 个等次。考核结果作为调整公务员职位、职务、职级、级别、工资以及公务员奖惩、培训、辞退的依据。确定考核等次的条件和情形，以及考核结果的具体运用见表 5。

表 5　公务员考核结果及其运用

考核等次	确定考核等次的条件和情形	考核结果的运用
优秀	应当具备的条件：①思想政治素质高；②精通业务，工作能力强；③责任心强，勤勉尽责，工作作风好；④圆满完成年度工作任务，工作实绩突出；⑤清正廉洁	①当年给予嘉奖，在本机关范围内通报表扬；晋升上一职级所要求的任职年限缩短半年。②连续三年确定为优秀等次的，记三等功；晋升职务职级时，在同等条件下优先考虑
称职	应当具备的条件：①思想政治素质较高；②熟悉业务，工作能力较强；③责任心强，工作积极，工作作风较好；④能够完成本职工作；⑤廉洁自律	①累计两年确定为称职以上等次的，在所定级别对应工资标准内晋升一个工资档次。②累计五年确定为称职以上等次的，在所任职务职级对应级别范围内晋升一个级别。③本考核年度计算为晋升职务职级的任职年限，同时符合规定的其他任职资格条件的，具有晋升职务职级的资格。④享受年度考核奖金
基本称职	有下列情形之一的：①思想政治素质一般；②履行职责的工作能力较弱；③责任心一般，工作消极，或者工作作风方面存在明显不足；④能基本完成本职工作，但完成工作的数量不足、质量和效率不高，或者在工作中有较大失误；⑤能基本做到廉洁自律，但某些方面存在不足	①对其进行诫勉，责令作出书面检查，限期改进。②本考核年度不计算为按年度考核结果晋升级别和级别工资档次的考核年限。③本考核年度不计算为晋升职务职级的任职年限；下一年内不得晋升职务职级。④不享受年度考核奖金。⑤连续两年确定为基本称职等次的，予以组织调整或者组织处理
不称职	有下列情形之一的：①思想政治素质较差；②业务素质和工作能力不能适应工作要求；③责任心缺失，工作不担当、不作为，或者工作作风差；④不能完成工作任务，或者在工作中因严重失误、失职造成重大损失或者恶劣社会影响；⑤存在不廉洁问题，且情形较为严重	①本考核年度不计算为晋升职务职级的任职年限；降低一个职务或者职级层次任职。②本考核年度不计算为按年度考核结果晋升级别和级别工资档次的考核年限。③不享受年度考核奖金。④连续两年确定为不称职等次的，予以辞退

2.《公务员奖励规定》

该规定共 6 章 25 条，对加强和规范公务员奖励工作做出了系统规定。主要内容如下。

（1）公务员奖励的条件和种类。公务员、公务员集体有表6所列情形之一的，给予奖励。奖励分为嘉奖、记三等功、记二等功、记一等功、授予称号五种。（见表6）

表6　公务员奖励的条件

序号	具体内容
1	忠于职守，积极工作，勇于担当，工作实绩显著的
2	遵纪守法，廉洁奉公，作风正派，办事公道，模范作用突出的
3	在工作中有发明创造或者提出合理化建议，取得显著经济效益或者社会效益的
4	为增进民族团结，维护社会稳定做出突出贡献的
5	爱护公共财产，节约国家资财有突出成绩的
6	防止或者消除事故有功，使国家和人民群众利益免受或者减少损失的
7	在抢险、救灾等特定环境中做出突出贡献的
8	同违纪违法行为作斗争有功绩的
9	在对外交往中为国家争得荣誉和利益的
10	有其他突出功绩的

（2）公务员奖励的实施。对在本职工作中表现突出、有显著成绩的，应当定期给予奖励。其中，对年度考核被确定为优秀等次的公务员，予以嘉奖；连续3年被确定为优秀等次的，记三等功。授予称号，一般每3至5年开展一次。对在处理突发事件和承担专项重要工作中做出显著成绩的，应当及时给予奖励。

3.《公务员转任规定》

该规定共5章23条，对规范公务员转任工作，促进公务员合理流动做出了系统规定。主要内容如下。

（1）公务员转任的情形。公务员转任，是指公务员在公务员队伍内部不同职位之间的交流或者交流到参照公务员法管理的机关（单位）工作人员职位。转任的情形主要包括下列几种：因工作需要转任的；因优化队伍结构需要转任的；需要通过转任提高公务员能力素质的；公务员在同一职位工作时间较长的[①]；按照规定需要回避的；因其他原因需要转任的。

[①] 担任机关内设机构领导职务的公务员在同一职位工作满10年的，不担任领导职务的公务员在组织、人事、纪检、监察、审计、财务、项目和资金审批、招标采购、行政许可、行政处罚等同一职位工作满10年的，应当转任。因工作特殊需要暂缓转任的，应当按照管理权限报公务员主管部门同意。

（2）不得转任的情形。公务员有下列情形之一的，一般不得转任：试用期未满的；正在接受纪律审查、监察调查，或者涉嫌犯罪，司法程序尚未终结的；法律法规规定的其他不得转任的情形。此外，乡镇机关新录用公务员工作未满规定的最低服务年限的，不得转任到上级机关。

4.《公务员回避规定》

该规定共 6 章 24 条，对加强对公务员的管理和监督、完善权力运行制约机制、规范公务员回避工作做出了系统规定。主要内容如下。

（1）任职回避。公务员回避，是指机关依照法律法规规定，对公务员在有关职位担任领导职务或者职级、执行公务等做出限制或者调整，包括任职回避、地域回避和公务回避。其中，任职回避是指，公务员凡有夫妻关系、直系血亲关系、三代以内旁系血亲关系、近姻亲关系的，不得在同一机关双方直接隶属于同一领导人员的职位或者有直接上下级领导关系的职位工作，也不得在其中一方担任领导职务的机关从事组织、人事、纪检、监察、审计和财务工作。

（2）地域回避。公务员担任乡（镇）党委和政府主要领导职务的，应当实行地域回避。公务员不得在本人成长地担任县（市）党委和政府主要领导职务，一般不得在本人成长地担任市（地、盟）党委和政府主要领导职务。公务员不得在本人成长地担任县（市）纪委监委、组织部门、法院、检察院、公安部门主要领导职务，一般不得在本人成长地担任市（地、盟）纪委监委、组织部门、法院、检察院、公安部门主要领导职务①。

（3）公务回避。公务员执行涉及本人或亲属利害关系的以及其他可能影响公正执行公务的活动时，应当回避，不得参加有关调查、讨论、审核、决定等，也不得以任何方式施加影响。

5.《公务员辞去公职规定》

该规定共 4 章 22 条，对规范公务员辞去公职工作，保障机关和公务员的合法权益做出了系统规定。主要内容如下。

（1）辞去公职情形。公务员辞去公职，是指公务员依照法律法规规定，申请终止与任免机关的任用关系。公务员辞去公职，应当依照法定的情形、权限和程序办理。然而，公务员有下列情形之一的，不得批准辞去公职：未满国家规定的最低服务年限的；在涉及国家秘密等特殊职位任职或者离开上述职位不满国家规定的脱密期限的；正在接受审计，或者重要公务尚未处理完毕且须由

---

① 民族自治地方的少数民族领导干部的地域回避按照有关法律规定并结合本地实际执行。

本人继续处理的；正在接受纪律审查、监察调查，或者涉嫌犯罪，司法程序尚未终结的；法律、行政法规规定的其他不得辞去公职的情形。

（2）辞去公职的从业限制。公务员辞去公职的，原系领导成员、县处级以上领导职务的公务员在离职3年内，不得接受原任职务管辖地区和业务范围内的企业、中介机构或者其他营利性组织的聘用，不得从事与原任职务管辖业务直接相关的营利性活动；其他公务员在离职2年内，不得接受与原工作业务直接相关的企业、中介机构或者其他营利性组织的聘用，不得从事与原工作业务直接相关的营利性活动。

6.《公务员辞退规定》

该规定共4章24条，对规范公务员辞退工作，保障机关和公务员的合法权益做出了系统规定。主要内容如下。

（1）辞退的情形。公务员辞退，是指机关依照法律法规规定，解除与公务员的任用关系。公务员有下列情形之一的，予以辞退：在年度考核中，连续2年被确定为不称职的；不胜任现职工作，又不接受其他安排的；因所在机关调整、撤销、合并或者缩减编制员额需要调整工作，本人拒绝合理安排的；不履行公务员义务，不遵守法律和公务员纪律，经教育仍无转变，不适合继续在机关工作，又不宜给予开除处分的；旷工或者因公外出、请假期满无正当理由逾期不归连续超过15个工作日，或者1年内累计超过30个工作日的。

（2）不得辞退的情形。对有下列情形之一的公务员，不得辞退：因公致残，被确认丧失或者部分丧失工作能力的；患病或者负伤，在规定的医疗期内的；女性公务员在孕期、产假、哺乳期内的；法律、行政法规规定的其他不得辞退的情形。

二、2020年公务员制度研究现状综述

（一）研究的一般状况

据中国知网统计，2020年题名中包含"公务员"的中文文献总数为586篇，其中，期刊论文235篇，报纸文献13篇，硕博士论文283篇，会议文献2篇（见表7）。从文献数量看，随着2019年6月1日修订后的《公务员法》正式实施，学界对公务员制度的研究热情有所降低。经过筛选，这些文献中共有重要文献25篇，其中包括2篇博士论文、23篇CSSCI期刊论文和北大中文核心期刊论文。与前3年（2017—2019）年相比，2020年重要文献的数量也有所降低，改变了前3年随着《公务员法》的修订重要文献数量较多的状况。

表 7　题名中包含"公务员"的文献数量（2017—2020 年）

年份	文献总数	期刊文献数	报纸文献数	硕博士论文数	会议文献数	重要文献数
2017 年	1077	534	281	242	11	31
2018 年	935	492	154	280	9	85
2019 年	871	458	134	266	13	69
2020 年	586	235	13	283	2	25

资料来源：中国知网，查阅日期为 2022 年 3 月 21 日。

　　按照研究主题划分，2020 年的重要文献如下：总体研究（9 篇）、能力建设（3 篇）、录用（3 篇）、心理与伦理（3 篇）、待遇（2 篇）、退出（2 篇）、职位聘任（1 篇）、等级（1 篇）、交流（1 篇）。与前 3 年相比，2020 年公务员制度研究的主题体现出以下几个特点。第一，研究主题有所收缩。如前所述，随着修订后的《公务员法》的实施，学界关于公务员制度的研究热情有所降低，研究主题也有所收缩，2020 年的研究主题集中在前述的总体研究、录用、心理与伦理、工资福利保险、退出、等级、交流等几个方面。第二，从总体上对公务员制度进行研究（总体研究）的重要文献数量有所增长，体现出在修订后的《公务员法》实施不久之际，学界也在着眼于对其从总体上展开研究。第三，其他研究主题的重要文献数量有所下降，表明在修订后的《公务员法》实施不久之际，更为细致的研究还较为缺乏。（见表 8）

表 8　重要文献研究主题分布（2016—2020 年）

年份	2016 年	2017 年	2018 年	2019 年	2020 年
义务	0	0	1	0	0
等级	1	1	6	5	1
分类与专业化	0	0	8	2	0
录用	2	1	4	6	3
考核	3	2	8	4	0
职务职级升降	1	0	0	0	0
奖励	0	0	1	1	0
惩戒	1	2	0	2	0
监督	0	0	1	0	0
培训	0	0	10	0	0

年份	2016 年	2017 年	2018 年	2019 年	2020 年
交流	0	0	1	1	1
待遇	9	4	9	9	2
退出	0	6	1	6	2
职位聘任	2	2	2	2	1
申诉控告	0	1	0	0	0
心理与伦理	2	6	0	9	3
激励	0	0	16	14	0
能力建设	0	0	6	0	3
女性公务员	0	0	3	0	0
总体研究	5	6	8	8	9

（二）主要观点概述

本报告主要基于 25 篇重要文献，以各研究主题重要文献数量由多到少的顺序来概述 2020 年学界关于"公务员制度"研究的主要观点。

1. 关于公务员制度的总体研究

首先，关于中国公务员制度的演进特征与新修订的《公务员法》的特征及展望的研究。胡晓东提出，改革开放以来，我国公务员制度共经历了四个阶段，形成了三大里程碑，公务员制度在演进过程中，显示出政治、行政"双螺旋"的演进逻辑。①郝玉明认为，《公务员法》的修订，主要内容体现在调整完善公务员职务与职级并行相关规定、深化推进公务员分类管理相关规定、吸收补充从严管理干部相关规定、健全完善公务员激励保障相关规定等方面。修订后的《公务员法》，进一步凸显了公务员制度的中国特色，进一步强化了公务员队伍的政治属性，进一步理顺了公务员管理体制和职能。②

其次，关于公务员群体及其行为特征的研究。谢治菊、朱绍豪通过对 G 省 1478 名基层公务员的职业倦怠情况的测量发现，基层公务员的职业倦怠总体呈中等水平，其中，女性公务员、乡镇公务员、18—30 岁的公务员、未婚或离异公务员、普通公务员的职业倦怠程度更明显。究其原因，主要是个体层面的期

① 胡晓东. 我国公务员制度的"双螺旋"演进逻辑研究——基于《国家公务员暂行条例》《公务员法》和新《公务员法》的思考 [J]. 学术界，2020（09）：174-185.

② 郝玉明. 新公务员法基本特征与制度展望——基于公务员法最新修订条款的制度文本分析 [J]. 新视野，2020（02）：81-87.

望偏差与角色冲突、组织层面的机制乏力与权责不一、环境层面的资源不足与压力过大、社会层面的期望过高与支持不够等。①陈新明、萧鸣政通过对公务员职业发展倦怠问题的研究发现，在公共服务动机的中介作用下，心理定力越强职业倦怠越低；职业认同正向调节心理定力和公共服务动机的直接关系以及心理定力和职业倦怠的间接关系。②刘崇瑞、徐东华认为，基层公务员肩负工作压力较大，而领导干部对于疏导基层公务员的工作压力起着关键性作用。领导干部的积极情绪、人际公正能有效激发基层公务员的积极情绪，从而疏导基层公务员的工作压力。③刘华兴通过对"80 后"青年公务员群体的工作满意度水平及其影响因素的研究发现，青年公务员的工作满意度水平不高，且不同层级地方政府青年公务员的工作满意度水平存在差异。具体来说，所处行政层级越高的青年公务员，制度性场域因素对其工作满意度的影响越大；而所处行政层级越低的公务员，组织性场域因素与个人场域因素对其工作满意度的影响越大。④李志等关于基层公务员需要特征的研究发现，基层公务员有着多样较为强烈的需要，基础需要是优势需要，发展需要并不突出；与男性公务员比较，女性公务员的发展需要凸显；基层公务员需要呈现出时代性特点，提升能力素质服务社会与提升福利待遇双重需要凸显，女性基层公务员的发展需要显著高于男性。⑤王立峰对公务员的"中层危机"问题进行了研究，指出"中层危机"是公务员队伍中少数中层干部存在的一种恐慌心理。其负面效应主要表现为：紧张焦虑导致心理抑郁、过度透支导致身心俱疲、希望破灭导致逃离体制。其成因在于少数中层干部思想偏执，心理疏导不强；面临工作超荷负载，但减压途径匮乏；激励机制不强，职业认同感缺失。⑥韩锐、周鹭对公务员职业行为问题进行了研究，发现公务员组织公正感对职业内增强行为、职业外积极行为均有显著正向影响，对职业内减弱行为、职业外消极行为均有显著负向影响。公务员工作满意度在组织公正感影响职业行为过程中起到部分中介作用。公务员责任感人格

　　① 谢治菊，朱绍豪. 基层公务员职业倦怠的测量、成因与干预——基于 G 省的实证调查 [J]. 宁夏社会科学，2020（03）：46-55.

　　② 陈新明，萧鸣政. 基层公务员职业发展倦怠问题新探索——基于心理定力视角的实证研究 [J]. 中共中央党校（国家行政学院）学报，2023（03）：84-91.

　　③ 刘崇瑞，徐东华. 基层公务员压力疏导问题研究 [J]. 行政管理改革，2020（08）：81-87.

　　④ 刘华光. 公共行政场域视角下的青年公务员工作满意度研究——基于驻鲁高校 MPA 群体的调查 [J]. 管理学刊，2020（01）：82-93.

　　⑤ 李志，陈旎，李苑凌. 历史与现实：新时代基层公务员需要特征及激励机制 [J]. 重庆社会科学，2020（04）：96-108.

　　⑥ 王立峰. 慎防少数公务员出现"中层危机"[J]. 人民论坛，2020（11）：52-54.

在组织公正感与职业内减弱行为、职业外消极行为之间具有调节作用；公务员宜人性人格在组织公正感与职业内减弱行为、职业外消极行为之间具有调节作用，其在领导公正感与职业外消极行为之间具有调节作用；公务员神经质人格在程序公正感与职业外积极行为之间具有调节作用，其在领导公正感与职业外积极行为之间具有调节作用。[①]

2. 关于公务员能力建设的研究

王科博士关于基层公务员政治胜任力的研究认为，基层公务员的政治胜任力是指公务员忠于党、忠于人民、忠于国家、忠于职守，以及能够客观、公正、公平履行职责的能力。基层公务员的政治胜任力的提升，是指通过各种方式使基层公务员不断强化国家意识、宪法意识、职责意识，从而提升其在复杂环境下客观、公正、公平履行职责的能力。基层公务员政治胜任力提升路径，主要包括加强法治建设、激发提升动力、实施管理创新、健全保障机制、强化监督评估等。[②]唐璨研究了公务员政治能力建设问题，提出解决公务员政治能力建设面临突出问题，需要建立由公务员法律规范、国家机构组织法律规范以及党内法规制度共同构成的公务员政治能力建设制度体系。[③]张思光等调研了广东、湖北、新疆等省区的公务员科学素质，发现公务员对科学普及的重要性认识度较高，但对所参加科普活动的效果认可度不高，同时对互联网上的科技信息的信任度较低；公务员最关注环境保护领域的科技知识与信息，认为最需要的科普范畴是科学知识和科学方法。研究表明，公务员群体对于科学知识和科学方法的需求较高，面向公务员的科普工作有效性有待提升，面向公务员的科普内容的科学性和规范性有待加强。[④]

3. 关于公务员入口管理研究

公务员的入口主要包括考试录用、职位聘任、调任等，2020 年相关研究的重要文献集中在考试录用和职位聘任两个方面。

首先，关于考试录用的研究。杜义国等考察了近年来中央和国家机关公务员招录工作中专业能力测试的开展情况，提出要坚持科学精准识人选人，构建

---

① 韩锐，周鹭. 我国公务员职业行为四维结构及其影响机制［J］. 西安交通大学学报（社会科学版），2020（04）：115-125.

② 王科. 基层公务员政治胜任力提升研究［D］. 中南财经政法大学，2020.

③ 唐璨. 论公务员政治能力建设与制度保障［J］. 理论视野，2020（03）：72-77.

④ 张思光，吴坎坎，武向平. 我国公务员科学素质建设的现状、问题及建议——基于广东、湖北、新疆的问卷调查分析［J］. 中国科学院院刊，2020（05）：1123-1132.

包括目标导向、测试内容、测试方法、组织实施和效果评估与改进在内的公务员专业能力测试体系，不断提高考试测评的针对性和有效性。①周义程、段哲哲考察了考试录用与基层公务员专业自主性的关系，认为"凡进必考"的考试录用制度触发了基层公务员与内部人的利益分离机制；注重专业能力的"凡进必考"制度触发了专业角色期待机制，两者均有利于专业自主性提升。②沈瞿和、龚丽萍研究了公务员的就职宣誓制度，认为宣誓责任是宣誓人违反宣誓规范所应承担的不利后果，其构成可从宣誓主体、客体、主观方面、客观方面、仪式和程序进行分析，完善我国宪法宣誓制度要明确拒绝宣誓、不当宣誓、程序瑕疵宣誓等各种情形，所承担的责任以及追究和救济机制，将不当宣誓行为脱虚入实、给予实际惩戒。③

其次，关于职位聘任的研究。王辉等对公务员聘任制的生成机理及变迁逻辑做出了解释，认为环境压力、配套制度等结构因素与政治相关者等行为因素相互交织、共同作用推进了公务员聘任制的生成发展，且在变迁过程中表现为层叠式的渐进特征。④

4. 公务员伦理问题研究

陈芳等设计了公务员品德量表，认为公务员高绩效品德模型由"政治品德、个人品德和职业道德"三个维度十三项指标构成。其中，"政治品德"维度包含忠诚可靠、大局观念、宗旨意识、原则性四个指标；"个人品德"维度包含亲和、乐观坚定、包容大度、耐心细致、严谨审慎五个指标；"职业道德"维度包含奉献精神、责任心、协作精神和求真务实四个指标。⑤刘东杰研究了公务员的忠诚价值流失问题，认为在现实行政工作中，由于主客观因素的影响，公务员忠诚价值流失已经成为影响政府信任、治理能力、政府形象的重要因素。公务员忠诚价值流失的主观原因在于"自利性"动机作祟、公共道德感弱化、正向价值观扭曲、侥幸心理驱使；客观原因在于现实诱惑刺激、制度疏漏影响、不良示

① 杜义国，王文新，周卫. 构建中央和国家机关公务员招录专业能力测试体系：情况调查与前瞻分析［J］. 行政管理改革，2020（06）：67-74.

② 周义程，段哲哲. "凡进必考"可以提升基层公务员的专业自主性吗？——基于准自然实验的断点回归分析［J］. 甘肃行政学院学报，2020（01）：13-24.

③ 沈瞿和，龚丽萍. 就职宪法宣誓责任构成与完善——以 2018 年《公务员法》第九条展开探讨［J］. 中共福建省委党校（福建行政学院）学报，2020（04）：117-123.

④ 王辉，易雅婷，张必忠. 我国公务员聘任制的生成机理及变迁逻辑研究［J］. 上海行政学院学报，2020（05）：59-67.

⑤ 陈芳，刘琦，刘璐璐. 公务员高绩效品德模型构建与检验［J］. 统计与决策，2020（06）：160-164.

范带动、罚不当罪纵容。①许燕、范炜烽发现公务员与高校教师对公共服务精神的价值偏好存在差异，发现总体而言二者的意见比较一致，但对"民主法治精神"和"坚定信念"的排序差异较大，在某种程度上反映了其对规范与事实、理想和现实价值偏好的差异。②

5. 其他研究

除上述研究外，2020 年学者们还围绕公务员待遇、退出、等级、交流等问题发表了一些较为重要的文献。

关于公务员待遇，郭磊、徐明认为，中美两国公务员养老保险改革前的制度聚焦于公务员本身，而改革后均考虑了公务员与其他群体的协同发展。未来中国养老保险须避免在改革后进入"隐性双轨制"，关注企业年金和职业年金的不平衡、企业和机关事业单位平均工资增长率的差异以及机关事业单位内部的性别收入差距。③秦金龙博士研究了柬埔寨公务员薪酬与绩效关系，认为自 1979 年柬埔寨公务员制度成立以来，一直实行低薪政策。公务员的低收入状况使他们较少注重自己的工作任务和履行工作职责，而是把时间和精力转移到其他收入来源上，包括腐败行为和其他兼职工作。此外，他们可能会故意消极怠工，甚至认为低工资引发业绩不佳的表现是合理的。因此，公共服务绩效受到了重大影响。④

关于公务员退出，李志等认为，基层公务员的职业发展认同较低，其中，青年公务员的职业认同显著低于中老年公务员，低职级公务员较高职级公务员职业认同更低，较低的职业认同是公务员离职的重要原因。⑤王宁宁、王政豪认为，公务员退出机制在实践中存在领导超编、为实现"退出"而退出、公务员分流等问题，建议通过完善养老金制度、精简机构人员、明确部门工作流程、推行职务与职级并行等解决这些问题。⑥

关于公务员等级，毛劲歌等发现，公务员职级套改政策执行中存在着上下级政府围绕该政策发生的正式谈判、非正式谈判以及"准退出"等变通执行

① 刘东杰. 公务员忠诚价值流失的原因及治理对策 [J]. 领导科学, 2020 (04): 35-38.

② 许燕, 范炜烽. 公务员公共服务精神解读及差异研究 [J]. 领导科学, 2020 (06): 12-15.

③ 郭磊, 徐明. 中美公务员养老保险制度的变迁——再分配效果的检验 [J]. 人口与经济, 2020 (06): 96-111.

④ 秦金龙. 柬埔寨公务员薪酬与绩效关系——基于域外民族的研究视角 [D]. 广西民族大学, 2020.

⑤ 李志, 布润, 李安然. 基层公务员职业认同特征及其对工作绩效与离职倾向的影响研究 [J]. 重庆大学学报（社会科学版）, 2020 (03): 176-188.

⑥ 王宁宁, 王政豪. 心理契约视角下公务员退出机制优化路径分析 [J]. 领导科学, 2020 (14): 102-104.

情况。①

关于公务员流动，张紧跟指出，基层公务员群体中普遍存在着异地调动难问题，破解基层公务员异地调动难，关键在于把握其中的平衡点。一方面，建立健全基层公务员异地调动机制；另一方面，要建立健全对异地任职的基层公务员的激励机制。②

三、公务员制度发展展望

2019 年 6 月 1 日，修订后的《公务员法》开始实施，公务员制度的建设也进入了一个新阶段。如前所述，为了更好地贯彻实施《公务员法》，组织部于 2020 年 3 月 3 日、12 月 28 日分两批共发布了 10 个配套法规。2021 年是中国共产党成立 100 周年，全党和全体公务员应以饱满的热情努力工作，以优异成绩庆祝建党 100 周年。在未来一段时间，公务员制度的发展主要表现为下述两个方面。

一是做好修订后的《公务员法》配套法规的贯彻实施工作。2020 年出台的 10 个配套法规，面对新时代对公务员的新要求，以及公务员管理工作面临的新形势新任务，以准确贯彻《公务员法》为中心目标，对公务员范围、登记、职务职级与级别、参照管理审批、考核、奖励、转任、回避、辞去公职、辞退等环节做出规定。2021 年是贯彻实施这些配套法规的第一年，各级组织部门和公务员管理部门的一项重要工作，就是认真贯彻实施这些规范性文件。

二是继续制定出台《公务员法》相关配套法规。公务员制度表现为一系列的法律法规，《公务员法》的修订，必然要求制定一系列相关配套法规。可以预见，在未来的一段时间内，必然会继续制定出台《公务员法》的相关配套法规。

三是激励公务员担当作为，以优异成绩庆祝建党 100 周年。2021 年是中国共产党成立 100 周年，公务员应努力工作，热情为民服务，以饱满的精神状态迎接党的百年华诞。

四、报告要点

本报告要点总结如下。

（1）2020 年是公务员制度建设取得重要成果的一年。这一年，组织部分两

① 毛劲歌，叶玮，李化敏. 公务员职级套改政策的变通执行逻辑 [J]. 中国行政管理，2020（09）：80-84.
② 张紧跟. 基层公务员异地调动难的破解之道 [J]. 人民论坛，2020（08）：49-51.

批出台了《公务员范围规定》等 10 个修订后的《公务员法》的配套法规，根据新时代的要求和任务进一步完善了中国特色的公务员制度。

（2）与前 3 年相比，2020 年公务员制度研究无论是文献总数还是重要文献数量都有所降低，这很可能是由于修订后的《公务员法》实施不久，《公务员法》颁布之前的研究热潮有所降低导致的。在研究主题方面，很多学者注重从总体上研究公务员制度的发展变迁、公务员群体及其行为特征等问题。此外，公务员能力建设、录用、心理与伦理、待遇、退出、职位聘任、等级、交流等主题也引起了学者们的研究兴趣。

（3）随着《公务员法》一系列配套法规的出台，以及 2021 年庆祝建党 100 周年的来临，公务员制度发展应该表现在以下三个方面：一是做好修订后的《公务员法》配套法规的贯彻实施工作；二是继续制定出台《公务员法》相关配套法规；三是激励公务员担当作为，以优异成绩庆祝建党 100 周年。

作者单位：天津商业大学公共管理学院

第六部分

地方政府发展能力指数研究报告

中国地方政府发展能力指数报告（2021）

南开大学课题组[①]

2021 年是课题组连续开展中国地方政府发展能力指数研究工作的第七年，通过连续调查，课题组收集了大量数据并构建了数据库，为后期开展连续时间序列分析奠定了基础。

一、中国地方政府发展能力指数报告的特点

（一）其他同类型政府发展报告的特点分析

2020 年出版的主要政府发展报告有：《中国城市基本公共服务力评价》《中国民生发展报告》《中国电子政务发展报告》《中国政府电子服务能力指数报告》《中国数字政府建设风向指数报告》《中国营商环境报告》《中国地方政府效率研究报告》等，涉及政府发展的诸多方面。它们的研究内容"小而精"，易于把握具体领域的政府发展状况；评价对象"大而广"，尽量确保研究样本的代表性及广泛性。具体如表 1 所示。

[①] 课题组顾问：朱光磊；课题组组长：翟磊、李鑫涛；主要成员：黄雅卓、刘亚强、申程仁等。其中，"年度热点：不同地区地方政府发展能力特征分析"部分由黄雅卓独立完成。

表 1　其他同类型政府发展报告概览表

报告名称	研究依托单位	研究起始年份	累计出版数量	主要研究内容	评价对象范围
《中国城市基本公共服务力评价》	中国社会科学院马克思主义研究院经济社会建设研究室、腾讯公司政务舆情部	2011 年	10 部	城市基本公共服务	38 个主要城市
《中国民生发展报告》	北京师范大学政府管理学院	2011 年	10 部	地方政府民生发展	36 个省会城市和计划单列市、260 个地级市
《中国电子政务发展报告》	国家信息中心、国家行政学院电子政务研究中心	2004 年	14 部	电子政务发展	32 个省级政府、32 个重点城市
《中国政府电子服务能力指数报告》	南京大学政务数据资源研究所	2016 年	5 部	地方政府电子服务能力	4 个直辖市、22 个省、5 个自治区、333 个地级市
《中国数字政府建设风向指数报告》	中国社科院信息化研究中心、国脉研究院	2019 年	2 部	数字政府建设	31 个省份及新疆生产建设兵团、32 个省会及计划单列市、114 个地市
《中国营商环境报告》	中山大学岭南学院深化商事制度改革研究课题组	2019 年	2 部	营商环境建设	24 省、110 市的 281 个政务办事大厅
《中国地方政府效率研究报告》	江西师范大学管理决策评价研究中心、北京师范大学政府管理研究院	2011 年	10 部	地方政府效率	31 个省级政府、333 个地级市政府、1873 个县级政府、832 个国定脱贫县

虽然上述报告由于评价类目和理论基础不同，使得指标体系结构和内容有所差异，但是指标类型选择、权重设置方法等方面仍具有较强的可比性。具体如表 2 所示。

表 2　其他同类型政府发展报告比较表

报告名称	指标类型			权重设置	数据获取		数据处理
	主观与客观	显绩与潜绩	绝对量与相对量		客观数据	主观数据	
《中国城市基本公共服务力评价》	主观+客观	显绩	绝对量+相对量	专家直接赋值法	统计年鉴、网络评论大数据分析	问卷调查	折算法
《中国民生发展报告》	客观	显绩	绝对量+相对量	均等权重法	统计年鉴等公开数据	——	阈值法
《中国电子政务发展报告》	客观	显绩	绝对量	——	网上政务平台、门户网站提供的政务服务事项	用户体验	折算法
《中国政府电子服务能力指数报告》	主观+客观	显绩+潜绩	绝对量	德尔菲法	统计年鉴等公开数据	测评员打分	折算法
《中国数字政府建设风向指数报告》	主观+客观	显绩+潜绩	绝对量	德尔菲法	依公开申请、电话访问、网络调查、实地走访	专家判断	标准差法
《中国地方政府效率研究报告》	主观+客观	显绩+潜绩	绝对量+相对量	专家直接赋值法	统计公报、预算报告、政府工作报告等公开信息	专家判断	标准差法

通过对这些政府发展报告的比较，可以总结出三方面特点。一是它们能够紧跟实践发展，不断优化指标构成，调整考评对象，发挥引领政府实践的作用。二是它们的考评对象广泛且具有代表性，考评目的明确且各有侧重点，发挥指导政府实践的功能。三是它们的指标设置依据明确且富有说服力，具体指标构成详细且层次清晰，大多包括一级指标、二级指标、三级指标，少量涵盖四级指标。

（二）本报告的特色概述

与其他同类型政府发展报告相比，本报告在指标体系设计和评价方法设置方面具有显著的创新性，采用主客观组合评价赋权，这些创新也是本报告结果科学性的保障和主要特色的体现。

1. 指标体系设计

（1）具体指标设置

在提出和分析政府发展能力评价指标体系的过程中，课题组基于政府职能理论、组织能力理论和政府发展理论，得出以下判断：第一，政府发展能力既包括促进地区全面发展的能力，也包括政府自身发展的能力；第二，政府促进地区发展的能力指的是政府适应环境的挑战、满足公共需要的程度；第三，政府自身的发展能力是指政府能力的增长和能力结构的变动。在综合考虑既有研究成果和指标选取原则的基础上，课题组将政府发展能力的内涵界定为：地方政府动员、协调市场与社会力量，以较低成本、恰当方式设定和履行自身职责，实现地区全面发展和自身发展的能力。

基于 2015—2020 年六个年度的研究，2021 年度的具体指标延续了自 2019 年建立的指标体系，由上而下地将地方政府发展能力逐级分解为 6 项一级指标（核心发展能力），15 项二级指标（分解发展能力）和 63 项三级指标（主、客观数据）。

（2）指标权重设定

在指标权重设定方面，课题组也进行了多轮调整与改进，形成了综合的权重设置方法。在 2015 年首次开展评价时，采用了层次分析法设置各级指标的权重，邀请 24 位专家，通过构建判断矩阵，对三个层级指标的重要程度进行打分，从而获得权重。2016 年在收集了大量调查问卷的情况下，分别采用了三种方法试算权重。其一为自上而下的、以主观评价为依据的回归系数法；其二为自下而上的、以客观数据为依据的因子分析权数法；其三为回归系数与因子分析综合法。通过比对上述三种不同的方法得到的权重结果发现：第一种方法不能有效地反映三级指标所包含的客观信息，将主观层面的评价误差不断积累扩大；第二种方法则将三级指标数量在二级指标中分布的不均匀反映在了权重上，导致一级指标和二级指标的权重不均衡；第三种方法有效地回避了上述两种方法的缺点，同时平衡了自上而下的指标体系和自下而上的数据架构。故此，本课题最终采用了第三种方法。

由于主、客观赋权法具有各自的特点，但都存在一定的局限性。主观赋权法，即根据专业人士对各指标的主观重视程度赋权；客观赋权法，即依据客观信息数据进行赋权。赋权法常用的方法有如德尔菲法、二项系数法、AHP法（层次分析法）、熵值法、变异系数法等。前者能够反映专家、学者、决策者和参与者的意志，但权重结果具有很大的主观随意性。后者具有较强的数学理论依据，可以避免评价结果的主观随意性，但难以体现专业人士的意愿。基于以上的原因，自2017年起本研究对权重设置方法进行了进一步改进，采用了主客观相结合的综合赋权法。一方面，通过问卷调查，获取了调查对象对6项一级指标的相对重要性排序，根据排序结果，分别赋予5—0分的分值，经过归一化和AHP法处理，得到基于主观赋权法的6项一级指标的权重。另一方面，将62个样本城市的三级指标数据进行标准化，利用差异系数法，求得每一项三级指标的权重，通过求和可得各项二级指标权重，继而得到基于客观赋权法的6项一级指标权重。最后，将两种方法进行均值化处理得到的一级指标权重，确定最终的一级指标权重，而后利用回归系数法，求出二级指标和三级指标权重。

2021年度研究在权重设置上，仍然采用了主客观相结合的综合赋权法，革新之处在于针对网络问卷调查数据的可靠性难以控制的缺陷，采用了网络问卷和由调研员一对一进行的问卷调查与半结构式访谈相结合的模式，并运用熵值法和变异系数综合赋权方式。在有效地提高了数据可靠性和有效性的基础上，进行综合赋权法，获得了各级指标的权重。

2. 评价方法设置

（1）问卷设计：基于重要性-绩效分析法

重要性-绩效分析法是广泛应用于服务行业，用于评判某项服务或设施的实施或使用效果，继而指导组织有针对性地进行服务改进的方法。重要性-绩效分析法的核心理念在于：服务对象对某项服务或设施的满意程度是其对该项服务或设施的某些重要属性的期望值和对相应属性的实际绩效的评判函数。根据研究需要确定四象限图分割线的位置，再根据每个指标所落入的象限来判断指标属性（优势指标、劣势指标、过度供给指标、低优先级指标），继而形成评价结论。相较于传统的针对绩效的满意度评价，这种方法可以获取更全面深入的数据：一是考察指标设置的合理性并为具体的分析提供帮助；二是通过对不同指标的重要性分析，考察居民的关注对象，并就居民普遍关注的部分进行进一步的指标增补修订，为今后的调查研究提供完善的空间。

基于重要性-绩效分析法，2021年度的调查问卷包括八个部分：卷首语、答卷人的人口学信息、对所在地方政府发展能力的总体评价、对一级指标的实际绩效评价、对二级指标的实际绩效评价、对三级指标的实际绩效评价、对二级指标的重要性评价以及对一级指标的重要性评价。卷首语对调查问卷的目的、数据的用途、个人信息的保护等均作了说明；答卷人的人口学信息涵盖了性别、受教育程度、户籍状况、居住情况和工作单位性质等多项指标；随后是对所在地方政府发展能力的总体评价，以及对一、二级指标实际表现的综合评价；继而是对所在城市三级指标的实际表现进行评价，根据被调查人的工作属性，公务员除了对外部指标之外的内部指标进行评价，还要提供两项客观指标数据：公务员年度参加培训次数和每年参加学习培训的天数。最后是分别就一级指标和二级指标的重要性作出评价。指标体系中由于二级指标内容较多，因此仍然采用量表的方式进行提问，一级指标自身内容较少，因此采取排序的方式进行提问，以此课题组可以更好地明确调查对象对不同指标的重要性排位与取舍。

（2）调查实施：网络调查与现场调查相结合

政府发展能力不仅关系到地方政府自身的不断改进与完善，更关系到整个地区的发展，关系到居民的切身利益。为了保持调研框架的延续性，2021 年度仍采用由调研员按照不同工作性质人群比例分布作为抽样框整体控制，再通过滚雪球抽样（Snowball Sampling）的方法开展网络调查问卷，获取主观指标的评价数据，按照满足问卷采样数量标准来确定研究样本，再通过统计年鉴、政府报告等资源获取客观数据，最后使用统计学方法确定指标权重，继而得到样本的地方政府发展能力指数。这一研究框架将定量和定性的研究方法做了整合，力图进一步提升本研究的科学性和可靠性。

在对地方政府发展能力开展主观评价的过程中，应当充分关注各类人群的意见与感受。本研究从 2015 年起，已连续开展 5 次大规模问卷调查。2015 年首次收集的数据覆盖全国 23 个城市，有效问卷数量为 574 份；2016 年收集的数据覆盖全国 119 个城市，有效问卷数量达到 11756 份；2017 年在对问卷收集方式进行调整后，收集数据覆盖城市数量为 62 个，有效问卷的数量为 3903 份；2018 年在重点关注副省级以上城市的基础上，提高了案例城市的选取标准，改进了数据的获取方式，涵盖了 32 个城市，共计 2851 份有效问卷；2019 年将原有的较为被动的数据导向方法调整为目标选定与数据导向相结合的方法，获得样本城市 65 个，有效问卷 6159 份；2020 年采用网络问卷的方式，最终数据覆盖城市数量为 69 个，有效问卷的数量 2379 份。通过连续调查，课题组收集了大量数据并构建了数据库，为后期开展连续时间序列分析奠定了基础。

2021 年度的问卷调查采用了网络问卷的方式，基于国内最大的网络调查平台问卷星（www.sojump.com）发布，充分利用网络调研的低成本、高效率、易扩散等优势，在有限的时间内获取尽可能多的样本。课题组邀请经过培训的南开大学、天津商业大学和天津师范大学的相关专业学生担任调研员，通过电子邮件、微信、微博等 SNS 媒介方式推送问卷，并利用寒假开展针对性问卷调查，要求调查对象必须涵盖政府和事业单位工作人员、国有及私营企业工作人员、社会组织从业人员和自由职业者等，以确保调查对象的多样性。最终收集数据覆盖城市数量为 37 个，有效问卷的数量为 4796 份。

但是，本研究也存在两个局限性。一方面，样本城市选取存在局限性。在本年度的研究中，样本城市的选取主要以回收的有效问卷能否达到 25 份以上，同时满足政府和事业单位工作人员有效问卷 5 份以上这一标准来确定。这种方法尽管可操作性强，但是也导致每年样本城市变化较大，缺乏稳定性。另一方面，定量分析方法存在局限性。本课题的研究主题"中国地方政府发展能力指数"建立在对政府相关数据与调查问卷相关指标量化分析的基础之上。但在数据分析过程中，面对数据所揭示出来的问题，往往缺乏定性材料的支撑，知其然而不知其所以然，导致研究的深度相对不足。

二、城市地方政府发展能力指数分析

（一）数据收集的总体情况

1. 问卷调查数据收集情况

（1）问卷调查数据的基本信息分析

通过问卷采集，课题组共获得来自全国所有省份主要城市的 5885 份问卷。根据问卷回收与城市分布情况，原则上按照该城市问卷数大于 25 份，公务员与事业单位工作人员的问卷数大于 5 份的标准筛选有效城市，最终得到样本城市 37 个，有效问卷 4796 份（见表 3）。其中，政府及事业单位工作人员问卷 1872 份，占全部有效问卷的 39.0%。有效问卷的城市分布情况见表 4。

表 3　2015 至 2021 年度有效问卷数量与研究样本数量

年度	有效问卷数量	研究样本数量	研究样本平均有效问卷数量
2015	574	23	25
2016	11756	119	99
2017	3903	62	63
2018	2851	32	89

年度	有效问卷数量	研究样本数量	研究样本平均有效问卷数量
2019	6159	65	95
2020	2379	33	72
2021	4796	37	130

表 4　地方政府发展能力指数问卷回收数量表

城市	问卷数	城市	问卷数	城市	问卷数	城市	问卷数	城市	问卷数
阜阳市	88	黔南布依族苗族自治州	79	四平市	79	阳泉市	63	天津市	337
合肥市	144	沧州市	172	连云港市	62	汉中市	108	曲靖市	91
六安市	65	衡水市	58	南京市	28	上海市	55	杭州市	46
北京市	122	石家庄市	58	赣州市	250	成都市	363	丽水市	53
泉州市	73	重庆市	77	朝阳市	160	乐山市	154	宁波市	47
厦门市	46	信阳市	34	盘锦市	127	泸州市	47		
南宁市	28	牡丹江市	88	晋城市	104	眉山市	27		
安顺市	75	怀化市	25	忻州市	39	绵阳市	35		

（2）问卷的可靠性与一致性分析

本研究采用 Cronbach's Alpha(α)（克朗巴哈系数）测问卷内容的可靠性。问卷调查结果可划分为三个维度：对一级指标的综合评价、对二级指标的综合评价以及对三级指标的实际表现评价。其中，对三级指标的实际表现评价又可从公务员和非公务员两个视角进行分析。通过 SPSS 软件对以上三个维度进行可靠性分析，结果如表 5 所示。

表 5　调查问卷的内部一致性分析结果

维度		Cronbach's Alpha	项数
对一级指标的综合评价		0.933	6
对二级指标的综合评价		0.969	15
对三级指标的实际表现评价	公务员	0.972	18
	非公务员	0.976	22

通常可以接受的 Cronbach's Alpha 值是大于等于 0.8，本研究所用问卷，一级指标和二级指标的值均大于 0.90。在三级指标中，公务员和非公务员两种视角的值均大于 0.95。结果表明本调查问卷的内容可靠性和内部一致性达到了较高水准。

（3）调查对象的人口信息分析

对问卷调查对象的相关信息进行分析发现，调查对象的性别比较为均衡，女性数量高于男性（见表 6）。近四分之三调查对象的学历为大专及本科，高中以上学历的调查对象占到了总数的 80% 以上（见表 7），可以一定程度上反映出调查对象具有较高的知识水平与理解观察能力。此外，绝大多数的调查对象（85%）大部分时间居住在当地（见表 8），这也使得他们对于所在城市的了解情况较好（见表 9）。因此，问卷数据能够较好地反映出所在城市政府的发展能力。

表 6　调查对象性别

性别	频数	百分比
男性	2075	43.3
女性	2721	56.7

表 7　调查对象的最高学历

学历	频数	百分比
初中及以下	321	6.7
高中	605	12.6
大专及本科	3487	72.7
硕士	327	6.8
博士	56	1.2

表 8　调查对象一年中大部分时间的居住情况

居住情况	频数	百分比
居住当地	4072	84.9
居住外地	640	13.3
其他	84	1.8

表 9　调查对象对居住城市的了解程度

了解程度	频率	百分比
非常不了解	226	4.7
不了解	132	2.8
一般	1322	27.6
了解	2079	43.3
非常了解	1037	21.6

2. 统计数据收集情况

课题组成员在确定 37 个样本城市后，首先对统计数据进行收集与统计。由于统计数据之间的计量单位差异较大，无法直接进行横向对比分析，因此课题组将研究重点放在分析统计数据的离散性上。在计算统计数据标准差的基础上，分别对不同指标的变异系数（变异系数=标准差/均值）进行计算，以此克服由数据计量单位的较大差异导致的标准差差异。统计数据的离散性如表 10 所示。

表 10　统计数据的离散性

统计指标	均值	标准差	变异系数
地区生产总值（亿元）	6958.73	9409.76	1.35
地区生产总值增长率（%）	3.95	1.42	0.36
城镇居民人均可支配收入增长率（%）	4.29	1.53	0.36
居民消费价格指数	102.45	0.49	0.00
社会消费品零售总额（亿元）	7244.08	27013.77	3.73
第三产业比重（%）	47.83	19.34	0.40
预期寿命（年）	78.54	2.54	0.03
城镇登记失业率（%）	3.03	0.73	0.24

续表

统计指标	均值	标准差	变异系数
城乡居民可支配收入比	2.24	0.37	0.17
千人口卫生技术人员数（个）	7.76	2.39	0.31
千人口医疗床位数（个）	6.56	1.44	0.22
政府在教育方面的财政支出占比	16.27	4.18	0.26
城市建成区绿地率（%）	39.10	3.47	0.09
城市空气质量达二级以上的天数（天）	308.76	44.55	0.14
城市污水处理率（%）	96.06	3.68	0.04
税收收入增长率（%）	1.38	6.17	4.47
一般性公共服务支出占财政支出的比重（%）	17.54	21.62	1.23
财政收入增长率（%）	1.80	4.82	2.68
财政支出占 GDP 比重（%）	22.42	10.69	0.48
全年发布政策文件数量（个）	251.97	383.08	1.52
环境支持度指数	6.29	1.07	0.17

从所收集整理的统计数据的变异系数来看，税收收入增长率（4.47）指标的变异系数最大，这主要是由于疫情暴发对于各地区的经济发展影响不同，叠加减税政策的结果，不同地区税收收入增长情况出现了较大差异：部分地区税收维持较大增长，而不少地区出现了不同程度的负增长。同时，近年来一些地方面临着经济下行的压力也是导致这一结果的重要原因。与之相关，社会消费品零售总额（3.73）、财政收入增长率（2.68）、地区生产总值（1.35）以及一般性公共服务支出占财政支出的比重（1.23）等几项指标的变异系数同样较大，这一定程度上反映出我国地方城市在经济发展与财政收入等方面差距明显，一些地区面临着较为严峻的财政局面和发展压力，社会消费品零售总额的较大差异集中反映了这一现实。这一现实对基础设施建设水平及公共服务均等化等造成很大影响。此外，地区生产总值指标（1.35）反映出城市间经济发展水平差距较大，但这反映出样本兼顾到了不同发展水平的城市，具有较好的代表性。整体来看，2020 年中国区域经济发展较之往年，增加了疫情防控这一突发变量，呈现新的特点。中国经济的区域分化或将进一步加剧，疫情防控和经济发展统筹能力较弱地区在常态化疫情防控环境下更易出现经济波动和下滑，应急情境下地方政府治理能力强弱和水平高低对区域发展的重要作用更为突出。未来，如何提升地方政府能力，促进区域均衡、协调、可持续发展，是改革深化和政策

设计的重要议题。

同样需要指出的是，居民消费价格指数（0.00）、预期寿命（0.03）、城市污水处理率（0.04）等几项指标的变异系数极小。首先，居民消费价格统计调查的是社会产品和服务项目的最终价格，同人民群众的生活密切相关，同时也在经济价格体系中具有重要的地位，其变动率在一定程度上反映了通货膨胀或紧缩的程度。不同城市间居民消费价格指数差异较小，可以在很大程度上反映出我国总体的货币发行与经济发展状况较为平稳。其次，在污水处理方面，《"十三五"全国城镇污水处理及再生利用设施建设规划》提出，到2020年底我国城市的污水处理率要达到95%左右，这一目标目前基本实现，各地区进一步提升空间有限，故城市间差异较小。最后，预期寿命指标主要受到国家整体发展水平的影响，当前我国人民生活水平和医疗卫生水平有了普遍提高，地区差异影响不大。

综上，通过统计数据的分析，城市地方政府应着力提升自身发展能力和治理水平，推动区域经济社会平稳有序运行，增强发展韧性，着重关注公共服务尤其是卫生教育等领域的均等化，促进区域间的均衡发展。

（二）地方政府发展能力评价结果的统计分析

本部分将对37个样本城市的发展能力总体特征进行分析，具体从两个部分展开：一是对问卷调查所涉及的地方政府发展能力的总体评价和对一级指标的重要性-绩效评价；二是综合使用主客观数据，对城市地方政府的发展能力开展聚类分析。

1. 地方政府发展能力的总体分析

基于地方政府发展能力指标体系和统计数据，最终获得的数据包括：受访者对样本城市地方政府发展能力的总体评价和总体满意度，6项一级指标的重要性评价和样本城市的绩效评价，15项二级指标的重要性评价和样本城市的绩效评价，40项主观三级指标的样本城市绩效评价和23项客观三级指标的样本城市数据。

（1）样本城市指标的权重评估分析

政府发展能力的评价在现实中是一个抽象系统，对其赋权也是理性的社会选择、群体决策的问题。社会选择、群体决策是拥有共同利益、不同信息和不同决策能力的群体成员，如何联合起来做出最佳决策的过程。准确、合理地获得群体决策真实的偏好与属性信息往往是困难的，因为群体效用函数由定义良好的个体效用函数决定。属性权重反映了评价者对评价目标的重视程度、指标值的差异程度、目标属性值的可靠程度，可以将社会选择、群体决策的多目标决策问题转化为单目标决策问题。属性权重也受到主观因素和客观因素的影响，需要合理的权重分配方法，提高权重分配精度。本研究以属性值为模糊数的多属性决策问题为出发点，采用变异系数法确定主观权重系数，采用熵值法确定各指标的客观权重系数，并通过主客观赋权的组合方法，确定指标体系的最优组合权重，进而可以清晰、可靠地从部分个体中得出群体的决策结论，判断出政府发展能力真实的选择，避免对社会选择的偶然性。此外，本研究中依旧有半数以上指标的主观排名、客观排名、综合排名的结果具有高度一致性，故采用以偏差平方和最小为目标函数，主客观平均加权的方法求解综合权重，具体结果如表 11 所示。

表 11　样本城市地方政府发展能力一级和二级指标主客观权重表

一级指标	主观权重	客观权重	组合权重	二级指标	主观权重	客观权重	组合权重
经济发展能力	0.453	0.286	0.370	保证生产能力	0.008	0.125	0.066
				促进消费能力	0.008	0.117	0.063
				推动转型能力	0.037	0.047	0.042
社会发展能力	0.008	0.090	0.049	推动社会进步能力	0.083	0.028	0.056
				维护秩序与公平能力	0.101	0.059	0.080
服务提供能力	0.170	0.167	0.168	保障基本公共服务能力	0.015	0.090	0.053
				均等化区域公共服务能力	0.148	0.026	0.087
				环境保护能力	0.159	0.053	0.106
资源利用能力	0.216	0.193	0.204	资源获取能力	0.176	0.126	0.151
				资源整合能力	0.022	0.064	0.043
科学履职能力	0.007	0.143	0.075	政策制定能力	0.029	0.075	0.052
				政策执行能力	0.095	0.033	0.064
				政府机构运行能力	0.042	0.038	0.040
学习创新能力	0.146	0.121	0.134	主动学习能力	0.071	0.098	0.084
				管理和服务创新能力	0.008	0.020	0.014

通过赋权可以为样本城市政府发展能力的定量评估提供佐证素材，可以增强样本政府对发展短板的有效感知，便于其优化治理手段。通过该指标体系得

出的赋权结果与实际情况具有较高的一致性，所构建的评价指标体系和评价方法具有实践可操作性，因此，可作为衡量样本城市地方发展能力的重要依据。其中，从一级指标的赋权来看，经济发展能力于主观和客观方面在所有指标中权重最大，对地方发展能力的影响也比较大；资源利用能力、服务提供能力和学习创新能力居于其次，资源利用能力仍占有很大比重；科学履职能力、社会发展能力在主客观指标上差距较大，说明在实际情况中政府和公众对于其认知较为模糊，同时缺乏相应的保障机制。在二级指标中，环境保护能力与资源获取能力的权重波动幅度十分明显，这两种情况也符合调查的设想与实地调研时的实际情况；维护秩序与公平能力、均等化区域公共服务能力和主动学习能力权重较大，超出政策执行能力、保证生产能力和促进消费能力，说明当前政府在发展中应注重公平和均等化服务，也需要加大地方官员的学习力度，提升其治理能力；管理和服务创新能力占比最低，这也能够说明地方政府在管理和服务中大多依托于全方位执行中央精神，对于自身管理创新的能力较为忽视，这也符合各地省市级地方政府的现状。

（2）地方政府发展能力总体评价和总体满意度

在问卷调查的过程中，问题的设定及表述方式可能会影响最终的数据结果。本研究主要以获取调研对象对当地政府发展能力的评价为目标，因此在调查问卷中分别采用了总体评价和总体满意度两种方式，请调查对象就其所在城市的地方政府发展能力做出主观评价。37 个样本城市的统计结果分析如表 12 所示。可以发现，不同区域的调查对象对其所在城市地方政府的总体评价和总体满意度的评分较为接近，满意度的平均值略高于评价的平均值。

表 12　样本城市地方政府发展能力总体评价和总体满意度的基本情况

评价项目	极小值	极大值	均值	标准差
对当地政府发展能力的总体评价	2.8133	4.1304	3.4842	0.3261
对当地政府发展能力的总体满意度	3.0000	4.1538	3.5962	0.2893

通过配对样本 T 检验，比较两种提问方式的均值发现，总体评价与总体满意度的相关系数达到 0.959，在统计学意义上显著相关（见表 13、表 14）。故可以得出结论，从统计学上看，"对当地政府发展能力的总体评价"和"对当地政府发展能力的总体满意度"这两种提问方式，并不会对最终分析结果产生显著影响。

表 13　两种提问方式的均值比较配对样本 T 检验

配对样本相关性			
变量	个案数	相关系数	显著性
配对 1　总体评价&总体满意度	37	0.959	0.000

表 14　两种提问方式的均值比较配对样本 T 检验

配对样本检验								
变量	配对差分					t	df	Sig.
	均值	标准差	均值的标准误	差分 95% 置信区间				
				下限	上限			
配对 1　总体评价&总体满意度	−0.1120	0.9573	0.0157	−0.1439	−0.0800	−7.118	36	0.000

（3）一级指标（核心发展能力）重要性-绩效分析

问卷获取了调查对象对一级指标的重要性评价，结果如表 15 所示。数据显示，调查对象对 6 个一级指标（核心发展能力）的重要性排序依次为：社会发展能力、经济发展能力、服务提供能力、学习创新能力、科学履职能力、资源利用能力。这与前几年报告的重要性排序基本一致。由此可见，调查对象始终最为关注城市政府的社会发展情况、经济发展状况和公共服务水平，而对于地方政府自身的学习创新能力、科学履职能力和资源利用能力的关注度相对较低。这主要是因为前面 3 个指标与民众自身利益密切相关，会直接影响到调查对象的工作就业与日常生活，故重要性相对较高。而后面 3 个指标与调查对象较少会产生直接联系，故排在相对不重要的位置。

此外，在 37 个样本城市中，对经济发展能力重要性排序的差异性最为显著，标准差达到了 0.2627，而对资源利用能力的重要性排序的差异性最小，为 0.2082。这也在一定程度上反映出，相较于其他指标，不同地区的调查对象对于经济发展能力重要性的认识差异较大，这可能与地区经济发展水平、发展阶段和发展理念的差异相关。而调查对象对于关联不太密切的资源利用能力的重要性评价则相对平均，评分相对集中。

表 15　样本城市一级指标重要性评估结果

一级指标	最大值	最小值	均值	标准差
经济发展能力	4.9286	3.5079	3.9472	0.2627
社会发展能力	4.5357	3.5079	3.9483	0.2182
服务提供能力	4.4286	3.5079	3.9241	0.2157
资源利用能力	4.2857	3.4483	3.8929	0.2082
科学履职能力	4.4643	3.4762	3.8940	0.2116
学习创新能力	4.5357	3.5172	3.9188	0.2285

　　课题组同样获取了调查对象对一级指标的实际绩效评价，结果如表 16 所示。可以看出，实际绩效评估结果各指标的最小值与重要性评估结果的最小值差异明显，这也造成了前者的均值较低。可以在一定程度上反映出样本城市的实际发展能力没能达到当地民众的期望值。从具体的指标来看，服务提供能力在所有一级指标评价中的均值最高，达到 3.5478，这说明调查对象对其所在城市地方政府的公共服务提供能力相对最为满意。而经济发展能力的绩效评估均值最低，且标准差最大，反映出样本城市地方政府整体上的经济绩效并不尽如人意，且部分城市的经济发展能力尤其滞后。党的十九大明确指出，新时代我国社会主要矛盾已经转化为人民日益增长的美好生活需要和不平衡不充分的发展之间的矛盾，解决中国发展的不平衡、不充分问题仍然是今后相当长的一段时间内必须强调的重要主题，促进地方政府经济发展能力的提升仍是其他诸如强化公共服务、完善社会治理、实现科学履职等方面的基础和保障。

　　正如上面提到的，对样本城市经济发展能力评价的差异较大很大程度上也影响了其社会发展能力和科学履职能力的评价，这可以在后两个指标的标准差中得到体现（分别排名第二和第三）。此外，调查对象对政府的服务提供与资源利用能力的评价差异性较小，说明样本城市政府在这两个领域并没有呈现出显著的区域差异性，发展水平相对较为均衡。同时，这两个指标的均值同样较高，说明各地政府普遍近年来加强了这方面的能力建设，从而使得差异较小。未来各地政府应结合自身的经济发展情况统筹提升不同发展能力，形成各方面发展能力协调、均衡的总体格局。

表 16 样本城市一级指标实际绩效评估结果

一级指标	最大值	最小值	均值	标准差
经济发展能力	4.1455	2.5867	3.4007	0.3944
社会发展能力	4.1304	2.8400	3.4665	0.3344
服务提供能力	4.1739	3.0267	3.5478	0.2858
资源利用能力	4.1091	2.9773	3.4723	0.2808
科学履职能力	4.0909	2.8800	3.4519	0.3125
学习创新能力	4.0545	2.8636	3.4688	0.2968

（4）样本城市地方政府发展能力指数与总体排名

基于 37 个样本城市的数据，通过主客观综合赋权法，得到一、二级指标的权重，结果如表 17 所示。

表 17 地方政府发展能力一、二级指标权重

一级指标	权重	二级指标	权重
经济发展能力	0.3697	保证生产能力	0.0662
		促进消费能力	0.0625
		推动转型能力	0.0419
社会发展能力	0.0491	社会发展能力	0.0559
		秩序维护能力	0.0800
服务提供能力	0.1683	保障基本公共服务能力	0.0528
		均等化区域公共服务能力	0.0869
		环境保护能力	0.1059
资源利用能力	0.2044	资源获取能力	0.1507
		资源整合能力	0.0429
科学履职能力	0.0748	政策制定能力	0.0518
		政策执行能力	0.0637
		政府机构运行能力	0.0399
学习创新能力	0.1335	主动学习能力	0.0844
		管理和服务的创新能力	0.0139

将样本城市的主客观数据（三级指标）标准化，并加权求和，可得到分解发展能力（二级指标）、核心发展能力（一级指标）和地方政府发展能力指数。

为便于直观比较，本研究按照功效系数法将样本城市的标准化数值转换成 5—95 的数据列，转换公式如下所示：

$$Z_i = \frac{X_i - X_{min}}{X_{max} - X_{min}} \times 90 + 5$$

Z_i：第 i 项三级指标的转化得分；

X_i：第 i 项三级指标的标准化得分；

X_{min}：样本城市中该三级指标的最低标准化得分；

X_{max}：样本城市中该三级指标的最高标准化得分。

最终，计算可得 37 个样本城市的政府发展能力指数，如表 18 所示。整体而言，东部沿海城市政府发展能力的总体评价和总体满意度要高于中西部、东北城市，但也有少数东部城市政府发展能力指数并不理想。

表 18　37 个样本城市的地方政府发展能力指数及排名

城市	地方政府发展能力指数	排名	城市	地方政府发展能力指数	排名
上海市	95.00	1	朝阳市	43.15	20
宁波市	90.22	2	曲靖市	42.50	21
南京市	87.75	3	四平市	41.73	22
厦门市	83.69	4	石家庄市	39.90	23
杭州市	83.58	5	忻州市	39.89	24
眉山市	83.18	6	天津市	37.72	25
北京市	79.22	7	阜阳市	36.51	26
泉州市	64.56	8	衡水市	33.64	27
连云港市	63.07	9	汉中市	32.30	28
盘锦市	61.85	10	信阳市	31.37	29
沧州市	59.00	11	绵阳市	29.85	30
黔南布依族苗族自治州	58.73	12	泸州市	27.88	31
成都市	56.53	13	乐山市	25.90	32
六安市	55.73	14	南宁市	25.80	33
重庆市	54.04	15	阳泉市	25.06	34
晋城市	53.64	16	赣州市	24.42	35
合肥市	45.50	17	牡丹江市	9.38	36
怀化市	45.19	18	安顺市	5.00	37
丽水市	44.73	19			

2. 地方政府发展能力的聚类分析

与 2020 年指数报告的研究方法保持一致，本年度采用系统聚类和主观判断相结合的方法来确定最终的聚类数量，进而采用 K 均值聚类法确定聚类成员。首先利用 SPSS 软件对样本城市的 6 个一级指标进行系统聚类，结果如图 1 所示。根据系统聚类的结果，样本城市可以分为三类、四类、六类、七类、八类等多种组合。综合前几年指数报告的分类名单，最终确定将样本城市分为四类。将样本城市定为四类是为了与前期报告保持一致，增强研究上的一致性，方便比较；此外，数量基本合理，避免了分类过多或过少带来的误差。

（1）地方政府核心发展能力的比较分析

根据系统聚类确定的 4 个类别，继续采用 K 均值聚类法进行具体划分。K 均值聚类法将欧式距离作为相似度的依据，通过求出对应某一初始聚类中心向量 V 的最优分类，使得评价指标 J 最小。K 均值聚类法具有快速、便于操作和直接指定聚类数量的优点。2021 年度城市样本的聚类中心参见表 19，ANOVA 表参见表 20（为便于直观比较，此处按照功效系数法将各项指标标准化数值转换成 5—95 的数据列）。

表 19　地方政府发展能力聚类中心

一级指标	第一类	第二类	第三类	第四类
经济发展能力	37.10	10.35	62.47	87.11
社会发展能力	33.67	7.01	58.37	85.47
服务提供能力	31.66	7.94	53.93	81.67
资源利用能力	30.63	5.92	51.66	80.35
科学履职能力	32.14	9.88	56.06	85.56
学习创新能力	36.68	6.60	60.87	84.81

表 20　聚类 ANOVA 分析表

一级指标	聚类		误差		F	显著性
	均方	自由度	均方	自由度		
经济发展能力	5730.042	3	44.477	33	128.830	0.000
社会发展能力	5979.138	3	50.307	33	118.854	0.000
服务提供能力	5378.449	3	59.693	33	90.101	0.000
资源利用能力	5316.719	3	60.268	33	88.218	0.000
科学履职能力	5983.298	3	44.559	33	134.278	0.000
学习创新能力	5535.021	3	45.728	33	121.041	0.000

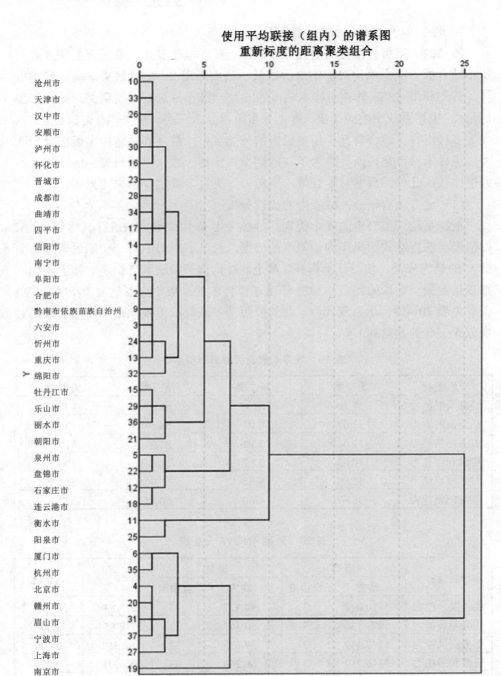

图 1　采用系统聚类法对样本城市聚类的结果

根据表 19，聚类结果显示，四类城市地方政府的 6 个一级指标均呈现先下降后上升的"对号"型趋势。具体来看，第二类城市在经济发展能力、社会发展能力等 6 个一级指标数值集中于 [5，11] 这一区间，均明显低于其他三类城市，而非仅仅其中某一项指标得分较低。第一类城市的 6 项一级指标数值均处于相对较低位置，集中于[30，40]这一区间。第三类城市的指标数值相对较高，集中于 [51，63] 这一区间。第四类城市的指标数值均为最高，所有指标数值集中于 [80，88] 这一区间。上述分析说明，四类城市的总体差异和各项指标差异均显著。这在 ANOVA 表中也得到了进一步验证——6 个一级指标均通过了显著性为 0.05 的 F 检验。由此可以说明，组间差异明显，聚类整体效果较好。

第一类城市包括南宁市、石家庄市、阜阳市、衡水市等 18 个城市。这些城市在 6 个一级指标上的表现相对欠佳，反映出其地方政府发展能力较弱。这类城市大多位于中西部及东北地区或东部省份的内陆城市，普遍发展基础较差，资源、区位禀赋不突出。除此之外，部分较发达城市如天津由于旧有产业布局相对不合理、产业升级相对滞后等原因，当前正处在发展瓶颈和转型突破期，经济增长的放缓也影响了其整体发展能力水平。

第二类城市只包括安顺市、牡丹江市 2 个城市。它们在 6 个一级指标上的表现均处于四类城市的最低值。这两个城市一个位于西部山区，一个位于东北地区，其资源禀赋和区位条件较差，地形、气候等地理因素更加强了其发展困难。当前，类似地方正面临产业发展乏力导致的劳动力、资本、人才等资源流失，资源流失则会加剧经济困难的恶性循环，这种现实必然导致地方政府发展能力表现低下。

第三类城市包括重庆市、成都市、合肥市、泉州市等 10 个城市。整体而言，这些城市的政府发展能力处于国内城市中上水平，在各大一级指标中都有着较佳表现。但相较于第四类城市仍有不少提升空间。值得关注的是，第三类城市中还包括了黔南布依族苗族自治州这些相对落后的地区，这反映出近年来当地政府在提升发展能力上取得了良好成效，但也不能排除当地经济发展表现较好，民众对政府主观上较为满意这一因素的影响。

第四类城市包括北京市、上海市、杭州市、南京市等 7 个城市。这类城市大多属于国内一线或新一线发达城市，其经济发达、产业高端、数字技术先进且应用广泛，在协调推进政府自我革命与推动经济发展、提升社会治理和强化公共服务、提高政府效能与促进市场完善等方面一直引领全国潮流，政府发展能力建设方面长期处于全国前列。除此之外，第四类城市还包括了相对落后的西部城市——眉山市，审视其各项指标数据，这在很大程度上受其问卷样本数量较少且受访者大多来自政府部门的影响。

（2）不同类型城市政府一级指标比较分析

对四类城市的一级指标做可视化处理并加以分析可以发现，四类城市在 6 个一级指标，即在不同的核心能力维度上的表现存在显著性差异，结果如图 2 所示。

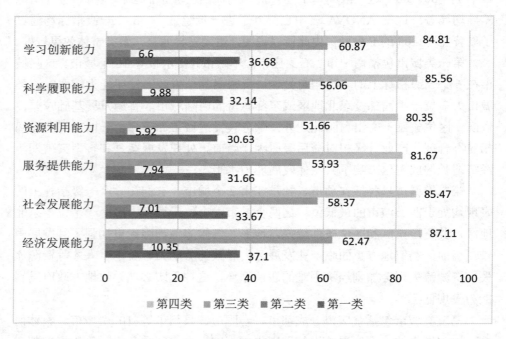

图2　四类城市一级指标的比较

从图 2 中可以看出，第二类城市与第四类城市在各项指标得分上差异性较大，6 项一级指标，即经济发展能力、社会发展能力、服务提供能力、资源利用能力、科学履职能力和学习创新能力的分差分别为 76.76、78.46、73.73、74.43、75.68 和 78.21，比 2020 年度的各项指标上的分差（78.64、84.81、81.92、83.52、82.31 和 80.84）略有回落，但仍高于 2019 年、2018 年的各项分差。这主要是因为，2021 年第二类城市只有两个城市，且指数得分过低，拉大了与第四类城市之间的差距。这一方面与案例城市的选择有关，另一方面也在一定程度上反映出地方政府间发展能力的差距存在扩大的趋势。当前，新冠疫情走向尚不明朗，全球经济增长趋缓，地区局势冲突问题时有发生，逆全球化的趋势愈发凸显，国内经济下行压力加大，长期以来掩盖在经济社会快速发展中的各种结构性、体制性问题逐渐显现，各地方政府发展能力间的差距或将继续扩大。

本年度四类城市之间分差最大的为社会发展能力，几类城市在社会发展指标上的差距最大。这说明，相较于经济发展、公共服务这些近年来各级政府和民众普遍关注的重要职能和学习创新、科学履职这些构成地方政府创新竞争重要内容的指标，社会发展能力未能获得地方政府的足够重视。差异性最小的指标是经济发展能力。不同类型地方政府对于经济发展具有极高热情和强大激励。事实上，尽管2013年以来，中央政府开始强调地方政府不能过分着重于经济发展，要求地方不能仅仅把地区生产总值及增长速度作为考核评价政绩的主要指标，不能搞地区生产总值及增长率排名。但时至今日，发展经济依然是多数政府最为重视的任务，这一方面表明地方政府作为当前市场力量尚不强大条件下地方发展的主要组织力量，其作用对于经济发展仍不可或缺；另一方面也与经济发展指标在官员晋升激励体系的高权重和经济发展带来的财税分成增长的高激励有关。此外，服务提供能力的差异性也相对较小，说明各类地方政府在公共服务履职方面表现趋同，这符合建设"人民满意的服务型政府"的政府发展导向，也表明近年来地方政府的职能转变实践取得一定成效。未来，地方政府应当进一步强化公共服务职能，提升基本公共服务保障能力，提高公共服务均等化程度，加强环境保护力度，更好服务民众生产生活。

从各类城市内部指标来看，首先，总体而言，四类地方政府内部的一级指标之间相对均衡，差距较小，仅第二类城市差距相对较大，其经济发展和科学履职能力相对突出。其次，具体来讲，各类城市的经济发展能力最强，四类城市得分的均值达到49.26分，为6项指标最高，并且在四类城市中，经济发展指标得分均为该类城市能力得分的最高分。这与上文经济发展能力的主观绩效评价的结果不符，反映出民众对于地方政府经济发展能力的主观认知或与政府客观绩效相分离，民众对经济发展成果缺乏获得感，这应当引起地方政府的重视。最后，相对来看，各类城市总体能力最弱的是资源利用能力，在该项能力方面，所有样本城市得分均值为42.14分，且在四类城市中，资源利用指标得分均为该类城市能力得分的最低分。这说明我国地方政府在合理利用各种资源方面尚有较大的提升空间。对可及资源的合理、高效利用是国家治理现代化的重要体现，有效获取、整合各类治理资源将有助于提升政府治理效能、提高公众满意度。党的十八大以来，提高各级政府资源汲取与利用能力成为推动国家治理现代化的重要内容。党的十八届三中全会指出，财政是国家治理的基础和重要支柱，强调了财政在国家治理体系格局中的基础性和联结性功能与定位。2014 年，《中共中央关于加强中国特色新型智库建设的意见》指出，到 2020 年，统筹推进党政部门、社科院、党校行政学院、高校、军队、科研院所和企业、社会智库协调发展，形成定位明晰、特色鲜明、规模适度、布局合理的中国特色新型智库体系，强调了智力支持愈发显现的对于政府治理的重要支撑作用。近年来，各地区进行的"抢人"大战，也体现了地方政府愈发认识到人才这种智力资源的价值。同时，当前优化营商环境、构建亲清政商关系等改革实践也在不断提高政府的资源整合能力。未来地方政府应当在这一方面延续良好态势，继续提升其资源利用能力。

　　本研究在评价地方政府发展能力时，各项一级指标都包含了若干主观指标和客观指标，因此对于四类政府在 6 项指标能力上存在差异的原因可以从客观数据和主观满意度或主观评价两个方面去加以考察。在这一部分，本研究主要采用了独立样本 T 检验的方法，对四类城市的一级指标进行差异显著性的检验，结果如表 21 和表 22 所示。

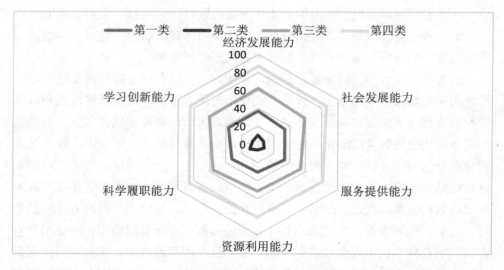

图 3　六个一级指标雷达图

表 21　第一类城市和其他类型城市的一级指标比较

一级指标	第一类和第二类			第一类和第三类			第一类和第四类		
	t	Sig	均差	t	Sig	均差	t	Sig	均差
经济发展能力	6.03	0.00	26.75	-9.79	0.00	-25.37	-18.262	0.00	-50.01
社会发展能力	4.85	0.00	26.66	-8.85	0.00	-24.70	-15.342	0.00	-51.79
服务提供能力	3.69	0.00	23.72	-9.06	0.00	-22.27	-12.707	0.00	-50.01
资源利用能力	4.48	0.00	24.70	-6.72	0.00	-21.03	-14.647	0.00	-49.73
科学履职能力	4.29	0.00	22.25	-8.71	0.00	-23.92	-18.305	0.00	-53.42
学习创新能力	5.89	0.00	30.09	-9.12	0.00	-24.18	-15.158	0.00	-48.13

　　结合表 21 和图 3 可以发现，第一类城市和第二类城市相比，各项指标差异性均通过 0.05 的显著性检验，其中差异较大的是学习创新能力和经济发展能力，差值分别为 30.09 和 26.75。第一类城市和第三类城市相比同样在各项指标中通过了 0.05 的显著性检验，其中差异最大的是经济发展能力和社会发展能力，差值分别为-25.37 和-24.70。第一类城市与第四类城市相比，各项指标差异均通过 0.05 的显著性检验，其中差异较大的是科学履职能力和社会发展能力，差值分别为-53.42 和-51.79。第二类城市和第三类城市，第三类城市和第四类的城市的 6 项一级指标的差异性检验结果见表 22。

表 22　第二类、第三类和第四类城市一级指标差异比较

一级指标	第二类和第三类			第二类和第四类			第三类和第四类		
	t	Sig.	均差	t	Sig.	均差	t	Sig.	均差
经济发展能力	-8.70	0.00	-52.12	-13.62	0.00	-76.76	-6.73	0.00	-24.64
社会发展能力	-11.39	0.00	-51.36	-13.69	0.00	-78.45	-8.16	0.00	-27.09
服务提供能力	-14.23	0.00	-45.99	-10.94	0.00	-73.73	-8.66	0.00	-27.74
资源利用能力	-7.31	0.00	-45.73	-13.07	0.00	-74.43	-7.12	0.00	-28.70
科学履职能力	-8.58	0.00	-46.18	-17.29	0.00	-75.68	-9.49	0.00	-29.50
学习创新能力	-12.01	0.00	-54.27	-14.10	0.00	-78.21	-7.30	0.00	-23.95

　　结合表 22 和图 3，第二类和第三类城市之间的差异性同样通过 0.05 的显著性检验，具体来看，差异较大的指标是学习创新能力和经济发展能力，差值分别为-54.27 和-52.12。第二类和第四类城市的差异性通过了 0.05 的显著性检验，两者差异程度在四类城市比较中最大，其相对差异较大的指标分别为社会

发展能力和学习创新能力，差值分别为-78.45 和-78.21。第三类城市和第四类城市的差异性也通过了 0.05 的显著性检验，具体上科学履职能力和资源利用能力指标差异较大，差值分别为-29.50 和-28.70。

　　总结来看，各类城市在各项发展能力间均存在较为显著差异，研究的聚类结果较为理想。从综合能力提升的角度看，建议这些城市在保持基本发展水平的情况下，继续从各个能力维度全面推进城市发展。

三、年度热点：不同地区地方政府发展能力特征分析

　　本研究中的"地方政府发展能力"，反映的是现实运行中的地方政府的发展能力；既包括促进地区全面发展的能力，也包括政府自身发展的能力。地方政府发展能力与一个地区的发展状况具有很强的相关性。针对不同地区地方政府发展能力进行分析，能够更加全面、系统地研究中国地方政府的发展状况。

　　（一）类型划分：不同地区的划分标准

　　每一种经济区划都是从不同角度、适应不同需求、使用不同标准、在不同层次上进行的。结合本部分所要分析的主要内容和数据收集情况，根据国家统计局 2011 年 6 月 13 日颁布的《东西中部和东北地区划分方法》，将中国经济区域划分为东部地区、中部地区、西部地区和东北地区。

　　按照以上划分标准，在本年度确定的 37 个样本城市中，东部地区包括北京市、天津市、沧州市、衡水市、石家庄市、上海市、连云港市、南京市、杭州市、丽水市、宁波市、泉州市、厦门市，共 13 个城市；中部地区包括晋城市、忻州市、阳泉市、阜阳市、合肥市、六安市、信阳市、怀化市、赣州市，共 9 个城市；西部地区包括南宁市、安顺市、黔南布依族苗族自治州、重庆市、成都市、乐山市、泸州市、眉山市、绵阳市、曲靖市、汉中市，共 11 个城市；东北地区包括四平市、朝阳市、盘锦市、牡丹江市，共 4 个城市。（见表 23）

表 23　不同地区地方政府样本分布情况表

地区	省、自治区、直辖市	样本城市
东部地区	北京市、天津市、河北省、上海市、江苏省、浙江省、福建省、山东省、广东省、海南省，共 10 个	北京市、天津市、沧州市、衡水市、石家庄市、上海市、连云港市、南京市、杭州市、丽水市、宁波市、泉州市、厦门市，共 13 个
中部地区	山西省、安徽省、江西省、河南省、湖北省、湖南省，共 6 个	晋城市、忻州市、阳泉市、阜阳市、合肥市、六安市、信阳市、怀化市、赣州市，共 9 个

地区	省、自治区、直辖市	样本城市
西部地区	内蒙古自治区、广西壮族自治区、重庆市、四川省、贵州省、云南省、西藏自治区、陕西省、甘肃省、新疆维吾尔自治区，共10个	南宁市、安顺市、黔南布依族苗族自治州、重庆市、成都市、乐山市、泸州市、眉山市、绵阳市、曲靖市、汉中市，共11个
东北地区	辽宁省、吉林省、黑龙江省，共3个	四平市、朝阳市、盘锦市、牡丹江市，共4个

（二）评估结果：不同地区地方政府发展能力的特征分析

为了更加全面系统地对不同地区地方政府发展能力进行分析，课题组通过对主客观数据的标准化和可操作处理，计算出了四个地区样本城市的地方政府发展能力，并通过计算各项指标的权重，得出了样本城市在一级、二级和三级指标中的表现，为进一步分析提供了数据支持。

1. 不同地区地方政府发展能力的总体评价

基于样本城市 2020 年的统计数据和相关调研结果，课题组首先对四个地区地方政府发展能力总指数进行分析。对四个地区的样本城市地方政府发展能力总指数做取均值处理，以此代表该地区地方政府发展能力的一般水平。（见图4）比较发现，东部地区的地方政府发展能力综合指数最高，其次是西部地区，中部地区与东北地区的地方政府发展能力综合指数分别位列第三、四位。

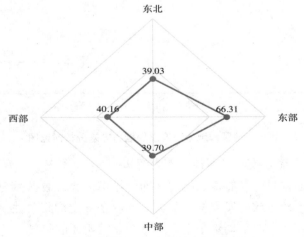

图4　不同地区地方政府发展能力均值雷达图

进一步采用单因素方差分析，研究四个地区地方政府发展能力的差异。由表 24 可知，不同地区地方政府发展能力均呈现出显著性（p<0.05），这意味着不同地区地方政府发展能力均有着差异性。具体分析可知，地区对于地方政府发展能力呈现出 0.01 水平显著性（F=5.087，p=0.005）；以及具体对比差异可知，有着较为明显差异的组别平均值得分对比结果为"东部>东北、东部>中部、东部>西部"（见图 5）。

表 24   方差分析结果表

指标	地区（平均值±标准差）				*F*	*p*
	东北 （*n*=4）	东部 （*n*=13）	中部 （*n*=9）	西部 （*n*=11）		
地方政府发展能力	39.03±21.79	66.31±21.86	39.70±11.42	40.16±21.51	5.087	0.005**

注：* $p<0.05$，** $p<0.01$。

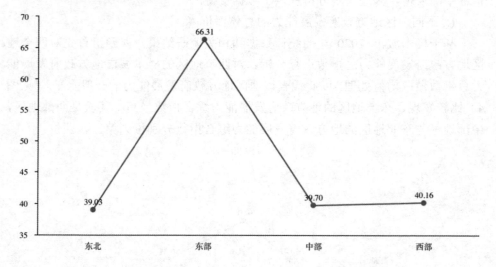

图 5   地区和地方政府发展能力方差分析对比图

2. 不同地区地方政府发展核心能力解析

不同地区地方政府发展核心能力，即一级指标和二级指标均值分析。总体上看，不同地区地方政府发展核心能力之间存在一定的相关性——同一地区地方政府发展核心能力的平均水平之间不存在非常明显的差异，这很大程度上是地方政府各核心发展能力之间相互影响、相互关联的结果。

（1）经济发展能力及其分解分析

对四个地区的样本城市经济发展能力做取均值处理，以此代表该地区地方政府经济发展能力的一般水平。比较发现，东部地区的地方政府经济发展能力指数最高，其次是中部地区，西部地区与东北地区的地方政府经济发展能力指数分别位列第三、四位。（见图6）

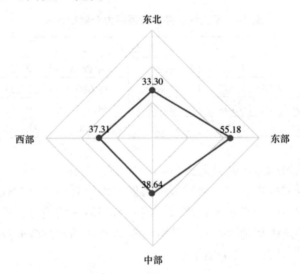

图6　不同地区经济发展能力均值雷达图

进一步采用单因素方差分析，研究四个地区地方政府经济发展能力的差异。由表25可知，不同地区样本对于经济发展能力均不会表现出显著性（$p>0.05$），这意味着不同地区样本对于经济发展能力均表现出一致性，并没有差异性。

表25　方差分析结果表

指标	地区（平均值±标准差）				F	p
	东北（$n=4$）	东部（$n=13$）	中部（$n=9$）	西部（$n=11$）		
经济发展能力	24.05±11.50	42.51±22.06	28.70±10.83	27.95±9.22	2.663	0.064

注：* $p<0.05$，** $p<0.01$。

在二级指标上，无论是推动转型、促进消费还是保证生产的能力，东部地区城市政府都明显高于其他地区政府。在保证生产能力方面，东北地区明显落后于其他地区；在推动转型能力方面，东部地区和西部地区较为落后。（见表26）经济发展是各个地方政府关注的重点，是地方发展的基础和原动力。中国区域经济的发展长期存在"梯度"不均衡状态，东中西非均衡发展态势由来已久且有较强的延续性。总体而言，东部地区在经济发展能力方面明显高于中部、西部和东北地区，具有显著的能力优势。

表26　不同地区经济发展能力分解统计表

指标	地区				汇总
	东北	东部	中部	西部	
保证生产能力	27.947	53.961	39.080	32.228	41.068
促进消费能力	36.703	63.638	44.985	39.641	49.055
推动转型能力	37.120	59.125	47.180	38.606	47.740

（2）社会发展能力及其分解分析

对四个地区的样本城市社会发展能力做取均值处理，以此代表该地区地方政府社会发展能力的一般水平。比较发现，东部地区的地方政府社会发展能力指数最高，其次是中部地区，西部地区与东北地区的地方政府社会发展能力指数分别位列第三、四位。（见图7）

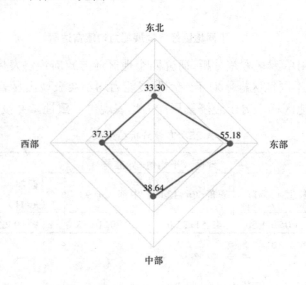

图7　不同地区社会发展能力均值雷达图

　　进一步采用单因素方差分析,研究四个地区地方政府社会发展能力的差异。由表 27 可知,不同地区样本对于社会发展能力均呈现出显著性（$p<0.05$）,这意味着不同地区样本对于社会发展能力均有着差异性。具体分析可知,地区对于社会发展能力呈现出 0.05 水平显著性（$F=3.024$, $p=0.043$）;以及具体对比差异可知,有着较为明显差异的组别平均值得分对比结果为"东部>东北、东部>中部、东部>西部"（见图 8）。

表 27　方差分析结果表

指标	地区 （平均值±标准差）				F	p
	东北 （$n=4$）	东部 （$n=13$）	中部 （$n=9$）	西部 （$n=11$）		
社会发展能力	33.30±16.68	55.18±23.31	38.64±15.30	37.31±10.20	3.024	0.043*

注：* $p<0.05$，** $p<0.01$。

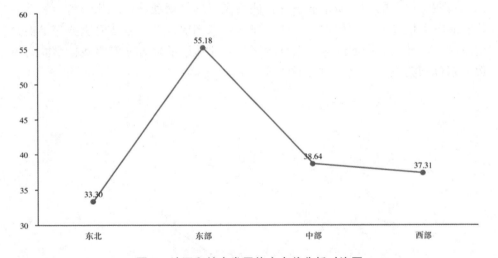

图 8　地区和社会发展能力方差分析对比图

　　在推动发展能力上,东部地区的地方政府能力高于其他地区;在秩序维护能力上,东北地区的地方政府能力远低于其他各地区。（见表 28）导致这种结果的原因可能与其社会发育程度相关。社会发展需要以经济发展为基础,社会发展需要有必要的物质条件,没有良好的经济发展为基础,社会发展只能是一句空话。东部地区经济发展处于领先阶段,这就为社会发展奠定了良好的经济基础。面对社会结构分化和利益诉求的复杂化,政府在充分发展经济的同时,开始兼顾并有一定能力兼顾社会发展。例如为社会组织和公众参与社会公共事务提供更多渠道，更有能力维护社会治安和调节社会矛盾。西部地区经济发展和社会发展远远滞后于东部地区。中部地区在中部崛起战略中虽然经济实现了快速发展，但政府在社会治理理念和方式上亟须加以重视和更新。东北地区秩序维护上表现不佳，需要进一步探索其社会发展方式，寻求新的突破口。

表 28   不同地区社会发展能力分解统计表

指标	地区				汇总
	东北	东部	中部	西部	
推动发展能力	30.879	55.461	38.595	31.774	41.659
秩序维护能力	22.769	46.477	29.581	27.314	34.107

（3）服务提供能力及其分解分析

对四个地区的样本城市服务提供能力做取均值处理，以此代表该地区地方政府服务提供能力的一般水平。比较发现，东部地区的地方政府服务提供能力指数最高，其次是中部地区，西部地区与东北地区的地方政府服务提供能力指数分别位列第三、四位。（见图 9）

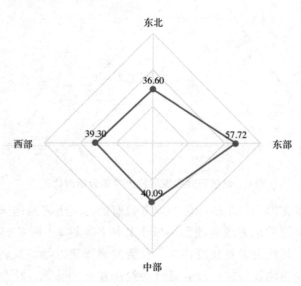

图 9   不同地区服务提供能力均值雷达图

进一步采用单因素方差分析,研究四个地区地方政府服务提供能力的差异。由表 29 可知,不同地区样本对于服务提供能力均不会表现出显著性（$p>0.05$）,这意味着不同地区样本对于服务提供能力均表现出一致性,并没有差异性。

表 29　方差分析结果表

指标	地区（平均值±标准差）				F	p
	东北（$n=4$）	东部（$n=13$）	中部（$n=9$）	西部（$n=11$）		
服务提供能力	36.60±17.56	57.72±25.97	40.09±16.87	39.30±13.26	2.481	0.078

注：* $p<0.05$，** $p<0.01$。

从二级指标上看,东部地区由于城市发展起步早、水平高,政府在公共服务设施建设、教育、卫生、养老和就业等方面的人力物力投入及制度体系相对其他地区更为完善,因此保障基本公共服务能力较强。由于东北地区处于经济"崛起阶段",更加侧重于效率,未能很好兼顾环境和公平,因此地方政府的环境保护和均等化区域公共服务能力与其政府发展能力的总体水平相比尚有欠缺。（见表 30）

表 30　不同地区服务提供能力分解统计表

指标	地区				汇总
	东北	东部	中部	西部	
保障基本公共服务能力	26.467	56.399	35.631	33.543	41.316
均等化区域公共服务能力	26.185	56.758	38.173	34.612	42.348
环境保护能力	27.917	57.037	37.792	37.323	43.347

（4）资源利用能力及其分解分析

对四个地区的样本城市资源利用能力做取均值处理,以此代表该地区地方政府资源利用能力的一般水平。比较发现,东部地区的地方政府资源利用能力指数最高,其次是中部地区,西部地区与东北地区的地方政府资源利用能力指数分别位列第三、四位。（见图 10）

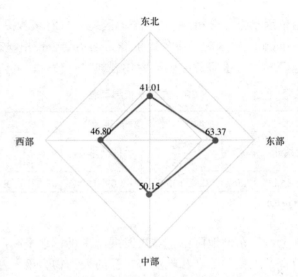

图 10 不同地区资源利用能力均值雷达图

进一步采用单因素方差分析,研究四个地区地方政府资源利用能力的差异。由表 31 可知,不同地区样本对于资源利用能力均不会表现出显著性（$p>0.05$）,这意味着不同地区样本对于资源利用能力均表现出一致性，并没有差异性。

表 31 方差分析结果表

指标	地区（平均值±标准差）				F	p
	东北（$n=4$）	东部（$n=13$）	中部（$n=9$）	西部（$n=11$）		
资源利用能力	41.01±23.24	63.37±28.00	50.15±17.03	46.80±14.95	1.742	0.177

注：* $p<0.05$，** $p<0.01$。

从二级指标上看，东北地区地方政府在资源获取和资源整合能力方面得分普遍低于其他地区，这表明了目前东北地区面临着发展困境。地方政府的资源整合能力普遍低于资源获取能力。随着国家整体上经济增速的放缓，政府在税收和其他财政收入方面的水平也会相应受到一定的影响；但在资源获取后，如何对其进行整合和利用是更加值得关注的问题。（见表 32）

表 32 不同地区资源利用能力分解统计表

指标	地区				汇总
	东北	东部	中部	西部	
资源获取能力	33.177	57.623	41.174	38.672	45.345
资源整合能力	40.135	63.300	47.561	44.135	51.269

（5）科学履职能力及其分解分析

对四个地区的样本城市科学履职能力做取均值处理，以此代表该地区地方政府科学履职能力的一般水平。比较发现，东部地区的地方政府科学履职能力指数最高，其次是中部地区，西部地区与东北地区的地方政府科学履职能力指数分别位列第三、四位。（见图 11）

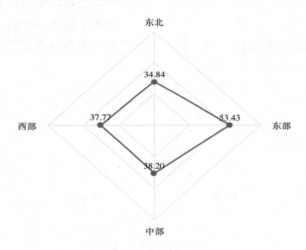

图 11 不同地区科学履职能力均值雷达图

进一步采用单因素方差分析，研究四个地区地方政府科学履职能力的差异。由表 33 可知，不同地区样本对于科学履职能力均不会表现出显著性（$p>0.05$），这意味着不同地区样本对于科学履职能力均表现出一致性，并没有差异性。

表 33 方差分析结果表

指标	地区（平均值±标准差）				F	p
	东北（$n=4$）	东部（$n=13$）	中部（$n=9$）	西部（$n=11$）		
科学履职能力	34.84±17.55	53.43±24.82	38.20±15.42	37.77±9.54	2.164	0.111

注：* $p<0.05$，** $p<0.01$。

从二级指标来看，东部地区更加注重政策制定的科学性，而且政策制定过程中公众参与的有效性较高，政策制定能力和政策执行的有效性较强。（表 34）

表 34　不同地区科学履职能力分解统计表

指标	地区				汇总
	东北	东部	中部	西部	
政策制定能力	33.467	58.406	39.297	41.933	46.164
政策执行能力	23.515	46.054	30.169	27.755	34.313
政府机构运行能力	31.140	59.693	39.164	40.483	45.902

（6）学习创新能力及其分解分析

对四个地区的样本城市学习创新能力做取均值处理，以此代表该地区地方政府学习创新能力的一般水平。比较发现，东部地区的地方政府学习创新能力指数最高，其次是中部地区，西部地区与东北地区的地方政府学习创新能力指数分别位列第三、四位。（见图 12）

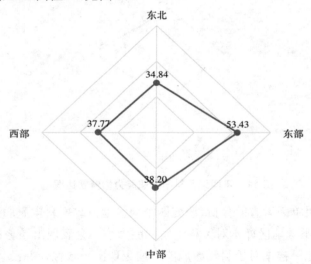

图 12　不同地区学习创新能力均值雷达图

进一步采用单因素方差分析，研究四个地区地方政府学习创新能力的差异。由表 35 可知，不同地区样本对于学习创新能力均不会表现出显著性（$p>0.05$），这意味着不同地区样本对于学习创新能力均表现出一致性，并没有差异性。

表 35　方差分析结果表

指标	地区（平均值±标准差）				*F*	*p*
	东北（*n*=4）	东部（*n*=13）	中部（*n*=9）	西部（*n*=11）		
学习创新能力	29.33±16.68	51.90±25.93	35.53±14.31	35.18±11.95	2.501	0.077

注：* *p*<0.05，** *p*<0.01。

从二级指标上看，在主动学习能力、管理和服务的创新能力上，东部地区的地方政府依旧明显优于其他地区的地方政府。中部地区和西部地区表现相近，而东北地区能力较弱。（见表 36）

表 36　不同地区学习创新能力分解统计表

指标	地区				汇总
	东北	东部	中部	西部	
主动学习能力	33.104	58.379	41.094	42.111	46.606
管理和服务的创新能力	31.868	62.045	45.163	44.933	49.589

3. 不同地区内部地方政府发展能力特征分析

区域在一定意义上可以看作被特定力量所牵引、凝聚在一起的经济聚合体，是一个有机体，但其内部依然具有可分性和差异性。因此，聚焦各地区内部，重点考察地区内部地方政府发展能力的平衡性状态。首先，对东部地区、中部地区、西部地区以及东北地区内部各个地方政府发展能力指数的整体情况进行分析（见表 37、表 38），并在此基础上绘制了不同地区地方政府发展能力指数的箱型图（图 13）。

表 37　基础指标概览表

地区	样本量	最小值	最大值	平均值	标准差	中位数
东部地区	13	33.645	95.000	66.314	21.863	64.559
中部地区	9	24.416	55.730	39.701	11.415	39.893
西部地区	11	5.000	83.179	40.156	21.508	32.299
东北地区	4	9.383	61.849	39.028	21.786	42.440

表 38　深入指标概览表

地区	25分位数	中位数	75分位数	标准误	均值95%CI（LL）	均值95%CI（UL）	IQR	峰度	偏度	变异系数（CV）
东部地区	42.317	64.559	85.716	6.064	54.429	78.198	43.399	−1.551	−0.259	32.969%
中部地区	28.218	39.893	49.568	3.805	32.243	47.159	21.350	−1.240	−0.014	28.753%
西部地区	25.902	32.299	56.530	6.485	27.445	52.866	30.628	0.377	0.496	53.562%
东北地区	17.470	42.440	57.173	10.893	17.678	60.378	39.703	1.946	−0.908	55.822%

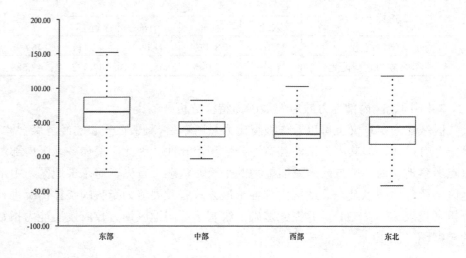

图 13　不同地区地方政府发展能力箱型图

　　图 13 直观地反映了各地区内部地方政府发展能力之间的差异程度。其中，中部地区虽然整体城市政府发展能力水平不高，但其均衡性在四个地区中最佳，各地方之间的差异性相对较小。西部地区内部的差异性相比东北地区有所增大。地区内部地方政府发展能力差异性最为显著的是东部地区和东北地区。

　　（三）结论与讨论

　　通过分析不同地区的地方政府发展能力，可以对中国不同地区地方政府发展能力的主要特征进行总结。一方面，中国不同地区间的地方政府发展能力依旧存在差异，但这种差异正在逐步缩小；另一方面，中国不同地区地方政府发展能力的差异不仅存在于地区之间，地区内部之间的差异也值得关注。这印证了当前中国正处于"两化叠加"的历史时期——现代化和后现代化的进程几乎同时出现。东部地区已经进入现代化后期甚至后现代化阶段，但西部地区仍处于现代化的中期甚至初期；同一个地区内部的地方处于不同的发展时期。在这种的情景下，提升地区地方政府发展能力、实现区域协调发展，需要对以下两方面问题给予充分关注。

一方面，各地区地方政府应当切实转变政府职能，建设服务型政府，实现"以服务缩小差距"。地方政府发展的着力点在于完善和提升公共基础设施建设，提高公共服务提供的质量和水平，增强地区公民的认同感和满意度。经济发展水平较高的东部和中部地区地方政府，应逐渐将职责重心向提供公共服务方面转移，尤其是要继续加强促进就业、医疗卫生、基础教育等基本公共服务能力建设。同时，还要注重地区内公共服务供给的均等化问题，促进社会公平。就西部地区和东北地区而言，经济基础和发展水平与东部和中部地区相比还存在一定差距。这种差距决定了其地方政府在加强提供服务能力建设的同时，还应注意该项能力与经济发展和社会发展能力的协同推进，警惕公共服务提供的过度超前，以免陷入"入不敷出""尾大不掉"的窘境。

另一方面，各地区地方政府应当具备区域整体发展意识，实现地区内部的协调发展。东部地区、中部地区、西部地区以及东北地区四大板块的发展是区域协调发展的基本，需要从全局考虑地区的发展问题，不能"跛脚"。各地方政府的行为基础在于对本辖区发展的考量，由此地区内部利益冲突无可避免。故而，地方政府应当具备区域整体发展意识，在经济社会发展的各个方面充分考虑各方的利益，调动各方的积极性，实现地区内的协同发展。这种协同发展的实质在于各地方利益的共享共生，通过政府间合作，打破要素流动壁垒，促进各种发展要素的自由、高效流动与整合，形成互惠互利的利益循环体系，促进区域内部的协调发展。

作者单位：南开大学周恩来政府管理学院

附　录

附录1 2020年习近平总书记关于政府发展的重要论述

许 飞

坚持和完善中国特色社会主义制度、推进国家治理体系和治理能力现代化，是关系党和国家事业兴旺发达、国家长治久安、人民幸福安康的重大问题。

制度优势是一个国家的最大优势，制度竞争是国家间最根本的竞争。制度稳则国家稳。新中国成立70年来，中华民族之所以能迎来从站起来、富起来到强起来的伟大飞跃，最根本的是因为党领导人民建立和完善了中国特色社会主义制度，形成和发展了党的领导和经济、政治、文化、社会、生态文明、军事、外事等各方面制度，不断加强和完善国家治理。

评价一个国家政治制度是不是民主的、有效的，主要看国家领导层能否依法有序更替，全体人民能否依法管理国家事务和社会事务、管理经济和文化事业，人民群众能否畅通表达利益要求，社会各方面能否有效参与国家政治生活，国家决策能否实现科学化、民主化，各方面人才能否通过公平竞争进入国家领导和管理体系，执政党能否依照宪法法律规定实现对国家事务的领导，权力运用能否得到有效制约和监督。

始终代表最广大人民根本利益，保证人民当家作主，体现人民共同意志，维护人民合法权益，是我国国家制度和国家治理体系的本质属性，也是我国国家制度和国家治理体系有效运行、充满活力的根本所在。

我们既要坚持好、巩固好经过长期实践检验的我国国家制度和国家治理体系，又要完善好、发展好我国国家制度和国家治理体系，不断把我国制度优势更好转化为国家治理效能。

中国特色社会主义制度是一个严密完整的科学制度体系，起四梁八柱作用的是根本制度、基本制度、重要制度，其中具有统领地位的是党的领导制度。党的领导制度是我国的根本领导制度。

制度更加成熟更加定型是一个动态过程，治理能力现代化也是一个动态过程，不可能一蹴而就，也不可能一劳永逸。我们提出的国家制度和国家治理体系建设的目标必须随着实践发展而与时俱进，既不能过于理想化、急于求成，也不能盲目自满、故步自封。

要鼓励基层大胆创新、大胆探索，及时对基层创造的行之有效的治理理念、治理方式、治理手段进行总结和提炼，不断推动各方面制度完善和发展。需要强调的是，各地区各部门各单位进行制度创新和治理能力建设既要积极主动，又要遵循党中央统一部署和国家法律制度规定，不能不讲规制，不能不守章法，更不能草率行事，关键是把全会确定的目标任务落到实处。

——2020 年 1 月 1 日《求是》杂志刊文，《坚持和完善中国特色社会主义制度推进国家治理体系和治理能力现代化》

要研究和加强疫情防控工作，从体制机制上创新和完善重大疫情防控举措，健全国家公共卫生应急管理体系，提高应对突发重大公共卫生事件的能力水平。

要强化公共卫生法治保障，全面加强和完善公共卫生领域相关法律法规建设，认真评估传染病防治法、野生动物保护法等法律法规的修改完善。要从保护人民健康、保障国家安全、维护国家长治久安的高度，把生物安全纳入国家安全体系，系统规划国家生物安全风险防控和治理体系建设，全面提高国家生物安全治理能力。要尽快推动出台生物安全法，加快构建国家生物安全法律法规体系、制度保障体系。

——2020 年 2 月 14 日中央全面深化改革委员会第十二次会议，完善重大疫情防控体制机制 健全国家公共卫生应急管理体系

要优化完善疾病预防控制机构职能设置，建立上下联动的分工协作机制。要加强国家级疾病预防控制机构能力建设，强化其技术、能力、人才储备。要健全疾控机构和城乡社区联动工作机制，加强乡镇卫生院和社区卫生服务中心疾病预防职责，夯实联防联控的基层基础。要创新医防协同机制，建立人员通、信息通、资源通和监督监管相互制约的机制。

要有针对性地推进传染病防治法、突发公共卫生事件应对法等法律修改和

制定工作，健全权责明确、程序规范、执行有力的疫情防控执法机制，进一步从法律上完善重大新发突发传染病防控措施，明确中央和地方、政府和部门、行政机关和专业机构的职责。要普及公共卫生安全和疫情防控法律法规，推动全社会依法行动、依法行事。

——2020 年 6 月 2 日专家学者座谈会，构建起强大的公共卫生体系 为维护人民健康提供有力保障

民法典是全面依法治国的重要制度载体，很多规定同有关国家机关直接相关，直接涉及公民和法人的权利义务关系。国家机关履行职责、行使职权必须清楚自身行为和活动的范围和界限。各级党和国家机关开展工作要考虑民法典规定，不能侵犯人民群众享有的合法民事权利，包括人身权利和财产权利。同时，有关政府机关、监察机关、司法机关要依法履行职能、行使职权，保护民事权利不受侵犯、促进民事关系和谐有序。

有关国家机关要适应改革开放和社会主义现代化建设要求，加强同民法典相关联、相配套的法律法规制度建设，不断总结实践经验，修改完善相关法律法规和司法解释。对同民法典规定和原则不一致的国家有关规定，要抓紧清理，该修改的修改，该废止的废止。要发挥法律解释的作用，及时明确法律规定含义和适用法律依据，保持民法典稳定性和适应性相统一。

各级政府要以保证民法典有效实施为重要抓手推进法治政府建设，把民法典作为行政决策、行政管理、行政监督的重要标尺，不得违背法律法规随意作出减损公民、法人和其他组织合法权益或增加其义务的决定。要规范行政许可、行政处罚、行政强制、行政征收、行政收费、行政检查、行政裁决等活动，提高依法行政能力和水平，依法严肃处理侵犯群众合法权益的行为和人员。

各级司法机关要秉持公正司法，提高民事案件审判水平和效率。要加强民事司法工作，提高办案质量和司法公信力。要及时完善相关民事司法解释，使之同民法典及有关法律规定和精神保持一致，统一民事法律适用标准。要加强涉及财产权保护、人格权保护、知识产权保护、生态环境保护等重点领域的民事审判工作和监督指导工作，及时回应社会关切。要加强民事检察工作，加强对司法活动的监督，畅通司法救济渠道，保护公民、法人和其他组织合法权益，坚决防止以刑事案件名义插手民事纠纷、经济纠纷。

——2020 年 6 月 16 日《求是》杂志刊文，《2020 年 5 月 29 日在十九届中央政治局第二十次集体学习时的讲话》

要打造市场化、法治化、国际化营商环境。实施好民法典和相关法律法规，

依法平等保护国有、民营、外资等各种所有制企业产权和自主经营权，全面实施市场准入负面清单制度，实施好外商投资法，放宽市场准入，推动贸易和投资便利化。

要构建亲清政商关系。各级领导干部要光明磊落同企业交往，了解企业家所思所想、所困所惑，涉企政策制定要多听企业家意见和建议，同时要坚决防止权钱交易、商业贿赂等问题损害政商关系和营商环境。要更多提供优质公共服务，支持企业家以恒心办恒业，扎根中国市场，深耕中国市场。

——2020年7月21日企业家座谈会，激发市场主体活力弘扬企业家精神推动企业发挥更大作用实现更大发展

要完善农村产权制度和要素市场化配置，提高农村土地、资金、人才、技术等各类要素的配置效率，激发农村内在活力。要健全农业支持保护制度，提高政策的精准性、指向性和实效性，引导农业发展由增产导向转为提质导向。要大力实施乡村振兴战略，健全城乡融合发展体制机制和政策体系。要注意加强改革系统集成，推动各项制度相互衔接、形成合力。要实事求是、因地制宜，依法依规、稳妥慎重，把握好各项工作的时度效，扎扎实实为民办事、为民造福。

——2020年9月1日中央全面深化改革委员会第十五次会议，推动更深层次改革实行更高水平开放 为构建新发展格局提供强大动力

"十四五"时期，要在加强基层基础工作、提高基层治理能力上下更大功夫。要加强和改进党对农村基层工作的全面领导，提高农村基层组织建设质量，为乡村全面振兴提供坚强政治和组织保证。要加强和创新基层社会治理，坚持和完善新时代"枫桥经验"，加强城乡社区建设，强化网格化管理和服务，完善社会矛盾纠纷多元预防调处化解综合机制，切实把矛盾化解在基层，维护好社会稳定。

——2020年9月17日基层代表座谈会，在基层代表座谈会上的讲话

要从顶层设计上提高公共卫生体系在国家治理体系中的地位，充实中央、省、市、县四级公共卫生机构，加强专业人才培养和队伍建设，提高履职尽责能力。要改善城乡公共卫生环境，加强农村、社区等基层防控和公共卫生服务。

要把增强早期监测预警能力作为健全公共卫生体系的重中之重，完善公共卫生应急管理体系。要加强疾控、医院、科研单位间的信息共享，增强各类已知和新发传染病预警能力。

——2020年11月1日《求是》杂志刊文，《国家中长期经济社会发展战略

若干重大问题》

　　要坚持和完善人民当家作主制度体系，健全社会公平正义法治保障制度，保证人民在党的领导下通过各种途径和形式依法管理国家事务、管理经济和文化事业、管理社会事务，使法律及其实施有效体现人民意志、保障人民权益、激发人民创造力。

　　我们要在坚持好、完善好已经建立起来并经过实践检验有效的根本制度、基本制度、重要制度的前提下，聚焦法律制度的空白点和冲突点，统筹谋划和整体推进立改废释各项工作，加快建立健全国家治理急需、满足人民日益增长的美好生活需要必备的法律制度。

　　执法司法公正高效权威才能真正发挥好法治在国家治理中的效能。要加强对法律实施的监督，深化司法体制综合配套改革，推进严格规范公正文明执法，努力提升执法司法的质量、效率、公信力，更好把社会主义法治优势转化为国家治理效能。

　　——2020年11月16日《求是》杂志刊文，《推进全面依法治国，发挥法治在国家治理体系和治理能力现代化中的积极作用》

　　法治政府建设是重点任务和主体工程，要率先突破，用法治给行政权力定规矩、划界限，规范行政决策程序，加快转变政府职能。要推进严格规范公正文明执法，提高司法公信力。

　　要继续推进法治领域改革，解决好立法、执法、司法、守法等领域的突出矛盾和问题。公平正义是司法的灵魂和生命。要深化司法责任制综合配套改革，加强司法制约监督，健全社会公平正义法治保障制度，努力让人民群众在每一个司法案件中感受到公平正义。要加快构建规范高效的制约监督体系。

　　要坚持抓住领导干部这个"关键少数"。各级领导干部要坚决贯彻落实党中央关于全面依法治国的重大决策部署，带头尊崇法治、敬畏法律，了解法律、掌握法律，不断提高运用法治思维和法治方式深化改革、推动发展、化解矛盾、维护稳定、应对风险的能力，做尊法学法守法用法的模范。要力戒形式主义、官僚主义，确保全面依法治国各项任务真正落到实处。

　　——2020年11月16日至2020年11月17日，坚定不移走中国特色社会主义法治道路 为全面建设社会主义现代化国家提供有力法治保障

　　建立健全政务数据共享协调机制、加快推进数据有序共享，要坚持统筹协调、应用牵引、安全可控、依法依规，以业务协同为重点，加强技术创新、应用创新、模式创新，全面构建政务数据共享安全制度体系、管理体系、技术防

护体系，打破部门信息壁垒，推动数据共享对接更加精准顺畅，提升法治化、制度化、标准化水平。

深化预算制度改革，要坚持和加强党的领导，坚持预算法定，发挥集中财力办大事的体制优势，加强财政资源统筹，突出保基本、守底线，强化预算对落实党和国家重大政策的保障能力，坚决落实政府过紧日子要求，杜绝大手大脚花钱、奢靡浪费等现象。

优化税务执法方式，要推动税务执法、服务、监管的理念方式手段变革，深入推进精确执法、精细服务、精准监管、精诚共治，大幅提高税法遵从度和社会满意度，明显降低征纳成本，发挥税收在国家治理中的基础性、支柱性、保障性作用。

——2020 年 12 月 30 日中央全面深化改革委员会第十七次会议，坚定改革信心汇聚改革合力 推动新发展阶段改革取得更大突破

附录 2 中国政府发展基础数据

侯绪杰　陈璐

一、政府规模

表1　中国与 OECD（经济合作与发展组织）国家成员国中央政府核心机构（内阁）
部门设置情况比较

国家	机构数	国家	机构数	国家	机构数	国家	机构数
澳大利亚	18	法国	16	韩国	19	斯洛文尼亚	17
奥地利	14	德国	14	卢森堡	20	西班牙	22
比利时	14	希腊	17	墨西哥	19	瑞典	21
加拿大	36	匈牙利	10	荷兰	12	瑞士	7
智利	24	冰岛	12	新西兰	20	土耳其	16
捷克	17	爱尔兰	18	挪威	16	英国	24
丹麦	19	以色列	31	波兰	16	美国	15
爱沙尼亚	11	意大利	23	葡萄牙	19	中国	26
芬兰	12	日本	12	斯洛伐克	15		

注：OECD 国家数据截止到 2021 年 7 月。

资料来源：各国政府官方网站；中华人民共和国外交部网站；中国机构编制网。

表 2　中国与 OECD 国家财政供养人员数量占人口比例比较

国家	2002 年	2003 年	2004 年	2005 年	2006 年	2007 年	2008 年	平均
中国	3.38%	3.42%	3.45%	3.48%	3.52%	3.77%	3.80%	3.49%
澳大利亚	4.63%	4.77%	5.00%	5.26%	5.41%	5.54%	5.53%	5.13%
奥地利	3.39%	3.49%	2.98%	3.48%	3.38%	3.45%	3.38%	3.41%
比利时	4.36%	4.38%	4.54%	4.64%	4.62%	4.69%	4.54%	4.52%
加拿大	4.38%	4.41%	4.59%	4.60%	4.71%	4.66%	4.79%	4.58%
智利	1.84%	—	—	—	—	—	—	1.84%
捷克	2.98%	2.80%	2.86%	2.87%	3.10%	3.18%	3.20%	2.97%
丹麦	3.59%	3.85%	3.62%	3.64%	3.84%	3.93%	3.07%	3.63%
爱沙尼亚	5.12%	5.16%	5.46%	5.71%	6.18%	6.19%	5.93%	5.56%
芬兰	3.85%	4.11%	4.40%	4.52%	4.56%	4.71%	4.76%	4.25%
法国	—	3.24%	3.29%	3.33%	3.34%	3.47%	3.54%	3.37%
德国	2.98%	2.92%	2.95%	3.03%	3.10%	3.23%	3.37%	2.96%
希腊	3.86%	3.60%	4.09%	4.06%	4.12%	4.18%	4.28%	3.94%
匈牙利	2.58%	2.68%	2.89%	3.05%	2.93%	2.82%	2.90%	2.78%
冰岛	4.41%	3.67%	4.06%	4.09%	4.70%	5.37%	5.39%	4.40%
爱尔兰	7.76%	7.59%	7.94%	7.33%	7.03%	7.15%	7.33%	7.49%
以色列	2.79%	2.72%	2.45%	2.37%	2.55%	2.80%	2.96%	2.69%
意大利	1.26%	1.30%	3.50%	3.42%	3.35%	3.24%	3.20%	2.41%
日本	—	—	—	—	—	—	—	—
韩国	1.20%	1.25%	1.20%	1.19%	1.18%	1.15%	1.12%	1.15%
卢森堡	—	—	—	—	—	—	—	—
墨西哥	0.83%	0.77%	0.79%	0.88%	0.86%	0.86%	0.81%	0.84%
荷兰	6.20%	6.22%	5.16%	4.81%	5.18%	5.37%	5.40%	5.67%
新西兰	6.09%	6.02%	5.96%	6.16%	6.45%	6.70%	7.01%	6.30%
挪威	3.83%	3.72%	3.55%	3.27%	3.13%	2.99%	3.15%	3.48%
波兰	2.09%	2.15%	2.24%	2.26%	2.43%	2.54%	2.61%	2.32%
葡萄牙	3.63%	4.10%	4.37%	4.44%	3.75%	3.25%	3.03%	3.70%
斯洛伐克	1.99%	2.36%	2.56%	2.57%	2.44%	2.38%	2.48%	2.38%
斯洛文尼亚	2.96%	2.71%	2.90%	3.30%	3.04%	2.89%	3.23%	3.06%
西班牙	3.02%	3.05%	3.11%	3.03%	3.26%	3.37%	3.42%	3.15%
瑞典	2.27%	2.33%	2.48%	2.26%	2.42%	2.58%	2.55%	2.36%
瑞士	3.31%	3.39%	3.37%	3.33%	3.43%	3.50%	3.66%	3.36%
土耳其	2.66%	2.76%	2.74%	3.15%	2.92%	2.61%	2.62%	2.77%
英国	6.63%	6.83%	6.91%	7.06%	7.25%	7.25%	7.53%	6.98%
美国	—	6.87%	6.91%	6.92%	7.11%	7.16%	7.25%	7.04%

　　资料来源：根据 OECD 相关数据库、中华人民共和国国家统计局网站、中华人民共和国财政部网站数据整理计算而成。

二、预算主要指标

表 3　2021 年中央一般公共预算收入预算表

项目	2020 年执行数（亿元）	2021 年预算数（亿元）	预算数为上年执行数的%
一、税收收入	79643.06	87450.00	109.8
国内增值税	28352.98	31600.00	111.5
国内消费税	12028.10	13305.00	110.6
进口货物增值税、消费税	14534.63	16060.00	110.5
进口货物增值税	13913.66	15370.00	110.5
进口消费品消费税	620.97	690.00	111.1
出口货物退增值税、消费税	−13628.98	−15500.00	113.7
出口货物退增值税	−13611.63	−15480.00	113.7
出口消费品退消费税	−17.35	−20.00	115.3
企业所得税	23257.57	25620.00	110.2
个人所得税	6940.91	7900.00	113.8
资源税	48.23	50.00	103.7
城市维护建设税	164.48	180.00	109.4
印花税	1773.65	1800.00	101.5
其中：证券交易印花税	1773.65	1800.00	101.5
船舶吨税	53.71	55.00	102.4
车辆购置税	3530.84	3630.00	102.8
关税	2564.20	2750.00	107.2
其他税收收入	22.74		
二、非税收入	3128.02	2000.00	63.9
专项收入	199.42	195.00	97.8
行政事业性收费收入	419.12	415.00	99.0
罚没收入	143.71	140.00	97.4
国有资本经营收入	972.89	330.00	33.9
国有资源（资产）有偿使用收入	1281.99	810.00	63.2
其他收入	110.89	110.00	99.2
中央一般公共预算收入	82771.08	89450.00	108.1
中央财政调入资金	8880.00	1935.00	21.8
从预算稳定调节基金调入	5300.00	950.00	17.9
从政府性基金预算调入	3002.50	1.00	
从国有资本经营预算调入	577.50	984.00	170.4
支出大于收入的差额	27800.00	27500.00	98.9

注：中央一般公共预算支出大于收入的差额＝支出总量（中央一般公共预算支出＋补充中央预算稳定调节基金）−收入总量（中央一般公共预算收入＋中央财政调入资金）

资料来源：中华人民共和国财政部网站。

表4　2021年中央一般公共预算支出预算表

项目	2020年执行数（亿元）	2021年预算数（亿元）	预算数为上年执行数的%
一、中央本级支出	35072.20	35015.00	99.8
一般公共服务支出	1711.93	1470.25	85.9
外交支出	514.06	504.14	98.1
国防支出	12691.68	13553.43	106.8
公共安全支出	1837.19	1850.92	100.7
教育支出	1663.21	1663.44	100.0
科学技术支出	3226.80	3227.10	100.0
文化旅游体育与传媒支出	250.24	188.52	75.3
社会保障和就业支出	1133.06	964.69	85.1
卫生健康支出	342.69	226.40	66.1
节能环保支出	344.26	228.60	66.4
城乡社区支出	77.25	70.06	90.7
农林水支出	480.69	407.65	84.8
交通运输支出	1165.93	732.67	62.8
资源勘探工业信息等支出	308.56	246.75	80.0
商业服务业等支出	47.16	35.31	74.9
金融支出	639.04	641.87	100.4
自然资源海洋气象等支出	262.19	203.81	77.7
住房保障支出	603.49	627.03	103.9
粮油物资储备支出	1224.57	1224.73	100.0
灾害防治及应急管理支出	429.83	401.95	93.5
其他支出	527.21	494.81	93.9
债务付息支出	5538.95	5998.24	108.3
债务发行费用支出	52.21	52.63	100.8
二、中央对地方转移支付	83338.67	83370.00	100.0
一般性转移支付	69580.60	75018.34	107.8
专项转移支付	7765.92	8351.66	107.5
特殊转移支付	5992.15		
三、中央预备费		500.00	
中央一般公共预算支出	118410.87	118885.00	100.4
补充中央预算稳定调节基金	1040.21		

注：1. 为便于比较，对本表中2020年执行数进行了同口径调整：一是根据政府收支分类科目调整、中央与地方财政事权和支出责任划分等情况，对相关科目执行数作了相应调整；二是根据中央与地方财政事权和支出责任划分等情况，对一般性转移支付执行数作了调整。

2. 2021年中央一般公共预算支出预算数为118885亿元，加上使用以前年度结转资金1270.61亿元，2021年中央一般公共预算支出为120155.61亿元。具体情况见中央本级支出、中央对地方转移支付预算表及说明。

资料来源：中华人民共和国财政部网站。

表 5　中国与 OECD 国家政府最终消费支出（以 2014 年平均汇率结算）

单位：十亿美元

国家	2006 年	2007 年	2008 年	2009 年	2010 年	2011 年	2012 年	2013 年
澳大利亚	133.0	141.5	149.2	161.7	166.8	175.9	183.7	空缺
奥地利	55.3	56.9	61.9	64.9	66.0	68.4	70.7	71.2
比利时	81.1	84.1	91.7	98.4	101.1	107.5	112.9	115.8
加拿大	239.8	252.7	268.1	292.7	299.5	307.9	318.4	330.5
智利	25.1	28.4	30.5	34.2	38.4	42.2	45.0	48.8
捷克	49.5	52.0	53.2	58.4	57.9	58.8	59.3	60.3
丹麦	50.8	53.4	58.1	63.6	65.7	66.1	68.1	68.6
爱沙尼亚	4.2	4.8	5.7	5.8	5.7	5.9	6.2	6.5
芬兰	38.8	41.2	45.5	48.2	48.6	50.9	53.2	54.7
法国	467.7	487.5	510.0	544.8	562.4	580.1	597.8	611.0
德国	507.7	522.1	556.8	589.6	611.7	641.6	662.5	680.2
希腊	51.1	55.3	60.3	68.3	58.1	52.3	50.4	48.5
匈牙利	42.4	41.1	44.8	46.4	46.5	47.0	45.8	47.0
冰岛	2.7	2.8	3.1	3.2	3.0	3.1	3.2	3.3
爱尔兰	29.8	33.9	36.2	37.4	36.1	36.1	36.1	空缺
以色列	43.1	45.7	46.6	47.5	50.7	53.9	56.8	空缺
意大利	358.2	371.0	399.8	418.2	419.1	418.5	415.7	412.4
日本	737.8	771.4	796.1	812.7	852.5	894.5	926.0	空缺
韩国	170.5	186.3	199.7	207.2	211.9	221.8	237.6	空缺
卢森堡	5.7	6.0	6.4	7.0	7.2	7.7	8.3	8.7
墨西哥	154.3	163.4	178.6	194.7	202.4	219.5	232.6	空缺
荷兰	156.2	167.7	181.4	195.8	196.6	201.2	206.7	206.2
新西兰	21.2	22.8	25.1	26.3	26.6	27.7	28.5	空缺
挪威	47.4	50.6	55.8	59.5	62.0	66.0	70.8	74.8
波兰	105.2	114.4	127.2	134.0	147.5	150.7	156.5	162.3
葡萄牙	49.9	50.8	53.2	58.9	59.1	54.5	49.8	52.0
斯洛伐克	18.6	19.3	21.9	24.5	24.9	24.4	24.6	25.3
斯洛文尼亚	9.6	9.5	10.7	11.1	11.5	12.0	12.2	12.0
西班牙	241.0	264.8	294.4	316.4	313.0	315.0	303.3	302.2
瑞典	84.3	89.7	95.2	96.8	98.9	104.8	109.9	115.6
瑞士	34.0	36.2	38.0	41.0	41.7	44.7	47.5	空缺
土耳其	110.5	124.7	136.7	154.1	167.5	183.1	203.8	218.4
英国	456.1	457.9	484.8	503.2	486.9	482.9	493.9	496.1
美国	2089.8	2209.7	2368.6	2442.1	2522.2	2526.1	2548.0	空缺
中国	1061.1	1190.4	1309.4	1452.6	1609.2	1801.6	2035.5	空缺

资料来源：根据 OECD 数据库相关数据整理而成。

附件3 2020年政府发展政策法规一览
（节选）

黄雅卓

【法律】

1.《中华人民共和国外商投资法》（中华人民共和国主席令第 26 号）：中华人民共和国第十三届全国人民代表大会第二次会议于 2019 年 3 月 15 日通过，自 2020 年 1 月 1 日起施行。

2.《中华人民共和国土地管理法》（中华人民共和国主席令第 32 号）：中华人民共和国第十三届全国人大常委会第十二次会议于 2019 年 8 月 26 日通过，自 2020 年 1 月 1 日起施行。

3.《中华人民共和国城市房地产管理法》（中华人民共和国主席令第 32 号）：中华人民共和国第十三届全国人大常委会第十二次会议于 2019 年 8 月 26 日通过，自 2020 年 1 月 1 日起施行。

4.《中华人民共和国资源税法》（中华人民共和国主席令第 33 号）：中华人民共和国第十三届全国人民代表大会常务委员会第十二次会议于 2019 年 8 月 26 日通过，自 2020 年 9 月 1 日起施行。

5.《中华人民共和国证券法》（中华人民共和国主席令第 37 号）：中华人民共和国第十三届全国人大常委会第十五次会议于 2019 年 12 月 28 日修订通过，自 2020 年 3 月 1 日起施行。

6.《中华人民共和国基本医疗卫生与健康促进法》（中华人民共和国主席令

第 38 号）：中华人民共和国第十三届全国人大常委会第十五次会议于 2019 年
12 月 28 日通过，自 2020 年 6 月 1 日起施行。

　　7.《中华人民共和国社区矫正法》（中华人民共和国主席令第 40 号）：中华
人民共和国第十三届全国人大常委会第十五次会议于 2019 年 12 月 28 日通过，
自 2020 年 7 月 1 日起施行。

　　8.《中华人民共和国台湾同胞投资保护法》（中华人民共和国主席令第 41
号）：中华人民共和国第十三届全国人民代表大会常务委员会第十五次会议于
2019 年 12 月 28 日通过，自 2020 年 1 月 1 日起施行。

　　9.《中华人民共和国公职人员政务处分法》（中华人民共和国主席令第 46
号）：中华人民共和国第十三届全国人民代表大会常务委员会第十九次会议于
2020 年 6 月 20 日通过，自 2020 年 7 月 1 日起施行。

　　10.《中华人民共和国人民武装警察法》（中华人民共和国主席令第 48 号）：
中华人民共和国第十三届全国人民代表大会常务委员会第十九次会议于 2020
年 6 月 20 日修订通过，自 2020 年 6 月 21 日起施行。

　　11.《中华人民共和国香港特别行政区维护国家安全法》（中华人民共和国
主席令第 49 号）：中华人民共和国第十三届全国人民代表大会常务委员会第二
十次会议于 2020 年 6 月 30 日通过，自公布之日起施行。

　　12.《中华人民共和国出口管制法》（中华人民共和国主席令第 58 号）：中
华人民共和国第 13 届全国人大常委会第 22 次会议于 2020 年 10 月 17 日通过，
自 2020 年 12 月 1 日起施行。

　　【行政法规】

　　1.《优化营商环境条例》（中华人民共和国国务院令第 722 号）：国务院第
66 次常务会议于 2019 年 10 月 8 日通过，自 2020 年 1 月 1 日起施行。

　　2.《中华人民共和国外商投资法实施条例》（中华人民共和国国务院令第 723
号）：国务院第 74 次常务会议于 2019 年 12 月 12 日通过，自 2020 年 1 月 1 日
起施行。

　　3.《保障农民工工资支付条例》（中华人民共和国国务院令第 724 号）：国
务院第 73 次常务会议于 2019 年 12 月 4 日通过，自 2020 年 5 月 1 日起施行。

　　4.《农作物病虫害防治条例》（中华人民共和国国务院令第 725 号）：国务
院第 86 次常务会议于 2020 年 3 月 17 日通过，自 2020 年 5 月 1 日起施行。

　　5.《化妆品监督管理条例》（中华人民共和国国务院令第 727 号）：国务院
第 77 次常务会议于 2020 年 1 月 3 日通过，自 2021 年 1 月 1 日起施行。

6.《保障中小企业款项支付条例》（中华人民共和国国务院令第 728 号）：国务院第 99 次常务会议于 2020 年 7 月 1 日通过，自 2020 年 9 月 1 日起施行。

7.《中华人民共和国预算法实施条例》（中华人民共和国国务院令第 729 号）：2020 年 8 月 3 日公布修订后的《中华人民共和国预算法实施条例》，自 2020 年 10 月 1 日起施行。

8.《旅馆业治安管理办法》（中华人民共和国国务院令第 732 号）：2020 年 11 月 29 日公布修订案，自公布之日起施行。

9.《国有资产评估管理办法》（中华人民共和国国务院令第 732 号）：2020 年 11 月 29 日公布修订案，自公布之日起施行。

10.《中华人民共和国城镇国有土地使用权出让和转让暂行条例》（中华人民共和国国务院令第 732 号）：2020 年 11 月 29 日公布修订案，自公布之日起施行。

11.《中华人民共和国台湾同胞投资保护法实施细则》（中华人民共和国国务院令第 732 号）：2020 年 11 月 29 日公布修订案，自公布之日起施行。

12.《城市房地产开发经营管理条例》（中华人民共和国国务院令第 732 号）：2020 年 11 月 29 日公布修订案，自公布之日起施行。

【部门规章】

1. 司法部关于进一步深化改革强化监管 提高司法鉴定质量和公信力的意见（司发〔2020〕1 号）：于 2020 年 11 月 2 日发布，自 2020 年 11 月 2 日实施。

2. 市场监管总局办公厅关于印发《市场监管行政处罚、行政强制流程图》和《市场监管执法行为用语规范》的通知（市监稽〔2020〕113 号）：于 2020 年 11 月 3 日发布，自 2020 年 11 月 3 日实施。

3. 国家卫生健康委办公厅关于取消部分医疗机构《设置医疗机构批准书》核发加强事中事后监管工作的通知（国卫办医函〔2020〕902 号）：于 2020 年 11 月 3 日发布，自 2020 年 11 月 3 日实施。

4. 工业互联网专项工作组关于印发《工业互联网创新发展行动计划（2021—2023 年）》的通知（工信部信管〔2020〕197 号）：于 2020 年 12 月 22 日发布，自 2020 年 12 月 22 日实施。

5. 住房和城乡建设部办公厅关于开展绿色建造试点工作的函（建办质函〔2020〕677 号）：于 2020 年 12 月 31 日发布，自 2020 年 12 月 31 日实施。

6. 国家发展改革委、中央网信办、工业和信息化部、国家能源局关于加快构建全国一体化大数据中心协同创新体系的指导意见（发改高技〔2020〕1922

号）：于 2020 年 12 月 23 日发布，自 2020 年 12 月 23 日实施。

7. 中国银保监会办公厅关于深化银行业保险业"放管服"改革 优化营商环境的通知（银保监办发〔2020〕129 号）：于 2020 年 12 月 30 日发布，自 2020 年 12 月 30 日实施。

8. 中国人民银行、银保监会、财政部等关于继续实施普惠小微企业贷款延期还本付息政策和普惠小微企业信用贷款支持政策有关事宜的通知（银发〔2020〕324 号）：于 2020 年 12 月 31 日发布，自 2020 年 12 月 31 日实施。

9. 住房和城乡建设部关于加强城市地下市政基础设施建设的指导意见（建城〔2020〕111 号）：于 2020 年 12 月 31 日发布，自 2020 年 12 月 31 日实施。

10. 生态环境部办公厅关于加强重点行业建设项目区域削减措施监督管理的通知（环办环评〔2020〕36 号）：于 2020 年 12 月 30 日发布，自 2020 年 12 月 30 日实施。

11. 国家税务总局关于在新办纳税人中实行增值税专用发票电子化有关事项的公告（国家税务总局公告 2020 年第 22 号）： 于 2020 年 12 月 20 日发布，自 2020 年 12 月 20 日实施。

12. 国家广播电视总局关于加强网络秀场直播和电商直播管理的通知（广电发〔2020〕78 号）：于 2020 年 11 月 12 日发布，自 2020 年 11 月 12 日实施。

附件4　2020年政府发展大事记

裴新伟

1. 2020年1月7日，国务院印发《保障农民工工资支付条例》，规范农民工工资支付行为，保障农民工按时足额获得工资。

2. 2020年1月8日，国务院办公厅印发《关于全面推进基层政务公开标准化规范化工作的指导意见》，为转化推广试点成果，全面推进基层政务公开标准化规范化工作提出指导意见。

3. 2020年1月22日，国务院印发《关于在自由贸易试验区暂时调整实施有关行政法规规定的通知》，决定在自由贸易试验区暂时调整实施《营业性演出管理条例》《外商投资电信企业管理规定》和《印刷业管理条例》三部行政法规的有关规定。

4. 2020年3月4日，国务院办公厅印发《关于进一步精简审批优化服务精准稳妥推进企业复工复产的通知》，对除湖北省、北京市以外地区的复工复产工作进行部署。

5. 2020年3月12日，国务院印发《关于授权和委托用地审批权的决定》，在严格保护耕地、节约集约用地的前提下，进一步深化"放管服"改革，改革土地管理制度，赋予省级人民政府更大用地自主权。

6. 2020年3月20日，国务院办公厅印发《关于应对新冠肺炎疫情影响强化稳就业举措的实施意见》，就加快恢复和稳定就业提出意见。

7. 2020年3月31日，国务院关于支持中国（浙江）自由贸易试验区油气全产业链开放发展若干措施的批复，同意《关于支持中国（浙江）自由贸易试验区油气全产业链开放发展的若干措施》。

8. 2020 年 4 月，国务院应对新型冠状病毒感染肺炎疫情联防联控机制印发《全国不同风险地区企事业单位复工复产疫情防控措施指南》，对全国不同风险地区统筹做好企事业单位疫情防控和复工复产工作进行部署。

9. 2020 年 5 月 6 日，国务院关于同意在雄安新区等 46 个城市和地区设立跨境电子商务综合试验区的批复，同意在雄安新区等 46 个城市和地区设立跨境电子商务综合试验区。

10. 2020 年 5 月 8 日，国务院应对新型冠状病毒感染肺炎疫情联防联控机制印发《关于做好新冠肺炎疫情常态化防控工作的指导意见》，就新冠肺炎疫情常态化防控工作提出意见，旨在统筹保障人民群众生命安全、身体健康与经济社会秩序全面恢复。

11. 2020 年 6 月 23 日，国务院办公厅印发《公共文化领域中央与地方财政事权和支出责任划分改革方案》，就公共文化领域中央与地方财政事权和支出责任划分改革提供方案。

12. 2020 年 6 月 28 日，国务院印发《关于在中国（海南）自由贸易试验区暂时调整实施有关行政法规规定的通知》，决定在中国（海南）自由贸易试验区暂时调整实施《中华人民共和国海关事务担保条例》《中华人民共和国进出口关税条例》《中华人民共和国国际海运条例》《中华人民共和国船舶和海上设施检验条例》和《国内水路运输管理条例》五部行政法规的有关规定，支持海南全面深化改革开放。

13. 2020 年 6 月 29 日，国务院办公厅印发《关于开展国家脱贫攻坚普查的通知》，对国家脱贫攻坚普查工作进行部署。

14. 2020 年 7 月 3 日，国务院办公厅印发《2020 年政务公开工作要点》，以公开促落实、促规范、促服务，以更高质量公开助力推进国家治理体系和治理能力现代化。

15. 2020 年 7 月 7 日，国务院印发《关于做好自由贸易试验区第六批改革试点经验复制推广工作的通知》，旨在总结自贸试验区第六批改革试点经验，并在全国范围内复制推广。

16. 2020 年 7 月 9 日，国务院办公厅印发《关于推进医疗保障基金监管制度体系改革的指导意见》，明确推进医疗保障基金监管制度体系改革的总体要求、监管责任、主要内容、保障措施、工作要求。

17. 2020 年 7 月 20 日，国务院办公厅印发《关于全面推进城镇老旧小区改造工作的指导意见》，为全面推进城镇老旧小区改造工作提出指导意见。

18.2020 年 7 月 21 日，国务院办公厅印发《关于进一步优化营商环境更好服务市场主体的实施意见》，为持续深化"放管服"改革优化营商环境，更大激发市场活力，增强发展内生动力提出意见。

19. 2020 年 7 月 23 日，国务院办公厅印发《深化医药卫生体制改革 2020年下半年重点工作任务》，明确加强公共卫生体系建设、深入实施健康中国行动、深化公立医院综合改革、深化医疗保障制度改革、健全药品供应保障体系和统筹推进相关重点改革等重点工作任务。

20.2020 年 7 月 24 日，国务院办公厅印发《应急救援领域中央与地方财政事权和支出责任划分改革方案》，就应急救援领域中央与地方财政事权和支出责任划分改革的总体要求、主要内容、配套措施进行部署。

21.2020 年 7 月 31 日，国务院办公厅印发《关于支持多渠道灵活就业的意见》，就支持多渠道灵活就业提出拓宽灵活就业发展渠道、优化自主创业环境、加大对灵活就业保障支持和切实加强组织实施等意见。

22.2020 年 8 月 20 日，国务院发布修订后的《中华人民共和国预算法实施条例》，进一步明确各部门的预算收支范围、预算编制、预算执行、决算、监督和法律责任等内容。

23. 2020 年 9 月，国务院办公厅转发国家发展改革委《关于促进特色小镇规范健康发展的意见》，就加强对特色小镇发展的顶层设计、激励约束和规范管理提出意见。

24.2020 年 9 月 10 日，国务院办公厅印发《关于深化商事制度改革进一步为企业松绑减负激发企业活力的通知》，要求推进企业开办全程网上办理、推进注册登记制度改革取得新突破、简化相关涉企生产经营和审批条件、加强事中事后监管，充分释放社会创业创新潜力、激发企业活力。

25.2020 年 9 月 15 日，国务院办公厅印发《关于坚决制止耕地"非农化"行为的通知》，要求地方各级人民政府采取有力措施，强化监督管理，落实好最严格的耕地保护制度，坚决制止各类耕地"非农化"行为，坚决守住耕地红线。

26.2020 年 9 月 21 日，国务院印发《关于取消和下放一批行政许可事项的决定》，决定取消 29 项行政许可事项，下放 4 项行政许可事项的审批层级。

27.2020 年 9 月 23 日，国务院办公厅印发《关于加快医学教育创新发展的指导意见》，为加快医学教育创新发展，提出全面优化医学人才培养结构、全力提升院校医学人才培养质量、深化住院医师培训和继续医学教育改革，以及完善保障措施等意见。

28. 2020 年 9 月 29 日，国务院办公厅印发《关于加快推进政务服务"跨省通办"的指导意见》，就加快推进政务服务"跨省通办"提出意见，深化"放管服"改革，进一步优化政务服务。

29. 2020 年 10 月 10 日，国务院办公厅印发《关于加强全民健身场地设施建设发展群众体育的意见》，提出加强全民健身场地设施建设，需要完善顶层设计、挖掘存量建设用地潜力、提升建设运营水平、实施群众体育提升行动、加强组织领导。

30. 2020 年 11 月 9 日，国务院办公厅印发《关于全面推行证明事项和涉企经营许可事项告知承诺制的指导意见》，就各地区、各部门全面推行证明事项和涉企经营许可事项告知承诺制的总体要求、主要任务、保障措施提出指导意见。

31. 2020 年 11 月 16 日，国务院办公厅《关于同意建立第二轮土地承包到期后再延长三十年试点部际联席会议制度的函》，同意建立由农业农村部、中央农办牵头的第二轮土地承包到期后再延长三十年试点部际联席会议制度。

32. 2020 年 11 月 17 日，国务院办公厅印发《关于防止耕地"非粮化"稳定粮食生产的意见》，明确各地区各部门要采取有力举措防止耕地"非粮化"，切实稳定粮食生产，牢牢守住国家粮食安全的生命线。

33. 2020 年 11 月 19 日，国务院关于上海市浦东新区开展"一业一证"改革试点大幅降低行业准入成本总体方案的批复，同意在上海市浦东新区开展"一业一证"改革试点，原则同意《上海市浦东新区开展"一业一证"改革试点大幅降低行业准入成本总体方案》。

34. 2020 年 12 月 17 日，国务院办公厅转发国家发展改革委等单位《关于推动都市圈市域（郊）铁路加快发展的意见》，推动都市圈市域（郊）铁路加快发展。

35. 2020 年 12 月 18 日，国务院办公厅印发《关于进一步完善失信约束制度构建诚信建设长效机制的指导意见》，提高社会信用体系建设法治化、规范化水平。

36. 2020 年 12 月 7 日，国务院办公厅印发《公共企事业单位信息公开规定制定办法》，自 2021 年 1 月 1 日起施行。

37. 2020 年 12 月 24 日，国务院办公厅印发《关于建设第三批大众创业万众创新示范基地的通知》，决定在部分地区、企业、高校和科研院所建设第三批双创示范基地。

38. 2020 年 12 月 29 日，国务院印发《政府督查工作条例》，明确政府督查内容、督查对象、督查机构、督查人员、督查方式等，为加强和规范政府督查工作，保障政令畅通，提高行政效能，推进廉政建设，健全行政监督制度提供有效支撑。

39. 2020 年 12 月 31 日，国务院办公厅印发《关于促进养老托育服务健康发展的意见》，就促进养老托育服务健康发展提出意见。

40. 2021 年 1 月 6 日，国务院办公厅印发《关于进一步优化地方政务服务便民热线的指导意见》，为进一步优化地方政务服务便民热线，提高政府为企便民服务水平提出意见。

附件5 2020年中国政府发展研究概览

申程仁

（一）2020年中国政府发展研究著作选目（按照作者姓氏拼音首字母排列）

1. 陈奇星：《创新地方政府市场监管机制与监管方式研究》，上海：上海人民出版社，2020年。

2. 邓志锋：《向社会组织购买公共服务中的政府行动逻辑研究》，上海：复旦大学出版社，2020年。

3. 迪莉娅：《我国政府部门基于大数据的决策模式研究》，北京：知识产权出版社，2020年。

4. 翟云：《"互联网+政务服务"开启中国政府治理新路径》，北京：国家行政管理出版社，2020年。

5. 范柏乃：《新时代浙江政府职能转变再出发："最多跑一次"改革》，北京：科学出版社，2020年。

6. 范炜烽，许燕：《政府向社会力量购买公共服务——评估指标构建及应用研究》，北京：中国社会科学出版社，2020年。

7. 冯菲：《中国城市公共服务与政府效能公众满意度研究》，上海：上海交通大学出版社，2020年。

8. 高翔：《放权与发展：市场化改革进程中的地方政府》，杭州：浙江大学出版社，2020年。

9. 耿国阶：《治理现代化背景下的县级政府政策转换》，北京：经济管理出版社，2020年。

10. 官永彬：《民生导向的政府公共服务绩效评价与改善研究》，成都：西南财经大学出版社，2020 年。

11. 何毅亭：《中国电子政务发展报告（2019—2020)》，北京：社会科学文献出版社，2020 年。

12. 贺琳凯：《基层政治与地方政府治理创新研究》，昆明：云南大学出版社，2020 年。

13. 胡广伟，刘建霞，吴新丽：《政府电子服务能力指数报告（2020)》，北京：中国社会科学出版社，2020 年。

14. 胡恒松，刘浩，王宪明，贺圣标：《中国地方政府投融资平台转型发展研究 2020》，北京：经济管理出版社，2020 年。

15. 黄振威：《政府决策视野下的邻避治理研究》，北京：人民出版社，2020 年。

16. 计宁：《转型时期我国地方政府制度创新研究》，郑州：郑州大学出版社，2020 年。

17. 江西师范大学管理决策评价研究中心，北京师范大学政府管理研究院：《中国地方政府效率研究报告（2019)》，北京：社会科学文献出版社，2020 年。

18. 柯尊清：《当代中国城市基层社会治理研究——基于政府管理的分析》，北京：科学出版社，2020 年。

19. 李晨光，翟磊：《中国地方政府发展能力报告（2019)》，天津：南开大学出版社，2020 年。

20. 李晓壮：《地方政府社会建设绩效评估（基于成都市的实例考察)》，北京：社会科学文献出版社，2020 年。

21. 刘京晶：《政府购买——公共文化服务社会化路径研究》，北京：知识产权出版社，2020 年。

22. 刘小兵：《2019 中国财政发展报告——我国政府收支分类科目改革研究》，北京：北京大学出版社，2020 年。

23. 刘雪华，董伟玮：《东北地区地方政府创新研究》，北京：社会科学文献出版社，2020 年。

24. 刘远风：《农业现代化进程中的基层政府职能研究》，北京：中国社会科学出版社，2020 年。

25. 卢智增：《地方政府管理概论》，武汉：武汉大学出版社，2020 年。

26. 卢智增：《我国地方政府异体问责机制研究》，武汉：武汉大学出版社，2020年。

27. 陆喜元，丁志刚：《西部地区县级政府治理能力现代化》，北京：社会科学文献出版社，2020 年。

28. 吕承文：《政府治理现代化研究》，北京：中国社会科学出版社，2020 年。

29. 麻陆东：《东亚地区主义发展路径：过程中的政府间合作》，北京：中国社会科学出版社，2020 年。

30. 庞明礼：《省直管县改革（模式过程与走向）》，北京：中国社会科学出版社，2020 年。

31. 彭珊：《地方政府数据开放共享政策体系构建研究》，北京：中国社会科学出版社，2020 年。

32. 彭珊：《新时代"弱有所扶"政府责任机制建设研究》，北京：中国社会科学出版社，2020 年。

33. 曲延春：《农村公共产品供给中的乡镇政府责任研究》，北京：人民出版社，2020 年。

34. 申丽娟：《西部县级政府社会治理能力建设研究》，北京：中国社会出版社，2020 年。

35. 孙柏瑛：《城市基层政府社会治理体制机制的现代转型》，北京：中国社会科学出版社，2020 年。

36. 锁利铭，徐贵宏：《地方政府的战略成长——中国城市府际治理 40 年》，上海：上海交通大学出版社，2020 年。

37. 汤志伟，李金兆：《中国地方政府互联网服务能力发展报告（2020）》，北京：社会科学文献出版社，2020 年。

38. 唐纳德·P. 莫伊尼汗：《政府绩效管理：创建政府改革的持续动力机制》，尚虎平，杨娟，孟陶译，北京：中国人民大学出版社，2020 年。

39. 唐亚林，刘伟：《政府治理的逻辑：自贸区改革与政府再造》，上海：复旦大学出版社，2020 年。

40. 田禾，吕艳滨：《中国政府透明度（2020）》，北京：中国社会科学出版社，2020 年。

41. 田禾，张平，吕艳滨，田茂松，李先进等：《全面推进政务公开的贵州实践》，北京：中国社会科学出版社，2020 年。

42. 王春婷：《政府购买公共服务绩效研究》，北京：知识产权出版社，2020年。

43. 王达梅，李华俊，崔光胜：《政府购买社会组织服务模式与机制创新研究》，北京：中国社会出版社，2020 年。

44. 王天义，韩志峰：《PPP 蓝皮书：中国 PPP 年度发展报告（2020）》，北京：社会科学文献出版社，2020 年。

45. 王勇，李胜：《协同政府：流域水资源的公共治理之道》，北京：中国社会科学出版社，2020 年。

46. 王志刚：《财政数字化转型、数字财政与政府公共服务能力建设》，北京：中国金融出版社，2020 年。

47. 邬定国：《地方政府社会建设的绩效评价研究》，北京：中国社会科学出版社，2020 年。

48. 吴昊：《大数据时代中国政府信息共享机制研究》，北京：中国社会科学出版社，2020 年。

49. 吴理财等：《中部地区地方政府创新研究》，北京：社会科学文献出版社，2020 年。

50. 吴月：《地方政府购买公共服务研究》，北京：人民出版社，2020 年。

51. 徐慧智：《政府重大决策社会稳定风险评估——重大政策、大型活动和基础设施》，北京：知识产权出版社，2020 年。

52. 阎波：《目标责任制与乡镇政府领导印象管理研究》，北京：科学出版社，2020年。

53. 于新循：《政府购买养老服务规制研究》，北京：经济管理出版社，2020年。

54. 张紧跟：《地方政府参与式治理创新研究》，北京：中央编译出版社，2020 年。

55. 张蓉：《网络民意表达与政府应急管理》，北京：中国社会科学出版社，2020年。

56. 张雅勤：《政府购买公共服务的公共性价值研究》，北京：中国社会科学出版社，2020 年。

57. 赵进延：《数字政府，服务社会——政务信息化 2020 年优秀案例汇编》，北京：知识产权出版社，2020 年。

58. 赵景华：《政府管理评论（第 4 辑）》，北京：经济管理出版社，2020 年。

59. 郑家昊：《合作·服务·引导：政府职能履行方式的关键议题》，北京：中国社会科学出版社，2020 年。

60. 钟伟军：《网络时代的危机治理：地方政府运用社交媒体的能力与策略研究》，北京：北京大学出版社，2020 年。

61. 周庆智等：《治理沁源：中国县域治理改革创新样本》，北京：中国社会科学出版社，2020 年。

62. 朱光磊，宋林霖，王雪丽：《中国政府发展研究报告（2019）》，天津：南开大学出版社，2020 年。

（二）2020 年国家社科基金重大项目和教育部重大课题攻关项目选目（按照作者姓氏拼音首字母排列）

1. 2020 年国家社科基金重大项目

（1）安小米（中国人民大学）：我国政府数据治理与利用能力研究。

（2）钭晓东（宁波大学）、董战峰（生态环境部环境规划院）：加快推进生态环境治理体系和治理能力现代化研究。

（3）范如国（武汉大学）：应对重大突发风险城乡社区治理研究。

（4）胡广伟（南京大学）：大数据驱动的城乡社区服务体系精准化构建研究。

（5）胡国清（中南大学）：大数据和智能时代重大突发公共卫生事件风险防范化解体系研究。

（6）李建发（厦门大学）：绩效管理导向下的中国政府成本体系研究。

（7）刘冰（天津师范大学）、李月琳（南开大学）：国家重大突发事件信息公开质量研究。

（8）刘瑞明（中国人民大学）：中国特色政策试点机制研究。

（9）王建学（天津大学）：国家纵向治理体系现代化和法治化若干重大问题研究。

（10）夏志强（四川大学）、王洛忠（北京师范大学）：基于大数据驱动的公共服务精准管理研究。

（11）徐现祥（中山大学）：现代信息技术驱动的我国营商环境优化研究。

（12）杨爱平（华南师范大学）：粤港澳大湾区世界级城市群治理体系创新研究。

（13）张海波（南京大学）：提升我国应急管理体系与能力现代化水平研究。

（14）周忠良（西安交通大学）：城市重大公共卫生风险全过程动态防控体系研究。

2. 2020 年研究阐释党的十九届四中全会精神国家社科基金重大项目

（1）陈振明（厦门大学）：强化制度执行力研究。

（2）高晓虹（中国传媒大学）、程乐（浙江大学）：建立健全我国网络综合治理体系研究。

（3）胡荣（厦门大学）：健全我国乡村基层治理体系研究。

（4）黄晓春（上海大学）：特大城市社会治理现代化的实现路径研究。

（5）门中敬（山东大学）：构建科学有效的行政权制约监督体系研究。

（6）倪星（华南师范大学）：推进廉政治理体系和治理能力现代化的战略、路径与对策研究。

（7）潘小娟（中国政法大学）：健全城乡基层治理体系研究。

（8）王芳（南开大学）：基于数据共享与知识复用的数字政府智能化治理研究。

（9）吴结兵（浙江大学）：加快推进市域社会治理现代化研究。

（10）武文杰（暨南大学）：城市微观公共服务空间配置优化与可及性评估研究。

（11）萧鸣政（北京大学）：国家治理体系中的选贤任能制度优势与创新发展研究。

（12）徐晓林（华中科技大学）：数字政府建设的安全治理体系研究。

（13）杨家文（北京大学）：中国相对发达地区基本公共服务均等化与可及性的理论与实践。

（14）朱旭峰（清华大学）：健全充分发挥中央和地方两个积极性体制优势的实现机制研究。

3. 2020 年教育部哲学社会科学研究重大课题攻关项目

（1）管兵（华南理工大学）：新时代城乡社区治理体系建设研究。

（2）任远（复旦大学）：新时代特大城市管理创新机制研究。

（3）袁晓玲（西安交通大学）：促进城市高质量建设发展的长效机制研究。

（三）2020 年政府改革与发展领域重要学术会议综述

1. "数据赋能政府治理评价指数"发布及学术研讨会

2020 年 9 月 12 日，南开大学网络社会治理研究中心举行云端发布会，与新华社中国经济信息社、提升政府治理能力大数据应用技术国家工程实验室联合发布 2020 "数据赋能政府治理评价指数"并进行相关学术研讨。来自北京大学、清华大学、复旦大学、上海交通大学、中国人民大学、南京大学、华中科技大学、中国社会科学院、重庆大学等高校和科研院所的专家学者就政府数据质量、数字监管、政府效能评价、政府数据开放、政务数据标准、区块链及数字征信体系建设、政府大数据、政务新媒体等内容作了精彩报告，在线参加会议和直播的人数累计超过 400 人。"数据赋能政府治理评价指数"意在总结政府在数据赋能治理方面所取得的成果，并为未来的发展提供指引和参考，助力政府用数据对话、用数据决策、用数据服务、用数据创新，通过数据赋能提升治理效能和公共服务水平。

2. 2020 年线上智博会第二届中国地方政府治理高层论坛

2020 年 9 月 14 日下午，由智博会组委会主办，重庆大学、重庆市 2011 协同创新中心"地方政府治理协同创新中心"承办，重庆市社科联等单位协办的 2020 线上中国国际智能产业博览会第二届中国地方政府治理高层论坛在重庆科苑戴斯酒店举行。论坛邀请了来自国家高端智库、知名高校、企业和科研机构的专家学者和优秀企业家到会作报告，与会专家围绕"大数据和政府应急管理创新"和"'十四五'规划与地方政府治理"主题进行了交流研讨，为地方政府探索治理新机制、提升地方政府治理体系和治理能力现代化水平建言献策。

3. 中国行政管理学会 2020 年会

为深入贯彻落实党的十九大和十九届四中、五中全会关于数字中国、数字政府的精神和国务院相关决策部署，中国行政管理学会于 2020 年 11 月 1 日在北京召开中国行政管理学会 2020 年会暨"学习贯彻党的十九届五中全会精神 加强数字政府建设 推进国家治理现代化"研讨会。共 200 余名来自全国行政管理学术界的专家学者和国家部委、地方政府部门的代表出席会议，近 25000 名会员理事和专家学者线上参会。

中央和国家机关相关职能部门负责同志以加强数字政府建设，助力国家治理现代化为导向，分别围绕政府数字化转型趋势、数字政府顶层设计、"十四五"数字政府建设规划、政府信息化策略、推进智慧政务战略、深化数字时代的政务公开等议题发表主旨演讲，梳理理念、解读政策、指导实践。地方实务部门代表和专家学者还围绕数字政府建设与治理变革、数字经济与政府监管、智慧政务与公共服务创新、数字社会与社区治理创新等议题进行了专题研讨，总结经验、分析问题、建言献策。

4. 2020 中国公共绩效治理高端论坛

2020 年 11 月 7 日，以"新时代政府绩效治理的制度创新"为主题的 2020 公共绩效治理高端论坛在兰州大学举行，来自国内外致力于政府绩效管理和公共治理研究的知名学者和政府官员约 100 人出席本次会议。新时代背景下，公共管理学科要以现实问题为基础，在政府绩效管理、绩效评价方面进行探索和创新，促进政府改革和国家治理能力的提升，成为推动实现国家治理体系和治理能力现代化建设的重要力量。对此，与会专家学者以"政府绩效评估理论与实践""政府绩效管理的现实问题与优化路径""政府绩效管理的理论反思""政府绩效的治理转型"为主题进行了四个平行分论坛的主题研讨。

5. 第五届全国"风险与治理"高端论坛暨第四届地方政府与区域治理研讨会

2020 年 11 月 14 日，由中南大学公共管理学院、中山大学新华学院公共治理学院联合主办，中南大学乡村振兴研究中心、中南大学地方治理研究院、中南大学公共安全与风险治理基地、中南大学社会稳定风险评估中心联合承办的第五届全国"风险与治理"高端论坛暨第四届地方政府与区域治理研讨会在中南大学铁道校区世纪楼国际报告厅隆重举行。论坛分为"社会风险与地方治理现代化"主论坛和多个分论坛，分论坛分别围绕"大数据与技术治理""城乡社区治理""应急管理与风险治理""容错纠错与行政改革""政府过程与基层治理""生态环境与区域治理""国家级新区容错纠错机制"等 7 个议题召开。来自湖南湘江新区、南京江北新区的相关领导，来自清华大学、复旦大学、浙江大学、上海交通大学、华中科技大学、南开大学、中山大学等 40 余所高校和科研院所的近百名专家学者参与了分论坛并作专题报告。

6. 2020 中国公共管理学术年会

2020 年 11 月 14 日，由中国管理现代化研究会公共管理专业委员会、中国管理现代化研究会青年工作委员会主办，电子科技大学公共管理学院承办，清华大学公共管理学院作为学术支持单位的中国公共管理学术年会暨第六届青年学者论坛在电子科技大学召开。会议以"智慧社会与国家治理现代化"为主题，来自全国数十所知名高校和科研机构的近 200 名学者和专家学者相聚一堂，在主旨报告、主题论坛、院长论坛以及由 26 场次小组研讨会组成的分论坛上展开交流与探讨。与会学者就行政体制与政府职能、公私合作与协同治理、政务公开与公共治理、公共人力资源开发与管理、治理理论与政府变革、公民获得感与服务型政府建设、精准治理与政府行为、基层治理与法治政府建设、政策过程与政策扩散等议题进行了充分的讨论。

7. 中国城市治理学术年会

2020 年 11 月 14 日，由山东大学主办、中国城市治理学术共同体协办的2020 年中国城市治理学术年会在山东大学青岛校区举办。北京大学、清华大学、复旦大学、浙江大学、中国人民大学、上海交通大学、中山大学、厦门大学、南开大学等 30 余所院校和研究机构的专家学者参加年会。本次年会聚焦"城市高质量发展与治理现代化"，深入探讨了城市更新与空间治理、大数据与智慧城市、区域发展等议题，为城市治理研究提供了良好的学术交流与研讨平台，推进了城市治理研究在研究理论与研究方法等方面的创新，体现了"城市让生活更美好"的治理理念。

8. 第十七届中国青年政治学论坛

2020 年 11 月 14—15 日，中国政治学会青年工作专业委员会和南京大学政府管理学院共同主办的第十七届中国青年政治学论坛在南京举办。此次论坛作为庆祝中国政治学会成立四十周年系列活动之一，以"后疫情时代的国家治理与全球治理"为主题，来自全国各高校和科研机构的近百位中青年政治学者参会，激荡思想、切磋学术。与会者在"国家治理理论和实践""疫情冲击与治理探索""国际秩序与全球治理"以及"国家治理制度与观念"四个分论坛的十二场分组讨论中，围绕国家治理与实践、疫情冲击与治理探索、国际秩序与全球治理以及国家治理制度与观念等论题展开了热烈讨论。

9. 第四届国家治理研究智库高端论坛

2020 年 11 月 18 日，第四届国家治理研究智库高端论坛（2020 年）在京举行。论坛主题为"学习贯彻党的十九届五中全会精神暨推进国家治理体系和治理能力现代化"。论坛由中国社会科学院社会政法学部、国家治理研究智库联合主办，中国社会科学院政治学研究所、国家治理研究智库秘书处承办，国家治理研究智库政治发展研究部、中国社会科学院大学政府管理学院协办。来自中国社会科学院各职能局、社会政法学部各研究所及相关单位的 100 多位专家学者参加会议。在论坛的三个单元中，与会学者分别就"科学认识、系统把握'中国之制'""'中国之治'的关节点与总开关""夯实国家治理的政治基础""基层社会治理共同体建构的可能性问题"等主题进行了发言讨论。

10. 2020 年"政府治理改革与创新：杰出学者高端论坛"

2020 年 11 月 21 日，"政府治理改革与创新：杰出学者高端论坛"在中国矿业大学公共管理学院举行。来自南京大学、东南大学、中国海洋大学、南京理工大学、兰州大学、北京工业大学、南京信息工程大学等知名高校及科研院所，中共中央党校（国家行政学院），《南通大学学报》等 4 个学术期刊的 50 余名专家学者参加了本次论坛。与会专家学者围绕"政府治理改革与创新"进行主题报告，分享个人最新研究成果，就政府治理改革与创新的相关议题进行深入的交流和研讨，努力回应新时期人们对我国政府治理改革与创新等核心议题的诉求与期待，为我国国家治理体系和治理能力的现代化提供政策构想或对策建议，促进学术研讨向纵深开展。

11. 2020 公共事物治理国际研讨会

2020 年 11 月 28 日，由清华大学公共管理学院主办的"2020 公共事物治理国际研讨会"以线下和线上相结合的方式成功举办。会议以"城市公共事物与高质量发展"为主题，包括 6 个主旨演讲、2 个主题演讲专场，来自国内外众多高校的百余名专家学者及师生参与会议，共同交流公共事物治理研究的最新成果。在"城市公共治理"和"制度分析与发展"两个主题演讲专场中，与会专家聚焦中国公共事物治理的热点话题，进行了热烈的讨论，指出城市公共事物的治理依然存在占有困境和供给困境两大经典困境，但也在资源属性、使用者属性、外部环境等方面存在新的特点。对于城市公共事物的未来研究，会议提出了深化因果机制研究、吸纳国际前沿理论成果、扎根中国大地做出理论贡献、关注新技术的实践影响等具体建议。

12. 首届国家空间治理与行政区划学术研讨会

为顺应新形势下国家治理体系和治理能力现代化建设的现实需求，进一步总结国家空间治理与行政区划研究领域的研究进展和最新成果，由华东师范大学中国行政区划研究中心主办的首届国家空间治理与行政区划学术研讨会于 2020 年 11 月 29 日举行，来自全国各地高校、科研院所的 400 余位学者通过线上或线下的方式参加了本次会议，并分别针对国家空间治理、行政区划优化、行政区划调整、区域协同治理和社区治理等 5 个主题的内容进行了交流与探讨。

此次研讨会汇聚地理学、政治学、经济学、公共管理学、历史学等众多行政区划领域专家学者，从不同学科视角，围绕当前国家空间治理和行政区划展开学术讨论，对于建立具有中国特色的行政区划理论研究和深化实践探索具有重要意义。为培养行政区划领域的青年研究力量，此次会议还专门设立了研究生论坛，吸引了来自多所高校的 200 多名研究生及教师，围绕"政区调整与空间效应"和"行政区划与国家治理"主题进行了广泛而深入的学术交流。

13. 城市高质量发展与治理能力现代化学术研讨会

由中国区域科学协会城市管理专业委员会主办，天津城建大学经济与管理学院、天津城镇化与新农村建设研究中心承办的城市高质量发展与治理能力现代化学术研讨会于 2020 年 11 月 29 日在天津城建大学隆重举行。大会采取线上线下相结合的方式，来自北京大学、中国人民大学、南开大学、中国政法大学、首都经济贸易大学等全国 40 多所高校的 400 余名城市管理领域的专家学者围绕城市高质量发展面临的制度创新、精细化管理、智慧城市、人才培养等议题展开深入探讨。会议共设置 5 个学者论坛、3 个研究生论坛，相关学者分别从城市应急响应与管理、社区治理、城市绿色发展、城市精细化治理、社区基层管理、城市管理实践教学等不同层面分享了精彩观点与独特见解。

14. 中国公共管理与政策的理论与创新研讨会

2020 年 12 月 4—5 日，"中国公共管理与政策的理论与创新研讨会"在复旦大学全球公共政策研究院通过线上和线下相结合的方式举行。本次研讨会由复旦大学全球公共政策研究院、复旦-LSE 公共政策研究中心和复旦大学国际关系与公共事务学院共同主办，来自复旦大学、清华大学、中国人民大学、天津大学、同济大学、吉林大学、山东大学、华东师范大学以及剑桥大学等国内外高校的 30 余位学者和研究人员围绕电子治理与创新、国家治理与政府监管、政策实施与遵从、协同治理与空间治理、应急管理与危机治理、公共政策与治理创新、政府治理与创新和公共政策与治理绩效 8 个板块进行了探讨。

15. 第三届公共治理与创新发展高峰论坛暨 2020 年全国公共管理学术年会

2020 年 12 月 6 日，中国科学院大学公共政策与管理学院第三届公共治理与创新发展高峰论坛暨 2020 年全国公共管理学术年会在中国科学院学术会堂举行。此次大会的主题为"新时代国家治理体系现代化与创新驱动发展"。来自清华大学、复旦大学、北京师范大学、上海交通大学、哈尔滨工业大学、北京航空航天大学等高校，国家发展改革委宏观经济研究院、中国科学院科技战略咨询研究院、科技部中国科学技术信息研究所等高端智库的 240 余位代表参加了本次大会。与会嘉宾分别就"政府管理与治理机制""科技管理与社会治理""公共政策与区域扶贫""公共安全与危机管理"与"数字化转型背景下的创新发展与公共治理"等议题进行了讨论与对话。

16. 2020 年全国博士后论坛"国家制度与治理体系地方实践经验研究"

由全国博士后管委会、中国博士后科学基金会、贵州省人力资源和社会保障厅共同主办，贵州省社会科学院承办的 2020 年全国博士后论坛"国家制度与治理体系地方实践经验研究"于 2020 年 12 月 19 日在贵阳举行。来自中国社会科学院、中国社会学会、中国人民大学、西南政法大学等 80 余名专家学者围绕国家制度与治理体系地方实践经验展开深入探讨。通过论坛交流讨论，与会者进一步深化了对国家制度优势和治理体系地方实践经验的认识。与会人员普遍认为，我国的国家制度和治理体系，是立足人民所需所想，在我国历史传承、文化传统、经济社会发展的基础上长期发展、渐进改进、不断创造性发展的结果，为党和国家事业取得历史性成就、发生历史性变革提供了有力保障。

17. 第四届"面向 21 世纪的全球区域与城市发展研讨会"

2020 年 12 月 19 日，由南开大学周恩来政府管理学院主办，天津论坛、中山大学政治与公共事务管理学院、中国区域科学协会城市管理专业委员会共同支持的第四届"面向 21 世纪的全球区域与城市发展研讨会"成功举办。来自北京大学、清华大学、复旦大学、中山大学、南开大学、上海交通大学、山东大学等高校的专家学者和《管理世界》《公共管理学报》《公共行政评论》《行政论坛》《公共管理评论》《南开学报》《天津社会科学》《天津市委党校学报》《天津行政学院学报》等期刊代表出席会议，并围绕"城市群发展与区域治理新机制"的前沿议题展开了深入研讨。

会议设四个平行论坛，与会学者分别就府际协作、智慧城市治理、区域一体化、城市群发展等方面发表了各自最新的研究成果。研讨会首次开设了以"对话成长中的区域治理研究"为题的圆桌会议，专家学者与期刊代表分别就区域治理的研究现状、趋势和展望与对选稿和区域治理的研究期待进行发言。